A CRISE E SEUS EFEITOS

A CRISE E SEUS EFEITOS
As culturas econômicas da mudança

Organização
Manuel Castells, Gustavo Cardoso e João Caraça

Revisão técnica
Gustavo Cardoso

Tradução
Alexandra Figueiredo, Liliana Pacheco e Túlia Marques

Paz & Terra

São Paulo | 2013

Título original: *The Aftermath*
© 2013, by Centro de Investigação e Estudos de Sociologia (CIES-ISCTE)
© desta edição, by Editora Paz e Terra, 2013

Direitos de edição da obra em língua portuguesa adquiridos pela EDITORA PAZ E TERRA. Todos os direitos reservados. Nenhuma parte desta obra pode ser apropriada e estocada em sistema de banco de dados ou processo similar, em qualquer forma ou meio, seja eletrônico, de fotocópia, gravação etc., sem a permissão do detentor do copirraite.

Editora Paz e Terra Ltda.
Rua do Triunfo, 177 – Sta. Ifigênia – São Paulo
www.pazeterra.com.br

Texto revisto pelo Novo Acordo Ortográfico da Língua Portuguesa.

Seja um leitor preferencial Record.
Cadastre-se e receba informações sobre nossos lançamentos e nossas promoções.

Atendimento e venda direta ao leitor:
mdireto@record.com.br ou (21) 2585-2002

CIP-BRASIL. CATALOGAÇÃO NA FONTE
SINDICATO NACIONAL DOS EDITORES DE LIVROS, RJ.

A crise e seus efeitos : as culturas econômicas da mudança / organização Manuel Castells, Gustavo Cardoso e João Caraça ; [tradução Alexandra Figueiredo, Liliana Pacheco e Túlia Marques]. – São Paulo :
Paz e Terra, 2013, 1 ed.

Título original: Aftermath : the cultures of the economic crisis.
Vários autores.
Bibliografia
ISBN 978-85-7753-259-9

1. Capitalismo 2. Crise econômica e financeira 3. Crise financeira global, 2008-2009 4. Crise financeira global, 2008-2009 - Aspectos sociais I. Castells, Manuel. II. Cardoso, Gustavo. III. Caraça, João.

13-04701   CDD-330.9

Sumário

AGRADECIMENTOS 7
LISTA DE ABREVIATURAS 9
OS AUTORES 11
NO RESCALDO DA CRISE:
PREFÁCIO
Fernando Henrique Cardoso 17
AS CULTURAS DA CRISE ECONÔMICA:
INTRODUÇÃO
*Manuel Castells, João Caraça e
Gustavo Cardoso* 23

PARTE I – PRELÚDIO 43
1 O apocalipse incessante da história contemporânea
  Rosalind Williams 45
2 A separação de culturas e o declínio da modernidade
  João Caraça 81

PARTE II – Qual crise? Crise para quem? 97

3	A metamorfose de uma crise	
	John B. Thompson	101
4	Crise financeira ou mutação social?	
	Michel Wieviorka	131
	PARTE III – Enfrentando a crise	159
5	O *branding* da crise	
	Sarah Banet-Weiser	163
6	No nacionalismo nós confiamos?	
	Terhi Rantanen	197
7	Crise, identidade e Estado de bem-estar social	
	Pekka Himanen	229
	PARTE IV – Para além da crise	253
8	Navegando pela crise: Culturas de pertencimento e mudança social em rede	
	Gustavo Cardoso e Pedro Jacobetty	257
9	Para além da crise: Práticas econômicas alternativas na Catalunha	
	Joana Conill, Manuel Castells, Amalia Cardenas e Lisa J. Servon	299
	PARTE V – A crise global não global	345
10	Crise social na China?	
	You-tien Hsing	349
11	Uma crise não global? Desafiar a crise na América Latina	
	Ernesto Ottone	383
12	Rescaldo?	
	Manuel Castells, Gustavo Cardoso e João Caraça	413

Agradecimentos

Agradecemos à Fundação Calouste Gulbenkian, que garantiu o apoio a este projeto e acolheu, em Lisboa, as reuniões da Rede Aftermath entre 2009 e 2011, nas quais os participantes discutiram a crise e as suas culturas econômicas e prepararam esta obra. Sem a sua contribuição este livro não teria sido possível.

Os organizadores

Lista de Abreviaturas

AIG	American International Group
ALBA	Aliança Bolivariana para os Povos da Nossa América
BBS	Bulletin Board System
BCE	Banco Central Europeu
BE	Burocrata empresarial
BPN	Banco Português de Negócios
BPP	Banco Privado Português
BRIC	Brasil, Rússia, Índia, China e África do Sul
CDO	Credit Default Obligations (obrigações de garantia de dívidas)
CDS	credit default swap
CEPAL	Comissão Econômica para a América Latina e o Caribe
CFDT	Confédération Française Démocratique du Travail
EB	Empresário burocrático
FEM	Fórum Econômico Mundial
FMI	Fundo Monetário Internacional
MERCOSUL	Mercado Comum do Sul
MNC	Empresas Multinacionais
OCDE	Organização para a Cooperação e Desenvolvimento Econômico
ONG	Organização Não Governamental
PATO	Plataforma Autônoma de Teatro do Oprimido
PCC	Partido Comunista Chinês
PCI	Partido Comunista Italiano
PNUD	Programa de Desenvolvimento das Nações Unidas
PPIC	Instituto de Política Pública da Califórnia
PPP	Paridade do Poder de Compra
SASAC	Comissão de Supervisão e Administração do Conselho de Estado
SIV	Veículos de Investimento Estruturado
SNS	Serviço Nacional de Saúde
SOE	Empresa do Estado
TVE	Empresa Coletiva Pertencente a Cidades e Vilas
UDIC	Companhias de Investimento e Desenvolvimento Urbano
UE	União Europeia
UNASUL	União de Nações Sul-Americanas

Os autores

AMALIA CARDENAS é pesquisadora da Universidade Aberta da Catalunha. Licenciou-se na Universidade da Califórnia, Berkeley, e na Universidade de Barcelona. Desenvolve uma pesquisa sobre as culturas econômicas alternativas e em movimentos sociais em rede na Espanha e por todo o mundo.

ERNESTO OTTONE é professor catedrático de ciência política na Universidade Diego Portales, Santiago do Chile, e professor associado da Universidade do Chile. Obteve o doutoramento em ciência política pela Universidade de Paris III, Sorbonne. É titular da cadeira de globalização e democracia da Universidade Diego Portales (Chile) e da Universidade General San Martin (Argentina) e da cadeira América Latina na globalização, no Instituto de Estudos Globais/MSHF (França). Foi professor visitante em várias universidades da América Latina e da Europa. Foi secretário executivo adjunto da Comissão Econômica das Nações Unidas para a América Latina e o Caribe (Cepal) (2006-8) e consultor *senior* do presidente Ricardo Lagos, no Chile, como diretor de análise estratégica da Presidência (2000-6).

GUSTAVO CARDOSO é professor de mídia e sociedade no Instituto Universitário de Lisboa. Suas áreas de interesse são as culturas da sociedade em rede e as transformações das noções de propriedade, distribuição e produção de bens culturais, bem como o papel das redes sociais on-line. Atualmente pesquisa a transformação da leitura digital, o futuro do jornalismo e a alfabetização midiática. Entre 1996 e 2006 foi consultor da Presidência da República de Portugal em sociedade da informação e políticas de telecomunicações e em 2008 foi escolhido pelo Fórum Econômico Mundial como *Young Global Leader*. A sua cooperação internacional em redes europeias de pesquisa levou-o a trabalhar com o IN3 (Internet Interdisciplinary Institute) em Barcelona e no World Internet Project na USC Annenberg. Desde 2006 é diretor do OberCom, o Observatório da Comunicação, em Lisboa, e, entre 2006 e 2012, foi vice-presidente do Conselho de Administração da Lusa, agência de notícias de Portugal.

JOANA CONILL é pesquisadora na Universidade Aberta da Catalunha, Barcelona. Formou-se em história e cinema pela Universidade de Barcelona. É especialista no estudo das culturas agroecológicas e dos movimentos sociais alternativos. É também produtora de documentários.

JOÃO CARAÇA é doutor em física nuclear pela Universidade de Oxford (1973) e agregado (título acadêmico português) em física pela Faculdade de Ciências de Lisboa (1974). Foi diretor do Departamento de Ciência da Fundação Calouste Gulbenkian (FCG) e é diretor da delegação da França da FCG. Foi professor titular de política científica e tecnológica no Instituto Superior de Economia e Gestão da Universidade Técnica de Lisboa e coordenador do mestrado de economia e gestão de ciência e tecnologia de 1990 a 2003. É membro do Conselho de Administração do Instituto Europeu de Inovação e Tecnologia. Integra o Grupo de Coordenação do Fórum Europeu de Filantropia e Financiamento à Pesquisa e é presidente do Conselho Consultivo da Associação Portuguesa de Negócios para a Inovação (Cotec). Foi consultor de ciência do presidente da República de Portugal (1996-2006) e publicou mais de 150 trabalhos científicos. É também coautor de *Limites à competição* (1995), coorganizador de *O futuro tecnológico* (1999) e colaborou na *A nova primavera do político* (2007).

JOHN B. THOMPSON é professor de sociologia na Universidade de Cambridge e *fellow* do Jesus College, Cambridge. Obteve o bacharelado em artes em Keele, em 1975, e o doutoramento em Cambridge, em 1979. Foi investigador no Jesus College, de 1979 a 1984. Foi nomeado *lecturer* de sociologia na Universidade de Cambridge em 1985, *reader* em sociologia em 1994 e professor de sociologia em 2001. Foi professor visitante em universidades nos Estados Unidos, no Canadá, México, Brasil, Chile, na China e África do Sul. Suas principais áreas de pesquisa são teoria política e social contemporânea;

sociologia da mídia e da cultura moderna; organização social das indústrias de mídia; impacto político e social da informação e das tecnologias de comunicação e formas variadas da comunicação política. Suas publicações mais recentes incluem *Ideologia e cultura moderna* (2011), *A mídia e a modernidade* (2012), *O escândalo político* (2002), *Books in the Digital Age* (2005) e *Mercadores de cultura* (2013). Recebeu o Prêmio Europeu Amalfi de Sociologia e Ciências Sociais em 2001 pelo seu trabalho sobre escândalos políticos. Trabalha atualmente sobre a mudança da estrutura da indústria editorial e da criação de best-sellers.

LISA SERVON é professora de estudos urbanos e ex-reitora da School of Management, New School University, Nova York. Tem realizado extenso trabalho sobre o desenvolvimento da comunidade, microempresas, uso da tecnologia da informação em comunidades de baixa renda e as mulheres e a tecnologia. Seus livros incluem *Bootstrap Capitalism* (1999), *Bridging the Digital Divide: Technology, Community, and Public Policy* (2002) e *Gender and Planning: A Reader* (2006). Sua pesquisa atual centra-se nas culturas econômicas alternativas e incluem um estudo comparativo sobre o movimento Slow City.

MANUEL CASTELLS é professor *Wallis Annenberg* de tecnologias da comunicação e sociedade na Universidade da Califórnia do Sul. É também professor emérito de sociologia e planejamento da Universidade da Califórnia, Berkeley, onde lecionou durante 24 anos. É *fellow* da Academia Americana de Ciência Política e Social, da Academia Europeia, da Real Academia Espanhola de Economia e da Academia Britânica. Entre as suas obras principais está a trilogia *A era da informação: economia, sociedade e cultura* (1996-2003) e *Comunicação e poder* (2009). Foi membro fundador do Conselho de Administração do Conselho Europeu de Pesquisa e é membro do Conselho Diretor do Instituto Europeu de Inovação e Tecnologia. Em 2012 recebeu o Holberg International Memorial Prize.

MICHEL WIEVIORKA é professor na École des Hautes Études en Sciences Sociales (Paris) e presidente da Fondation Maison des Sciences de l'Homme (Paris), onde dirige a Collège d'Études Mondiales. Foi presidente da International Sociological Association (2006-10). Seus principais livros em inglês incluem *The Making of Terrorism* (1993), *The Arena of Racism* (1995), *The Lure of Antisemitism* (2007), *Violence: A New Approach* (2009) e *Evil: A Sociological Perspective* (2012).

PEDRO JACOBETTY é pesquisador no IN3 (Internet Interdisciplinary Institute) na Universidade Aberta da Catalunha, Barcelona, e no Instituto Universitário de Lisboa (ISCTE-IUL), Centro de Investigação e Estudos de Sociologia (Cies-IUL). Trabalha nas áreas de estudo dos movimentos sociais, estudos de ciência e tecnologia, educação e comunicação.

PEKKA HIMANEN é professor de filosofia na Universidade Aalto, em Helsinque. É um dos pesquisadores da era da informação mais conhecidos internacionalmente. Suas obras sobre o assunto foram publicadas em vinte línguas, da Ásia à América (incluindo inglês, chinês, japonês, coreano, indonésio, russo, ucraniano, turco, português, espanhol, catalão, francês, italiano, alemão, holandês, croata, estoniano, sueco e finlandês). Após obter o doutoramento em filosofia com vinte anos (Universidade de Helsinque, 1994), saiu da Finlândia para desenvolver pesquisas, primeiro na Inglaterra e depois na Califórnia (Stanford e Universidade da Califórnia, Berkeley). A publicação mais conhecida dessa pesquisa é o seu livro *A ética hacker* (2001). Também é coautor, com Manuel Castells, do influente livro *The Information Society and the Welfare State* (2002), que tem sido discutido nos principais círculos acadêmicos e políticos do mundo. Designado como *Young Global Leader* pelo Fórum Econômico Mundial, Himanen é hoje um conferencista internacional.

ROSALIND WILLIAMS é professora Berna Dibner de história da ciência e da tecnologia no Massachusetts Institute of Technology (MIT). Frequentou o Wellesley College e recebeu graus acadêmicos da Universidade de Harvard (bacharelado em artes, história e literatura), da Universidade da Califórnia, em Berkeley (mestrado em artes, história moderna da Europa), e da Universidade de Massachusetts, em Amherst (doutoramento, história). Historiadora cultural da tecnologia, explora o surgimento de um mundo predominantemente construído enquanto ambiente da vida humana, muitas vezes usando a literatura como um registro e uma fonte de inspiração analítica sobre essa transição. Escreveu estudos sobre Lewis Mumford, Jules Romains, os pensadores iluministas e o determinismo tecnológico, entre outros assuntos. Chegou ao MIT em 1980 como pesquisadora do Programa de Ciência, Tecnologia e Sociedade. Em 1982 aderiu ao Programa Escrita (agora Programa de Escrita e Estudos Humanísticos) como palestrante. Em 1990 foi designada professora classe de 1922 de desenvolvimento e em 1995 tornou-se professora Robert M. Metcalfe. De 1991 a 1993 foi associada do MIT e de 1995 a 2000 decana de alunos de graduação e educação. De 2001 a 2002 colaborou com o diretor de Pós-Graduação no Programa de Ciência, Tecnologia e Sociedade e de 2002 a 2006 como chefe do Programa. Em 2006, foi nomeada professora Berna Dibner de história da ciência e tecnologia. De 2004 a 2006 foi presidente da Sociedade de História da Tecnologia.

SARAH BANET-WEISER é professora de comunicação e jornalismo da Annenberg School e do Departamento de Estudos Americanos e Etnicidade na Universidade da Califórnia do Sul. É autora de *The Most Beautiful Girl in the World: Beauty Pageants and National Identity* (1999), *Kids Rule! Nickelodeon and Consumer Citizenship* (2007) e *Authentic: The Politics of Ambivalence in a Brand Culture* (2012). É coorganizadora do *Cable Visions: Television beyond Broadcasting* (2007) e *Commodity Activism: Cultural Resistance in Neoliberal Times* (2012) e publicou em revistas como *American Quarterly, Critical Studies in Media Communication, Feminist Theory* e *Cultural Studies*. É editora da *American Quarterly*, a revista oficial da American Studies Association, e coorganizadora da série de livros de Critical Cultural Communication na New York University Press.

TERHI RANTANEN é professora de mídia global e comunicações na London School of Economics and Political Science (LSE). Seus interesses de pesquisa incluem as teorias da globalização, mídias comunistas e pós-comunistas, história da mídia e história dos estudos de mídia. Tem publicado extensamente sobre uma variedade de assuntos relacionados com as mídias globais, em especial, as notícias e a sua produção e difusão. Suas publicações incluem *When News Was New* (2009), *The Media and Globalization* (2005), *The Global and the National: Media and Communications in Post-Communist Russia* (2002) e *The Globalization of News* (organizado com Oliver Boyd-Barrett) (1998).

You-tien Hsing, depois de ensinar durante vários anos na Universidade da British Columbia, em Vancouver, é professora de geografia e *senior fellow* no China Center e no Instituto de Estudos da Ásia Oriental, Universidade da Califórnia, Berkeley. Obteve o doutoramento na Universidade da Califórnia, Berkeley. A sua pesquisa centra-se nos processos de desenvolvimento econômico e transformação urbana na China. Sua obra inclui *Making Capitalism in China* (1999) e *The Great Urban Transformation: The Politics of Property Development in China* (2009).

No rescaldo da crise

Fernando Henrique Cardoso

A TRADUÇÃO DESTA COLETÂNEA organizada por Manuel Castells e seus colaboradores portugueses, Gustavo Cardoso e João Caraça, não poderia ser publicada em momento mais oportuno, logo depois dos protestos de junho de 2013 que sacudiram a opinião pública brasileira. Há algo em comum entre os vários movimentos de protesto que têm abalado o mundo depois da crise financeira de 2007/08. A base comum deriva das novas tecnologias de comunicação e do acesso generalizado a elas. Graças a isso foi possível mobilizar tanta gente, em tão pouco tempo, e sem que as autoridades se apercebessem do que estava ocorrendo. Daí também sua espontaneidade, sua falta de objetivos comuns claros e a ausência do comando de grandes lideranças que unificassem as mensagens.

Se os protestos guardam semelhanças com os congêneres no mundo, são, por outro lado, fenômenos discretos. Cada qual se move a sua maneira, com objetivos distintos e, talvez por isso mesmo, arrefecem depois de algum tempo. Nem por isso, contudo, deixam de expressar algo mais estrutural e profundo que os une, como mostram os autores do primeiro ensaio desta coleção: um novo paradigma tecnológico, uma nova forma de globalização econômica e novas formas culturais, surgidas nos anos 1960 e 1970. Os três organizadores da coletânea aprofundam sua concepção sobre o amálgama do qual resultou no "capitalismo global informacional" e o porquê de suas crises, que incitam as ondas de protesto. A potenciação das redes do capitalismo financeiro, criadas graças aos avanços da tecnologia da informação, a própria organização da sociabilidade contemporânea em redes e um amor à inovação e à liberdade criam o sistema corporativo dominante e, contraditoriamente, se voltam contra ele.

Há uma irresistível ascensão da cultura da liberdade, dizem os autores, e, ao mesmo tempo, do empreendedorismo, fenômeno que se enraizou na cultura da individualização e que supera as burocracias do Estado e as instituições da sociedade organizada.

Do ponto de vista macro estas tendências robusteceram o capitalismo global desregulado, ancorado num mercado financeiro selvagem que, combinado com o individualismo como estilo de vida, produziu uma série de crises. Resumindo: "como o período triunfante do capitalismo informacional global estava ligado à hegemonia da cultura do individualismo sem restrições, do liberalismo econômico e do otimismo tecnológico, nenhuma reestruturação socioeconômica substancial do capitalismo global implicou a formação de uma nova cultura econômica." (...) Ora, "a cultura e as instituições são as fundações de qualquer sistema econômico." (p. 21)

Os autores apresentam e analisam o que ocorreu nos Estados Unidos e em Portugal para mostrar que a crise atingiu os países ricos e os nem tão ricos assim, além dos países pobres. Fazem uma descrição circunstanciada da crise econômico-financeira iniciada em 2007 e mostram as razões pelas quais o sistema global entrou nela. Embora suas apreciações sejam passíveis de reparos por parte de economistas que partilhem outras visões, oferecem, indiscutivelmente, um panorama abrangente do capitalismo informacional, como o qualificam, e de suas crises. Entretanto, o que é realmente novo no livro e merece a atenção é a insistência dos autores em que estamos diante de uma crise que vai além da economia, alcançando as formas de solidariedade social e os valores culturais.

Nesse sentido, o ensaio de Rosalind Williams sobre "O apocalipse incessante da história contemporânea" é muito significativo. Fazendo alusão ao título em inglês da coletânea, *Aftermath* (Rescaldo), Williams diz que na experiência vivida da história contemporânea a crise já não é um ponto de virada, mas parte do processo "normal", da vida; a crise já não se distingue de seu resultado — de seu *aftermath*, noutra acepção da palavra —, ou seja, de seu rescaldo. A história contemporânea, associada aos riscos ambientais, econômicos, militares/nucleares, é vista "como um centro de propagação da crise sem fim à vista. Cada centro incorpora seu próprio rescaldo e estabelece padrões de interferência com outros centros em expansão, fazendo com que os problemas do todo sejam muito maiores do que os da soma das partes." (p.57)

As consequências desta perspectiva para o entendimento das crises atuais são enormes. A concepção da história que emergiu no século XXI, diz Williams, "parece ser a de uma esperança hesitante no progresso", mesclada com a ansiedade crescente produzida por crises que se interpenetram. O progresso é, cada vez mais, concebido como mudança material, sempre acelerada, em vez do progresso social, que parece mais lento do que nunca. Disso resultam crises interligadas e uma crescente desconfiança das instituições. Dado o individualismo prevalecente, as pessoas querem "subir na vida", por exemplo, educar-se mais; desconfiam, porém, da acessibilidade das instituições educacionais e mesmo de seu desempenho. Segundo o autor, sem a confiança em um projeto coletivo, ir-se-á de crise em crise. "A incapacidade de criar instituições confiáveis foi uma das causas da crise econômica que, por sua vez, reforçou essa falta de confiança, por meio da transformação de uma crise econômica numa crise da democracia." (p.65)

Continuando a percepção mais profunda da crise pela qual passamos, João Caraça mostra que o capitalismo contemporâneo criou incertezas e produziu uma fragmentação de "culturas", que vão das especializações científicas até às humanísticas. Isso, somado a um mundo de incertezas, fez com que, nas belas palavras do padre Vieira, com as quais o autor termina o capítulo, seja necessária uma volta à possibilidade de "mensurar o futuro" para podermos avaliar a esperança.

John B. Thompson, ao analisar "A metamorfose de uma crise", discute as teses de Habermas sobre as crises de identidade e as crises dos sistemas. As primeiras têm a ver com a quebra da integração social, enquanto as dos sistemas, como esses são regulados por fatores objetivos, como o interesse econômico, o dinheiro e ou o poder, não se articulam apenas em valores simbólicos. A partir daí faz uma longa dissertação sobre a crise financeira e depois a rebate para o sistema político, no qual os aspectos identitários ressaltam e, de alguma maneira, se vê que a crise é também da democracia e não apenas do capitalismo financeiro global.

A análise no capítulo escrito por Michel Wieviorka se transmuda na dicotomia: crise financeira ou mutação social. Em uma perspectiva riquíssima, recupera a visão de Edgard Morin -- pioneiro na antecipação da globalidade da crise atual, que também engloba aspectos ambientais e físicos – e a de seu mestre, Alain Touraine, que proclamou a primazia do papel dos novos "atores sociais", os movimentos sociais, desde o sindical, passando pelo feminista, até ao altermundismo, na condução das sociedades. Noutros termos, Wieviorka recupera a dimensão propriamente sociológica da análise das crises contemporâneas.

A coletânea termina com as visões sobre o enfrentamento da crise. Em um ensaio estimulante sobre a publicidade e o *branding* -- a marca – na recuperação da confiança, Sarah Banet-Weiser toma como objeto de análise a reação aos maus tempos feita por dois gigantes empresariais, símbolos do capitalismo americano, a Chrysler e a Levi's. Eles revigoram o reencontro de suas marcas com o *mood* americano pós-início da crise, buscando restabelecer a confiança não apenas em seus produtos, mas no sistema econômico do país.

Em outro plano, Terhi Rantanen mostra as tentativas de reconstrução da confiança nos sistemas econômicos a partir da revalorização da crítica ao cosmopolitismo, da revalorização do nacionalismo, mesmo quando de direita, como, por exemplo, na Finlândia, ou mesmo que tenha ressaibos antissemitas. A noção de Urhi Beck, de que as sociedades atuais são "de risco global", com toda a coorte de medos, inseguranças, incertezas e acúmulos de problemas, até mesmo dos criados pelos avanços científicos como as centrais termonucleares, põe em dúvida os avanços criados pela "segunda modernidade" e também a própria noção de "progresso da humanidade". Diferentemente da proposta de Beck, que vê a necessidade de soluções baseadas na solidariedade universal para a solução desses tipos de crise global, as respostas nacionalistas distinguem os danos causados a todos, quando vindos da natureza, como, por exemplo, um tsunami, das crises que se dão no âmbito de um país (ou que podem ser assim imaginadas) como consequência da ação de outros e que requerem soluções específicas, de solidariedade local, nacional, "contra", por exemplo os imigrantes ou outros culpados imaginários. Subitamente, os partidos políticos, nessas circunstâncias, com a ajuda dos meios de comunicação, oferecem soluções "nacionais" para problemas globais. Nesse emaranhado, dívida de créditos podres, austeridade, falta ou excesso de socorro financeiro, tudo, ou quase tudo, volta a ser avaliado pela ótica nacionalista, contra "os outros" ou contra o "estrangeiro", como um *ersatz* de solução para a crise global.

No último capítulo do livro, Pekka Himanen discute os efeitos da crise em vários países europeus. Mesmo na Finlândia, um estado do bem-estar social, a crise afetou comportamentos e buscou alternativas. Estas não se limitaram ao renascimento do nacionalismo, embora ele tivesse repontado fortemente, senão que há indícios de práticas novas que demonstram a formação de "identidades de resistência" que se opõem ao modelo atual da sociedade global em rede, e vão além dele. Ainda que as opções propostas não sejam respostas à crise nem alternativas consistentes ao modelo vigente, desconhecê-las apenas reforçará as identidades de resistência, como o nacionalismo. Há, diz o autor, inegavelmente uma busca de reintegração entre economia, cultura e sociedade. Não se pode mais desconhecer a necessidade de relacionar o bem-estar com a preservação do meio ambiente, nem a necessária combinação entre o desenvolvimento informacional com o desenvolvimento humano. De não menor importância é a ressalva feita de que a crise atual, que no capítulo é chamada de Grande Recessão por sua abrangência e multilateralidade, é mais uma crise dos países industrializados do que verdadeiramente uma crise global, no sentido de mundial.

No fecho do volume os autores gabam as vantagens da série de seminários que realizaram baseados em pesquisas empíricas para que as reflexões fossem embasadas em análises concretas, tal como as apresentadas no livro. E, como não poderia deixar de ser, terminam por mostrar que a revolução tecnológica informacional não se limitou a colocar em rede uma elite de profissionais, mas criou um novo espaço público, de acesso generalizado, amplo, criando uma cultura do "pertencimento em rede", que lança um novo olhar sobre a propriedade, a produção, a distribuição e a construção de identidades, dando margem, no futuro, à formação de uma globalização com face humana.

AS CULTURAS DA CRISE ECONÔMICA: INTRODUÇÃO

Manuel Castells, Gustavo Cardoso e João Caraça

A CRISE DO CAPITALISMO GLOBAL que se desenvolve desde 2008 não é meramente econômica. É estrutural e multidimensional. Os acontecimentos que ocorreram, no seu rescaldo imediato, mostram que estamos entrando num mundo com condições econômicas e sociais muito diferentes daquelas que caracterizaram o crescimento global do capitalismo informacional nas últimas três décadas. As políticas e as estratégias desenvolvidas para gerir a crise — com resultados diferenciados dependendo do país — podem levar-nos a um sistema econômico e financeiro completamente diferente, como o New Deal, a construção do Estado social europeu e a arquitetura financeira global de Bretton Woods deram lugar ao crescimento de uma nova forma de capitalismo no rescaldo da Depressão da década de 1930 e da Segunda Guerra Mundial. Esse capitalismo keynesiano foi, ele próprio, posto em causa depois da crise da década de 1970 e da reestruturação que teve lugar sob a influência combinada de três desenvolvimentos independentes mas inter-relacionados: um novo paradigma tecnológico, uma nova forma de globalização e as novas culturas que emergiram dos movimentos sociais dos anos 1960 e 1970.* A mudança cultural foi marcada pela irresistível ascensão da cultura da liberdade. As inovações tecnológicas que mudaram o mundo foram alimentadas nos *campi* das universidades de pesquisa e trouxeram simultaneamente a paixão pela descoberta e a insubordinação contra o sistema corporativo.** O empreendedorismo enraizou-se na cultura de individualização que superou a ação social organizada e as burocracias do Estado.***

---

* Manuel Castells, *The Economic Crisis and American Society*; *A era da informação: Economia, Sociedade e Cultura*.
** John Markoff, *What the Dormouse Said:* How the Sixties Counterculture Shaped the Personal Computer Industry.
*** Anthony Giddens, *Modernidade e identidade*.

Contudo, a cultura da liberdade e do empreendedorismo também abriu caminho à onda de desregulamentação, privatização e liberalização que fez estremecer a economia mundial, alterou os fundamentos das instituições econômicas e desencadeou a globalização do mercado livre.*

O novo sistema, o capitalismo informacional global e a sua estrutura social, a sociedade em rede, exibiram algumas características historicamente irreversíveis, como a lógica da sociedade em rede global baseada numa rede digital na qual se encontra o núcleo de todas as atividades humanas, juntamente com alguns elementos submetidos a eventuais mudanças sob o impacto da crise decorrente das contradições desse modelo de crescimento econômico.** Assim, a atual crise decorre das tendências destrutivas induzidas pelas dinâmicas de um capitalismo global desregulado, ancorado num mercado financeiro sem restrições, feito de redes informáticas globais e alimentado por uma produção incessante de títulos artificiais, como fonte de acumulação e empréstimos de capital.

Para além disso, a combinação de desregulamentação e individualismo como estilo de vida conduziu ao crescimento de uma nova geração de gestores financeiros de empresas, focados no próprio lucro, a curto prazo, como princípio orientador das suas cada vez mais arriscadas decisões.*** Eles racionalizaram os seus interesses construindo modelos matemáticos que tornaram os seus processos de decisão sofisticados e obscuros, enquanto desconsideravam os interesses dos seus acionistas ou até do capitalismo em geral.****

A cultura do "primeiro, eu" é agora o ingrediente-chave da gestão dos negócios.*****

Contudo, no coração dos acontecimentos que desencadearam a crise de 2008 e 2011, houve a "complacência das elites" gerindo a eco-

---

* Tony Judt, *Ill Fares the Land*.
** Manuel Castells, *A era da informação*: Economia, Sociedade e Cultura; Will Hutton; Anthony Giddens (org.). *No limite da racionalidade*: Convivendo com o capitalismo global.
*** Caitlin Zaloom, *Out of the Pits*: Traders and Technology from Chicago to London; Gillian Tett, *Fool's Gold*.
**** L.S. McDonald; P. Robinson, *Colossal Failure of Common Sense*: the Incredible Story of the Collapse of Lehman Brothers.
***** Richard Sennett, *A cultura do novo capitalismo*; Moran, Michael. *Business, Politics, and Society*: An Aglo-American Comparison.

nomia como Engelen escreveu na sua análise detalhada das origens culturais e institucionais da crise. Nas suas palavras:

> A crise resultou da acumulação de pequenas decisões, em si mesmas relativamente inofensivas, tomadas por negociadores individuais ou banqueiros e bancos. É difícil ser delicado com os reguladores e com a elite política que fez e implementou as políticas financeiras. Eles tipicamente aderiram ao macroprojeto mais modernista de "aperfeiçoar o mercado" e, a um nível setorial, ao lema "confiem nos banqueiros para lhes entregar o funcionamento dos mercados". Isso prometeu tudo e ofereceu muito pouco, exceto fragilizar a regulação pública, enquanto a inovação garantia exatamente o oposto dessas promessas, em que o risco estava concentrado, e não disperso por um sistema bancário disfuncional.*

Atingimos o limiar na evolução desse tipo particular de capitalismo que, em 2008, entrou num processo de implosão apenas travado pela intervenção de um velho conhecido, o Estado, que já tinha sido enviado para o esquecimento da história pelos apologistas do fundamentalismo do mercado; porque uma das medidas-chave para travar a queda livre dessa forma de capitalismo foi a rerregulação dos mercados e das instituições financeiras, o que equivaleu a restringir drasticamente empréstimos, a acabar com o crédito fácil. Desde que o crédito fácil foi o combustível do consumo, e o consumo contribuiu para três quartos do crescimento do PIB nos Estados Unidos e dois terços na Europa (desde 2000), a recessão económica atingiu tanto a América do Norte como a Europa. A procura caiu drasticamente, muitas empresas entraram em bancarrota e muitas outras reduziram a sua dimensão ou produção. O desemprego e o subemprego cresceram consideravelmente, reduziram ainda mais a procura e forçaram as despesas sociais. A resposta dos governos começou lenta, confusa e descoordenada. Quando se aperceberam da severidade da crise, focaram-se na emergência da estabilização do sistema financeiro à beira do colapso. Assim, usaram dinheiro de impostos e de empréstimos dos mercados financeiros globais (in-

---

* Ewald Engelen et al., *After the Great Complacence*: Financial Crisis and the Politics of Reform, p.9.

cluindo empréstimos da China e fundos soberanos) para resgatar os bancos e as instituições financeiras e mergulharam as finanças públicas numa escalada da dívida pública.* Depois, alguns governos recorreram a uma espécie de neokeynesianismo e usaram o investimento público em infraestrutura para estimular a economia e criar emprego rapidamente. Por causa da necessidade urgente de criar emprego, a maior parte desse investimento público foi para as infraestruturas menos produtivas (transportes e obras públicas), em vez de ser investido em infraestruturas informacionais (educação, pesquisa, tecnologia, energias renováveis), que teriam tido grande impacto na produtividade a longo prazo. Os governos aumentaram os subsídios de desemprego e, por algum tempo, mantiveram o financiamento dos benefícios sociais para preservar a ordem social e para se manterem no poder.

O resultado final foi um agravamento da dívida pública que alimentou a espiral do déficit orçamentário, assim como os juros devidos sobre a dívida, ou dívida não paga, se tornaram um dos itens mais importantes do orçamento. Quando se tornaram necessários novos empréstimos para financiar as despesas crescentes, as instituições financeiras, ressuscitadas com dinheiro público, recusaram empréstimos aos governos ou exigiram prêmios de risco abusivos a acrescer as taxas de juros de mercado. Como os governos foram obrigados a fazer cortes orçamentários e a implementar políticas de austeridade, com os benefícios sociais a sofrerem a maior parte dos cortes, a insatisfação social aumentou e acabou por levar, por vezes, a distúrbios. Em resumo: a crise financeira desencadeou uma crise industrial, que conduziu a uma crise do emprego, que levou a uma crise da procura que, ao solicitar a intervenção maciça dos governos para travar a queda livre da economia, levou a uma crise fiscal. Quando os governos começaram a não cumprir as suas obrigações financeiras, o sistema político retrocedeu, com os partidos a acusarem-se mutuamente e a bloquearem qualquer plano de salvação que não incrementasse o seu poder face aos adversários políticos. Países recusaram-se a ajudar outros países, a menos que estivessem à beira da bancarrota e sob a condição de que os países resgatados prescin-

---

* Joseph Stiglitz, *O mundo em queda livre*.

dissem da sua soberania.* Os cidadãos retiraram sua confiança e seu dinheiro das instituições políticas e financeiras. A crise econômica aprofundou a crise da legitimidade política e, por fim, ameaçou desestabilizar toda a sociedade.**

Assim, alguns anos depois do seu início, não há ainda fim à vista e a crise continua a aprofundar-se e em espiral, apesar de, por enquanto, o colapso total ter sido evitado. Um sistema financeiro mais contido tornou-se novamente lucrativo à custa da recusa de financiar a recuperação ou socorrer os governos. Mas o aprofundamento da crise fiscal está privando os governos de qualquer influência na gestão da crise, enquanto os consumidores cortam no seu consumo e os Estados sociais são reduzidos ao despojamento total. A zona do euro está sendo sacudida pela inabilidade dos governos para agirem conjuntamente, enquanto a Alemanha usa o seu poder econômico para empurrar a UE para uma política orçamentária restritiva, que reduzirá bruscamente a soberania em muitos países europeus. Os protestos sociais aumentam, os movimentos populistas emergem na cena política e a cultura do individualismo defensivo alimenta a xenofobia, o racismo e a hostilidade generalizada, quebrando o tecido social e aumentando a distância entre os governos e os seus cidadãos. Cresce a cultura do medo, ao lado de culturas alternativas de esperança, embrionárias.

E, no entanto, como o período triunfante do capitalismo informacional global estava ligado à hegemonia da cultura do individualismo sem restrições, do liberalismo econômico e do otimismo tecnológico, nenhuma reestruturação socioeconômica substancial do capitalismo global implicou a formação de uma nova cultura econômica. A cultura e as instituições são as fundações de qualquer sistema econômico.*** Visto que a cultura (um conjunto específico de valores e crenças que orientam o comportamento) é uma prática material, deveríamos ser capazes de detectar os sinais daquela cultura na adaptação espontâ-

---

* Benjamin Coriat; Thomas Coutrot; Henri Sterdyniak (org.), *20 ans d'aveuglement*: L'Europe au bord du gouffre.
** Tony Judt, *Ill Fares the Land*; Ewald Engelen et al., *After the Great Complacence*: Financial Crisis and the Politics of Reform.
*** Elinor Ostrom, *Understanding Institutional Diversity*.

nea da vida das pessoas aos constrangimentos e às oportunidades que surgem com a crise. A observação dessas formas protoculturais e da sua interação com os contornos e evolução da crise econômica constitui um dos temas da reflexão proposta neste livro.

Para ilustrar a paisagem social que caracteriza esta crise e o seu resultado, vamos nos focar agora em aspectos-chave do processo, em dois contextos diferentes: os Estados Unidos e Portugal. São obviamente dois países muito diferentes, e a crise e a sua gestão têm manifestações específicas em cada um deles. Além disso, uma vez que a crise continua em metamorfose, a descrição que se segue já será história no momento em que estas páginas forem lidas. Contudo, ao fazermos uma breve visão geral dos acontecimentos no rescaldo imediato da crise em dois contextos diferentes, vamos aprofundar as questões levantadas nesta introdução ao longo dos capítulos deste livro.

A crise financeira global que explodiu em fins de 2008 e atirou a economia global para a queda livre *começou nos Estados Unidos*, que estiveram na origem do capitalismo informacional global, o tipo de capitalismo constituído a partir da década de 1980. Como mencionamos, a crise foi uma consequência direta de dinâmicas específicas da economia informacional global e resultou da combinação de seis fatores, que passamos a enunciar.

Primeiro: a transformação tecnológica das finanças, que forneceu a base para a formação de um mercado financeiro global, em torno de redes informáticas globais, e equipou as instituições financeiras com capacidade informática para usar modelos matemáticos avançados. Supunha-se que esses modelos fossem capazes de gerir a complexidade crescente do sistema financeiro e operar em mercados financeiros globais interdependentes por meio de transações eletrônicas, efetuadas a uma velocidade vertiginosa.

Segundo: a liberalização e a desregulamentação dos mercados financeiros e instituições financeiras, que permitiu uma liberdade quase total de fluxos de capital por meio de empresas, atravessou o mundo e esmagou a capacidade de regulação dos reguladores nacionais.

Terceiro: a securitização de todas as organizações econômicas, atividades ou ativos, que fez da avaliação financeira o modelo supremo por meio do qual se avaliam empresas, governos, moedas e até economias inteiras. Além disso, novas tecnologias financeiras tornaram possível a invenção de inúmeros produtos financeiros exóticos, como produtos derivados, futuros, opções e títulos securitizados (por exemplo, CDS), que se tornaram cada vez mais complexos e interligados. Isso, por fim, virtualizou o capital, e eliminou qualquer resquício de transparência nos mercados, tornando sem sentido os princípios da contabilidade e da responsabilidade.

Quarto: o desequilíbrio entre acumulação de capital nos países recém-industrializados (como a China e alguns países produtores de petróleo) e os empréstimos de capital, nos Estados Unidos, facilitou a expansão do crédito fácil nos EUA, que resultou numa onda de empréstimos aventureiros a uma multidão de entusiásticos consumidores que se habituaram a viver no limite da dívida, ao serem empurrados muito para além da sua capacidade financeira. Na verdade, esse risco moral foi negligenciado pelos credores irresponsáveis, sempre confiantes na vontade do governo federal de os socorrer em caso de necessidade, como inevitavelmente sucedeu.

Quinto: como os mercados financeiros apenas funcionam parcialmente de acordo com a lógica da oferta e da procura e estão muito vulneráveis às "turbulências da informação" e à "exuberância irracional", a crise das hipotecas que começou nos Estados Unidos em 2007, depois de arrebentar a bolha imobiliária, repercutiu no sistema financeiro global e nos mercados imobiliários e de hipotecas internacionais.*

Sexto: a falta de supervisão adequada na negociação de valores imobiliários e práticas financeiras permitiu a corretores audaciosos reforçar a economia, e os seus bônus pessoais, por meio de práticas aventureiras de empréstimos.

O paradoxo é que a crise foi fermentada no caldeirão da "nova economia", uma economia definida por um aumento substancial da produtividade, como resultado da inovação tecnológica em rede, e com elevados níveis de educação na classe trabalhadora. De fato, nos Estados Unidos, onde a crise começou, o crescimento acumulado da pro-

---

* George A. Akerloff; Robert J. Shiller, *O espírito animal*: Como a psicologia humana impulsiona a economia e a sua importância para o capitalismo global.

dutividade atingiu quase 30% entre 1998 e 2008. Contudo, por causa de políticas de gestão míopes e gananciosas, os salários reais aumentaram apenas 2% ao longo da década e, na verdade, os ganhos semanais dos trabalhadores com formação superior caíram 6% entre 2003 e 2008. No entanto, os preços dos imóveis aumentaram durante os anos 2000 e as instituições de crédito alimentaram o frenesi oferecendo crédito hipotecário, em última análise apoiado por instituições federais, aos mesmos trabalhadores cujos salários estavam em estagnação ou diminuição. A ideia era a de que o crescimento da produtividade acabaria por afetar positivamente os salários assim que os benefícios do crescimento fossem distribuídos por todos. Isso nunca aconteceu, porque as empresas financeiras e os *brokers* colheram os benefícios da economia produtiva e conduziram a uma bolha insustentável. A partilha de lucros da indústria de serviços financeiros aumentou de 10% na década de 1980 para 40% em 2007, e o valor das suas participações de 6% para 23%, ao mesmo tempo que a indústria representava apenas 5% do emprego no setor privado. Resumidamente, os benefícios reais da nova economia foram apropriados pelo mercado de valores mobiliários e usados para gerar uma massa muito maior de capital virtual, que se multiplicou em valor, emprestado a uma multidão de ávidos consumidores. Assim, nos Estados Unidos, entre 1993 e 2008, os empréstimos bancários representaram apenas 20% do total líquido de empréstimos. O restante veio de fundos do mercado monetário, fundos de investimento transacionados em bolsa, fundos de retorno absoluto e investimentos bancários que foram transformados em agências de financiamento num ambiente desregulamentado. Além disso, para financiar os seus empréstimos, a maior parte dos bancos também contou mais com a securitização do que com os depósitos próprios.

A acrescentar a isso, a expansão da economia global, a passagem da China, Índia, Brasil e outras economias industrializadas para a linha de frente do crescimento do capitalismo, aumentou o risco de colapso financeiro, porque os Estados Unidos e outros mercados do mundo acumularam empréstimos de capital desses países aproveitando as taxas favoráveis, de forma a sustentar a sua solvência e capacidade de importação.* As despesas militares maciças do governo dos Estados Unidos para

---

* Martin Wolf, *A reconstrução do sistema financeiro global*.

pagar a conta da invasão do Iraque também foram financiadas por meio da dívida, a ponto de, agora, países asiáticos deterem uma grande parte dos títulos de tesouro americanos, interligando o Pacífico asiático e o orçamento americano de uma forma decisiva. Enquanto a inflação foi mantida sob controle devido a um crescimento significativo da produtividade, cresceu o fosso entre a dimensão dos empréstimos e a capacidade dos consumidores e das instituições para os pagar. A percentagem do endividamento das famílias face ao seu rendimento disponível cresceu de 3% em 1998 para 130% em 2008. Como resultado, a inadimplência do crédito hipotecário cresceu de 2,5% para 118% no mesmo período.

Assim, uma crise financeira de proporções sem precedentes desdobrou-se nos Estados Unidos e na Europa e acabou com o mito do mercado autorregulado, com consequências devastadoras para a economia das empresas e das famílias. A capitalização dos mercados financeiros caiu para mais da metade em 2008. Muitas empresas financeiras entraram em colapso (sendo a Lehman Brothers a mais famosa) e outras ficaram à beira da bancarrota. Desapareceram centenas de bancos nos Estados Unidos. O FMI avaliou a perda global das instituições em US$4,3 trilhões.

Contudo, não houve vácuo social. Os sistemas sociais não entraram em colapso como resultado das suas contradições internas. A crise, os seus conflitos e o seu tratamento são sempre processos sociais. Esses, como outros, são estabelecidos e moldados pelos interesses, valores, pelas crenças e estratégias dos atores sociais. Assim, quando um sistema não reproduz automaticamente a sua lógica, há tentativas de restaurá-lo na sua última forma, bem como projetos para organizar um novo sistema com base num conjunto de interesses e valores. O desfecho é frequentemente o resultado de conflitos e negociações entre os porta-vozes das diferentes lógicas.

Nos Estados Unidos, a severidade da crise foi um fator-chave na surpreendente eleição de Barack Obama, com uma plataforma de reformas políticas e sociais. Ele tomou posse no meio de uma séria ameaça de colapso financeiro e concentrou-se, de início, no resgate das instituições financeiras. Depois tentou construir um consenso político e social para levar a cabo a reforma do sistema de saúde, estimular a economia e regular o sistema financeiro. Mas a severa oposição política do Partido Republicano e de um movimento de direita populista, conhecido como Tea Party, contra o aumento de impostos e a regulação pelo governo levou a um impasse político e, finalmente, fez descarrilhar muitas das suas políticas reformistas. Dada a necessidade de financiar as duas guerras que herdara da administração Bush e a sua incapacidade de aumentar a receita, especialmente depois de os republicanos assumirem o controle da Câmara dos Representantes, Obama não foi capaz de prosseguir os investimentos públicos a um nível suficientemente elevado para construir uma recuperação econômica sustentada.

O desemprego manteve-se perto dos dois dígitos, enquanto a crise fiscal se expandia aos governos municipais e estaduais. Os cortes na despesa social e a supressão de postos de trabalho, nos setores público e privado, alimentaram a indignação. Com a confiança dos cidadãos em baixa, tornou-se politicamente difícil aumentar impostos. Para financiar um déficit crescente, Obama teve de aceitar as condições do Congresso de maioria republicana de forma a autorizar o aumento do teto da dívida. A crise fiscal tornou-se uma bomba-relógio, enquanto a rede de segurança social se reduzia no meio de grandes necessidades. A administração com maior potencial reformista desde a década de 1960 foi colocada em modo de sobrevivência, incapaz de estimular a economia ou de apaziguar a sociedade. Só o sistema financeiro, confortado pela presença de aliados próximos nos lugares de destaque da equipe econômica de Obama, sentiu que os dias felizes estavam de volta. A esquerda democrática, que se tinha mobilizado por Obama, sentiu-se desencorajada. Os movimentos populistas da ala da direita, fortemente financiados pelos setores mais conservadores do mundo empresarial (por exemplo, a Koch Industries), partiram para a ofensiva, para tomar o controle do sistema político e reformar a economia de acordo com os seus interesses. Em vez de um crescimento na inovação tecnológica, empreendedorismo e produtividade, aumentou nos Estados Unidos a dependência do investimento estrangeiro e de empréstimos, enquanto os desequilíbrios econômicos e as diferenças sociais se intensificaram. O velho modelo informacional global foi restaurado numa versão muito reduzida, mas pelo preço de desligar importantes segmentos da economia e da sociedade a partir do núcleo competitivo do corporativismo capitalista americano, com a saúde e o poder cada vez mais concentrados nas mãos de uma pequena elite, paradoxalmente apoiada por um movimento populista amplamente composto por cidadãos brancos, trabalhadores da classe média americana. Esse modelo renovado do capitalismo financeiro não parece ser sustentável.

Portugal constitui um exemplo ilustrativo da evolução da crise, dos Estados Unidos para a Europa, e da sua passagem da dimensão financeira para a econômica, com percurso para uma crise política e para os limites da autonomia política nacional na Europa, face a face com as agências de classificação financeira sediadas nos Estados Unidos e com o eixo Paris-Berlim que atualmente governa a União Europeia. A crise do *subprime* (crise imobiliária desencadeada pelo crédito hipotecário de alto risco) de 2007, nos Estados Unidos, estendeu-se rapidamente à Europa e, finalmente, a Portugal, um país pequeno, já com uma economia frágil, onde a agitação financeira teve graves consequências. O nível de vida dos portugueses melhorou de uma forma significativa nos 25 anos pós-revolução de 25 de Abril de 1974. Durante os anos 1990, a produtividade aumentou, assim como os investimentos do setor privado, o Sistema Nacional de Saúde foi estabelecido e atingida a generalização do acesso à educação pública. No início dos anos 2000, Portugal tinha não apenas uma das taxas mais baixas de mortalidade neonatal entre os países desenvolvidos como uma das taxas de desemprego mais baixas da União Europeia. Nas áreas de disseminação de práticas de inovação empresarial, admissão às faculdades, índices de escolaridade e exportações de baixa e alta tecnologia, Portugal atingiu melhores resultados do que os seus países vizinhos da periferia da zona do euro.

Mas as políticas econômicas partilhadas por todos os partidos políticos ao longo das últimas duas décadas — em especial projetos de infraestrutura financiados pelo Estado (Expo 98 Exposição Mun dial, estádios para o Campeonato Europeu de Futebol 2004 e novas autoestradas) — tiveram pouca influência no crescimento. Apesar de se aproximar da estagnação durante a primeira metade dos anos 2000, Portugal conseguiu em 2007, uma vez mais, aumentar o crescimento econômico e a criação de emprego. É nesse contexto que em setembro de 2007 o país é atingido pelos primeiros sinais da crise financeira global. Nessa altura, os efeitos da crise das hipotecas na zona do euro já se haviam tornado uma crise de liquidez para o euro, dificultando o acesso ao crédito na economia real. Esse é o momento em que o Banco Central Europeu inicia uma política — que se estendeu ao longo de quase quatro anos — de injetar mais capital no sistema monetário. Também na Europa, a explosão da bolha do *subprime* deteriorou os ativos do setor financeiro, trouxe problemas de liquidez para as instituições financeiras e, portanto, levou a uma crise bancária. Os mercados de ações caíram e danificaram os ativos de países da zona do euro. Em certos casos, isso representou dificuldades para os governos controlarem o orçamento e financiarem a dívida, dando origem a uma crise da dívida soberana. Além disso, alguns desses países resgataram do colapso os bancos mais afetados por meio da implementação de planos de segurança ou garantias. Em 2008, a Islândia testemunhou a implosão e a nacionalização dos seus três maiores bancos. Em Portugal, a falta de liquidez do sistema bancário levou ao colapso do Banco Português de Negócios (BPN). Em novembro de 2008 o BPN foi nacionalizado pelo governo com o objetivo de prevenir o risco sistêmico, mas a confiança no setor bancário já estava abalada. O déficit estrutural em Portugal agravou-se com o resgate do banco BNP pelo governo, e o clima de confiança enfrentou novos obstáculos com a falência do banco privado português (BPP). Esses bancos acumulavam perdas devido a maus investimentos e fraudes dos seus administradores — muito semelhante ao caso das ações Madoff nos Estados Unidos.

Além desses resgates de bancos, os governos europeus responderam, entre 2008-11, à crise econômica global essencialmente recorrendo a estabilizadores e a pacotes de estímulos para compensar parcialmente a contração repentina da procura no setor privado. Essas políticas fiscais expansionistas impediram uma queda acentuada na produção e no emprego, mas deixaram os governos com elevados encargos com a dívida. No processo, os credores começaram a questionar a capacidade dos países da zona do euro de cumprir as suas dívidas nacionais, porque os países que fazem parte da união monetária não podem recorrer à desvalorização da moeda — uma condição ainda mais delicada para os países do euro como Portugal, que está fortemente endividado e tem uma taxa de importação/exportação baixa e um crescimento econômico lento. Fazendo parte da zona do euro, o país podia gerir os seus problemas recorrendo a empréstimos com baixas taxas de juros e injetando esse dinheiro quer no setor privado quer no público, ambos para investimento e consumo. Isso, por sua vez, trouxe ainda mais dívida.

Portugal foi o terceiro país da zona do euro a pedir ajuda internacional, depois da Grécia e da Irlanda. O que o resgate de Portugal demonstra é que não há uma crise global da dívida na zona do euro; em vez disso, há uma crise diferente em vários países-membros da União Europeia relativamente ao euro. O resgate de Portugal também mostra que não se trata apenas de dívidas soberanas. É sobre onde o dinheiro pode ser feito dentro do cassino global e o que ganham os *croupiers* (as agências de classificação financeira) e, claro, os jogadores (os investidores no mercado financeiro). É evidente que os três países da zona do euro resgatados jogaram confiantes de que uma moeda única lhes iria permitir grandes empréstimos com baixas taxas de juros e que esse cenário seria sustentável a médio e longo prazo. Mas em Portugal o caso é, de alguma forma, peculiar, porque não havia um risco sistêmico dentro do sistema bancário; o sistema político já alcançava o crescimento econômico e a reforma do setor público. A dívida pública portuguesa estava abaixo do nível de outras nações, como a Itália ou a Bélgica, que não foram objeto de resgate. O seu déficit orçamentário era mais baixo do que o de vários outros países europeus e estava em condições de ser reduzido, embora de uma forma irregular, como resultado das ações dos governos na última década.

Então, por que o resgate de Portugal? A turbulência da informação, alimentada pelos receios de contágio do mercado na Grécia e na Irlanda, juntamente com a possibilidade de futuras descidas da taxa de *rating*, tornou-se uma profecia autorrealizável, ao mesmo tempo que ofereceu interessantes perspectivas de lucro na venda a curto prazo. Subindo as taxas de juros para Portugal a níveis além da sustentabilidade econômica, as agências de classificação financeira conduziram o país à, aparentemente, única opção a curto prazo: um resgate da UE-FMI. Pode-se argumentar precisamente que em Portugal a passagem de uma crise financeira para uma crise econômica e política foi seguida do princípio ao fim. Portugal sentiu a necessidade de resgate devido à fragilidade política das atuais instituições da zona do euro e da sua incapacidade de lidar com a crise, pensar de uma forma divergente e experimentar diferentes abordagens. Agindo dessa forma, os governos da União Europeia e o Banco Central Europeu (BCE) têm empurrado a crise para o domínio político, no qual é vivenciada nas ruas e nas praças e alimenta o enfraquecimento das instituições democráticas da modernidade. No decurso desse processo, os governos e a União Europeia permitiram que novos jogadores, como as agências de classificação financeira ou coligações de países (por exemplo, o eixo Berlim-Paris), minassem o seu poder. Poderia a União Europeia ter apoiado Portugal em alternativa ao resgate? Provavelmente, sim. O BCE poderia ter comprado os títulos portugueses, como fez poucos meses depois com a Itália e a Espanha, em igual situação, liderando uma intervenção que evitou o resgate em perspectiva. O resgate de Portugal mostra como as perspectivas de cenários futuros sugeridas pelas agências de classificação e postas em prática pelas instituições políticas e bancárias da União Europeia minaram a recuperação econômica e a soberania política.

O resgate de Portugal também mostra como a esfera política da União Europeia sucumbiu aos mercados financeiros desregulamentados. Mostra como o regresso da predominância da política sobre a finança parece cada vez mais difícil de alcançar, dentro do atual cenário. Isso explica por que as pessoas estão se entrincheirando nas praças públicas, à procura de caminhos para a supremacia da política — onde as pessoas, do seu ponto de vista, possam escolher o seu futuro.

Assim, no rescaldo imediato da crise, nos Estados Unidos e na União Europeia, parece estar emergindo uma quarta camada na economia:

1. Uma economia capitalista informacional, renovada, para um muito menor segmento da população — provavelmente o setor dominado pela classe profissional. Há uma nova onda de inovação organizacional e tecnológica, uma espécie de nova economia que se desenvolve com novos produtos e processos em áreas como energia,

nanotecnologia e bioinformática. Contudo, como há uma reduzida base de capital de risco, essa nova etapa de inovação não tem o potencial para aumentar o consumo da maior parte da população e prejudica, assim, a recuperação da economia global.

2. Um setor público e semipúblico em crise, cada vez mais incapaz de gerar emprego e procura, enquanto a crise fiscal se aprofunda.

3. Atividades econômicas tradicionais, orientadas para a sobrevivência, com baixa produtividade e alto potencial para emprego de baixa qualificação, com uma importante componente de economia informal.

4. Uma economia alternativa (não necessariamente excluindo a produção com fins lucrativos) baseada num conjunto de valores diferentes sobre o significado da vida, cujas características tentaremos explorar neste livro, com base na observação.

De fato, se as pessoas não podem consumir tanto quanto gostariam, terão de encontrar satisfação noutras coisas. Mas não podem encontrar satisfação noutra coisa a menos que mudem os seus valores, ou seja, a menos que gerem, a partir de dentro, uma nova cultura econômica — na verdade, uma variedade de culturas econômicas — sob o objetivo comum de substituir o consumismo. Como os novos valores não são gerados no vácuo, essa cultura não consumista só pode crescer na base das práticas sociais reais que existem nas sociedades por todo o mundo, muitas vezes determinadas por evasões da economia atual devido à rejeição do que consideram ser uma forma de vida destrutiva. Esses não são novos *hippies*. Eles vêm em todos os formatos e, em alguns casos, sob formas muito inovadoras (como *hackers* éticos, para usar a terminologia de Himanen). Mas a observação crítica é que o crescimento de uma nova cultura econômica pode resultar de uma convergência histórica entre a cultura de vanguarda, que procura um estilo de vida diferente, e as massas desorientadas de ex-consumidores que já não têm oportunidade de consumir nada além deles próprios. Pessoas que não têm nada a perder a não ser os seus cartões de crédito cancelados.

No entanto, para além das terras da América do Norte e da Europa, a maior parte do mundo NÃO está em crise. Pelo menos, não na crise do capitalismo global que abalou até agora as economias dominantes.

Reconhecidamente, a pobreza, a exploração, a degradação ambiental, a disseminação da violência e a democracia duvidosa são o dia a dia das pessoas que vivem nas que são conhecidas como economias emergentes. Porém, o capitalismo periférico, por vezes gerido por um Partido Comunista, como na China, está crescendo a ponto de se tornar o elemento mais dinâmico da economia global, assegurando de fato um novo ciclo de acumulação de capital numa escala ainda maior do que no passado. Devido à interdependência econômica e cultural entre velhas e novas áreas da expansão capitalista, a compreensão desta crise e das suas consequências é impossível sem considerar os desenvolvimentos na Ásia, América Latina e África. Em resumo, temos de fazer a análise da crise como uma "crise global não global do capitalismo" e considerar a interação entre zonas em declínio e zonas em expansão, olhando para as causas e consequências do desenvolvimento assimétrico do capitalismo global. No fim deste livro, uma análise dessas dinâmicas, na perspectiva da América Latina e da China, fornecerá material e hipóteses para refletir sobre os contornos reais do mundo emergente no século XXI.

O tema central da análise interdisciplinar e multicultural apresentada neste livro é que a economia é — todas as economias são — cultura: práticas culturais inseridas em processos de produção, consumo e troca de bens e serviços. Como Viviana Zelizer argumentou vigorosamente, a cultura molda a economia.* Quando há uma crise sistêmica, há um sinal de uma crise cultural, de não sustentabilidade de certos valores como princípios orientadores do comportamento humano.** Assim, apenas quando, e se, mudarem valores culturais fundamentais podem emergir novas formas de organização econômica e instituições para assegurar a sustentabilidade da evolução do sistema econômico.*** A nossa hipótese é a de que podemos estar num período desses, de transição histórica. Portanto, estamos apresentando numa perspectiva plural uma série de estudos que refletem sobre como certas

---

* Viviana A. Zelizer, *Economic Lives*: How Culture Shapes the Economy.
** Richard Aitkent, *Performing Capital*: Towards a Cultural Economy of Popular and Global Finance; George A. Akerloff; Robert J. Shiller, *O espírito animal*: Como a psicologia humana impulsiona a economia e a sua importância para o capitalismo global.
*** Peter Nolan, *Crossroads*: The End of Wild Capitalism and the Future of Humanity.

formas culturais e sociais conduziram à crise, bem como avaliam a produtividade social de diferentes culturas que emergem no rescaldo da crise. As culturas que acabarão por dominar a prática social podem determinar o nosso destino coletivo: ou para entrar num processo de desintegração social e conflitos violentos ou, em vez disso, testemunhar o surgimento de novas culturas baseado no uso do valor da vida como uma forma superior de organização humana.

Referências bibliográficas

AITKEN, Richard. *Performing Capital:* Towards a Cultural Economy of Popular and Global Finance. Nova York: Palgrave Macmillan, 2007.

AKERLOFF, George A.; SHILLER, Robert J. *O espírito animal:* como a psicologia humana impulsiona a economia e a sua importância para o capitalismo global. Rio de Janeiro: Elsevier, 2009.

CASTELLS, Manuel. *The Economic Crisis and American Society.* Princeton: Princeton University Press, 1980.

_____. *A Era da Informação: Economia, Sociedade e Cultura.* São Paulo: Paz e Terra, 2007.

CORIAT, Benjamin; COUTROT, Thomas; STERDYNIAK, Henri (org.). *20 ans d'aveuglement:* L'Europe au bord du gouffre. Paris: Éditions Les Liens qui Libèrent.

ENGELEN, Ewald et al. *After the Great Complacence:* Financial Crisis and the Politics of Reform. Oxford: Oxford University Press, 2011.

GIDDENS, Anthony. *Modernidade e identidade.* Rio de Janeiro: Zahar ed., 2002.

HUTTON, Will; GIDDENS, Anthony (org.). *No limite da racionalidade:* convivendo com o capitalismo global. Rio de Janeiro: Record, 2004.

JUDT, Tony. *Ill Fares the Land.* Nova York: Penguin, 2010.

MARKOFF, John. *What the Dormouse Said:* How the Sixties Counterculture Shaped the Personal Computer Industry. Nova York: Penguin, 2006.

MCDONALD, L.S.; ROBINSON, P. *Colossal Failure of Common Sense:* the Incredible Story of the Collapse of Lehman Brothers. Nova York: Crown Business, 2009.

MORAN, Michael. *Business, Politics, and Society:* An Anglo-american Comparison. Oxford: Oxford University Press, 2009.

NOLAN, Peter. *Crossroads:* The End of Wild Capitalism and the Future of Humanity. Londres: Marshall Cavendish, 2009.

OSTROM, Elinor. *Understanding Institutional Diversity*. Princeton: Princeton University Press, 2005.
TETT, Gillian. *O ouro dos tolos*. Rio de Janeiro: Elsevier, 2009.
SENNETT, Richard. *A cultura do novo capitalismo*. Rio de janeiro: Record, 2006.
STIGLITZ, Joseph. *O mundo em queda livre*. São Paulo: Companhia das Letras, 2010.
WOLF, Martin. *A reconstrução do sistema financeiro global*. Rio de Janeiro: Elsevier, 2008.
ZALOOM, Caitlin. *Out of the Pits*: Traders and Technology from Chicago to London. Chicago: University of Chicago Press, 2006.
ZELIZER, Viviana A. *Economic Lives*: How Culture Shapes the Economy. Princeton: Princeton University Press, 2001.

PARTE I
PRELÚDIO

1
O APOCALIPSE INCESSANTE DA HISTÓRIA CONTEMPORÂNEA

Rosalind Williams

INTRODUÇÃO: UM ESTUDO DE CASO QUE NÃO ACONTECEU

A MISSÃO ACADÊMICA QUE empreendemos, no início de 2009, foi baseada num modelo de história contemporânea aparentemente evidente por si mesmo. Analisaria o seu rescaldo com especial atenção às suas dimensões culturais. Crise e rescaldo, causa e efeito, parecia simples.

A crise era essencialmente econômica ou é mais bem descrita como financeira e, se sim, qual o significado da distinção? Ou era principalmente política, como, por exemplo, "um golpe silencioso" das elites privilegiadas?* No rescaldo, o que a faz *cultural*? Como Raymond Williams mostrou bem, há meio século, a palavra e o conceito *cultura* têm evoluído desde inícios do século XIX, a par de outros termos-chave, como sociedade e indústria. A sua mútua evolução proporcionou mudanças no mundo sobre as quais se deve refletir.** O que significa a *cultura* no início do século XXI?

Decidi trabalhar essas questões em relação com o que parecia um estudo de caso promissor da Universidade da Califórnia, em Berkeley, e os efeitos da crise econômica de 2008. Em 2004, o estado forneceu pouco mais de 40% do apoio financeiro ao sistema universitário da Califórnia, ou seja, US$3,25 bilhões. Para Berkeley, com um

---

* Simon Johnson, "The Quiet Coup". Ver também Simon Johnson; James Kwak, *Thirteen Bankers:* The Wall Street Takeover and the Next Financial Meltdown.
** Raymond Williams, *Cultura e sociedade: de Coleridge a Orwell.*

orçamento total de US$1,1 bilhão, o financiamento do estado assegurou US$450 milhões, ou seja, 35% do seu financiamento. A crise de 2008 levou a uma queda severa das receitas do estado, que eram especialmente vulneráveis, devido à sua dependência dos impostos sobre o rendimento das pessoas. Em 2009, o apoio do estado para todo o sistema caiu de US$3,25 bilhões para US$2,6 bilhões; em 2010, para US$1,8 bilhão. Isso significava uma queda súbita e acentuada nas receitas da universidade. As maiores fontes de financiamento além do estado eram de menor volume: US$300 milhões em fundos federais, US$150 milhões em matrículas e angariação de fundos privados e US$100-120 milhões provenientes de doações; nenhum desses financiamentos contribuía para preencher a lacuna do ano fiscal que se seguia.*

Consequentemente, os líderes de Berkeley, em parceria com o gabinete do reitor da Universidade da Califórnia, imediatamente tomaram duras medidas para reduzir as despesas. Isso afetou todo o *campus*, por conta dos serviços reduzidos, folgas obrigatórias (como uma forma de reduzir salários), recurso a fundos de emergência e grandes aumentos de mensalidades e taxas: uma escalada de 8% em 2009, 30% numa segunda rodada (ainda em 2009 e em 2010) e mais 10% ainda em 2010, o que contribuiu para um aumento total de perto de 50% em apenas dois anos letivos. Como as receitas das mensalidades continuaram como uma fonte de assistência, esse aumento foi um ganho líquido para os estudantes de baixa renda. Para os outros estudantes, não havia atenuante para um aumento acentuado e imprevisto do custo do ensino superior.

Ao realizar este estudo de caso, eu tinha presumido que a consequência *cultural* mais relevante para o *campus* de Berkeley seria a do ativismo, que surgiu de modo tão visível durante o juramento de lealdade na controversa década de 1950 e o Movimento de Liberdade de Expressão da década de 1960.** Sem surpresa, dado esse

---

* Robin Hoey, "Staff Assembly Digests Chancellor's Stark Campus Update"; Louis Freedberg, "Chancellor: UC Berkeley morphing into federal university"; Robert Birgeneau, "Chancellor Birgeneau's Fall 2011 Welcome and State of the Campus Message".
** Clark Kerr, *The Gold and the Blue*: A Personal Memoir of the University of California, 1949-1967.

contexto cultural, esses esforços para reduzir despesas despertaram protestos organizados. É comum referir-se a esses protestos como "protestos de estudantes", mas os indivíduos envolvidos eram uma mistura de estudantes de Berkeley e ativistas não estudantes, especialmente membros de sindicatos. Todos eles receberam estímulos e, mais raramente, a participação ativa de alguns docentes da faculdade esmagadoramente concentrados em poucos departamentos. Para os estudantes, a primeira queixa foi a do aumento abrupto do custo da sua educação; uma segunda queixa era a redução dos serviços que lhes eram prestados, como horas de biblioteca. Os sindicatos queixaram-se das reduções de postos de trabalho, já que os funcionários sindicalistas estavam protegidos contra reduções salariais. As queixas dos professores eram mais generalizadas, destacando acusações de excessos burocráticos e cumplicidade com interesses comerciais.

Os métodos eram familiares à herança ativista de Berkeley: manifestações em Sproul Hall Plaza, manifestações fora do California Hall (local de escritórios da administração *senior*) e as ocupações de edifícios projetadas para interromper a rotina normal do *campus* (por exemplo, os manifestantes frequentemente ativavam alarmes de incêndio, provocando evacuações de edifícios e respostas de emergência). Uma ocupação do Wheeler Hall em novembro de 2009 levou a segurança do *campus* a pedir o apoio da polícia local e acabou em confrontos que, por sua vez, levaram a acusações de brutalidade policial. Os protestos pacíficos continuaram no início de dezembro e culminaram numa marcha noturna de um grupo de manifestantes, alguns mascarados e levando consigo tochas acesas para a residência do reitor do *campus*. Atiraram pedras nas janelas e quase conseguiram incendiar o edifício.

Em 2010 houve mais ocupações de edifícios, manifestações em reuniões de diretores, greve de fome e um "dia de ação" que incluiu uma marcha em Sacramento.

Essas táticas e estratégias são familiares no *campus* e foram repetidamente explicadas e defendidas como parte da "cultura de Berkeley". Mas, como resposta à crise econômica, foram ineficazes, em parte porque as reivindicações eram fundamentalmente inconsistentes. As reivindicações de manter serviços, postos de trabalho e salários exigiam mais receitas, enquanto os pedidos de redução de mensalidades e taxas, ou mesmo a sua eliminação, as reduziam ainda mais, incluindo as que se destinavam à ajuda financeira. Os protestos também foram ineficazes quando fizeram dos administradores do *campus* um alvo porque não só não eram eles os responsáveis pela dramática queda de receitas da universidade como também lutavam para lidar com essas consequências. Os manifestantes afirmavam que os dirigentes da universidade teriam recursos financeiros adequados se os soubessem gerir com mais sabedoria e que o governo estadual, por essa via, podia ser persuadido a financiar o sistema da Universidade da Califórnia de uma forma mais generosa.

Esses argumentos não convenceram a esmagadora maioria dos funcionários, estudantes e professores de Berkeley que não se mobilizaram com os manifestantes, exceto para os apoiar nas suas queixas contra as ações policiais quando da ocupação do Wheeler Hall. Por vezes, a encenação dessas técnicas de protesto, que já eram familiares, chegou a criar reações negativas se o público as entendia como inapropriadas para a situação. Em novembro de 2009, numa reunião de reitores, os estudantes que se manifestavam começaram a cantar "We Shall Overcome". Alguns funcionários negros presentes no encontro ficaram indignados com essa associação de um hino dos direitos civis a um protesto contra o aumento de mensalidades e taxas.*

Pouco tempo depois — a 2 de dezembro de 2009, quando do discurso do 45º aniversário de Mario Savio "Put your bodies upon the gears", que inspirou o Movimento pela Liberdade de Expressão —, um grupo de estudantes e professores de Berkeley planejou comemorar o acontecimento com discursos nas escadas de Sproul Hall. Foram impedidos de fazê-lo por manifestantes que queriam substituir as suas causas por "um movimento de mortos". Em vez de deixar os outros alunos e professores falarem, os manifestantes repetiam em uníssono algumas linhas do discurso de Savio. A ironia não passou despercebida a quem tinha planejado a comemoração, que sentiu que o seu direito à liberdade de expressão tinha sido revogado, nem aos observadores, como um repórter de jornal que comentou:

---

* Referindo-se ao encontro de reitores de 18/11/2009. Conversa telefônica (15/6/2011) com Robert J. Birgeneau (*chancellor*, Universidade da Califórnia em Berkeley).

A manifestação (...) demonstrou que havia uma grande confusão de assuntos. Cartazes falavam de tudo, desde aumentos dos preços das matrículas, raiva aos dirigentes da UC — mas não contra a legislatura, o governador ou os eleitores, que têm uma palavra muito mais importante a dizer em relação aos montantes que a universidade recebe.*

Os protestos no *campus* continuaram em 2011 mas em torno de causas que se desligavam cada vez mais da crise econômica — por exemplo, pedidos de anistia para os manifestantes detidos em acontecimentos recentes, protestos contra a legislação anti-imigração recentemente aprovada no Arizona e protestos contra a alegada brutalidade da polícia contra as tentativas de colocar tendas no *campus* na trilha do movimento Occupy. Quase dois anos de protestos não tiveram impacto na atenuação de cortes orçamentários ou na angariação de um amplo apoio popular para restaurar o financiamento estatal ao sistema da UC.

Nesse meio-tempo, o orçamento institucional de Berkeley passou por uma revolução. Em 2004, o apoio estatal era a maior fonte de receitas da universidade, 40% do total. Um acordo orçamentário de longo alcance tinha sido fechado entre o sistema universitário e o governo. No caso específico de Berkeley, esse acordo estabeleceu que até 2011 o apoio do estado ao *campus* seria de US$600 milhões. Quando 2011 chegou, o financiamento do governo estadual a Berkeley tinha sido de US$235 milhões, menos US$365 milhões do que tinha sido prometido. Mais US$15 milhões seriam perdidos se as projeções de receitas do governo não se concretizassem.

O apoio do estado é agora a quarta maior fonte de receitas da universidade, 12% do total. Os financiamentos federais para pesquisa constituem a maior fonte (US$500 milhões), seguida das mensalidades e taxas pagas pelos estudantes (US$315 milhões, que aumentaram para, pelo menos, US$340 milhões em 2012) e filantropia privada (US$315 milhões). Ao entrar no próximo ano fiscal, Berkeley enfrentava um déficit de pelo menos US$110 milhões que planejava reduzir aumentando novamente as mensalidades e taxas (8% para residentes na Califórnia), admitindo um maior número de não californianos

---

* Matt Krupnick, "Protesters shut down Free Speech Movement tribute".

(aproximando-se de 20% do corpo discente), utilizando as reservas de emergência e pressionando no sentido de captação de fundos privados e poupanças operacionais.*

O quase colapso do apoio do governo estadual redefiniu o caráter da Universidade da Califórnia em Berkeley. Em poucos anos, passou de uma universidade "apoiada pelo estado" para uma universidade "localizada no estado".** Berkeley não tem sido propriamente "privatizada", mas transformada numa instituição quase federal, quase privada, com um mandato residual mas extremamente reduzido para proporcionar uma excelente educação superior aos cidadãos da Califórnia. Isso não é porque os administradores do sistema e da universidade tenham procurado a privatização. Pelo contrário, eles protestaram contra o declínio do apoio e advertiram sobre os resultados que daí adviriam.***

O que foi mais privatizado foi a consciência dos eleitores da Califórnia. Enquanto eu seguia com atenção as ações no *campus*, a consequência cultural mais importante acontecia na opinião pública. Dados reunidos pelo Instituto de Políticas Públicas da Califórnia indicam que, com a crise financeira de 2008, aumentou a preocupação pública sobre o valor da educação, especialmente sobre o ensino geral (até os doze anos), mas também sobre o ensino superior, e foi reforçado o desejo de apoiar um sistema educacional mais forte. Só a segurança pública foi apontada como mais prioritária para a ação do governo estadual do que a educação.

Esse apoio, contudo, não traduz a convicção de que os cortes no financiamento do estado sejam um problema sério para o sistema universitário. Os eleitores estão dispostos a pagar impostos ou taxas mais elevados para apoiar a educação superior, mas têm fortes reservas sobre se eles são realmente necessários para manter o sistema. Um forte sentimento é o de que o sistema de educação superior da Califórnia tem de aceitar a sua justa parte de cortes num tempo em

---

* Louis Freedberg, "UC Berkeley Morphing into Federal University"; Robin Hoey, "Staff Assembly Digests Chancellor"; Robert Birgeneau, "Chancellor Birgeneau's Fall 2011 Welcome and State of the Campus Message".
** Louis Freedberg; Robin Hoey.
*** Robert Birgeneau.

que eles são exigidos para todos os serviços. Outro sentimento extremamente forte é o de que o sistema tem de se livrar do desperdício que impregna essas instituições, especialmente no número e nas remunerações dos seus administradores seniores.

Finalmente, e mais complexo de todos, é o sentimento de que, ao manter a excelência e acessibilidade, *"onde há vontade, há caminho"*. As instituições podem permanecer excelentes se eliminarem a burocracia, as sobrecompensações e a supervisão negligente. Indivíduos e famílias devem pagar uma parte significativa dos custos de uma educação superior, mesmo quando o rendimento familiar é baixo (atualmente, as famílias com rendimentos de US$80 mil ou menos não pagam mensalidades e taxas).

Os manifestantes do *campus* e os eleitores partilham a convicção de que as universidades podem ser bem geridas com muito menos dinheiro, mas enquanto os manifestantes normalmente querem mensalidades e taxas bem mais baixas, ou a sua abolição, os eleitores resistem a qualquer coisa semelhante a uma quase burla no custo do ensino.

Esses mesmos eleitores, contudo, se preocupam com o acesso ao sistema universitário. Por um lado, três quartos dos eleitores concordam que os estudantes têm de pedir demasiados empréstimos para pagar uma educação universitária. Ao mesmo tempo, a maioria (55%) pensa que qualquer pessoa que precise consegue empréstimos ou ajuda financeira (40% discordam). O princípio da universalidade do acesso é fortemente apoiado e as ameaças a ele deixaram os eleitores muito apreensivos (uma subida de 43% para 57% entre outubro de 2010 e novembro de 2010). Mas, juntamente com esse forte receio de que o valor do ensino superior público fosse fixado fora do mercado, também, aparentemente, preocupava os eleitores que outros pudessem tirar partido de mensalidades e taxas demasiadamente baixas.

Essas conclusões são complexas e fluidas, mas, em geral, indicam um acentuado declínio da consciência cívica. Primeiro, os eleitores perderam a confiança no governo do estado, incluindo na sua habilidade de planejar o futuro do sistema de ensino superior da Califórnia. Numa pura simetria preocupante, a percentagem de eleitores que tem alguma ou muita confiança no planejamento do governo do estado para o ensino superior, em oposição àqueles que têm muito pouca ou nenhuma, inverteu-se em pouco menos de três anos. Entre outubro de 2007 e novembro de 2010, a confiança caiu de 57% para 40%, enquanto a pouca ou nenhuma confiança cresceu de 42% para 57%.

Segundo, os eleitores percebem o sistema de ensino superior não tanto como um bem comum, mas como um bem de consumo. O sistema universitário é antes de mais nada percebido como um serviço educativo que possibilita que indivíduos jovens tenham um futuro econômico melhor. Quando os eleitores são recordados do papel do sistema universitário como uma entidade de pesquisa que desempenha um papel fundamental na criação de oportunidades econômicas, eles reconhecem esse papel, mas entendem fundamentalmente a universidade como uma instituição educacional. Além disso, a forte convicção de que essa educação continua acessível àqueles que apreciam os seus valores presume que esse valor é um benefício privado (em primeiro lugar, para os ambiciosos e merecedores). Uma vez mais, a ideia de que o sistema de ensino superior constitui um benefício coletivo é, na melhor das hipóteses, fraca. Quando se fala desse benefício, ele é usualmente definido como econômico. A ideia de que a educação pública tem benefícios não econômicos — como criar uma cidadania bem informada e atenta como base fundamental para a autogestão democrática — não é visível em lado nenhum.*

Isso é ainda a crise? Ou o seu rescaldo? Uma mudança significativa de consciência segue a crise econômica, mas isso não significa que seja um rescaldo causado pela crise. Em vez disso, pode ser uma revelação de processos culturais já em curso que foram reforçados. Os sistemas estatais de ensino superior têm sido a espinha dorsal da educação superior americana no seu período de expansão sem precedentes, após a Segunda Guerra Mundial. Têm atraído dois em cada três estudantes universitários americanos, incluindo a esmagadora maioria oriunda de famílias pobres ou modestas. Decorridos três anos da crise econômica de 2008, mesmo as maiores e mais fortes das universidades

---

* Mark Baldassare et al., "PPIC Statewide Survey: Californians and Higher Education". Conversa telefônica com Jason Simon (diretor de marketing e serviços de comunicação do gabinete do presidente da Universidade da Califórnia).

estaduais lutavam para se reinventar como instituições quase federais, quase privadas, bem como para atrair estudantes não vinculados ao estado que pagariam mensalidades mais elevadas. As instituições públicas mais pobres e menores foram apenas tentando sobreviver.

Aos poucos percebi, quando comecei a seguir os acontecimentos em Berkeley, como seriam representativos da cultura americana no rescaldo da crise econômica de 2008. Um rescaldo que não corrige as causas da crise, antes as intensifica. No país em geral, um desastre humano desencadeado por múltiplas decepções sistemáticas e erros estruturais nos sistemas financeiros, especialmente no financiamento imobiliário, conduziram a... demissões de professores e bibliotecários.

Isso é simplificar demasiadamente a causa e o efeito, mas não por muito. O que os desastres fazem, sobretudo, é revelar como as coisas funcionam normalmente. "Uma das características mais visíveis das recessões graves é que elas tendem a acelerar mudanças econômicas profundas que já estavam em curso." Nesse caso, o desastre revelou, "com uma clareza rara e brutal", uma divisão dos americanos em "vencedores e perdedores" e um lento esvaziamento da classe média.*

Esse *non sequitur*** surpreendente não é apenas uma história da Califórnia, do ensino superior ou da história americana. Tanto nos Estados Unidos como na União Europeia, o desemprego nacional perigosamente elevado levou não a uma governança de estímulo baseada em investimento público, mas a orçamentos de austeridade que provavelmente contribuem para desacelerar o já fraco crescimento econômico, apesar de esse crescimento econômico ser a fonte mais plausível, ao longo do tempo, de mais emprego e equilíbrio orçamentário. Esse padrão totalmente ilógico e autodestrutivo é proclamado como a "nova normalidade". O que está acontecendo hoje nos Estados Unidos e na União Europeia parece uma queda desconcertante no poço, sem fundo à vista.

Quando compreendi isso, compreendi também que o estudo de caso Berkeley, ou qualquer estudo de caso, seria improdutivo sem

---

* Don Peck, "Can the Middle Class Be Saved?", p.63. Ver os meus comentários sobre desastres como revelações em Rosalind Williams, "A Technological World We Can Live In".
** Um argumento é chamado *non sequitur* se a conclusão não sucede das premissas. (N.T.)

antes rever o modelo tácito com que começamos: crise e resultado, causa e efeito, economia e cultura. Por conseguinte, este trabalho volta-se agora para essas questões:

• Qual é o significado, no mundo de hoje, do termo *crise* frequentemente usado e pouco analisado?

• Qual é a distinção entre a *crise* e o seu *efeito*? Quando é que a *crise* acaba e quando começa o *efeito*?

• Nesse contexto, o que queremos significar com *cultura* ou *culturas*?

• Como é que os indivíduos e os grupos percebem, vivenciam e compreendem os eventos contemporâneos como *história*?

Como o mestre Confúcio sabiamente avisou, qualquer esforço para trazer ordem ao mundo deve começar por "corrigir nomes":

Se a linguagem não for correta, então o que se diz pode não ter sentido, o que afeta a integridade da moral e da arte. Se a justiça não funciona, o povo fica confuso, sem socorro. Deve sim existir preocupação com o que se diz. Isso é o mais importante dentre todo o resto.

Comecemos pelos termos *crise* e *efeito*.

CRISE E EFEITO COMO CONCEITOS HISTÓRICOS

Assim que o mundo financeiro começou a tremer, em 2008, os americanos tentaram criar um rótulo para o acontecimento. Em inglês, um rótulo que ganhou e ainda tem alguma expressão americana é "The Great Recession" ("A Grande Recessão"). Esse foi um exercício de circunstância histórica, a meio caminho entre a Grande Depressão dos anos 1930 e as recessões mais brandas que regularmente têm ocorrido desde então. Mas nós já começamos a confundir *crise* e *rescaldo*, uma vez que depressões e recessões são igualmente os resultados desencadeados por outros eventos. No caso da Grande Depressão, esse acontecimento é o *crash* da bolsa de valores em outubro de 1929. O que aconteceu em 2008 foi mais generalizado e, em pouco tempo, todo o conjunto de acontecimentos desse outono (*fall*, que também significa queda, uma palavra que descreve convenientemente tanto a estação do ano como a tendência dos acontecimentos) foi simplesmente resumida como "a crise".

Crise deriva da palavra grega *kerein*, que significa separar ou cortar, fixar, estabelecer. Refere-se a um evento climático bem definido, possivelmente perigoso, mas em qualquer caso, decisivo. Os usos mais recentes da palavra remontam aos anos 1500 e estão relacionados com eventos médicos e astrológicos, que se acreditava estarem intimamente relacionados. Nesse contexto, *crise* descreve "o momento no progresso de uma doença em que um importante desenvolvimento ou alteração tem lugar e é decisivo para a recuperação ou para a morte; o momento de virada de uma doença, para melhor ou para pior..."

No século XVII, o termo "crise" começou a ser usado num sentido mais genérico, aplicado à política e ao comércio, como "um estado vital ou decisivo no progresso de qualquer coisa; virada; um estado de coisas em que uma mudança decisiva para melhor ou para pior é iminente; agora aplicada especificamente a tempos de dificuldade, insegurança e expectativas na política ou no comércio". É notável que o termo "crise" usado no contexto médico, como noutros mais gerais, seja definido em contraste com o progresso em curso — inicialmente progresso de uma doença e, por volta do século XVII, "de qualquer coisa".

Em outras palavras, a ideia, ou, mais propriamente, a ideologia de progresso, emerge como um conceito dominante da história, ao mesmo tempo que o conceito de crise começa a ser aplicado à história como um episódio sinistro que interrompe a marcha fundamental do progresso. A sua dialética torna-se mais evidente no século XIX, por exemplo, na conhecida tradução de Platão, publicada em 1875, na qual Benjamin Jowett escreve: "O vulgar estadista também está apto a falhar em crises extraordinárias." O termo *crise* também começou a ser usado em expressões como *fomentadores de crises* (1841), centro da crise (1898, referindo-se ao Oriente Próximo) e (como elogio) *anticrise* (1900).

No século XX, o termo "crise" começou a substituir o termo "progresso" como a definição do estado das coisas. No período entre guerras, foram inventadas novas versões usadas para definir um estado geral de ansiedade: mentalidade de crise e crise de consciência (1938). Em 1940, William Empson, no apropriadamente intitulado *The Gathering Storm*, escreveu que "a questão é juntar a crise de sentimentos com o que podemos sentir sempre na vida normal". O desafio de gestão da crise — uma expressão primeiramente usada por Herman Kahn quando escrevia sobre o perigo de uma escalada militar — entrou na rotina.* Uma vez que a capacidade de gerir a crise se tornou um atributo dos líderes políticos e militares, põe-se a questão: a história "normal" é *progresso* ou *crise*? E se a crise começa a impregnar a história comum, qual é a distinção entre *crise* e *efeito*?

Estávamos há um ano e meio no nosso projeto (embaraça-me admitir) quando li num romance (Joseph O'Neill, *Netherland*, 2008) que a palavra inglesa *aftermath* (rescaldo) se refere à agricultura. Eu tinha, por ignorância, presumido que tinha a ver com matemática, mas, incitada por O'Neill, procurei também no OED (*Oxford English Dictionary*). Tal como *crisis*, *aftermath* foi usada pela primeira vez em inglês no século XVI. O uso mais antigo data de 1523. Tal como crise, rescaldo refere-se a um processo orgânico: "A segunda ou última ceifada; a colheita de erva que nasce após o corte no início do verão."**

Com início em meados do século XIX, o termo *aftermath*, tal como *crisis*, desenvolveu significados mais gerais, como "um estado ou condição (normalmente desagradável) decorrente de um aconte-

---

* "Pode decepcionar os fomentadores da crise ouvir-nos dizer isso" (*Times*, 11/5/1841). "Todos os aspectos de uma noite de crise" (*Westm Gaz*, 23/6/1896) "Um Governo Tory era à prova de crise" (Idem, 4/1/1898). "Os anos de menor crise do último Governo Liberal" (Idem, 26/3/1898). "O Próximo, e não o Extremo Oriente (...) foi o centro da crise." (Idem, 24/6/1898). "Um governo convicto da paz evita a crise" (Idem, 11/5/1900). "A Crise dos Fundos, no valor de quase dois milhões" (Idem, 3/1/1903). "Os que sofrem de crise de espírito afirmam sempre que os problemas de sua década em particular são únicos e insuperáveis" (E. Waugh, *Tablet*, 23/6/1938). "Quantas dessas pessoas têm crises de consciência?" (*Punch*, 10/8/1938). "Nos dias de crise antes da guerra" (Wyndham Lewis Let, 5/10/1939). "A questão é juntar a crise de sentimentos com o que podemos sentir sempre na vida normal" (W. Empson, *The Gathering Storm*, 1940). "A Suíça tem sido um refúgio normal para crise de dinheiro" (*Times*, 24/10/1960). "Problemas de gestão de crises" (*Financial Rev.*, p.viii/6, 1965; H. Kahn, *Escalation*, xiii, 245).

** Por exemplo, uma tradução inglesa de *History of the World*, de Pliny, afirma que "The grasse will be so high growne, that a man may cut it down and haue a plentiful aftermath for hay." Não é uma sequência de causa-efeito, mas um ciclo orgânico, em que a segunda colheita é geralmente menos abundante e desejável do que a primeira (poeta Andrew Marvell em 1673: "O *aftermath* raramente ou nunca iguala a primeira colheita").

cimento ou de alguma condição que surja a partir dele". Podemos tomar o exemplo de uma desilusão de amor como um acontecimento (Coventry Patmore, 1863: "Among the bloomless aftermath..."), que desencadeia a revolta (Hartley Coleridge, 1851: "The aftermath of the great rebellion"). No século XX, as origens agrícolas da palavra desapareceram em grande parte, quando *aftermath* passou a ser aplicado a grandes acontecimentos históricos, especialmente à guerra (Churchill proclamava em 1946 que "a vida e a força da Grã-Bretanha [...] serão testadas ao limite, não apenas na guerra, mas no rescaldo da guerra").

Um uso similar e dramático surgiu com a narração de John Hersey do bombardeio de Hiroshima, publicada pela primeira vez em 1946 no *New Yorker*, a partir das vidas de cinco sobreviventes. Numa nova edição do livro, publicada 35 anos depois, Hersey quase duplica o tamanho da narrativa, seguindo a vida desses indivíduos nas décadas subsequentes. Essa nova segunda parte intitula-se "Aftermath". A possibilidade de desfechos mais felizes permaneceu. Como disse Martin Luther King em 1958: "O rescaldo (*aftermath*) da não violência é a criação de uma comunidade de amor, enquanto que o rescaldo (*aftermath*) da violência é a amargura trágica." Para a maioria, no entanto, rescaldo tem conotações mais negativas, como depressão ou ressaca.*

Comecei a pensar que rastrear apenas essas duas palavras seria insuficiente para compreender a sua evolução interativa. Qualquer abordagem sensível e sofisticada à linguagem não deve fazer uma

---

* "Amante em erupção fala no prazer que tem na primavera deste rescaldo" (J. Cleveland, *To T.C.*, 22, 1658); "O rescaldo da grande revolta" (H. Coleridge, *Ess. & Marginalia*, II, 13, 1851); "Eu sou o que viveu muito e se reuniu no rescaldo da vida" (*Masque of Poets*, 135, 1878); "A vida e a força da Grã-Bretanha serão testadas ao máximo, não só na guerra, mas também no seu rescaldo" (W.S. Churchill, *Victory*, 5, 1946); "O rescaldo da não violência é a criação de uma comunidade de amor, enquanto que o rescaldo da violência é a amargura trágica" (M.L. King, *Stride toward Freedom*, vi, 102, 1958); "Lembro-me, também, do seu rescaldo, o sentimento, triste e enervante que o beijo frio do orvalho se espalha através do corpo todo" (C. Day Lewis, *Buried Day*, ii, 41, 1960); "A depressão é, por vezes, o rescaldo imediato de terminar um trabalho" (A. Storr, *Art of Psychotherapy*, x, 107, 1979); "O rescaldo do casamento parecia significar coisas diferentes para pessoas diferentes" (*Times*, 31/7/1981); "A princesa Anne confessou ter 'uma ressaca leve de um casamento muito agradável'" (Julho 2/5).

"fortaleza fora do dicionário" (para citar a juíza Learned Hand numa sentença judicial), mas sim considerar o propósito maior ou objeto que constitui o seu contexto.* Isso tornou-se claro para mim quando, em 2010, me convidaram para integrar um painel no MIT sobre "Comunicação em crises de evolução lenta". O título do evento assaltou-me como um paradoxo intrigante: supõe-se que uma crise é um momento decisivo e preciso de virada. Então, como pode ser um movimento lento? Intrigada, pus a hipótese de que talvez o conceito de "crise" que evolui "lentamente", que encerra essa contradição, remetesse para o que Leo Marx chamou de "vazio semântico": uma situação em que a linguagem existente se revela inadequada para as novas condições históricas, porque as mudanças históricas superam os recursos linguísticos para as expressar e analisar. Marx argumentou que esse vazio do fim do século XIX só começou a ser preenchido pelo surgimento relativamente recente da palavra e do conceito *tecnologia*.**

Comecei a prestar atenção a notícias e comentários sobre a crise de 2008 que davam particular atenção às suas características de movimento lento. O meu método foi inteiramente impressionista e não podia ter sido mais restrito: baseou-se principalmente na leitura diária do *New York Times*. Contudo, essa amostra, extremamente limitada, deu-me muito material para refletir sobre crises de movimento lento e outras variantes de *crisis* e *aftermath*. Quase semanalmente, os colunistas Bob Herbert e Paul Krugman queixavam-se de que quando a crise parecia acabar devido à aplicação de medidas financeiras, a crise "real", que definiam como económica e mais especificamente como desemprego elevado, não acabava de todo.

Um ano depois do *crash*, a seção "News of the Week" do *New York Times* intitulava-se "A Recessão acabou, mas não os *layoffs*."*** Um ano e meio depois disso, em 2011 (dessa vez escrito na versão on-line da

---

* "É um dos mais seguros índices de uma jurisprudência madura e desenvolvida não fazer uma fortaleza do dicionário", escreveu a juíza Hand numa decisão de 1945, "mas lembrar que os estatutos sempre têm algum propósito ou objeto para realizar, cuja descoberta simpática e imaginativa é o guia mais certo para o seu significado". Adam Liptak, "Justices Turning More Frequently to Dictionary, and Not Just for Big Words".
** Leo Marx, "Technology: The Emergence of a Hazardous Concept", p.561-577.
*** Peter S. Goodman, *The New York Times*, 8/11/2009.

revista *Newsweek*), o ex-primeiro-ministro britânico Gordon Brown vaticinou de forma preocupante que:

> (...) Se o mundo continuar neste caminho, os historiadores do futuro dirão que o grande colapso financeiro de há três anos foi, simplesmente, a amostra de uma sucessão de crises, que corroeram o consentimento popular para a própria globalização e que podiam ter sido evitadas.*

Também em 2011 — agora regressando ao *Times* — as audiências do Senado com o economista Peter Diamond, do MIT, para que fosse aceito no Federal Reserve (o banco central americano) giravam em torno da suposição de que a crise econômica continuava. O senador Richard C. Shelby (Republicano-Alabama) perguntou: "O dr. Diamond tem alguma experiência em gestão de crises?" "Não." Evidentemente, a gestão da crise era a nova aptidão necessária para trabalhar no Fed.**

Não era apenas a economia. A pergunta "Esta crise alguma vez vai de fato acabar?" foi feita inúmeras vezes em referência às guerras levadas a cabo pelos americanos no Iraque e no Afeganistão. O correspondente de guerra do *New York Times* no Afeganistão escreveu: "Após quatro anos, o fim do jogo aqui começou finalmente. Mas exatamente quando será o fim do jogo em si parece que ninguém adivinha." O mesmo tipo de questão — "Este acontecimento acabou ou não?"*** — dominou as comemorações do décimo aniversário do 11 de Setembro. O relatório oficial da Comissão 11/09 intitula-se *The Attack from Planning to Aftermath*,**** e pelo menos dois dos muitos livros sobre o ataque intitulam-se *aftermath*.*****

Uma linguagem semelhante, que descreve uma crise aparentemente sem fim, foi usada para analisar desastres ambientais que surgiram depois da crise econômica: as cheias no Paquistão em 2009, o terremoto no Haiti no início de 2010, o derramamento de petróleo

---

* Gordon Brown, "Connecting the Dots: Take Back the Future", p.7.
** Peter A. Diamond, "When a Nobel Prize Isn't Enough", p.A19.
*** *The New York Times*, 17/10/2010, p.11.
**** Texto autorizado, versão resumida, pelo National Commission on Terrorist Attacks e Philip D. Zelikow, 8/8/2011.
***** Joel Meyerowitz, *Aftermath: World Trade Center Archive*; John Botte, *Aftermath: Unseen 9/11 Photos by a New York City Cop*.

no Golfo do México que começou logo a seguir, o terremoto e *tsunami* japonês no início de 2011 e, também em 2011, os tornados e as inundações no sul dos Estados Unidos, no Meio Oeste e na Nova Inglaterra. Por exemplo, um relatório sobre a crise do terremoto no Haiti — ou seria do seu rescaldo? — foi intitulado *The Special Pain of a Slow Disaster*.*

Uma consequência de aplicar o conceito de crise que evolui lentamente às crises econômicas e militares, bem como às supostamente naturais, pode ser a de naturalizar os processos gerados humanamente e caracterizá-los como forças irreprimíveis, para além do controle humano — em resumo, para negar a ação humana. Mas isso funciona em ambos os sentidos, ou seja, os desastres naturais podem ser humanizados com o reconhecimento das suas origens parcialmente humanas, bem como dos seus efeitos diferenciados sobre os homens. Os efeitos das cheias do Mississippi em 2011 em pessoas de poucos recursos — "milhares de quintais estão debaixo de água" — contrastava com as áreas mais altas onde se encontravam as "elites financeiras que construíram muros à volta da sua prosperidade, enquanto inundavam mercados a jusante com torrentes de ativos tóxicos".** A erupção do vulcão Eyjafjallajokull na Islândia em 2010 foi chamada "choque de cinzas" em analogia com o "choque do petróleo".*** Mais concretamente, logo após o derretimento parcial de reatores nucleares no Japão, após o *tsunami* de 2011 — um excelente exemplo de uma crise híbrida, composta simultaneamente por "atos de Deus" e erros humanos —, a economia global foi mais do que nunca referida como estando, tal como os reatores nucleares, em "derretimento" (*meltdown*).****

A essa altura era evidente que as discussões contemporâneas sobre crise e rescaldo estavam não apenas redefinindo esses termos como gerando um novo conjunto de metáforas para descrever a história contemporânea. O padrão histórico que continuou a ser evocado não

---

* Lydia Polgreen, *The New York Times*, 11/11/2010, p.F1.
** James Carroll, "Amid disaster, community", p.A9.
*** http://www.nytimes.com/2011/05/26/world/europe/26volcano.html?hp; David Jolly, "Volcanic ash closes airports in Berlin and other German Cities", citando Olivier Jankovec, diretor europeu do Conselho Internacional de Aeroportos.
**** Floyd Norris, "Japan's Meltdown and the Global Economy's".

se referia à lógica causa-efeito, mas antes à estética. Numa espécie de exercício coletivo de associação livre, uma imagem de fluxo fluido continuou a ser repetida: "um derramamento" (especialmente em 2010, quando o derramamento de petróleo no Golfo do México estava na mente de todos), uma "inundação", uma "nuvem de cinzas" ou, mais persistentemente, um *"meltdown"*. Uma dessas imagens é, sem dúvida, a da queda das torres do World Trade Center, que pareciam liquidificar-se à medida que caíam em cascata.

Em todos esses casos, o *locus* de vulnerabilidade configura círculos de problemas sempre em expansão, que se cruzam com os de outros pontos num novo padrão histórico de interseção e reforço mútuo de calamidades. Um ensaísta do *New York Times* deu o nome *spillonomics*, ou economia de derramamentos, à tendência humana "natural" de subestimar os riscos, como o do poço de petróleo do Golfo do México.* Um outro comentarista do *Times* que escrevia quando o derramamento do Golfo do México estava finalmente sob controle, propôs que o poço de petróleo foi "mais do que uma catástrofe ambiental". Ele argumentou que

> o derramamento tornou-se um lembrete exasperado da desordem que aflige tantas áreas da vida nacional, desde a cultura política cancerosa à crise do desemprego e a uma guerra insanável no Afeganistão (...) o imaginário insinuou-se até na nossa consciência coletiva — prova corrosiva de que algo enorme e confuso continuava a acontecer, apesar dos trabalhos dos nossos engenheiros mais brilhantes e da nossa maquinaria mais cara.**

Essas imagens insinuam-se tanto no subconsciente coletivo, que é, seguramente, mais do que a razão, o nível de mentalidade humana no qual a imaginação é mais ativa. Em todo o espectro da consciência, crise e rescaldo, ambos "naturais" ou "humanos", são combinados no padrão imagético de ondas implacáveis de danos que repetem infinitamente séries de destruição. Quando essas notícias da história contemporânea são lidas com sensibilidade ao tom, à alusão e ao

---

* David Leonhardt, "Spillonomics: Underestimating Risk".
** Peter S. Goodman, "A Spill Into the Psyche".

contexto, o padrão estético que transmitem leva-nos a um nível de cultura a que Michel Foucault chamou "inconsciência positiva" do conhecimento: uma "arqueologia" do conhecimento, abaixo do nível da discussão consciente, ainda que moldando a discussão a todo o momento, tomando-a como garantida. Como Foucault descreve em *As palavras e as coisas*:

> Como a cultura vivencia a proximidade das coisas, como estabelece a tábua rasa das suas relações e a ordem pela qual devem ser consideradas (…) o que se faz, afinal, através da semelhança.*

A história contemporânea de crise e rescaldo é, nesse sentido, uma "história de semelhanças". Como experiência vivida, esse acontecimento econômico de 2008 é percebido e vivenciado como parte de uma rede de acontecimentos que se assemelham a um derramamento que se espalha e causa danos: é assim que a história contemporânea é vivenciada, por meio da "proximidade" dessas "coisas". Os episódios de interseção de derramamento são "acidentes normais" — para usar a expressão de Charles Perrow — que coletivamente formam o "novo normal" da história contemporânea.** A crise já não é um ponto de virada na história, mas antes uma condição imanente da história, parte do seu processo "normal", indistinguível do seu próprio resultado, o rescaldo. Nesse caso, a crise de 2008 teve uma dimensão cultural de intensificação e aceleração de nada menos do que a emergência de uma nova consciência histórica. A história é, em última análise, um exercício de construção de padrões e, desde fins do século XVIII, o padrão dominante dos conceitos ocidentais de história tem sido o do progresso linear. A suposição de que os humanos estavam aumentando dramaticamente o controle material sobre a não natureza tornou possível imaginar, pela primeira vez, que a história já não voltaria a estar presa em ciclos de repetição e frustração. Em vez disso, as capacidades materiais reformulariam a história num padrão de progresso social gradual, mas constante. Em fins do século XIX e no século

---

* Michel Foucault, *As palavras e as coisas*.
** Charles Perrow, *Normal Accidents*: Living with High Risk Technologies.

XX, os meios materiais de progresso gradualmente definiam o seu objetivo, bem como os seus meios: uma mudança fundamental no conceito, mas uma mudança que não alterava a crença de que o padrão-base da história foi moldado por uma expansão gradual do conjunto de poderes humanos.*

No início do século XXI estão ocorrendo muitos acontecimentos da história contemporânea que não se encaixam bem nesse modelo mental. A crença no progresso histórico mantém-se forte, especialmente quando as máquinas e os aparelhos tecnológicos são apresentados como prova. Mas quando estão envolvidos sistemas maiores — especialmente ambientais, econômicos e militares — o padrão de história contemporânea associado a eles é visto não como uma linha, mas como um padrão de centros de propagação da crise sem fim à vista. Cada centro incorpora o seu próprio rescaldo e estabelece padrões de interferência com outros centros em expansão, fazendo com que os problemas do todo sejam muito maiores do que os da soma das partes. Tal como os sistemas e os dispositivos tecnológicos normalmente se sobrepõem em vez de se substituírem, também as concepções da história estão intimamente relacionadas com esses dispositivos e sistemas. O progresso histórico e a crise histórica, o padrão linear e o padrão de rede coexistem como explicações do mundo contemporâneo.

Essa coexistência de padrões históricos conflitantes apresenta a contradição fundamental do pensamento contemporâneo sobre a história. Para voltar ao *New York Times*, não há melhor exemplo disso do que o colunista Thomas Friedman, que, em 2006, publicou "Uma breve história do século XXI", um best-seller intitulado *O mundo é plano*, enfatizando as grandes oportunidades para a humanidade numa terra plana. Em 2008, Friedman publicou *Quente, plano e lotado: os desafios e oportunidades de um novo mundo*. Em 2011 publicou um artigo intitulado "The Earth Is Full", alertando para os laços de interseção entre crescimento populacional, aquecimento global, aumento do preço dos alimentos e do petróleo e instabilidade política. Na última apreciação, Friedman avisa: "Não mudaremos os sistemas

---

* Rosalind Williams, "An Historian's View"; "Cultural Origins and Environmental Implications of Large Technological Systems", p.377-403.

(...) sem uma crise. Mas não se preocupem (...) estamos chegando lá." À medida que caminhamos para uma "escolha criada pela crise" (aqui Friedman cita Paul Gilding, uma autoridade, "um veterano [...] ambientalista empreendedor"), os homens conseguirão encontrar o seu caminho para, em vez do colapso global, obterem uma nova sustentabilidade".*

A terra é plana e está cheia. Os seus salvadores são ambientalistas e também empreendedores. A história do mundo é conduzida pela crise, mas a nova sustentabilidade é iminente. Essas formas confusas e conflituantes de imaginar os padrões dos acontecimentos contemporâneos emergem de novas condições históricas em que a procura humana de recursos do planeta é de longe maior do que a que pode ser sustentável, mas em que a ideologia dominante da acumulação capitalista, por meio da inovação tecnológica, só intensifica a crise.

A história como mundo vivido

Nas palavras de Foucault, estamos tentando perceber "o mesmo terreno que uma vez mais se agita sob os nossos pés".** Como é o mesmo e como se agita? Ou, para responder a uma questão sobre história contemporânea do mesmo modo que Leo Marx fez sobre tecnologia, quais são as novas condições do mundo que contribuíram para aumentar a necessidade de novas palavras e novos conceitos para as apreender e analisar?

Em *As palavras e as coisas*, Foucault assinala que rejeita "a abordagem fenomenológica, que dá absoluta prioridade ao sujeito observador", quando tal "conduz a uma consciência transcendental". Em vez de uma "teoria do sujeito cognoscente, ele procura uma teoria da prática discursiva".***

---

* Thomas L. Friedman, *O mundo é plano*: Uma breve história do século XXI; *Quente, plano e lotado*: os desafios e oportunidades de um novo mundo; "The Earth Is Full".
** Foucault aborda diretamente a questão da ordem na história em *As palavras e as coisas*.
*** Michel Foucault, *As palavras e as coisas*.

Reconhecidamente, há um longo caminho entre a prova muito seletiva e impressionista apresentada acima — basicamente trechos aleatórios da grande imprensa americana — e as amplas hipóteses de que os conceitos culturais da história contemporânea estão num conflito profundo entre crenças arraigadas em progresso e uma crescente onda de acontecimentos-crise que desafiam essas crenças. Colocar a questão numa base de prova mais substancial oferece uma fantástica oportunidade para colaborações de historiadores e cientistas sociais, especialmente na análise da "prática discursiva". As ferramentas mais importantes para compreender as percepções e as experiências contemporâneas da história são as das humanidades em geral e as da crítica literária em particular. A contagem de palavras e os mapas linguísticos seriam úteis, mas esses exercícios são incompletos. Discernir os padrões da história contemporânea exige leituras contextuais e imaginativas de várias fontes, para que se revelem o implícito, as regras epistemológicas menos conscientes e os pressupostos da nossa época.

São também muito interessantes as possibilidades de colaboração de historiadores e cientistas sociais que estudam a história "de baixo para cima". Essa metáfora eloquente da espacialidade tem sido frequentemente usada por historiadores que procuram estudar as pessoas comuns em oposição às elites e, em particular, trazer para a narrativa histórica diversos grupos negligenciados (trabalhadores, colonizados, mulheres, bem como atores não humanos). No entanto, persiste a suposição de que o historiador profissional de renome é aquele que faz um trabalho de inclusão. Ao avaliar a hipótese de modelos conflituantes da história, precisamos da história de baixo para cima, no sentido de perguntar a não historiadores — pessoas que vivem na história — como a percebem e vivenciam. Como descrevem e representam a mudança e a continuidade no mundo? Como se veem na relação com a história passada e futura? Em resumo, como vivenciam a sua concepção do mundo vivido como histórica?

O conceito de mundo vivido foi articulado por fenomenologistas no início do século XX para definir a experiência do mundo cotidiano que precede e fundamenta a pesquisa científica. Em 1936 Edmund Husserl descreve a distinção desta forma:

> É tão trivial a observação de que o mundo verdadeiramente vivido, realmente vivido e verdadeiramente experienciado, no qual toda a nossa vida tem lugar, permanece como é [...] e permanece inalterado pelo fato de termos inventado uma arte especial chamada física.*

Ao distinguir experiência semiconsciente de senso comum das abordagens abstratas da reflexão científica, Husserl está também fazendo um juízo de valor. Ele acredita que o mundo vivido, em toda a sua riqueza, complexidade e até confusão, deve ser valorizado em detrimento de modelos — na sua maneira mais dura de pensar — científicos que dele derivaram.

Quando se põe tanto esforço numa explicação científica do mundo, os fatos fundamentais da participação diária e ativa que o integram são esquecidos. Husserl acredita que esse desvio de atenção foi nada menos do que uma crise — "a crise das ciências europeias", que está causando danos contínuos à própria concepção de mundo vivido.**

A palavra *história* pode ser substituída por *física*, como uma "arte especial" que implicitamente assume o mundo "verdadeiramente vivido e verdadeiramente experienciado", precedendo e fundamentando o trabalho dos historiadores. As consequências práticas são duplas. Primeiro, o investigador que procura apreender o mundo como mundo vivido tem de incluir provas por meio de todos os sentidos e todas as formas de cognição, conscientes e menos conscientes. Por outro lado, a validade da prova de mundo vivido faz-se por meio de experiências intersubjetivas das pessoas em causa. Não um raciocínio *a priori*, mas atividades humanas repetidas, fundamentais, que (como a criação e o uso da linguagem e das instituições sociais) fornecem permanentemente verificações reais da experiência partilhada.

Foucault discorda da "abordagem fenomenológica" porque ela dá "absoluta prioridade ao sujeito observador", mas essa prioridade não é necessária. Em vez disso, essa abordagem inclui, num todo integrado e reflexivo, o estudo do "observador que, imbuído pela pro-

---

* Edmund Husserl, *A crise das ciências europeias e a fenomenologia transcendental: uma introdução à filosofia fenomenóloga*. Agradeço a Daniela Helbig a citação e a transcrição.
** Para um comentário sobre Husserl e a fenomenologia, ver David Abram, *A magia do sensível*, e Donn Welton, "World", p.303.

ximidade, aborda o mundo a partir de um campo de visão limitado ao horizonte da sua própria vivência; o ato de perceber e o conteúdo da percepção".* No caso da concepção histórica do mundo, ela é apreendida pelo "sujeito observador", mas apenas enquanto sujeito imerso em atos de percepção que envolvem discurso e representação e apenas enquanto sujeito comprometido com o "conteúdo" do que percebe. A complexidade reside no fato de esse conteúdo mudar à medida que é percebido. A concepção histórica do mundo tem, ela própria, uma história. O chão muda sob nossos pés.

Uma das formas mais comuns de descrever a concepção do mundo contemporânea em contraste com as anteriores relaciona-se com o fato de a velocidade da mudança estar acelerando. À medida que os conceitos de história como um progresso linear evoluíram no século XIX e princípios do século XX, foi dada uma maior atenção à "mudança tecnológica" como um descritor do progresso histórico em oposição a uma mudança social mais geral. A taxa de progresso social pode continuar a ser gradual, mas na esfera tecnológica o que Henry Adams chamou "a lei da aceleração" parece comandar. Na sua autobiografia, *The Education of Henry Adams*, esse eminente historiador americano — fundador e primeiro presidente da Associação Americana de História — esboçou aquela "lei" para concluir que a exploração de novas fontes de energia estava causando uma acentuada aceleração da mudança da história. Adams foi cauteloso em não declarar isso como *progresso*, mas enfatizou que se tratava de uma *sequência* de significado incomensurável para a humanidade.**

Se Adams subestimou alguma coisa, foi o efeito de aceleração, ao focar-se na energia. Outros historiadores depois dele mostraram que muitos outros processos materiais exibiam uma dramática escalada no mesmo momento em que Adams escrevia, no início do século XX: dramáticas acelerações da população, da produção industrial, do

---

* Donald M. Lowe, *History of Bourgeois Perception*, p.1-12, citando tanto Foucault em *The Order of Things* como Maurice Merleau-Ponty, especialmente *Fenomenologia da percepção*.
** Henry Adams, *The Education of Henry Adams, an Autobiography*.

consumo de recursos, da extinção de espécies e de muitas outras intervenções da atividade humana que afetam todo o planeta.*

Os historiadores do século XX demoraram algum tempo para entender como o ritmo da história natural estava sendo sugado para dentro do ritmo acelerado da história humana.

Historiadores da Escola dos Annales, no período entre as guerras, trouxeram para o estudo da história "a partir de baixo" acontecimentos de longa duração — mudanças coletivas de longo prazo, nas condições de vida materiais, que tiveram lugar a um nível muito abaixo do da consciência humana. Emmanuel Le Roy Ladurie, por exemplo, escreveu o que é frequentemente visto como um marco histórico da Escola dos Annales, um estudo dos camponeses de Languedoc no qual o protagonista é um ciclo agrário que durou três séculos. O ciclo é descrito com recurso a um grande número de provas acumuladas em registros fiscais, preço dos cereais, registros da população, evolução da alfabetização e muitos outros indicadores. Os historiadores dos Annales contrastaram a ação lenta dos acontecimentos (alterações climáticas, produtividade do solo, população e fatores semelhantes) com histórias de *conjunturas* que se desenrolam mais rapidamente (mudanças políticas e sociais ao longo de dois ou três séculos) e *acontecimentos* (de curta duração, observáveis no tempo de uma vida humana, incluindo pessoas específicas e os acontecimentos que ocorreram ao longo da sua vida).**

Simultaneamente, os historiadores dos Annales estavam trazendo o mundo natural para a história humana, a dramática ascensão das transformações materiais estava criando uma concepção do mundo vivido na qual os acontecimentos de longa duração anteriores podiam agora ter lugar no tempo de uma vida humana. Longe de ser o pano de fundo despercebido à história humana, tais mudanças estão despertando um elevado grau de atenção individual e coletiva. Na terminologia dos historiadores fundadores dos Annales, uma *crise* se-

---

* J.R. McNeill, *Something New Under the Sun*: An Environmental History of the Twentieth-Century World.
** Emmanuel Le Roy Ladurie, *The Peasants of Languedoc*; revisto por Anne E.C. McCants, "There and Back Again: The Great Agrarian Cycle Revisited". Ver também Pamela O. Long, "The Annales and the History of Technology", p.177-186.

ria, por definição, aplicada à *histoire événementelle:* um ponto de virada acentuado e repentino na história. A *crise ambiental* é agora um nome comum para acontecimentos mensurados em décadas, em vez de séculos.

Essa não era a concepção do mundo do século V da Grécia AEC,* quando os conceitos e práticas da história começaram a ser articulados. Os inventores da *historia* como pesquisa ou investigação presumiram o planeta como um lar que proporciona estabilidade, durabilidade e previsibilidade face aos relatos relativamente transitórios, frágeis e contingentes das façanhas e palavras humanas. A constante de tempo da história humana parecia amplamente diferente da da história natural (no sentido da história da natureza não humana). A concepção contemporânea da história do mundo é completamente diferente da dos gregos e também completamente diferente da das revoluções científicas e industriais, que presumiram que a expansão do poder intelectual e material conduziria à supremacia humana sobre o planeta.

Em vez disso, a concepção histórica do mundo que emergiu no início do século XXI parece ser a de uma esperança hesitante no progresso que se mistura com a ansiedade crescente em torno de crises que se interceptam. Nesse mundo vivido, o progresso é cada vez mais definido como "mudança" material, que acelera implacavelmente, em vez de progresso social, o tal que parece mais lento do que nunca. Ao mesmo tempo, as crises continuam, reforçando-se umas às outras, em constante mutação, em aparente rescaldo, difíceis de distinguir das crises que os originaram.

Muitas das sutilezas e contradições aparentes entre os eleitores da Califórnia são mais bem-entendidas na base dessa concepção histórica do mundo conflituoso e instável. Os dados de pesquisas do PPCI (Public Policy Institute of California) não sugerem tanto uma consciência dividida, mas uma dupla consciência da história contemporânea. O padrão da história como progresso contínuo presente e poderoso, mas também o da história como crise: os dois estão em camadas jus-

---

* Antes da Era Comum (em inglês, BCE, *Before Common Era*). Alternativa não religiosa para a.C. (antes de Cristo) para designar o primeiro período do calendário gregoriano, a era da pré-história e da Antiguidade. (N.T.)

tapostas na consciência de muitos cidadãos e fornecem um modelo convincente com o qual podem interpretar os acontecimentos atuais. Quando a história contemporânea é percebida como um padrão de progresso, faz sentido para o indivíduo (e para a sua família) investir no ensino superior, que proporcionará um futuro econômico melhor, como tem acontecido nos Estados Unidos. Quando a história é percebida como um padrão de crises interligadas, a desconfiança nas instituições em geral torna-se desvinculada de quaisquer circunstâncias particulares e torna-se um campo livre para acusações permanentes. Até mesmo as universidades, que usufruíram muito tempo de um alto nível de confiança cívica, são arrastadas para esse campo de forças de desconfiança, que é mais forte do que a percepção dos benefícios das instituições de educação superior.

A coexistência desses dois padrões de percepção da história contemporânea ajuda também a explicar a coexistência de duas narrativas que dominam atualmente a discussão sobre o ensino superior, incluindo muitas que se referem à Universidade da Califórnia. Uma parte expressa a desconfiança generalizada nas universidades enquanto instituições porque todas as instituições são corruptas, injustas e influenciáveis. Mimam o corpo docente com elevados salários, aumentos não merecidos e poucas horas de trabalho; contratam administradores demasiadamente caros; não são geridas como um negócio; estão atoladas em burocracia; presas a velhos modelos de ensino, deixaram de ter ferramentas de educação inovadoras e por aí adiante. Por outro lado — e aqui, na Califórnia, os dados dos eleitores são convincentes —, a maior parte dos pais quer desesperadamente que os seus filhos tenham acesso a essas instituições, assim como os próprios filhos o desejam. Os americanos consideram a possibilidade de acesso a essas faculdades e universidades um grande privilégio e, no caso das públicas, temem fortemente o declínio na acessibilidade e da capacidade de arcar com os custos.

Essa contradição é bastante profunda para ser atribuída apenas à confusão, à desinformação ou ao pensamento mágico, embora os três estejam certamente presentes. A contradição é profunda porque surge do desafio de continuar a acreditar num padrão histórico de progresso colocado pelos acontecimentos recentes, que deram origem a histórias de progresso amadas, mas agora ameaçadas. Os problemas coletivos da sociedade americana são muito numerosos e interligados para ser resolvidos através de esforços individuais. No entanto, não há confiança no esforço coletivo quando todas as instituições são vistas como corruptas, ineficazes ou ambos. A percepção da incapacidade de criar instituições confiáveis foi uma das causas da crise econômica que, por sua vez, reforçou essa falta de confiança, por meio da transformação de uma crise econômica numa crise da democracia.

A história não pode continuar como progresso social sem o esforço coletivo. Estaremos condenados a ver a história transformada numa rede de crises que se reforçam mutuamente? A necessidade de compreender o padrão da história é muito mais forte do que uma opinião ou estado de espírito. Essa compreensão constitui a base para um sentido de previsibilidade na vida. Esse é um instinto de conservação, no sentido pré-político, que é necessário para a sobrevivência e a adaptação num mundo de perda e mudança. Quando o sentimento de previsibilidade é fundamentalmente ameaçado, quando parece que a história não decorre como sempre decorreu, os indivíduos reagem intensamente, talvez inconsequentemente. O que os dados disponíveis não revelam é a intensidade disso, tornando cruciais a pesquisa qualitativa e a interpretação, bem como a atenção às dimensões estéticas e narrativas dos registros da história contemporânea.*

Conclusão: a uma sensação de fim

A escala do tempo da história começa a expandir-se no século XIX com descobertas arqueológicas e antropológicas do que viria a ser chamado *pré-história* (um termo que se tornou comum com John Lubbock em *Prehistoric Times*, publicado em 1865). Aproximadamente na mesma altura, o futuro profundo da história começou a ser contemplado com as teorias científicas de entropia que tornaram possível imaginar

---

* Peter Marris, *Loss and Change*. Sobre a intensidade das paixões econômicas, ver Bruno Latour e Vincent Antonin Lépinay, *The Science of Passionate Interests*: An Introduction to Gabriel Tarde's Economic Anthropology, e Rosalind Williams, *Dream Worlds: Mass Consumption in Late Nineteenth Century*, p.359-374.

uma longínqua "morte térmica" do universo. A história pode estar em aceleração, por enquanto, mas começa a parecer que, no fim — num fim longínquo —, tudo terminará e se esgotará.* Em ambas as direções, a história universal estava assumindo uma escala de tempo que já não tinha um ajuste razoável com a escala da história humana, especialmente com os quase seis milênios associados à profecia cristã.

Desde então, a história humana perdeu ainda mais as suas amarras em relação ao tempo universal. Embora a descoberta do tempo profundo seja uma das aventuras intelectuais mais entusiásticas da humanidade, esse entusiasmo não é simétrico em ambas as direções. Para o futuro, pelo menos, o tempo profundo tornou-se cada vez mais surreal e assustador. Em fins do século XX, provas de uma misteriosa energia negra sugeriam que a expansão do espaço pode continuar até o ponto em que as galáxias deixarão de ter a capacidade de transmitir luz de umas para as outras. Passado e futuro iriam além do limite de detecção e qualquer criatura consciente que existisse seria imobilizada no equivalente cósmico a uma sepultura silenciosa.**

Nas suas palestras (e livro subsequente, *The Sense of an Ending*), Frank Kermode sublinha a importância dessa expansão do tempo para a literatura moderna. Qualquer escritor fala de seres humanos que se encontram a eles próprios — nós próprios — no "meio". Precisamos "sentir" um fim e também precisamos disso para "fazer sentido". Isso é verdade tanto para as nossas histórias individuais como coletivas, porque é sempre o nosso fim que temos em vista quando pensamos no fim da história. Quando a escala do tempo vai além de uma duração mensurável em gerações humanas, é acrescentada uma nova carga à literatura para determinar esse sentido.

O mesmo é verdadeiro para a história. A história da história não tem que ser uma grande narrativa, ou até de todo uma narrativa ou história no sentido comum da palavra. Mas o que a história tem inevitavelmente em comum com a ficção é o padrão, a sequência, a organização. As pesquisas históricas mais quantitativas e orientadas por dados conti-

---

* Crosbie Smith, *The Science of Energy:* a Cultural History of Energy Physics in Victorian Britain; ver também Stephen Brush, "Thermodynamics and History: Science and Culture in the 19th Century", p.467-565.
** Brian Greene, "Darkness on the Edge of the Universe".

nuam a implicar padrões porque as suas questões-base implicam forma e ordem: o que muda e o que permanece ao longo do tempo. Um estudo fenomenológico da nossa concepção do mundo vivido tem de abordar a questão do "que vem a seguir", para o "conteúdo" da concepção do mundo vivido incluir não apenas as incontáveis interações materiais diárias, mas também as inevitáveis especulações sobre o significado de tudo isso. Uma dimensão crucial da concepção do mundo vivido é o seu horizonte. Há sempre um limite para isso e um constante e forte desejo humano é olhar para além do limite. Nesse sentido, o transcendente é sempre parte da concepção do mundo vivido.

Kermode lembra-nos de que as histórias humanas, tipicamente, incluem três opções: salvação, ciclos intermináveis e destruição. Todas têm, sem dúvida, lugar nos conceitos contemporâneos da história. A perspectiva da salvação é evidente tanto nas versões religiosas da Ascensão ou da segunda Vinda de Cristo como em visões semelhantes de outras religiões. Também está presente na visão secular do progresso que propõe um longínquo e feliz objetivo em direção ao qual a história se move. O tempo dos ciclos eternos a que Kermode chamou *aevum* é o de gerações após gerações de seres humanos que aprendem uns com os outros, imitando e repetindo as gerações precedentes, numa forma de duração que não é imortal mas que perdura — o ciclo generativo no qual as criaturas (não só as humanas) perpetuam a sua espécie com o seu próprio sentido de eternidade.* Num mundo em que o progresso parece estar gerando crises, a visão dos ciclos eternos tem sido revivida no conceito de *sustentabilidade*.

Depois há a destruição, na sua versão religiosa do Apocalipse e versão secular convergente, que culmina com uma crise. Na análise de Kermode, a crise já não é iminente — no horizonte histórico —, mas imanente. A crise invadiu e foi apanhada pelo curso da história:

> (...) o velho apocalipse, fortemente profético, com a sua identificação exata, tem sido diluído; a escatologia foi estendida a toda a história, o Fim está presente a cada momento.**

---

* Frank Kermode, *The Sense of an Ending*, p.79 (estou parafraseando). Sobre o *aevum*, consultar também o capítulo III, "World without End or Beginning", p.67-89.
** Frank Kermode, *The Sense of an Ending*, p.26.

Dado que as crises se multiplicam e convergem, as crises como episódio começam a evoluir para crises como destruição final da concepção do mundo vivido. O horizonte longínquo da história aproxima-se. Cada crise particular começa a fazer pressentir o grande final.

Nada é mais rotineiro do que uma crise do capitalismo. Todas as crises têm as suas características únicas e são todas humanamente devastadoras — mas nada é mais previsível; e, em termos intelectuais, são ainda mais enfadonhas, no sentido de que cada uma apenas nos relembra como o capitalismo funciona e como é tão propenso ao colapso. Por que devemos prestar especial atenção a esta crise? Por que formar um grupo especial para explorar as suas implicações?

Sugiro que as nossas motivações menos conscientes para o fazer são "a sensação de fim": o sentimento de que esta crise não é de rotina, mas uma de muitas cujo reforço das interações está remodelando a concepção histórica do mundo. Sabemos que o império humano, tal como impérios anteriores mais limitados, não durará para sempre. O equilíbrio entre as atuais taxas de crescimento da população e o uso de recursos, por um lado, e os recursos planetários, por outro, é insustentável. No entanto, o cenário de sustentabilidade não parece estar presente e ser real. Os cenários que são mais plausíveis são muito intimidantes e assustadores: mudanças climáticas, guerra nuclear, pandemias, disputas por água e alimentos.

Isso é porque tais cenários já fazem parte da nossa concepção histórica do mundo vivido. Em vez de sugerir um apocalipse futuro, incorporam um apocalipse em curso. Nós já vivemos com imagens do fim: dinamitar o topo das montanhas na Virgínia Ocidental, secar pântanos no sul do Iraque, demolir bairros em Pequim, extinguir quedas de água, insetos, espécies domesticadas e não domesticadas. Já não se trata apenas de selvas intocadas, bosques virgens dos quais nos desejamos despedir. Todas aquelas coisas comuns e muitas outras estão desaparecendo numa maré crescente de perda.*

Não temos de esperar que o último peixe no oceano desapareça, nem que a última árvore da floresta tropical seja derrubada, para imaginar o seu desaparecimento. Não temos de imaginar que Berkeley vai desaparecer como uma grande universidade para lamentar a mor-

---

* Refiro-me aos últimos parágrafos do livro de Claude Lévi-Strauss *Tristes Trópicos*.

te de uma universidade conhecida pela excelência acadêmica combinada com a missão pública sustentada por um plano-mestre idealista.

Essas características do mundo estão desaparecendo diante dos nossos olhos. O fim é aqui e agora e de tudo o que nos rodeia. O império humano é um novo espaço e também um novo tempo histórico, suspenso entre a mudança e a eternidade, um tempo em que o fim dos tempos está integrado no presente. O tempo passa, mas o seu fim é reencenado constantemente.* A crise já não é um episódio bem definido, nem um cataclismo final. É uma condição de habitante, que contém as suas próprias consequências, que cada vez mais dominam a concepção histórica do mundo.

A linguagem da ficção não é uma distração, mas uma fonte insubstituível de introspeção em manifestações culturais de mudança histórica — não uma mudança superficial, mas fundamental. Quando o romancista Haruki Murakami diz que a ficção que escreve "está ela própria passando por uma transformação perceptível", é porque está sendo assimilada pelos leitores ocidentais de uma maneira diferente, porque eles já não consideram o caos irreal; o caos apresenta-se como uma poderosa evidência da mudança cultural. Quando ele nos desafia a "inventar novas palavras em sintonia com o sopro dessa mudança", fala para todos, incluindo muito particularmente os estudiosos.**

O que nos leva ao fim — deste ensaio — considerando mais um exemplo do papel da literatura imaginativa de expressar "a sensação de fim" para a história humana. Esse é o romance *Cem anos de solidão* (1967), de Gabriel García Márquez, aclamado após a sua publicação como uma obra de "realismo mágico" e que agora existe num mundo onde a conjunção dessas duas palavras já não parece ilógica. *Cem anos de solidão* — uma história resumida da civilização — tem lugar na cidade fictícia de Macondo, segundo o modelo da casa do autor, na Colômbia.

Macondo é também o nome de código do site da plataforma de perfuração Deepwater Horizon que explodiu em abril de 2010. Nomes de código como esse são frequentemente utilizados por empresas de petróleo e gás durante as prospecções no início do esforço de

---

* Refiro-me aos termos em Frank Kermode, *The Sense of an Ending*, passim.
** Haruki Murakami, "Reality A and Reality B".

exploração, tanto para guardar segredo antes da comercialização como para mais tarde fornecer um nome convenientemente memorável. Como sabemos, essa história acabou com a perda de vidas humanas, perda incalculável de vida não humana e sistemas de apoio e apenas uma interrupção temporária da perfuração prospectiva, num rescaldo que simplesmente dá continuidade à crise.*

A história de García Márquez termina com um estrondoso vendaval na vila amaldiçoada de Macondo, um "turbilhão de medo", em que o último sobrevivente da calamidade "decifra [o instante que viveu] tal como viveu, profetizando-se no ato de decifrar (...) Como se olhasse para um espelho falante", que inclui a própria morte que se aproxima, sem "segunda oportunidade "para ele próprio ou para aquele mundo. No nosso trabalho, deciframos o nosso tempo enquanto o vivemos, profetizando enquanto deciframos, estando cientes de que o fim está sempre à nossa volta.

---

* Mississippi Canyon Block 252, abreviado para MC252, localizado na Zona Econômica Exclusiva dos Estados Unidos no Golfo do México.

Referências bibliográficas

ABRAM, David. *A magia do sensível*. Calouste Gulbenkian, 2007

ADAMS, Henry. *The Education of Henry Adams, an Autobiography*. Boston e Nova York: Houghton Miffl in Company, 1918.

BALDASSARE, Mark et al. "PPIC Statewide Survey: Californians and Higher Education", 2010, disponível em: http://www.ppic.org/main/publication.asp?i=963 (acesso em 18/9/2011).

BIRGENEAU, Robert J. "Chancellor Birgeneau's Fall 2011 Welcome and State of the Campus Message", 26/8/2011, disponível em: http://cio.chance.berkeley.edu/chancellor/Birgeneau/ChancellorBirgeneausFall2011WelcomeandStateoftheCampusMessage.htm (acesso em 9/11/2011).

_____. "Chancellor Responds to Gov. Brown's budget veto", 16/6/2011, disponível em: http://newscenter.berkeley.edu/2011/06/16/chancellor-responds-to-gov-browns-budget-veto (acesso em 21/6/2011).

_____. Conversa telefônica, 15/6/2011.

BOTTE, John. *Aftermath*: Unseen 9/11 Photos by a New York City Cop. Nova York: Collins Design, 2006.

BROWN, Gordon. "Connecting the Dots: Take Back the Future". *Newsweek*, 23-30/5/2011, p.7.

BRUSH, Stephen. "Thermodynamics and History: Science and Culture in the 19th Century". *Graduate Journal*, 7, 1967, p.467-565.

CARROLL, James. "Amid Disaster, Community". *Boston Globe*, 23/5/2011, p.A9.

CLARK, Nicola; JOLLY, David. "German Air Traffic Resumes". *New York Times*, 25/5/2011, disponível em: http://www.nytimes.com/2011/05/26/world/europe/26volcano.html?hp (acesso em 12/4/2012).

CONFÚCIO. *The Analects of Confucius*, James R. Ware (Trad.), 1980, disponível em: http://www.analects-ink.com/mission/Confucius_Rectification.html (acesso em 3/3/2011).

DIAMOND, Peter A. "When a Nobel Prize Isn't Enough". *New York Times*, 6/6/2011, p.A19.

FILKINS, Dexter. "In Afghanistan, the Exit Plan Starts with 'If '". *New York Times*, 17/10/2010, p.11.

FOUCAULT, Michel. *As palavras e as coisas*. São Paulo: Martins Fontes, 2007.

FREEDBERG, Louis. "Chancellor: UC Berkeley Morphing into Federal University". *California Watch Daily Report*, 23/2/2011.

FRIEDMAN, Thomas L. *O Mundo é Plano:* Uma breve história do século XXI. Rio de Janeiro: Objetiva, 2005.

_____. *Quente, plano e lotado:* os desafios e oportunidades de um novo mundo. Rio de Janeiro: Objetiva, 2010.

_____. "The Earth Is Full". *New York Times*, 7/6/2011.

GARCÍA MÁRQUEZ, Gabriel. *Cem anos de solidão*. Rio de Janeiro: Record, 2009.

GOODMAN, Peter S. "The recession's over, but not the layoff s". *New York Times*, 8/11/2009, "News of the Week in Review", p.3.

_____. "A Spill into the Psyche". *New York Times*, 18/7/2011, "News of the Week in Review", p.1.

GREENE, Brian. "Darkness on the Edge of the Universe". *New York Times*, 16/1/2011.

HOEY, Robin. "Staff Assembly Digests Chancellor's Stark Campus Update". *Berkeley NewsCenter*, 25/5/2011.

HUSSERL, Edmund. *A crise das ciências europeias e a fenomenologia transcendental: uma introdução à filosofia fenomenóloga*. Rio de Janeiro: Forense universitária, 2012.

JOHNSON, Simon. "The Quiet Coup". *Atlantic*, maio/2009, disponível em: http://www.theatlantic.com/magazine/archive/2009/05/the-quiet-coup/7364/ (acesso em 12/4/2012).

_____; KWAK, James. *Thirteen Bankers:* The Wall Street Takeover and the Next Financial Meltdown. Nova York: Pantheon, 2010.

KERMODE, Frank. *The Sense of an Ending:* Studies in the Theory of Fiction (with a New Epilogue). Oxford: Oxford University Press, 2000.

KERR, Clark. *The Gold and the Blue:* A Personal Memoir of the University of California, 1949-1967. Berkeley and Los Angeles: University of California Press, 2001-3.

KRUPNICK, Matt. "Protesters Shut down Free Speech Movement Tribute". *Contra Costa Times*, 3/12/2009.

LATOUR, Bruno; LEPINAY, Vincent Antonin. *The Science of Passionate Interests*: An Introduction to Gabriel Tarde's Economic Anthropology. Chicago: Prickly Paradigm Press, 2008.

LE ROY LADURIE, Emmanuel. *The Peasants of Languedoc*. John Day (Trad.). Urbana and Chicago: University of Illinois Press, 1976. (Publicado na França em 1968.)

LEONHARDT, David. "Spillonomics: Underestimating Risk". *The New York Times*, 31/5/2011.

LÉVI-STRAUSS, Claude. *Tristes Trópicos*. São Paulo: Companhia das Letras, 2006.

LIPTAK, Adam. "Justices Turning More Frequently to Dictionary, and Not Just for Big Words". *The New York Times*, 12/6/2011.

LONG, Pamela O. "The Annales and the History of Technology". *Technology and Culture*, 46/1, jan./2005, p.177-86.

LOWE, Donald M. *History of Bourgeois Perception*. Chicago: University of Chicago Press, 1982.

MARRIS, Peter. *Loss and Change*. Londres: Routledge and Kegan Paul, 1986.

MARX, Leo. "Technology: The Emergence of a Hazardous Concept". *Technology and Culture*, 51/3, jul./2010, p.561-77.

MCCANTS, Anne E.C. "There and Back Again: The Great Agrarian Cycle Revisited". *EH.Net Economic History Services*, 12/12/2001, disponível em: http://eh.net/bookreviews/peasants-languedoc (acesso em 12/4/2012).

MCNEILL, J.R. *Something New under the Sun*: An Environmental History of the Twentieth-Century World. Nova York e Londres: W.W. Norton & Company, 2000.

MEYEROWITZ, Joel. *Aftermath*: World Trade Center Archive. Londres: Phaidon Press, 2006

MURAKAMI, Haruki. "Reality A and Reality B". *The New York Times*, 29/11/2010.

NATIONAL COMMISSION ON TERRORIST ATTACKS; ZELIKOW, Philip D. *The 9/11 Commission Report*: The Attack from Planning to Aftermath. Nova York: W.W. Norton & Company, 2011.

NORRIS, Floyd. "Japan's Meltdown and the Global Economy's" *The New York Times*, 18/3/2011.

PECK, Don. "Can the Middle Class Be Saved?". *Atlantic*, 308/3, set./2011, p.63.

PERROW, Charles. *Normal Accidents:* Living with High Risk Technologies. Nova York: Basic Books, 1984.

POLGREEN, Lydia. "The Special Pain of a Slow Disaster". *The New York Times*, 11/11/2010, p.F1.

SEARLE, John. *The Campus War:* A Sympathetic Look at the University in Agony. Nova York e Cleveland: World, 1971.

SMITH, Crosbie. *The Science of Energy:* A Cultural History of Energy Physics in Victorian Britain. Londres: Althone, 1998.

WELTON, Donn. "World", in BORCHER, D. (org.). *Encyclopedia of Philosophy Supplement*. Basingstoke: Macmillan Reference, 1996.

WILLIAMS, Raymond. *Cultura e sociedade:* de Coleridge a Orwell. Petrópolis: Vozes, 2011.

WILLIAMS, Rosalind. *Dream Worlds*: Mass Consumption in Late Nineteenth-Century France. Berkeley, Los Angeles e Londres: University of California Press, 1982.

_____. *Notes on the Underground*. Cambridge: MIT Press, 1990.

_____. "Cultural Origins and Environmental Implications of Large Technological Systems". *Science in Context*, 6/2, 1993, p.377-403.

_____. "A Technological World We Can Live in". *Technology and Culture*, 43/1, jan./2002, p.222-6.

_____. "An Historian's View", in CASTELLS, Manuel (org.). *The Network Society*: A Cross Cultural Perspective. Cheltenham: Edward Elgar, 2004.

2

A SEPARAÇÃO DE CULTURAS E O DECLÍNIO DA MODERNIDADE

João Caraça

(É) UM LONGO CAMINHO PARA A MODERNIDADE

UMA CONJUGAÇÃO PODEROSA de inovações radicais ocorreu antes do amanhecer da modernidade na Europa. Surgiu um novo entrelaçado de aglomerados urbanos nos séculos XII e XIII. Guildas cresceram para dar aos seus membros um papel sociopolítico nunca antes experimentado. E foram inventadas letras de câmbio como uma forma de financiamento do comércio. Os algarismos árabes foram introduzidos para uma melhor contabilização das operações notariais e os canhões viram a luz nas planícies da Europa, anunciando a queda da ordem feudal.

Além disso, o uso da bússola marítima permitiu a aventura das descobertas além dos perigos no alto-mar. A artilharia desenvolveu-se rapidamente para acompanhar e proporcionar conforto aos navegantes e permitiu a abertura de novas rotas comerciais. A transformação da sociedade por meio dessas inovações foi acelerada pela proliferação da imprensa escrita, uma verdadeira revolução na informação e na comunicaçao. A disponibilidade de papel reforçou esse fenômeno. Mas a invenção mais significativa desse amanhecer da modernidade foi a do *Quattrocento* pelos mestres florentinos: uma nova representação do mundo natural. A perspectiva linear trouxe uma nova forma de olhar para a realidade, o primeiro passo para iniciar a sua transformação. A perspectiva linear separa claramente o sujeito, o observador, do objeto observado. O tamanho de qualquer objeto em relação ao de outros objetos descritos num contexto depende apenas da sua distância do observador, o sujeito que representa a realidade. As divindades já não eram maiores do que os homens: a sua aparente magnitude derivava exclusivamente da sua distância do observador. Que essas representações passassem a ser aceitas como "objetivas" decorre certamente do fato de que elas poderiam ser assimiladas através do uso de um instrumento — a "Câmara Escura". Foi essa associação mental que permitiu a separação conceitual da luz (fenômeno físico) da visão (capacidade fisiológica).

De uma cultura de separação...

A força intelectual da modernidade surge da surpreendente capacidade e robustez da "separação" como método de análise dos fenômenos naturais. Emergiu uma nova cultura de tendência crítica e base experimental, progressivamente validada pela avalanche de novas descobertas que permeavam a Europa — de novas terras, novos povos, novos céus e novas estrelas. A velha ordem foi desacreditada e ganhou forma uma nova visão do mundo. Essa visão do mundo, de um caráter "geométrico", consistia na procura de simetrias, na natureza, que escondiam princípios de invariância que, por sua vez, conduziam à formulação de leis para o mundo natural. As leis são permanentes, eternas e absolutas e descrevem o comportamento dos corpos no universo desde tempos imemoriais até o infinito. São formuladas em linguagem matemática, desde que Galileu declarou que o Livro da Natureza foi escrito em linguagem matemática, separando-o do livro sagrado, a Bíblia, que foi escrito em linguagem natural. A objetividade das leis da natureza era assegurada pelo uso de instrumentos e a sua validade confirmada pela publicação de observações e medições.

A legitimidade dessa separação foi concedida pela pura força da Reforma nas nações protestantes nas quais as novas igrejas — separadas das forças seculares que tinham construído o Estado — também estavam em construção. O clima geral de crescimento do comércio e dos negócios relacionados com a navegação no Atlântico sustentou uma maior separação: de uma esfera privada dentro do que, até então, era o domínio (público) de uma sociedade agrária. As cidades foram os faróis desse espírito de modernidade. E novas academias de ciências foram criadas para consolidar e consagrar esse espírito. A força dessa visão geométrica do mundo ainda ecoava alto no século XIX: Cézanne afirmou conclusivamente que todas as formas da natureza poderiam ser revertidas para a esfera, o cone e o cilindro.

O triunfo da modernidade foi a vitória dessa cultura de comércio, poder militar, navegação, finanças, propriedade privada e novo conhecimento. O primeiro conflito nas disciplinas do conhecimento foi, sem surpresas, a separação entre filosofia e teologia, assim que os filósofos começaram a dar prioridade à análise empírica da realidade.

Esse foi o primeiro desafio sério à afirmação milenar de que as autoridades religiosas eram as únicas donas do caminho para a verdade. Os filósofos reclamaram que a intuição filosófica era tão legítima como fonte de verdade como a revelação divina! A separação entre mente e matéria foi então estabelecida, como esperado.

A separação que se seguiu foi a da filosofia natural (que adotou a designação de "ciência") da filosofia. Os cientistas, perseguindo uma forma de teorização baseada na indução e apoiada pela observação empírica, reproduzível e verificável, em oposição à dedução metafísica, como especulação, que não podia conter elementos de verdade. Esse rompimento não se fez sem consequências: separados da filosofia e das humanidades, os cientistas desenvolveram uma concepção histórica e cumulativa do conhecimento científico e do seu progresso, que apoiou uma reivindicação de neutralidade em termos sociais.

A ciência começou como física, e a física, para Galileu, era mecânica. O ímpeto "mecânico" da modernidade por meio de avanços na engenharia, na guerra e na navegação foi tão forte que a matemática — que até o século XVI tinha representado a nossa maneira de lidar com a natureza através da contagem e de números (aritmética), formas e medições (geometria), proporções e harmonia (música) e posições e movimentos dos corpos celestes (astronomia) — foi abstraída da natureza para se tornar simplesmente a sua linguagem; a física (mecânica) tornou-se natureza. Isso contribuiu para uma concepção da matemática como linguagem simbólica, permitindo a separação dos seres naturais das regras naturais, isto é, de objetos dos modelos e de ontologia da epistemologia. Esse esquema encontrou um surpreendente sucesso — tão esmagador como as vitórias que as modernas nações europeias experimentavam na sua expansão em todo o mundo. Quem poderia duvidar do que os próprios olhos viam?

O novo mundo da modernidade — o globo terrestre, já não os territórios à volta do mar Mediterrâneo — foi nutrido pela separação entre espaço e tempo e pelos novos conceitos derivados do império das leis da natureza. O espaço tornou-se apropriável até ao infinito e o tempo, linear.

Não é de admirar que as novas organizações sociais que eram plenamente capazes de interpretar e conjugar essas noções — as novas companhias ou empresas — assumissem o sucesso econômico da modernidade. A nova riqueza que geraram justifica a sua existência e proliferação. Tornaram-se conscientes da importância da tecnologia no domínio do tempo por meio da invenção das máquinas. Também não é de admirar que a Revolução Industrial tenha sido intrinsecamente uma revolução da força mecânica e artefatos. O domínio do espaço foi justificado pelo desenvolvimento das economias de mercado por meio da incorporação e do desenvolvimento das economias de cidade (inicialmente a um nível local e, depois, além oceânico).

A modernidade permitiu ao capitalismo florescer. O capitalismo é um regime de poder econômico baseado na apropriação privada dos meios de produção e da riqueza gerada. O seu princípio é a maximização da acumulação de capital, que é limitada apenas pela "escassez" de recursos ou pela "ignorância" dos processos de acumulação. O capitalismo também necessita de um sistema interestatal que garanta a propriedade legal do capital acumulado — um fato às vezes esquecido. A modernidade forneceu o enquadramento adequado para o esforço do capital: uma máquina poderosa (a empresa moderna); uma procura de invenções tecnológicas que alimentem a máquina; uma progressiva desmaterialização do dinheiro através de inovações financeiras; e um sistema interestatal que progressivamente se expandiu no mundo. A acumulação de capital tornou-se, assim, quase ilimitada.

O crescimento da atividade econômica e a riqueza associada com a Revolução Industrial tiveram um impacto enorme na sociedade. Emergiu um novo vetor de acumulação de capital e foi estabelecido o controle do sistema econômico pelos mercados (i.e., os locais de encontro de trocas de longa distância). A transformação da sociedade também foi profunda e recheada de consequências e trouxe mais separações na vida diária. As sociedades industriais viram inverter-se a relação entre o econômico e o social, em vez de a economia estar inserida nas relações sociais, como no passado, as relações sociais inseriram-se no sistema econômico. A economia separou-se da sociedade, a casa separou-se do trabalho. Nasceu o conceito de emprego.

Mas o sistema era intrinsecamente propenso a crises, notadamente a crises de ajustamento estrutural devido à evolução das estruturas de produção e infraestruturas. As infraestruturas são difíceis de transformar, requerem volumosos investimentos e adaptações onerosas às novas condições básicas da atividade econômica. Em cada duas gerações, pelo menos desde os primórdios da Revolução Industrial, testemunhamos uma crise desse tipo. A infraestrutura técnica de produção foi transformada em conformidade (ao longo da década de 1830), a máquina a vapor substituiu a força da água, seguiu-se a eletrificação (da década de 1880 em diante), até uma completa motorização (a partir dos anos 1930) por meio do petróleo barato e da produção em massa. A situação atual, que pode ser descrita como uma computorização de toda a economia, emergiu nos anos 1980. Se pensarmos que a crise é terrível e destrutiva, é melhor prepararmo-nos para a próxima onda de mudança estrutural nos anos 2030.

A economia de mercado capitalista vive sempre num acordo íntimo com um sistema político interestatal, que precisa ser forte para fazer cumprir as leis da propriedade que permitem a acumulação de capital. O capital, por sua vez, alimenta o seu parceiro, permitindo-lhe a sobrevivência. É por isso que não são permitidos impérios nos sistemas interestatais, apenas hegemonias. E as hegemonias não vivem para sempre, não estão aptas a estabelecer as regras do jogo indefinidamente. De quatro em quatro gerações testemunhamos crises (outro tipo de crises) que degeneram em guerras em que as hegemonias são substituídas por outras nações hegemônicas. Observamos isso nas décadas que se seguiram a 1610 (a Guerra dos Trinta Anos), depois 1710 (nas guerras desencadeadas pelo controle das possessões coloniais), depois 1810 (as guerras napoleônicas) e 1910 (as guerras mundiais).

Com a atual expansão do sistema mundial para abranger a quase totalidade do nosso planeta, não podemos descartar as atuais "guerras do petróleo" como sinais duma possível morte da hegemonia americana. Uma grande crise em desenvolvimento nas sociedades ocidentais na primeira década do século XXI não é provavelmente uma coincidência aleatória. A história não se repete; em vez disso, os erros humanos tendem a repetir-se, uma e outra vez, criando ciclos (não de desenvolvimento econômico, mas de comportamento humano).

A modernidade foi moldada por meio de uma cultura de separação. O poder dessa forma de lidar com a realidade trouxe enorme riqueza e prosperidade às nações modernas. Em fins do século XIX, quatro valores resumiam a proeminência da cultura moderna: natureza (um recurso infinito capaz de ser transformado pelo conhecimento das suas leis); ciência (o meio legítimo de descobrir a verdade); universalidade (os valores e percepções dos europeus impostos e aceitos em todos os cantos do mundo); soberania (cada Estado era como um átomo, indivisível e atuando como um componente legítimo no sistema interestatal).

O século XX prosseguiu alegremente com esses conceitos sob a liderança alegre da nova hegemonia do outro lado do Atlântico. Seguiram-se mais separações, principalmente decorrentes da superespecialização promovida pelos sistemas de ensino, agora a serem reorganizados para responder aos objetivos da economia de mercado com concorrência feroz e níveis tecnológicos mais elevados. A ciência progrediu imensamente, impulsionada pelo esforço das guerras mundiais.

Foi assim que a ciência conheceu a sua definição de separação. As primeiras tecnologias de base científica viram a luz durante os anos 1940 para não voltar a deixar o mundo. O seu poder de transformação era tal que nem os militares nem, posteriormente, os mercados deixaram a ciência regressar intacta ao seu domínio, guiada pela curiosidade. A tecnociência nasceu com a bomba atômica. Progressivamente afastada da ciência guiada pela curiosidade, a tecnociência cresceu enormemente e teve um forte impacto na economia. Não sem problemas, claro. A neutralidade da ciência (leia-se tecnociência) estava definitivamente morta. "Perdemos a nossa inocência", proferiu Oppenheimer em Alamogordo. Ele compreendeu então que o valor de longo prazo estabelecido para a ciência tinha sido perdido. Mas não podia ainda prever as consequências.

... PARA UMA SEPARAÇÃO DE CULTURAS

O mundo transformou-se ainda nos anos 1950, sob o regime da Guerra fria. As "crises petrolíferas" na década de 1970 prepararam o terreno para a implementação do primeiro produto selecionado da tecnociência: as tecnologias de informação e comunicação. Um novo período de desenvolvimento estrutural da tecnoeconomia foi iniciado, aquele em que vivemos atualmente, aproximando-se da maturidade das soluções que as tecnologias baseadas na ciência previram no intervalo de uma geração. Mas essas soluções estavam naturalmente associadas a uma série de novas questões. A informação e a comunicação explodiram — uma segunda revolução que mudou profundamente a percepção da vida no nosso planeta. O espaço terrestre foi "reduzido" e o conhecimento circula no mundo à velocidade da luz. As finanças assumiram progressivamente o controle da economia e capturaram-na através de uma maior desmaterialização do sistema monetário (outro efeito essencial da Revolução Industrial); o dinheiro tornou-se uma convenção. As finanças têm sido a força orientadora desde os estágios iniciais da globalização: usando novas tecnologias, as finanças expandiram a sua capacidade de coordenar a distância (quer dizer, para além das fronteiras políticas). O fim da Guerra Fria acelerou ainda mais essa tendência e, como resultado, surgiu uma infinidade de novas oportunidades e foram criadas novas redes para as explorar, desafiando os mecanismos existentes. Seguiu-se uma feroz concorrência entre os atores e a expansão das economias de mercado foi alimentada pelo aumento de novo conhecimento relevante para as operações comerciais: organização e métodos, marketing, design, software, formação especializada. Surgiram novos serviços e atividades com elevado impacto econômico. E cada um deles desenvolveu a própria cultura.

Um maior crescimento e uma maior separação deram-nos muito mais do que apenas duas culturas (a transferência para o século XX do debate feroz do Iluminismo). Podemos agora distinguir nas nossas sociedades, para além das culturas da ciência e das humanidades, uma cultura de ciência social (reforçada com a invenção do pós-modernismo) e culturas bem definidas na política, nos negócios, na mídia, nas forças armadas, na religião, na educação, bem como diversas culturas de risco, de violência e autonomia individual.

Evoluímos para uma "salada de frutas" de culturas. Mas, o que é pior, nessa nova Babel, um indivíduo pode mudar da racionalidade (na política) para os domínios da obscuridade em apenas um clique e permitir o ressurgimento da ignorância, além de que o misticismo parece ser um negócio como outro qualquer.

Portanto, a tremenda tarefa posta nos ombros das gerações vindouras é, paradoxalmente, muito simples: sobreviver no meio da integração de culturas. A razão é também muito simples: a modernidade está exausta. Como se argumenta abaixo, a modernidade foi drenada pelo capitalismo financeiro; foi mesmo conduzida a transformar o futuro (um valor fundamental) num escárnio de si mesmo, por meio de preocupações imediatistas e preocupações doentias e exclusivamente centradas no presente.

Vivemos num mundo de incerteza. Mas sempre vivemos num mundo de incerteza! No passado, fomos capazes de criar mecanismos para reduzir a incerteza, propondo a ordem e classificando a realidade. Mas todas as instituições evoluem, ou seja, adaptam-se ou desaparecem. Tomemos três exemplos.

Primeiro: a Igreja Católica medieval. A Igreja controlou a ignorância inventando o pecado e o arrependimento. O seu método era baseado na confissão. Mas a religião é propensa a fundamentalismos e, portanto, avessa à diversidade. O desprezo da modernidade pelo passado e pelos antepassados apagou e afundou o poder da Igreja de Roma.

Segundo: o Estado-nação. O controle da ignorância era obtido através de um sistema de educação e criação de graus. Esse sistema, que estimulava o pensamento crítico e ensinou como avaliar a credibilidade das fontes de conhecimento, foi implementado juntamente com um poderoso método de provas. Mas o Estado também é propenso a conflitos de interesse e a globalização tem promovido ativamente sua fraqueza, destruindo os seus tímidos impulsos para resistir à disciplina financeira.

Terceiro e finalmente: os mercados. As economias de mercado controlam a ignorância através da emergência de uma vigorosa indústria de consultores. As empresas de consultoria alcançam os seus objetivos por meio da livre utilização da publicidade. Mas os mercados têm uma propensão intrínseca para a crise: lá vai a confiança pelo cano abaixo. Ninguém é perfeito!

Estamos vivendo uma crise profunda, originada na conjugação de diferentes processos: geopolíticos, tecnoeconômicos, cognitivos. A separação de culturas trouxe-nos até aqui e deixamos que as crises se enredassem umas nas outras, como crianças de escola. Hoje tudo está ligado. Vivemos num mundo complexo. Estamos rodeados de complexidade. Mais, sabemos hoje que somos um produto da complexidade. Essa é a novidade.

Todos os desafios que enfrentamos, das alterações climáticas à vida sustentável, das inovações à gestão das cidades, são complexos por natureza. Mas o que é a complexidade? Muito simples: a complexidade é a impossibilidade de separar um sistema do seu contexto, um ser vivo do seu ambiente, um objeto do seu instrumento de medição. Sair da separação!

Podemos dizer que vivemos (termodinamicamente) em sistemas abertos. O aparelho intelectual concebido até a fim do século XIX, composto pelo determinismo (i.e., conservação da informação), reducionismo (i.e., o uso de linguagem matemática) e dualismo (i.e., independência do observador), é muito imperfeito em relação à representação da realidade. Sabemos que a substituição progressiva do trabalho humano por máquinas — primeiro mecânicas e agora dirigidas pela comunicação — alterou profundamente as condições de trabalho e emprego e as estruturas sociais em que estavam incorporadas. A eficácia das economias avançadas deriva da sua capacidade de operar sistemas inovadores baseados na ciência. Mas o mais importante na sua *performance* é a qualidade da sua governança. Mas como compreender o todo? Especialmente na ausência de uma cultura de integração? Talvez tenhamos de definir um novo objetivo epistêmico, diferente do de "progresso por meio da transformação da natureza", o objetivo da modernidade.

Mas, primeiro, temos que compreender como é que os valores mudaram, para avaliar onde e como uma nova cultura é (desesperadamente) necessária.

Podemos distinguir quatro crises cognitivas que se desenrolam diante dos nossos olhos (cada uma delas correspondendo a um valor bem estabelecido de modernidade): A crise da natureza; a crise da ciência; a crise da universalidade; e a crise da soberania. Em cada uma dessas crises emergiu um novo conceito para perturbar os da cultura da modernidade (natureza, ciência, universalidade, soberania): ambiente; conhecimento (como "economia do conhecimento"); globalização e governança.

A noção de ambiente tem hoje a relevância que atribuímos no passado à natureza. Mas compreendíamos então natureza como um cenário — eterno — onde os fenômenos tinham lugar. Podíamos tentar controlar ou transformar a natureza, mas ela permaneceria sempre incólume. Agora, com o conceito de ambiente, ocorreu uma grande mudança: o ambiente já não é o cenário permanente, mas o palco para os atores (na verdade, não há cenário). E não há autor, nem roteiro: os atores criam a própria narrativa e são responsáveis pelos resultados, inclusive pela deterioração do palco. Flui um poder maligno que declara que o futuro será pior do que o presente e por isso o lema tornou-se "vamos recentrar os nossos esforços no presente" — o oposto da modernidade. Tem sido instalado um sentimento de angústia no que diz respeito ao futuro.

A palavra conhecimento está sendo redefinida para significar o conjunto de áreas (lei, organização, marketing, design, software, training) que, juntamente com a tecnociência, alimenta o sucesso dos novos serviços e da nova economia num mundo globalizado. Tirou o lugar da ciência em todos os documentos politicamente orientados publicados depois de 1990. Mas a ciência não era apenas um mero instrumento da economia, uma fonte direta de novas tecnologias. A ciência foi, durante três séculos, o principal elemento de suporte à visão mundial da modernidade e o mais importante critério na procura da verdade. A sua cultura significou o papel construtivo do erro e da objeção, um dos elementos mais importantes para o estabelecimento do conceito de cidadania. A ciência que visa à eternidade e oferece uma visão de longo prazo.

A nova palavra conhecimento é uma escrava dos mercados e das suas operações diárias. Os mercados dão as boas-vindas à mudança, mas não a longo prazo. A sua procura frenética por valor (econômico) torna-os míopes. Consequentemente, o conhecimento, nos nossos dias, sofre de miopia. O sentimento de curto prazo é galopante.

A noção de globalização destronou a de universalidade. Ao longo de dois séculos desfrutamos a regra do universal. Tínhamos direitos permanentes, sagrados e eternos simplesmente por termos nascido. Esses direitos foram introduzidos para proteger os cidadãos dos poderes do Estado e para permitir o livre exercício da cidadania. Claro que o processo de exercício dos direitos não foi fácil, nem linear. O progresso social e o bem-estar foram o culminar de uma longa luta, pontuada por batalhas memoráveis. Mas a globalização introduziu uma dura reviravolta nesse quadro. No reino da globalização não existem direitos adquiridos, apenas contratos nos quais os direitos têm de ser negociados e renegociados continuamente. O lugar dos cidadãos individuais tem de ser conquistado nos mercados; a sua *performance* otimizada, a sua utilidade, demonstrada. Está em marcha um processo sistemático de negociação, rentabilidade e competição. As pessoas são dispensáveis e a sua importância reside na função que desempenham — como produtores ou como consumidores. As pessoas têm sido transformadas, na realidade, em recursos: recursos humanos! Têm de ser recicláveis (por meio da aprendizagem ao longo da vida!) ou, de outra forma, não têm valor nos mercados. Tornaram-se um incômodo e podem ser eliminadas se não tiverem qualquer utilidade econômica. O mundo global é uma selva computadorizada. Há aí uma espécie de silêncio. A opressão está de volta.

A governança substituiu rapidamente a soberania. Durante séculos, os Estados (e o equilíbrio de forças) têm sido os pilares da ordem que foi estabelecida pelo Tratado de Vestfália, que contribuiu para a estabilização política da Europa. A ideia de Estado-nação foi temporariamente exportada para os diferentes continentes do planeta com um sucesso mitigado. Os governos foram reconhecidos como legítimos representantes das nações: como moralmente responsáveis pela segurança interna e pelo bem-estar e como interlocutores nos assuntos internacionais.

Mas a globalização dos mercados, com uma retórica ancorada na liberalização, desregulamentação e privatização, levou os governos nacionais a retirarem-se progressivamente da esfera econômica. Essa recessão provocou uma vaga, nas esferas políticas nacionais, de novos atores (a distância) com considerável poder (político e econômico). Quem governa agora? Onde têm sido tomadas as decisões importantes? Quem é responsável? Quem votou neles? A governança é agora uma palavra popular, que está em todos os campos de atividade nos países evoluídos. Não é de admirar que pessoas e instituições se sintam inseguras.

O declínio de valores fortes como os de natureza, ciência, universalidade e soberania tem-se desdobrado em diversos sentidos de angústia, de curto prazo, opressão e insegurança. Amanhã será pior do que hoje. E os mercados certificam-se de que sabemos que o "hoje" é tudo o que temos. O consumo imediato é a única certeza consentida. A propaganda de marketing obriga-nos a tomar decisões instantâneas. A preeminência do capital financeiro — devido à sua intangibilidade e, portanto, infinita possibilidade de acumulação — acelera a irreversibilidade dessa tendência. O ato final tem sido a (auto) separação entre finanças e economia, numa tentativa vã de ganhar controle absoluto sobre os processos de acumulação. Numa tentativa de voar muito alto e autonomamente, a finança deixou que as suas asas derretessem. E o resultado foi a queda em espiral das suposições a respeito do futuro da economia do conhecimento, resultando numa crise profunda que pode derivar numa nova ordem. Mas de quem? Pela primeira vez em séculos (com exceção dos períodos de guerra) não vemos a luz no fim do túnel. Tornamo-nos receosos do futuro.

UMA NOVA NARRATIVA

Isso significa, finalmente, que o capitalismo matou a modernidade. Com que objetivo, não sabemos, já não nos podemos clamar os poderes divinos ou a forças satânicas para ajudar a resolver esse assunto. E ainda não surgiram psiquiatras coletivos nas melhores universidades. Podemos apenas reconhecer isso como o momento edipiano da evolução da cultura ocidental. É extremamente difícil compreender o seu significado. Temos de combinar os sinais (dessas quatro crises cognitivas com outros de outras crises) que enfraquecem a nossa cultura nacional — perda de confiança nas instituições, agravamento em curso da guerra pelos recursos, desaparecimento do sistema de ensino superior, eventual fluxo futuro de inovações radicais vindas de poderosos atores não ocidentais — para compreender o que aconteceu e começar de novo. Essa crise global de representação sugere que os nossos Estados, herdeiros da tradição medieval do poder divino e da onipotência, já não controlam o futuro. Estão olhando e agindo longe dele, concentrados em soluções imediatas. O futuro também foi privatizado. Parecemos encurralados num presente decadente.

Os Estados Unidos estão à deriva para longe da Europa. A internet libertou os americanos do seu complexo de não nascer na Europa. Será que eles serão capazes de manter o seu status hegemônico, no século XXI, forjando novas redes? O século XXI global será semelhante à Europa multipolar do século XVIII? Ninguém sabe.

A Europa da Cristandade foi condenada pela sua natureza local, por ser incapaz de se adaptar às novas condições. O caminho a percorrer pela Europa é, portanto, claro. Ou cria novas alianças com o Sul e o Oriente ou as suas nações submergirão num mar de esquecimento, uma vez mais, como no período que se seguiu à queda de Roma. Temos de inventar um novo futuro. Temos de desejar o futuro!

As consequências desta crise devem, portanto, iniciar a criação de uma nova cultura de integração. É preciso renovar o nosso encanto pela natureza, forjar uma nova aliança, como Ilya Prigogine tão bem propôs. Temos de criar uma cultura que abrace a ética de interrogar sistematicamente o universo, a sociedade e nós próprios, valorizando a interdisciplinaridade e a nova matemática, que resolverá os assuntos complexos. Temos de deixar que uma nova ontologia floresça. E basear o nosso diálogo social não na cognição, mas no reconhecimento dos valores da diversidade e da identidade. Teremos de redirecionar para aí a educação superior, criando uma rede completamente autônoma de institutos de estudos avançados e de reflexão, que funcionem como faróis dessa nova navegação para o futuro. A economia não tem regras eternas e perfeitas e não é regulada por nenhuma lei da natureza. É baseada no conceito de propriedade, que pode mudar com os tempos. Mas nós temos uma obrigação perante as novas gerações: garantir-lhes um planeta para viver.

O mundo cada vez mais multipolar que observamos hoje significa provavelmente que estamos no refluxo da globalização como a temos vivenciado. Aproximam-se novos tempos. Terão de ser concebidas novas políticas. Mas precisamos saber para onde queremos ir a fim de atingir a formulação adequada. Temos de construir uma nova narrativa. Temos de inovar nas práticas sociais. Temos de organizar e fortalecer a sociedade civil.

E o objetivo epistêmico da modernidade — a transformação da natureza — terá de ser também transformado. Em vez da verdade, somente, teremos de procurar a beleza e a generosidade. Teremos de manter os canais de comunicação intergeracional abertos e também estimular a abertura de novos canais, manter o futuro aberto, para lidar com o patrimônio global da Terra e se beneficiar dele. Precisaremos de mais participação na gestão da cidade. E precisaremos de reinventar o papel emancipador do conhecimento. Teremos de alimentar a curiosidade uma e outra vez. E temos de retomar a extraordinária visão de António Vieira — tão válida e eficaz hoje como há trezentos anos — quando ele brilhantemente afirmou que para avaliar a esperança temos de mensurar o futuro.

Referências bibliográficas

CARAÇA, J. *Science et communication*. Paris: Presses Universitaires de France, 1999.

CIPPOLA, C. *Clocks and Culture*. Nova York: W.W. Norton & Co., 1978.

FREEMAN, C. "The Economics of Technical Change". *Cambridge Journal of Economics*, 18, 1994, p.463-514.

GIDDENS, A. *As consequências da modernidade*. São Paulo: Unesp, 1991.

POLANYI, K. *A grande transformação:* as origens da nossa época. Rio de Janeiro: Elsevier, 2011.

PRIGOGINE, I. O fim das certezas: tempo, caos e as leis da natureza. São Paulo: Unesp, 2001.

VIEIRA, A. *História do futuro*. Brasília: UNB, 2005.

WALLERSTEIN, I. *World-Systems Analysis*. Durham: Duke University Press, 2004.

PARTE II
QUAL CRISE? CRISE PARA QUEM?

O QUE QUEREMOS SIGNIFICAR COM CRISE? Num contexto polissêmico de um espaço discursivo saturado sobre a crise, o clarear do que está implícito nessa designação é um componente essencial da sua compreensão. No entanto, uma vez que o propósito deste livro é precisamente atribuir um significado ao termo, superando a confusão em que está envolvida a crise de 2008-11, temos de começar não pela definição, mas pela observação e análise. Além disso, na comunidade científica que criamos para refletir sobre essa crise específica, há uma pluralidade de perspectivas, na nossa visão, mais complementares do que contraditórias, que precisam de ser expressas neste volume através de duas abordagens diferentes ao processo de formação da crise. Há, contudo, dois argumentos analíticos-chave que são amplamente partilhados nas interpretações aqui apresentadas.

O primeiro: a crise é multidimensional e só pode ser compreendida numa perspectiva transdisciplinar. A teoria estritamente econômica não é capaz de explicar o processo de formação da crise. Nem o é a perspectiva sociológica ou da ciência política sem se referir às explicações econômicas e culturais. Assim, os colaboradores neste livro, e, em especial, os que contribuíram para esta parte do livro, são cientistas sociais no sentido mais amplo, capazes e treinados para se mover livremente através das fronteiras das disciplinas tradicionais para dar sentido ao fenômeno observado.

Os dois capítulos desta seção tecem uma análise da economia, sociedade, cultura e política, referindo-se a uma variedade de contextos, com o único propósito de dar sentido a um momento crítico da evolução social, colocando a teoria e a análise de dados ao serviço da compreensão da ação humana, enquanto desvendam as mistificações ideológicas que obscurecem a percepção da crise.

O segundo argumento refere-se ao caráter evolucionário desta crise, às suas dinâmicas de transformação. As origens da crise estão enraizadas numa determinada cultura que organizou as instituições econômicas, nas últimas duas décadas, em torno dos princípios do mercado liberal e da ganância pessoal e que pôs a extraordinária capacidade da revolução tecnológica, e informacional, a serviço de uma estratégia global de acumulação de capital financeiro, expansionista e desregulado. Uma vez imposta a lógica estrutural dessa economia global em rede, enraizada no mercado financeiro, os mecanismos econômicos foram responsáveis tanto pela sua expansão como pelo seu colapso. Contudo, as consequências da crise econômica afetaram profundamente a cultura e as instituições de todas as sociedades. De fato, no processo, a crise transformou-se de financeira em econômica, e de econômica numa crise institucional que ultimamente conduziu a uma crise cultural, caracterizada pelo fim da confiança e por uma crise social multidimensional que se manifestou com o fim da solidariedade social. Não obstante a variedade de perspectivas teóricas e ênfases nos dois capítulos desta seção, há um argumento aglutinador: a chamada crise econômica é um processo evolucionário, de crise estrutural e mudança social, de uma certa forma de capitalismo que foi tão dinâmico quanto insustentável devido à incompatibilidade entre a sua capacidade exponencial de criar valor fictício e a diminuição da sua capacidade institucional para gerir a sua implacável expansão. Além disso, a crise não foi um acidente, mas um instrumento dos ricos e poderosos do novo sistema para fazê-lo funcionar em seu benefício, independentemente das consequências para a economia e para a sociedade que emergiram desse processo de transformação. A tão citada expressão chinesa — "a crise também significa oportunidade" — conta essa história. Mas devemos reformular o real significado do ditado no mundo real: é crise para a maior parte e oportunidade para poucos.

3

A METAMORFOSE DE UMA CRISE

John B. Thompson

CONSIDEREMOS DOIS EPISÓDIOS

ESTAMOS A 14 DE SETEMBRO de 2007 e formam-se longas filas à porta das agências do Nothern Rock em Londres, Cambridge, Nottingham, Newcastle e outras cidades, no Reino Unido, onde depositantes ansiosos se reúnem para levantar as suas poupanças. Acabavam de surgir notícias de que o banco tinha pedido apoio de emergência para a sua liquidez ao Banco da Inglaterra, que respondeu garantindo fundos acima de US$31,5 bilhões. O Northen Rock tentou tranquilizar os seus 1,4 milhão de clientes dizendo que não estava em risco de bancarrota, mas milhares responderam retirando do banco as suas economias, provocando a primeira corrida aos bancos na Grã-Bretanha em décadas.

Estamos a 29 de junho de 2011 e a praça Syntagma, no centro de Atenas, está repleta de pessoas, novas e velhas, algumas com cartazes, outras circulando; a praça está cercada pela tropa de choque com capacetes, máscaras de gás e equipamento de proteção, um escudo numa das mãos e um cassetete na outra. Dentro do edifício, a leste da praça, o Parlamento grego debate as últimas medidas de austeridade exigidas pela União Europeia e pelo FMI como condição para conceder um empréstimo de emergência de €120 bilhões, para permitir à Grécia pagar os juros e evitar a inadimplência da dívida pública, que rondava então os €330 bilhões, ou 150% do PIB. Assim que as notícias de que o Parlamento tinha aprovado as medidas draconianas de austeridade começaram a circular, a violência eclodiu na praça. Os manifestantes entraram em confronto com a polícia, que atirou gás lacrimogêneo e granadas para dispersar a multidão. Alguns fogem, enquanto outros se juntam aos confrontos, que se tornam cada vez mais intensos, e o protesto transforma-se num caos.

Qual é, se existe, a relação entre esses dois eventos, aparentemente não relacionados, separados por quase quatro anos de tumultuosa perturbação nos mercados financeiros globais? A violência no centro de Atenas tem alguma ligação com as filas ordenadas de clientes ansiosos reunidos à porta das agências do Northern Rock? Essas são manifestações de uma crise subjacente do sistema financeiro global ou manifestações de duas crises diferentes, provenientes de diferentes fontes e de natureza não relacionada? São as filas à porta do Northern Rock os primeiros sinais de uma crise que atingiu o seu ponto alto com o colapso do Lehman Brothers, em setembro de 2008, e os maciços resgates estatais dos bancos e outras instituições financeiras que continuaram até 2008? São os protestos em Atenas meramente uma das muitas consequências tardias do que se pode chamar "o rescaldo"?

A verdade é que não temos boas respostas para nenhuma dessas perguntas. O uso que fazemos dos termos "crise" e "rescaldo" (*aftermath*) é muito vago e impreciso para capturar a realidade do que está acontecendo num mundo em que as instituições financeiras e as transações se tornaram mais complexas, mais interligadas e mais opacas. Temos uma tendência compreensível para querer definir fronteiras claras, para empacotar a realidade em conceitos organizados que nos permitam dizer, com uma confiança reconfortante, "aqui está o acontecimento, esta é a realidade e aqui estão as suas consequências". Mas se os acontecimentos dos últimos anos nos dizem alguma coisa sobre as nossas inclinações intelectuais, eles deveriam lançar um forte alerta, disparando sobre qualquer pretensão que possamos ter de compreender todas as dimensões do que hoje se desenrola à nossa volta. Os cientistas sociais são tão propensos à visão retrospectiva como os atores leigos: nós (isto é, os cientistas sociais) estamos constantemente revendo os nossos pontos de vista quando percebemos que o mundo não está se desenvolvendo de acordo com as nossas intuições iniciais. O que poderia parecer uma "crise", com um discreto início e um fim, com precondições que poderiam ser descritas como "causas" e choques posteriores que poderiam ser descritos como "consequências", pode, com o benefício da retrospectiva, aparecer como um mero episódio de uma série muito maior de acontecimentos interligados, em que o "princípio" e o "fim" já não são claros, cujas "causas" reais só podemos compreender parcialmente e em que seria prematuro falar de "consequências", uma vez que não temos ideia se estamos no princípio, no meio ou no fim de uma série de acontecimentos. Claro que, como cientistas sociais, temos que tentar permanentemente construir teorias sobre o mundo social e o que está se passando nele: essa é a única forma de lhe atribuirmos um sentido e tentar transformar a cacofonia da vida social numa forma de conhecimento. Mas cabe-nos lembrar que por muito elaboradas que sejam as nossas teorias, o mundo será sempre muito mais complexo do que as nossas teorias sobre ele.

Dada a complexidade e a opacidade do que está acontecendo na área das finanças globais, este ensaio não pode ser mais do que uma muito modesta contribuição para o clarificar da questão. E a questão é: estamos atravessando uma crise? E, se estamos, de que tipo de crise? É uma crise com muitos episódios interrelacionados ou muitas crises diferentes, essencialmente alheias umas às outras? Se for a primeira, o que une esses episódios? Se for a última, por que cada crise parece seguir-se tão rapidamente a outra?

Antes de tentar dar uma resposta significativa, temos de tentar atribuir alguma precisão aos nossos conceitos, ao próprio conceito de crise. Para fazer isso, quero começar por voltar ao que continua a ser uma das melhores tentativas de analisar a natureza da crise nas sociedades capitalistas avançadas: *Legitimation Crisis*, de Jürgen Habermas, agora um livro clássico. Claro, a análise de Habermas foi aplicada a uma conjuntura histórica muito diferente — notadamente, ao início dos anos 1970, quando a escalada de custos de bem-estar social fez soar o alarme sobre aquilo a que então se chamou "a crise fiscal do Estado" — e há aspectos da sua análise que agora parecem muito datados, tendo em vista as mudanças que desde então ocorreram no capitalismo global. Mas a clarificação do conceito de crise ainda é válida para nós, e a ideia inovadora daquilo a que podemos chamar "a lógica da deslocalização da crise" pode fornecer uma pista para nos ajudar a perceber o sentido do que está acontecendo hoje.

A LÓGICA DO DESLOCAMENTO DA CRISE

Em *Legitimation Crisis*, Habermas distingue dois tipos de crise que surgem no contexto da vida socioeconômica: o que ele chama uma "crise do sistema" e uma "crise de identidade".* A distinção entre esses dois tipos está ligada à distinção maior entre "sistema" e "mundo vivido", em que o sistema é uma forma de autorregulação da ação racional-intencional, na qual as ações são coordenadas por certos mecanismos, ou *mídia*, como dinheiro e poder. Em contraste, o "mundo vivido" é um espaço estruturado simbolicamente, no qual são tomados por garantidos os significados em que as tradições culturais e a identidade pessoal são mantidos e reproduzidos. As crises podem ocorrer num sistema e no "mundo vivido", mas, em cada caso, com propriedades distintas. Uma crise de sistema tem a ver com o colapso do sistema de integração: ocorre quando os mecanismos autorregulados de um sistema colapsam, o meio de coordenação das ações falha, não cumpre o seu papel, e o sistema aproveita. O exemplo clássico é o da superprodução na economia: as empresas capitalistas produzem mais bens do que o mercado pode absorver, conduzindo a um colapso dos preços e a uma queda brusca na economia, com as receitas em declínio e muitas empresas "encostadas à parede". Em contraste, uma crise de identidade tem a ver com a quebra da integração social: surge quando membros da sociedade tomam consciência de uma grande ruptura e sentem que sua vida, ou a "identidade coletiva", está de alguma forma ameaçada. Nem todas as crises de sistema dão origem a uma crise de identidade, mas algumas dão, e a questão que interessa a Habermas é: quando e sob que condições as crises de sistema se tornam crises de identidade?

---

* Jürgen Habermas, *Legitimation Crisis*, p.1-4.

Uma parte fundamental da sua resposta resume-se ao que poderíamos chamar "lógica do deslocamento da crise". Isso não é exatamente uma expressão de Habermas, embora ele fale de crises "deslocadas" de um sistema para outro. O seu argumento é essencialmente este: o sistema econômico permanece a principal fonte de crises nas sociedades capitalistas, decorrente da assimetria estrutural entre capital e trabalho assalariado. Dado que o Estado se envolveu diretamente na regulação da economia, por meio da compensação das consequências negativas do crescimento econômico, com a criação de serviços sociais, entre outras coisas, uma crise com origem na economia pode ser deslocada para a esfera política, na qual se expressa como uma "crise de racionalidade". Uma crise de racionalidade é a incapacidade do sistema político de lidar com exigências em conflito — por exemplo, a exigência para fornecer uma ampla gama de serviços de assistência social, por um lado, e a exigência para aumentar suficientemente a receita, por meio do sistema fiscal, para cumprir os seus compromissos financeiros. Como diz Habermas, "a crise de racionalidade é uma crise sistêmica deslocada que, como a crise econômica, expressa a contradição entre a produção social para interesses não generalizados e os imperativos de diretriz".* Uma crise de racionalidade pode, por sua vez, tornar-se uma "crise de legitimação" quando a população lhe retira legitimidade — torna-se então uma crise de identidade em vez de outra manifestação de uma crise do sistema. A crise de legitimação surge quando o sistema político ou econômico deixa de contar com níveis de apoio suficientes da população para continuar a funcionar — isto é, a reproduzir-se sem recorrer à força ou à violência. Uma perda de confiança ou um sentimento difuso de desilusão seria um bom indicador do tipo de crise de identidade que Habermas tinha em mente.

Não desejo ir mais longe no pensamento de Habermas — há muitos aspectos da sua reflexão que poderiam ser (e têm sido) questionados e, em qualquer caso, ele está ligado a um conjunto de circunstâncias históricas muito anteriores a nós. Três décadas de ascensão neoliberal no Ocidente alteraram profundamente a relação entre Estados e economias capitalistas e criaram as condições para

---

* Jürgen Habermas, *Legitimation Crisis*, p.46.

um tipo de crise que Habermas não previu. Mas há três aspectos nos quais quero rapidamente insistir, porque podem nos ajudar a pensar mais claramente no valor e nas limitações da reflexão desse autor.

1. Em primeiro lugar, enquanto Habermas tinha razão em destacar a importância do sistema econômico como principal fonte de crises, a sua reflexão sobre as características da economia que são suscetíveis de dar origem a crises sistêmicas é excessivamente comprometida com uma visão marxista tradicional do capitalismo como sistema de produção baseado no conflito fundamental entre a produção social e a apropriação privada. Isso é naturalmente importante, mas negligencia uma outra característica do capitalismo que é igualmente (se não mais) importante para a compreensão das crises econômicas e que foi mais sublinhada por Max Weber e por economistas como Schumpeter e Keynes — notadamente, a importância fundamental *do dinheiro, da dívida e do empréstimo*, tanto para o funcionamento da economia como para as atividades dos Estados modernos.

2. Uma segunda característica da reflexão de Habermas que limita a sua utilidade para nós atualmente é o seu foco implícito sobre o indivíduo do Estado-nação e a sua negligência em relação ao entrelaçamento transnacional, profundo e penetrante das instituições. Isso inclui a interligação de instituições industriais e financeiras, que têm muitas vezes base em diferentes países, mas que são fundamentalmente transnacionais no seu modo de operar; também inclui a interligação transnacional de instituições políticas e financeiras, por meio das operações cada vez mais complexas dos mercados de títulos e agências de classificação — e as atividades de organizações internacionais como o FMI ou o BCE. Para ser justo, nos últimos anos, Habermas ficou mais preocupado com o caráter e as consequências daquilo a que chama "a constelação pós-nacional". Mas o argumento que desenvolveu em *Legitimation Crisis* estava firmemente fechado no quadro a que Beck apropriadamente chamou "nacionalismo metodológico".

3. Um terceiro aspecto do argumento de Habermas que permanece bastante opaco e insatisfatório é a relação precisa entre a chamada crise do sistema, por um lado, e aquilo a que ele chama crise

de identidade, por outro. Isso é sem dúvida uma questão crucial: sob que condições o mau funcionamento do sistema econômico se torna algo mais do que um problema técnico para ser "resolvido" pelos chamados especialistas? Quando se torna algo que as pessoas comuns sentem como uma ameaça que perturbará as suas vidas, atirando-as para o desemprego ou destruindo as suas economias de uma vida, ou, de alguma forma, intervindo negativamente na sua vida, pessoal ou social? Habermas coloca, sem dúvida, essa questão, mas a forma como a responde em *Legitimation Crisis* é tudo menos clara.

Apesar dessas graves deficiências que limitam hoje a utilidade da reflexão de Habermas, vale a pena, do meu ponto de vista, reter a sua distinção entre os diferentes tipos de crise e ter presente a sua sugestiva ideia da lógica do deslocamento da crise. Contudo, em minha opinião, é delicado mudar a terminologia. Deixarei de lado o esquema muito elaborado da *Legitimation Crisis* para adotar uma distinção mais clara entre a *crise financeira*, que envolve o atrofiamento do sistema financeiro; *a crise política*, que envolve o colapso do sistema político, ou sérios desafios aos governos que se debatem (e possivelmente falham) com as exigências que lhes são colocadas e que, em parte como resultado disso, podem achar que a sua legitimidade está sendo posta em questão de novas formas mais intensas; e a *crise social*, que é um mal-estar social mais amplo, no qual as pessoas sentem que o seu mundo está perturbado de alguma forma fundamental, as suas condições de vida estão ameaçadas ou prejudicadas e o seu futuro está incerto. Cada um desses tipos de crise tem as próprias características distintivas, mas a crise pode mudar de forma com o decorrer do tempo — isto é, pode evoluir de uma crise financeira para uma crise política ou social. Essa ideia de evolução ou metamorfose de uma crise é certamente devida à ideia de deslocamento da crise de Habermas, apesar de "metamorfose" ser um termo mais apropriado do que "deslocamento", simplesmente porque metamorfose não implica, ao contrário de deslocalização, que a crise se mova de uma esfera da vida social para outra. Uma crise financeira que se metamorfoseia numa crise política ou social não deixa necessariamente de ser uma crise financeira: simplesmente, torna-se outra coisa. Muda de forma e, ao fazê-lo, torna-se algo *mais* do que uma crise financeira *per se*, assumindo novas características no processo. Seguidamente, vamos voltar a nossa atenção para as circunstâncias atuais e perceber onde é que esses conceitos e essas distinções podem ajudar a lançar alguma luz sobre o curso desses acontecimentos que, antes de mais nada, temos de situar num contexto mais amplo.

Capitalismo, Estados e dívida

A crise financeira de 2007-08 é frequentemente retratada como uma crise da banca, decorrente da disponibilização irresponsável de hipotecas a famílias de baixos rendimentos nos EUA (as chamadas hipotecas de alto risco) e da reembalagem dessas hipotecas por meio de uma série de instrumentos financeiros que dispersavam e disfarçavam o risco que lhes estava associado. Esse é sem dúvida um elemento-chave, mas apenas parte da história. Os acontecimentos de 2007-08 compreendem-se melhor como parte de uma crise mais ampla do sistema financeiro, enraizado numa característica fundamental do capitalismo: a dívida. O capitalismo depende fundamentalmente da dívida, no sentido em que depende do crédito — a promessa de pagamento — e do contínuo fornecimento de dinheiro, na forma de empréstimos a juros pelos bancos e outras instituições financeiras para financiar a produção e o consumo.* Sem crédito-débito, a produção e o consumo de bens e serviços cessaria e o capitalismo entraria num impasse. Mas os Estados também dependem da dívida desde, pelo menos, a ascensão dos Estados modernos nos séculos XVI e XVII na Europa. Os primeiros Estados modernos contraíram pesados empréstimos para financiar a construção de exércitos e marinhas, para travar guerras e manter as suas forças armadas num estado de constante prontidão para a guerra.** Finan-

---

* Esse entendimento do capitalismo e da sua dependência em relação ao dinheiro, vista como uma relação social da dívida de crédito, deve muito ao trabalho de Geoffrey Ingham; consultar as suas obras *The Nature of Money* e *Capitalism*.
** Consultar Michael Mann, *The Sources of Social Power, vol. II: The Rise of Classes and Nations-States, 1760-1914*, capítulo 11.

ciar o custo da guerra foi a maior necessidade financeira enfrentada pelos primeiros Estados modernos — de fato, o Banco da Inglaterra foi estabelecido no fim do século XVII para financiar as dívidas de guerra de Guilherme III.* Os Estados também se endividaram para primeiro financiar o desenvolvimento de infraestruturas e, mais tarde, uma gama crescente de serviços de educação e bem-estar social. Uma parte substancial dessa despesa do Estado foi financiada pela emissão de obrigações. Títulos do tesouro, com taxas de juros fixas e datas de vencimento, foram colocados à venda no mercado monetário para investidores privados e protegidos com futuras receitas do Estado, aumentadas por meio de impostos e direitos de importação. A emissão de obrigações permitiu aos governos financiar as despesas do Estado e fazer face ao serviço da dívida, proporcionando aos investidores privados um retorno financeiro relativamente seguro.

A aliança histórica entre Estados e investidores privados que surgiu no início da Europa moderna foi um acordo que serviu bem às duas partes, mas representou também um equilíbrio delicado que podia facilmente ser quebrado. Bancos e investidores privados estavam em risco de perder o seu dinheiro se o Estado deixasse de pagar os seus empréstimos — historicamente, a dívida soberana tem sido a maior causa do colapso bancário. A França entrou em inadimplência oito vezes entre 1500 e 1800, e a Espanha seis vezes durante os mesmos três séculos e sete vezes só no século XIX.** Ao longo dos tempos, bancos e investidores privados procuraram garantias dos Estados para proteger os seus investimentos. Foram particularmente importantes dois tipos de garantias.*** Em primeiro lugar, os credores do Estado procuraram garantir que a inflação estava sob controle, uma vez que a inflação podia diminuir as margens dos valores dos seus investimentos em títulos da dívida. Segundo, os credores tiveram de ser convencidos de que as receitas do Estado geradas pelos impostos, direitos de importação

---

* Piergiorgio Alessandri e Andrew G. Haldane, *Banking on the State*, p.3.
** Carmen M. Reinhart e Kenneth S. Rogoff, *This Time is Different*: Eight Centuries of Financial Folly, p.86ss.
*** Geoffrey Ingham, *Capitalism*, p.77ss.

etc. seriam suficientes para cumprir o pagamento de juros e permitir pagar os empréstimos quando eram devidos e assim evitar o risco de inadimplência. A taxa de juros que um governo paga para servir a sua dívida de longo prazo é determinada pela procura dos títulos da dívida que, por sua vez, depende da percepção da credibilidade do governo — isto é, da sua capacidade de controlar a inflação e de gerar receitas suficientes para cumprir o pagamento de juros e outros pagamentos devidos. Os governos tentam afirmar a sua credibilidade aderindo ao que se considera políticas prudentes de gestão da despesa — acima de tudo, mantendo a inflação sob controle e aderindo às normas de financiamento do déficit que mantêm globalmente as dívidas e os déficits dentro do que se considera os parâmetros aceitáveis num determinado momento (a ideia de um equilíbrio rigoroso entre despesa e receita, nos orçamentos anuais dos Estados, foi largamente abandonada no decurso do século XX).

Nos últimos anos, as agências de classificação de risco de crédito, como a Moody's e a Standard & Poor's, têm desempenhado um papel cada vez mais importante na avaliação da credibilidade, não apenas das empresas privadas, mas também dos Estados e municípios. A avaliação da qualidade do crédito não é uma novidade — tem sido uma característica persistente na história do crédito, dos empréstimos e da dívida. A novidade é a transferência dessa atividade para um pequeno número de organizações especializadas que fazem a classificação do crédito como uma atividade comercial sistemática. A história dessas organizações remonta ao início do século XX. John Moody criou um negócio para a avaliação do crédito em 1909. A Standard & Poor's, que foi formada com a fusão da Standard Statistics Company e da Poor's Publishing Company em 1941, pode ser rastreada até meados da década de 1850, quando Henry Poor começou a publicar relatórios regulares de investimentos em ferrovias e em outros relativos à infraestrutura.* A agência de classificação Fitch, muito menor, foi fundada por John Fitch em 1913 como uma editora especializada em estatísticas financeiras.

---

* Timothy J. Sinclair, *The New Masters of Capital*: American Bond Rating Agencies and the Politics of Creditworthiness, p.22-6.

As atividades de classificação das agências focaram-se inicialmente em ferrovias, canais, empresas industriais e instituições financeiras nos EUA. Contudo, com o fim do sistema de Bretton Woods em 1971 e a liberalização da regulação financeira no decurso dos anos 1970 e 1980, o alcance e o poder das agências de notação tornaram-se muito maiores, pois os investidores confiaram cada vez mais nas agências para orientar as suas decisões de investimento. No início dos anos 2000, as duas principais agências mantinham *ratings* de US$30 trilhões de dívidas nos Estados Unidos e nos mercados internacionais.* Essas agências têm um enorme poder nos mercados financeiros, simplesmente por causa das suas classificações — que variam de AAA ("triplo A") a D ("descumprimento") com vários níveis intermediários — que afetam diretamente a taxa de juros que empresas, governos, municípios etc. têm de pagar para servir a sua dívida: quanto mais alta for a classificação, menor é o risco de inadimplência no pagamento ao credor e, portanto, menor o custo para o mutuário. Por outro lado, se as agências considerarem alto o risco de inadimplência (ou maior do que era) e atribuírem uma baixa classificação, o custo do empréstimo subirá — um ponto ao qual regressaremos.

Assim, a aliança histórica entre Estados e investidores privados foi algo como um pacto faustiano. Os Estados adquiriram os recursos para financiar a despesa e o serviço da sua dívida de longo prazo, mas tinham de pagar um preço por isso, aderindo a políticas de baixa inflação e equilíbrio das finanças. Se os Estados se desviam das normas aceitas, os mercados monetários são rápidos em castigá-los. A incerteza desencadeia a venda de títulos da dívida, e os investidores podem ser novamente atraídos por taxas de juros mais altas que aumentam o peso da dívida do Estado. Por outro lado, em parte graças ao crescimento do Estado social e da ampla transformação da natureza dos direitos ligados à cidadania, tão bem analisados por T.H. Marshall,** os governos dos países ocidentais têm enfrentado um aumento constante das expectativas por parte dos cidadãos em

---

* Timothy J. Sinclair, *The New Masters of Capital*: American Bond Rating Agencies and the Politics of Creditworthiness, p.4.
** T.H. Marshall, *Citizenship and Social Class*.

relação a serviços públicos, saúde, educação e uma variedade de outros bens e serviços que aumentam as exigências sobre as despesas públicas e a tentativa de manter — ou mesmo reverter — o cumprimento dessas exigências para tranquilizar os credores do Estado e manter um fluxo constante de dinheiro, a taxas de juros comportáveis, corre o risco de provocar uma profunda insatisfação, raiva e protesto públicos.

A histórica aliança entre Estados e investidores privados tem permanecido relativamente intacta desde que foi formada, no início da Europa moderna, mas há um aspecto crucial em que mudou. No início do período moderno, os bancos foram os credores de última instância e o maior risco que enfrentavam era a inadimplência soberana. Ao longo dos últimos dois séculos, as posições inverteram-se.* O Estado tornou-se agora o último recurso dos bancos e, em tempos de necessidade, intervém para resgatar os bancos, ao contrário do que sucedia antes.

A METAMORFOSE DE UMA CRISE

A história do que aconteceu nos mercados financeiros em 2007-08 está agora bem documentada e não há necessidade de enumerar aqui os pormenores.** Contudo, é útil para uma breve reflexão sobre as amplas transformações estruturais que precederam esses acontecimentos e os tornaram possíveis.*** O período desde os anos 1970 tem sido caracterizado por uma expansão maciça do setor financeiro das economias capitalistas avançadas, resultando num crescimento substancial do volume global da dívida. Essa expansão foi facilitada e ativamente encorajada por alguns governos, que desregulamentaram os mercados financeiros e atenuaram a supervisão que exercem, de

---

* Piergiorgio Alessandri e Andrew G. Haldane, *Banking on the State*, p.1.
** Todos terão as suas interpretações preferidas desses acontecimentos; as duas que considerei particularmente inovadoras foram as de Gillian Tett, *O ouro dos tolos*; e a de John Lanchester, *Whoops! Why Everyone Owes Everyone and No One Can Pay*.
*** A reflexão seguinte inspira-se na excelente interpretação de Ingham sobre a crise financeira; consultar Geoffrey Ingham, "Postscript: The Financial Crisis and its Aftermath", em *Capitalism*.

modo a atrair capital financeiro e colher os benefícios do aumento das receitas fiscais. Esses desenvolvimentos foram mais longe nos Estados Unidos e no Reino Unido, motivados pela ascendência do neoliberalismo no mundo anglo-saxônico e pelo tradicional domínio da Wall Street e da City of London como centros financeiros globais. Libertos dos constrangimentos da regulação do governo, os bancos e outras instituições financeiras expandiram o seu leque de atividades e procuraram formas inovadoras de gerar lucros por meio da concessão de novos empréstimos e da reembalagem e comercialização de ativos financeiros. Os ativos dos bancos cresceram rapidamente, como ilustra a Figura 1, que mostra os ativos do setor bancário no Reino Unido em percentagem do PIB.

Figura 1: Ativos do setor bancário do Reino Unido em % do PIB

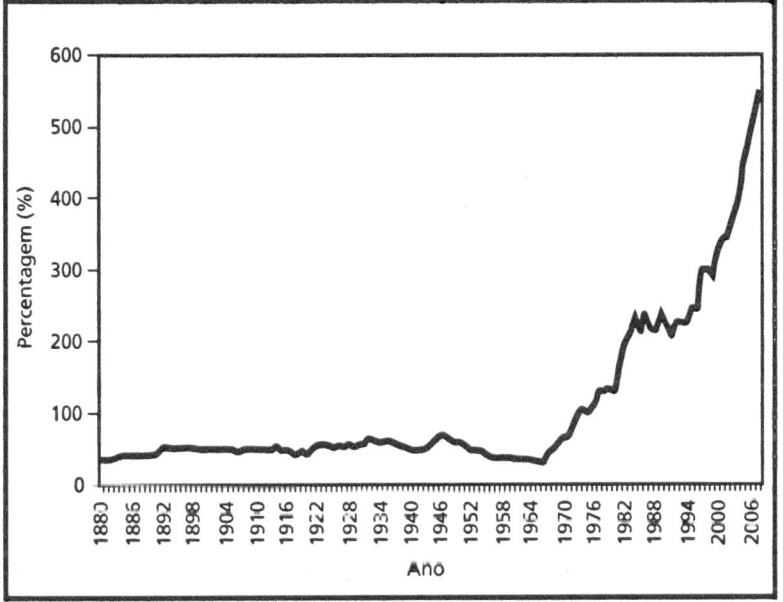

Fonte: Sheppard, D.K. (1971) and Bank of England

A definição de ativos bancários do Reino Unido usada nesta série é mais ampla depois de 1966, mas baseando-se em uma definição mais estreita obtém-se o mesmo perfil de crescimento.

A partir do século XIX, os ativos do sistema bancário do Reino Unido cresceram praticamente em linha com a atividade econômica global, mantendo-se em torno dos 50% do PIB. Mas a partir dos anos 1970 o padrão modificou-se, e por volta de 2001 os ativos bancários do Reino Unido cresceram mais de 500% do PIB anual.*

Nos Estados Unidos ocorreu um desenvolvimento semelhante, no qual os ativos da indústria financeira cresceram de 20% do PIB em 1978 para 120% em 2008.** Mas os ativos bancários são os empréstimos — ou seja, dívidas aos bancos. Um grande aumento da dívida, a essa escala assinalável, devia ter sido acompanhado por um aumento em capital e taxas de liquidez para compensar eventuais perdas decorrentes de inadimplências. Mas aconteceu exatamente o contrário: desde o início do século XX as taxas de capital caíram mais de 500% nos Estados Unidos e no Reino Unido e de liquidez caíram na mesma proporção em metade do tempo.*** Os lucros provenientes de empréstimos foram usados para pagar elevados dividendos e bônus e para investir em mais atividade especulativa, em vez de ser aplicados no reforço das reservas. O resultado líquido foi um aumento pronunciado no risco do sistema bancário. Era uma bolha de ativos pronta a arrebentar.

O aumento do comércio de ativos financeiros "derivados" e "securitizados", usando uma variedade de novos veículos financeiros — que foram muito bem-analisados por Gillian Tett, entre outros**** —, tem sido o foco de muitos comentários e críticas, mas, na prática, serviu apenas para exacerbar a fragilidade subjacente ao sistema financeiro. Os balanços dos bancos estavam enfraquecidos e foram tornados vulneráveis pela multiplicação da dívida e pelo esgotamento de reservas. Os novos ativos "securitizados" enfraqueceram ainda mais os balanços, que já estavam num estado lamentável. Esses novos ativos foram removidos dos balanços oficiais e mantidos como "veículos de investimento estruturado" (SIVs), que fo-

---

* Piergiorgio Alessandri e Andrew G. Haldane, *Banking on the State*, p.3; Geoffrey Ingham, "Postscript".
** Federal Reserve, 2009.
*** Piergiorgio Alessandri e Andrew G. Haldane, *Banking on the State*, p.3.
**** Gillian Tett, *O ouro dos tolos*, Parte II.

ram criados como entidades juridicamente distintas registradas em *offshores*, permitindo aos bancos escapar à regulação das autoridades norte-americanas e britânicas. Os ativos também foram seccionados e recortados, embalados e reembalados em diferentes "tranches" de títulos (obrigações de garantia de dívidas, ou CDOs, na abreviatura inglesa) e vendidos tantas vezes que deixou de ser claro quem estava assumindo o risco em caso de inadimplência. Foi criada a ilusão de que os riscos associados à inadimplência tinham sido praticamente eliminados pelo parcelamento e pela passagem de uns para os outros, por meio dos *credit default swaps* (CDS).

O resultado foi que os bancos e outras instituições financeiras não conheciam de fato o valor real dos ativos que constavam dos seus balanços e não tinham ideia do que poderia acontecer se determinados agentes da cadeia entrassem em inadimplência. A securitização dos créditos hipotecários e de outros ativos deveria permitir às instituições distribuir e reduzir os seus riscos, mas, na prática, ampliaram o risco do sistema financeiro como um todo.

As inadimplências começaram em fins de 2006 e continuaram em 2007 e 2008, quando a queda nos preços da habitação nos EUA provocou um aumento crescente da inadimplência das hipotecas[*] — especialmente das chamadas hipotecas *subprime* (de alto risco). O preço de mercado dos títulos hipotecários entrou em colapso e os bancos viram-se envolvidos com bilhões de dólares de CDOs e CDS não comercializáveis. Os bancos e outras instituições que estavam fortemente implicadas no mercado de hipotecas, como o Northern Rock e o Lehman Brothers, ficaram extremamente expostos quando as inadimplências começaram. Em 15 de setembro de 2008, o Lehman Brothers declarou falência — a maior falência empresarial da história dos EUA. A gigantesca companhia de seguros AIG, que usara *credit default swaps* para garantir as obrigações de várias instituições financeiras, também se encontrava numa situação cada vez mais difícil. A sua classificação de crédito foi reduzida pelas agências e enfrentou uma perspectiva muito real de falência. Percebendo que uma segunda

---

[*] Para uma boa interpretação sobre as práticas duvidosas e predatórias por detrás do colapso do mercado hipotecário dos Estados Unidos, consultar Joseph Stiglitz, *O mundo em queda livre*.

falência dessa dimensão, imediatamente a seguir ao colapso do Lehman Brothers, podia ser uma catástrofe, o Federal Reserve interveio em 16 de setembro para resgatar a AIG com uma linha de crédito de US$ 85 bilhões (o apoio total do governo à AIG acabou por atingir os US$ 180 bilhões). No dia seguinte, o governo norte-americano anunciou um pacote de resgate de emergência de US$ 700 bilhões que permitiu ao Tesouro comprar os chamados "ativos tóxicos" dos bancos e de outras instituições financeiras. O governo do Reino Unido, que já havia tomado a dianteira quando apoiou (e, posteriormente, nacionalizou) o Northern Rock, investiu fortemente e de maneira igual para apoiar os bancos em troca de participações substanciais. O desmoronamento do sistema financeiro foi evitado, mas a um preço elevado: em fins de 2009 o governo dos EUA tinha gastado pelo menos US$ 3 trilhões e o governo do Reino Unido £850 bilhões para apoiar os bancos e estimular a economia. A crise que emergiu no setor financeiro, decorrente da fragilidade dos balanços dos bancos que estavam excessivamente expostos à dívida, foi então fortemente deslocada para a esfera política. Os Estados evitaram o colapso do sistema financeiro, pelo menos por enquanto, mas a que preço?

Os dispendiosos pacotes de resgate, juntamente com a recessão desencadeada pela crise financeira, desviaram as atenções para os Estados, cujas posições fiscais estavam agora significativamente enfraquecidas pelo aumento da dívida e acentuado declínio das receitas fiscais. As agências de classificação e os mercados monetários focaram a sua atenção nos Estados que pareciam ter fracas posições orçamentárias — ou seja, dívidas elevadas e declínio de receitas. Vários países da chamada periferia da zona do euro — Irlanda, Grécia, Espanha e Portugal — tornaram-se os pontos centrais de preocupação. As razões para a vulnerabilidade fiscal desses Estados variam. No caso da Irlanda, a vulnerabilidade estava ligada ao colapso do sistema bancário e ao custo do resgate, enquanto na Grécia, na Espanha e em Portugal a vulnerabilidade tinha mais a ver com a dívida acumulada, o impacto da recessão no turismo e a dívida da construção civil e hoteleira e com as peculiaridades da política monetária na zona do euro.

Quando os Estados-membros da União Europeia pediram para aderir ao euro, tiveram de comprometer-se, de acordo com o Tratado de Maastricht, a manter os seus déficits em 3% do PIB e as taxas da dívida pública, em relação ao PIB, em não mais do que 60%. Uma vez no euro, podiam pedir empréstimos a taxas de juros baixas, protegidos pela credibilidade do membro mais forte da zona do euro — a Alemanha. Contudo, as normas orçamentárias para a adesão ao euro não foram estritamente cumpridas e o dinheiro barato disponível para os Estados-membros tendeu a estimular mais empréstimos, à medida que credores ansiosos por emprestar mais dinheiro encontravam clientes ávidos em Estados ansiosos por pedir emprestado a taxas de juros mais baixas. A verdadeira situação financeira de alguns Estados da zona do euro não era completamente clara. Verificou-se posteriormente que os bancos de investimento Goldman Sachs e outros de Wall Street colaboraram, secretamente, com a Grécia e outros governos europeus, no início dos anos 2000, para criar instrumentos financeiros que permitiram aumentar o seu endividamento enquanto escondiam a verdadeira dimensão dos seus déficits e aparentavam manter-se dentro das regras europeias. Num acordo elaborado pela Goldman Sachs em 2001, pouco tempo depois de a Grécia ter aderido ao euro, os bancos emprestaram-lhe grandes somas de dinheiro em troca de futuras taxas de aterrissagem em aeroportos gregos — negociando dinheiro adiantado* em troca de uma promessa de receitas, fazendo com que esse negócio figurasse como venda (e não empréstimo) no balanço grego desse ano.

Quando o novo governo de centro-esquerda assumiu o poder, em outubro de 2009, logo se tornou claro que a situação fiscal grega era muito mais frágil do que havia sido indicado. O déficit do orçamento de 2009 estimado pelo governo anterior em 6% a 8% do PIB rapidamente foi revisto acima dos 12,7% e depois 14,4%. O receio de inadimplência levou as agências de classificação financeira a baixarem os títulos gregos para o nível de lixo. As taxas de juros dos títulos gregos subiram — de menos de 6%, em títulos da dívida a dez anos, no início de 2009 para mais de 12% no final do ano, subindo para quase 18% em 2011 (ver Figura 2).

---

* Louise Story, Landon Thomas Jr e Nelson D. Schwartz, "Wall St. Helped to Mask Debt Fueling Europe's Crisis".

Figura 2: Rendimento dos títulos da dívida da zona do euro, 2009-11

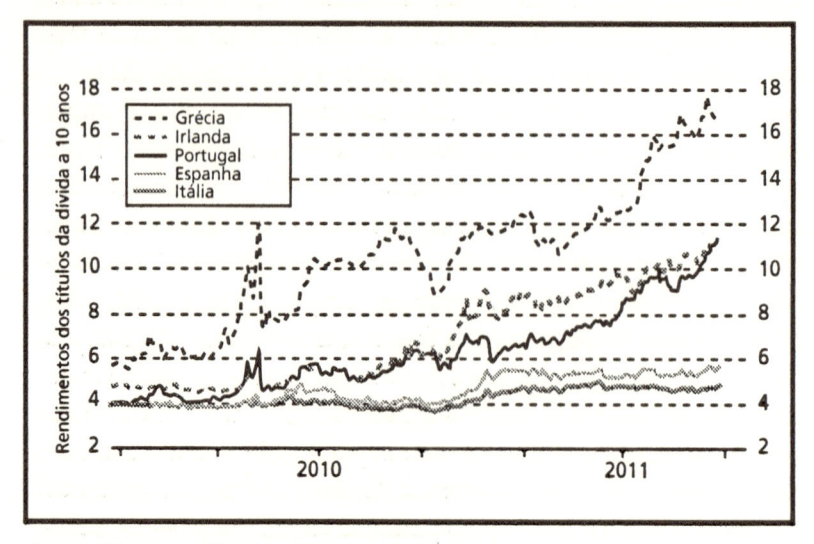

[Gráfico: Rendimentos dos títulos da dívida a 10 anos — Grécia, Irlanda, Portugal, Espanha, Itália, 2010-2011]

Fonte: Thomson Reuters Datastream
Reuters Graphic / Scott Barber 27/06/2011

A escalada das taxas de juros dos títulos da dívida reflete o aumento da perda de confiança das agências de classificação financeira e dos investidores no Estado grego (e, em menor grau, nos Estados irlandês e português) e na sua capacidade de cumprir compromissos de pagamentos: quanto mais arriscado o risco dos títulos, maior é o juro que têm de suportar, de forma a atrair investidores. A escalada das taxas de juros tornou-se punitiva e criou um círculo vicioso. Quanto maior for a taxa de juros que o Estado tem de pagar pelos seus títulos, maiores são os encargos com juros, exigindo do Estado que capte ainda mais dinheiro no mercado de títulos para conseguir servir a sua dívida, aumentando assim a probabilidade de inadimplência.

Confrontados com a possibilidade muito real de uma inadimplência soberana, os Estados regressam ao resgate, só que, nesse caso, o pacote de resgate veio na forma de um empréstimo, à Grécia, de €110 bilhões pelos países da zona do euro e pelo FMI. O empréstimo, aprovado em maio de 2010, foi ligado a rigorosas medidas de austeridade destinadas a reduzir a dimensão da dívida, cortando na despesa e aumentando a receita por meio de impostos elevados. Um ano depois, era claro que isso não seria suficiente e um resgate adicional surgiu — uma mistura de empréstimos em dinheiro, *swaps* de títulos e adiamento de prazos da dívida, somando €120 bilhões ao longo de três anos — de novo condicionado a rigorosas medidas de austeridade.

A Grécia tem sido descrita como a Lehman Brothers da Europa: a inadimplência grega enviaria ondas de choque através do sistema financeiro e poderia levar a outras inadimplências em Portugal, Espanha e outros. Mas em termos da estrutura de crédito e débito, a Grécia é mais semelhante ao mutuário de um empréstimo hipotecário de risco que se encontra incapaz de cumprir os pagamentos dos juros e cuja inadimplência expõe a fragilidade da situação do balanço dos bancos que são seus credores. Assim como muitos bancos e instituições financeiras foram expostos à inadimplência no mercado hipotecário americano, em virtude de terem comprado e vendido CDOs e CDS, também muitos bancos fora da Grécia (assim como governos estrangeiros) estão fortemente expostos à dívida grega — especialmente na França e na Alemanha, como mostra a Figura 3.

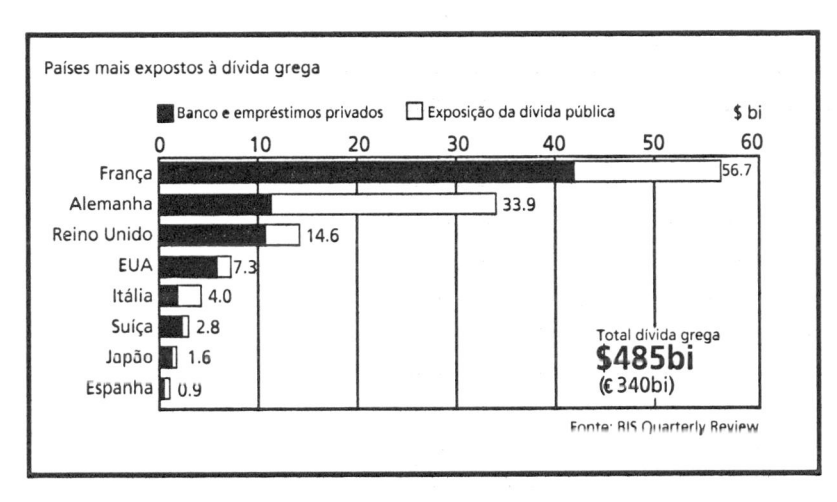

Figura 3: Exposição à dívida grega (julho de 2011)

País	Banco e empréstimos privados + Exposição da dívida pública ($ bi)
França	56.7
Alemanha	33.9
Reino Unido	14.6
EUA	7.3
Itália	4.0
Suíça	2.8
Japão	1.6
Espanha	0.9

Total dívida grega **$485bi** (€340bi)

Fonte: BIS Quarterly Review

Podemos ter avançado em relação a problemas específicos gerados pelo mercado de hipotecas de alto risco nos Estados Unidos, mas ainda estamos, fundamentalmente, lidando com a mesma crise — isto é, uma crise que decorre de bancos e outras instituições financeiras com balanços frágeis que estão excessivamente expostos ao risco de inadimplência. Agora as potências descumpridoras são os Estados, em vez de indivíduos e famílias com hipotecas que não podem pagar, e isso eleva os riscos para um nível completamente diferente. Além disso, dada a situação fiscal enfraquecida de muitos Estados, não é de todo seguro que eles estejam em posição de resgatar os seus bancos uma segunda vez se a inadimplência soberana, ou uma série de inadimplências soberanas, ameaçar colocá-los na bancarrota.

Embora a crise que temos atravessado desde 2007-8 seja fundamentalmente uma crise do sistema financeiro enraizado na estrutura crédito-débito do capitalismo e na forma como as principais instituições de crédito-débito — os bancos — têm evoluído desde a década de 1970, tem-se deslocado para a esfera política e tem assumido a forma de uma efetiva ou potencial crise política. Assim, os Estados e os governos estão agora diretamente implicados na crise e expostos em três frentes. Em primeiro lugar, estão vulneráveis à acusação de que trataram os banqueiros com ligeireza face ao uso que fizeram de recursos públicos para resgatar os bancos. Muitos bancos foram efetivamente nacionalizados, mas muito pouco foi feito para constranger o comportamento dos banqueiros, reduzir os seus salários extravagantes, bônus e benefícios e rerregular um setor cujas atividades imprudentes levaram a economia global à beira do colapso. Os sentimentos de perplexidade e raiva que muitas pessoas sentiam em relação aos banqueiros e às suas atividades imprudentes estão agora redirecionados para os governos que estavam preparados para os socorrer quando os bancos necessitaram, mas que parecem tímidos, covardes e indecisos quando se trata de desenvolver e implementar novas políticas destinadas a reformar o setor financeiro e a reduzir a probabilidade de novos resgates.

A segunda frente a que os Estados e governos estão agora expostos é mais séria: os resgates e a recessão expuseram a vulnerabilidade e a fragilidade da situação orçamentária de alguns Estados, impulsionando-os — com diferentes tipos e graus de pressão externa — a reduzir a despesa pública na esperança de reduzir os seus níveis de dívida global e os pagamentos necessários. *A luta sobre a despesa pública tornou-se a nova frente da crise financeira*. A crise financeira agravou o pacto faustiano que sempre integrou a aliança histórica entre Estados e investidores privados. Desde o século XVII os Estados adquiriram os recursos para financiar a despesa e pagar a dívida por meio da venda de títulos a investidores privados, nos mercados monetários, mas para manter condições favoráveis tiveram de esforçar-se para cumprir determinadas normas em termos de inflação e financiamento do défice e manter globalmente dívidas e défices dentro de parâmetros aceitáveis. Isso produz uma pressão constante para controlar e reduzir a despesa pública e essa pressão é exacerbada quando os Estados se encontram subitamente envolvidos com novas despesas substanciais (como os resgates) ou se veem de repente confrontados com um declínio de receitas (quando as receitas fiscais diminuem numa economia em estagnação ou recessão), ou ambos. Nessas condições, os governos veem-se perante a perspectiva desagradável de impor uma redução drástica da despesa pública e/ou aumentar os impostos, numa tentativa de recolocar as finanças em linha com as normas de financiamento do défice que são esperadas pelos mercados, uma vez que, ao não tomar essas medidas, incorrem no risco de aumentar o custo dos empréstimos e, assim, agravar a situação orçamentária. Mas a perspectiva de impor uma redução drástica da despesa e/ou aumentar os impostos é dificilmente aceitável para os governos de qualquer área política, seja de esquerda ou de direita, simplesmente porque são duas áreas-chave que afetam diretamente a vida dos cidadãos.

Cortar serviços públicos, reduzir salários e benefícios de funcionários públicos, empurrar um elevado número de pessoas para o desemprego, vender bens públicos, reestruturar instituições de saúde e educação direcionando mais os custos para os particulares, aumentar os impostos diretos e indiretos: essas e outras medidas nunca serão fáceis para nenhum governo e vão provocar raiva, ressentimento e hostilidade de muitos sectores da população, cuja qualidade de vida será direta e materialmente afetada pelas mudanças. Muitas pessoas comuns sentirão — com alguma razão — que estão pagando o preço de uma trapalhada criada por outros.

Analisemos agora brevemente dois instantâneos da linha da frente da crise atual. É quarta-feira, 29 de junho de 2011, e a Grã-Bretanha está se preparando para uma paralisação nacional dos trabalhadores do setor público, convocada para o dia seguinte. Promete ser a maior greve desde muitos anos — mais de meio milhão de trabalhadores estão inclinados a aderir. Escolas, faculdades, hospitais, aeroportos, tribunais e repartições públicas em todo o país serão afetados; milhares de escolas estarão fechadas e os deslocamentos serão prejudicados. Os sindicatos convocam a greve para protestar contra a proposta de reforma das pensões do setor público feita pelo governo de coalizão. As mudanças acabariam com o regime associado ao salário final, que liga o pagamento de pensões aos salários, na aposentadoria, para todos os trabalhadores do setor público. O montante com que a maior parte dos trabalhadores tem de contribuir aumentaria significativamente — 3% do salário, o que duplicaria a contribuição de muitos trabalhadores — e a idade da aposentadoria seria aumentada. A convocação para a greve é bem-recebida por muitos trabalhadores do setor público, não apenas porque estão preocupados com as suas pensões, mas também porque estão furiosos e ressentidos com os cortes e com a estratégia do governo de reduzir a despesa pública para tentar diminuir o déficit orçamentário. Eles sentem que estão sendo forçados a fazer sacrifícios e a sofrer uma séria deterioração das suas condições de vida para pagar uma crise causada pelos banqueiros, que, ao que tudo indica, parecem manter os seus altos salários, bônus extravagantes e confortáveis pensões privadas. Mary trabalha num centro de processamento de benefícios sociais no Departamento de Finanças de Cannock, a norte de Birmingham. Ela vai aderir à greve com a maioria dos seus colegas de trabalho. "Em todo o tempo em que trabalhei aqui, nunca vi o departamento aderir à greve", disse Mary. "Fundamentalmente, estamos preocupados com as pessoas. A última coisa que queremos fazer é tornar a vida mais difícil para elas".* Mas dessa vez é diferente. Mary e outros colegas de trabalho não estão apenas preocupados com as pensões e alterações na idade de aposentadoria, mas estão também revoltados com uma recente decisão de extinguir o departamento dentro de um ano e distribuir a equipe por outras repartições em todo o Midlands. A proposta de reforma previdenciária foi a gota d'água que

---

* *The Guardian*, 30/6/2011, p.6.

levou a uma contínua degradação das condições de trabalho. "Fiquei chocada", diz Mary, referindo-se ao impacto das alterações das pensões nas suas finanças pessoais. Como outros, Mary usou uma calculadora de pensões disponível on-line no website do Sindicato dos Serviços Públicos e Comerciais para descobrir o que essas alterações significariam. Preenchem-se três informações (idade, salário e tempo de contribuição) e a calculadora diz imediatamente quanto terá de pagar a mais, quanto perderá e quanto tempo mais terá de trabalhar — um simples mecanismo que permite aos trabalhadores traduzir as pensões de aposentadoria em termos claros. Mary estima que terá de pagar do seu salário de £17 mil anuais, um extra de £45 por mês em contribuições para a previdência. Considerando as alterações nas contribuições para a pensão do seu marido, professor, os dois perderão £215 do rendimento familiar mensal. "É como se voltássemos ao tempo em que éramos recém-casados e contávamos todos os tostões. À medida que envelhecemos, esperamos que a vida melhore, mas está andando para trás." Mary sente que ela e o marido estão sendo castigados por terem dedicado as suas vidas ao serviço público, enquanto os responsáveis pela crise saem impunes. "Sinto raiva. Eles salvaram os bancos e nós estamos nesta enorme trapalhada financeira, mas é o 'Zé Ninguém' que tem de pagar a conta."

Nesse mesmo dia, quarta-feira, 29 de junho, reúnem-se multidões na praça Syntagma, no centro de Atenas, enquanto membros do Parlamento grego debatem um novo pacote de medidas de austeridade que a União Europeia e o FMI impuseram como condição de aumento do segundo empréstimo de emergência de €120 bilhões.

A atmosfera é tensa. Há batalhas campais entre manifestantes e a tropa de choque nas ruas à volta da praça Syntagma, com jovens atirando pedras e a polícia disparando bombas de gás lacrimogêneo e granadas para dispersar a multidão de manifestantes. Dentro do prédio, o primeiro-ministro, George Papandreou, pede aos membros do Parlamento que aprovem a legislação que implementa as medidas de austeridade draconianas; lá fora, nas ruas, o pandemônio. Logo após as 16h30, assim que a notícia de que as medidas são aprovadas, por uma pequeníssima margem, se espalha, aumenta a tensão na praça, os protestos tornam-se violentos e a luta torna-se intensa. Entre os milhares que se reuniram naquela praça dia após dia há muitos gregos comuns, novos e velhos, zangados e cansados. Maria Xifara, uma bancária de vinte anos, é uma das manifestantes: "Não vamos parar, não vamos parar", diz ela energicamente, a raiva evidente no tom de voz. "Eles têm de parar, o governo tem de parar." "Como vai fazer com que eles parem?", pergunta uma jornalista. "Com greves, com manifestações, com tudo... nós viremos aqui para protestar." Theofrastos Vampourellis, um jovem engenheiro civil desempregado, explica por que se juntou ao protesto: "Estou aqui porque o desemprego dos jovens está aumentando para níveis muito elevados, não temos emprego, não temos dinheiro, por isso a vida é muito difícil para nós." Sofia Tsadari, uma arquiteta de trinta anos, tem as suas razões: "Temos visto as pessoas perderem as suas casas para os bancos", diz ela, "o que faz com que as pessoas sintam que isso é um... um desastre social". Georgia Mavriogianni, 54 anos, mãe de três filhos, está sem trabalho há dois anos, desde que o seu pequeno negócio faliu: "Nunca fui a uma manifestação na minha vida, mas, como podem ver, há muita gente reagindo ao que se passa. Chegamos a um beco sem saída com esses políticos e as pessoas estão acordando e querendo fazer parte da tomada de decisões." Carlos Margounis, um pensionista, pensava que a crise só iria se agravar, porque os gregos se sentiram defraudados e enganados: "Em todos estes anos nunca ninguém falou sobre o problema da dívida. Depois, de repente, estamos confrontados com um problema consumado: alimentação ou juros? Pagar a dívida ou continuar a viver? Bem, o que você escolheria?"*

Dois instantâneos da linha da frente da crise são exatamente isso — dois momentos, tirados de uma miríade de ocorrências que acontecem em diferentes tempos e lugares, mas dizem-nos algo importante sobre a crise que se desenrola à nossa volta, mostram muito claramente que aquilo com que estamos lidando hoje não é *apenas* uma crise financeira (embora ainda seja isso), nem é *apenas* uma crise política (embora, novamente, também seja isso, e agora mais do que nunca): nós estamos lidando com o que se tornou também uma

---

* *Newsnight* (28-29/6/2011); *The Independent* (18/6/2011), p.3; *The Guardian* (17/6/2011), p.5.

crise social alarmante. A crise financeira metamorfoseou-se numa crise política e social. Esses instantâneos também dizem que, para muitos cidadãos comuns, a crise é hoje mais real do que nunca. Em 2008, a crise financeira era de alguma forma irreal para muitas pessoas comuns: eram estranhos e incompreensíveis os acontecimentos que tinham lugar num mundo distante, habitado por pessoas que nunca vimos, envolvidas em práticas que não compreendemos. Se tínhamos poupanças nos bancos em que esses acontecimentos se deram, talvez nos tenhamos preocupado em perceber se estariam seguras; alguns até podem ter se dado ao trabalho de retirar as suas poupanças desses bancos e colocá-las em algum outro lugar que parecesse mais seguro, como muitos que tinham poupanças no Nothern Rock. Mas isso era ainda um setor muito pequeno da população e o resgate dos bancos pelos governos significava que as poupanças da maioria das pessoas estavam seguras (pelo menos, por enquanto). As enormes quantias de dinheiro que os governos gastaram no resgate dos bancos e para estimular a economia foram tão gigantescas que eram, para todos os efeitos, sem sentido. O que é US$ 1 trilhão? O que são £800 bilhões? Não tínhamos forma de nos relacionar com números desse tipo. Contudo, quando o governo anuncia que os salários serão congelados ou cortados, que teremos de pagar mais £45 por mês pela nossa pensão e trabalhar mais seis anos do que pensávamos, que os nossos impostos subirão, que a biblioteca local será fechada e que as nossas crianças terão de pagar pela própria educação universitária, então a crise é bem real: ela incide diretamente sobre a nossa vida e sobre a daqueles que nos rodeiam. É agora uma crise social que ameaça destruir coisas que considerávamos garantidas, que perturba a nossa vida, a vida da nossa família e de nossos amigos e que tem um sério impacto sobre as condições sociais e materiais do nosso bem-estar. Agora percebemos o que a crise significa. Já deixou de parecer um problema técnico abstrato para ser resolvido por banqueiros e tecnocratas, em Washington, Londres ou Bruxelas, que podem manipular números e injetar largas somas de dinheiro na economia de formas que fazem pouco sentido para as pessoas comuns. Agora é um problema político e social que interfere diretamente nas nossas vidas.

A terceira frente a que os Estados e os governos estão agora expostos é mais indeterminada, porém mais preocupante e mais profunda: como os Estados podem lidar com mais uma série de inadimplências em larga escala? Essa é precisamente a questão com a qual os governos europeus se debatem agora. Se a Grécia entrasse em inadimplência, isso atingiria imediatamente os balanços dos bancos na Grécia, França, Alemanha, Grã-Bretanha e em outros locais, gerando perdas ainda maiores no setor financeiro. Não é de todo claro que consequências isso teria, tanto para os próprios bancos como para o euro. Se precipitasse mais inadimplências em Portugal, na Espanha, possivelmente na Itália, a crise poderia sair do controle e o euro poderia entrar em colapso. É essencialmente por isso que os governos da França, Alemanha e de outros países europeus têm estado tão preocupados em tentar mobilizar apoio suficiente para evitar a inadimplência grega, apesar das críticas que alguns líderes europeus enfrentam, vindas dos próprios cidadãos: eles sabem muito bem que, desde que o Estado é agora o último recurso dos bancos, serão chamados a sustentar o sistema bancário se uma inadimplência soberana da Grécia — e possivelmente também noutros lugares — empurrar os bancos europeus para o limite. Eles calculam que os riscos envolvidos na dívida grega, mesmo que consideráveis, são menores do que os riscos — para bancos, para os Estados que seriam chamados a apoiá-los e para o sistema financeiro global — que estariam envolvidos numa inadimplência soberana súbita e descontrolada a essa escala.

Claro, se a dívida grega resolverá o problema ou se o perdão parcial apenas o adiará é, neste momento, uma questão discutível. O Parlamento grego pode ter aprovado as medidas de austeridade por uma pequena margem, mas aprová-las é uma coisa; implementá-las enfrentando uma oposição determinada e potencialmente violenta, é outra muito diferente. A Grécia pode receber o segundo empréstimo de emergência para evitar a insolvência, mas o seu futuro ainda está na balança. Se não conseguir implementar os cortes draconianos e aumentar a receita, por meio do aumento de impostos e da venda de bens públicos, as prestações futuras poderão ser retidas, renovando assim o risco de inadimplência. E mesmo que as prestações futuras sejam pagas, não é claro que a carga global da dívida seja significativamente reduzida num futuro previsível, dado o impacto inflacionário das medidas de austeridade. A aritmética não parece favorável.* No final, parece provável que a dívida grega tenha de ser renegociada e que os seus credores e outros Estados da zona do euro — especialmente a Alemanha e a França — tenham de absorver algumas dessas perdas.

É aqui que estamos hoje: num lugar muito incerto, não no rescaldo de uma crise, mas no meio, em que o princípio pode ser analisado e documentado com alguma precisão, mas em que o fim ainda não está à vista e o resultado não é de todo claro. O que começou como uma crise financeira, aparentemente decorrente das práticas irresponsáveis dos banqueiros operando nos mercados financeiros desregulados, mudou de forma, metamorfoseou-se numa crise, muito mais ampla do que a financeira, de caráter político e social. Governos e políticos estão agora na linha da frente e enfrentam enormes desafios, presos pelo pacto faustiano que liga o seu destino aos investidores privados, enquanto enfrentam simultaneamente a ira dos cidadãos que questionam a sua legitimidade e se sentem injustamente tratados e traídos por eles. E assim como esta crise é agora social, tanto como é financeira e política, também o seu futuro está nas mãos de pessoas comuns e na forma como responderem aos sacrifícios que lhes são pedidos, tanto como está nas mãos dos banqueiros e políticos. O que acontece nas ruas de Atenas, Cannock e outras cidades pode ser tão importante, nos próximos meses, como o que acontece nos gabinetes dos governos e bancos em Nova York, Washington, Londres, Bruxelas, Berlim e outros lugares.

---

* Para estabilizar a dívida grega atual, o país tem de ter um grande excedente orçamentário, uma vez que os juros forem excluídos — uma estimativa sugere que esse primeiro excedente orçamentário tem de representar 7-10% do PIB. Em 2010, a Grécia parece ter atingido um déficit primário orçamentário de, pelo menos, 4%. A possibilidade de a Grécia obter um surplus primário orçamentário de 7-10% enquanto estiver submetida a mais medidas de austeridade afigura-se remota, motivo pelo qual parece ser possível ocorrer alguma espécie de desvalorização (consultar Larry Elliott, *Guardian*, 20/6/2011).

Referências bibliográficas

ALESSANDRI, Piergiorgio; HALDANE, Andrew G. *Banking on the State*. Londres: Bank of England, 2009.

BECK, Ulrich. *The Cosmopolitan Vision*. Ciaran Cronin (Trad.). Cambridge: Polity, 2006.

GENTLEMAN, Amelia. "I Feel Angry. They Bailed Out the Bank But it's Joe Public Who Has to Pay". *The Guardian*, 30/6/2011, p.6.

HABERMAS, Jürgen. *Legitimation Crisis*. Thomas McCarthy (Trad.). Cambridge: Polity, 1988.

HOWDEN, Daniel. "Disaster Averted? Not if you Listen to the Greeks". *The Independent*, 18/6/2011, p.3.

INGHAM, Geoffrey. *The Nature of Money*. Cambridge: Polity, 2004.

_____. *Capitalism*. Cambridge: Polity, 2008.

_____. "Postscript: The Financial Crisis and its Aftermath", in INGHAM, Geoffrey. *Capitalism*. Cambridge: Polity, 2011, p.227-64.

LANCHESTER, John. *Whoops! Why Everyone Owes Everyone and No One Can Pay*. Londres: Penguin, 2010.

MANN, Michael. *The Sources of Social Power*, ii. *The Rise of Classes and Nation-States, 1760-1914*. Cambridge: Cambridge University Press, 1993.

MARSHALL, T.H. *Citizenship and Social Class*. Londres: Pluto Press, 1992.

NEWSNIGHT. 28-29/6/2011, repórter Paul Mason.

REINHART, Carmen M.; ROGOFF, Kenneth S. *This Time is Different: Eight Centuries of Financial Folly*. Princeton: Princeton University Press, 2009.

SHEPPARD, D.K. *The Growth and Role of UK Financial Institutions, 1880-1962*. Londres: Methuen, 1971.

SINCLAIR, Timothy J. *The New Masters of Capital*: American Bond Rating Agencies and the Politics of Creditworthiness. Ithaca: Cornell University Press, 2005.

SMITH, Helena. "Papandreon struggles pack but fails to quell probert". *The Guardian*, 17/6/2011, 5.

STIGLITZ, Joseph. *O mundo em queda livre*. São Paulo: Companhia das Letras, 2010.

STORY, Louise; THOMAS JR., Landon; SCHWARTZ, Nelson D. "Wall St. Helped to Mask Debt Fueling Europe's Crisis". *The New York Times*, 14/2/2010.

TETT, Gillian. *O ouro dos tolos*. Rio de Janeiro: Elsevier, 2009.

US FEDERAL RESERVE. *Components of US Debt*, 2010.

4
CRISE FINANCEIRA OU MUTAÇÃO SOCIAL?

Michel Wieviorka

O NÚMERO DE PUBLICAÇÕES DEDICADAS À CRISE é agora impressionante, mas depois de três ou quatro anos há uma espécie de lassidão: ainda precisamos de novos livros e artigos que falem da "crise"? Na verdade, sim, pelo menos se considerarmos muito simplesmente o fato de, até agora, a maioria das publicações ter sido escrita por economistas ou jornalistas, algumas de pendor sociológico, mas nenhuma realmente pode ser considerada uma obra de ciências sociais.

O tempo necessário para os cientistas sociais escreverem publicações como essas não é obviamente o mesmo que o dos economistas: os sociólogos têm de realizar pesquisas em profundidade e trabalhar sobre dados empíricos que não correspondem necessariamente à situação em curso. Ou talvez também acreditem que a crise não é algo com que se deva preocupar. Só com uma análise retrospectiva estaremos aptos a dizer se a crise atual tem ou não tem, como tal, mobilizado cientistas sociais, dando origem a programas de pesquisa e afetando o equilíbrio entre tendências e orientações científicas, ou dando origem a novos paradigmas.

A experiência da crise de 1929 leva-nos a crer que as ciências sociais têm dificuldades consideráveis, ou são bastante reticentes, quando se trata de colocar problemas desse tipo. Como demonstrou* Charles Camic, a crise de 1929 nos Estados Unidos — a Grande Depressão — também produziu ou acelerou mudanças institucionais consideráveis nessa matéria, em particular uma redução

---

* Charles Camic, "Sociology during the Great Depression and the New Deal", p.225-280.

dos orçamentos e postos de trabalho. Além disso, o fluxo de migrantes da Europa, notadamente da Alemanha, devido à ascensão do nazismo, ele próprio consecutivo à crise, exerceu uma influência considerável sobre as suas orientações. Mas deixemos de lado os aspectos institucionais e concentremo-nos na produção intelectual diretamente dedicada à crise. Enquanto, desde o início, os economistas, cientistas políticos e advogados ocuparam o terreno em larga escala, observamos que os cientistas sociais, à época, quase que negligenciaram por completo esse assunto e as questões envolvidas, com exceção talvez da sociologia rural, na qual existia uma grande tradição de pesquisa antes da Grande Depressão. Também observamos que com o New Deal a situação fundamentalmente não mudou e enquanto os cientistas sociais desempenharam um papel na formulação das políticas de Roosevelt, esse papel foi mínimo quando comparado com o dos seus colegas da ciência política e do direito. Pode essa distância, ou essa esquiva, ser explicada com base na ideia de que a crise era percebida como sendo predominantemente econômica e por isso pedia respostas políticas envolvendo uma formulação legal? Daí que os representantes dessas disciplinas dominassem a cena? A questão é de relevo, porque a nossa análise da crise atual pretende determinar se será ou não importante o papel das ciências sociais.

Foi apenas em 1934 ou 1935 que as ciências sociais americanas começaram a mobilizar-se em relação à Grande Depressão. Até então, os artigos que surgiram na maioria das revistas acadêmicas de sociologia e as questões dirigidas aos sucessivos presidentes da American Sociological Association eram surpreendentemente insensíveis à Grande Depressão — por exemplo, Charles Camic lista um único artigo de pesquisa genuinamente atento à crise, publicado pelo *American Journal of Sociology* entre 1930 e 1934. A ideia de que os cientistas sociais podiam emergir da sua marginalização, e ser úteis e presentes na ação de enfrentar a crise, começou a tomar forma em meados de 1933, quando Roosevelt lançou o New Deal. Para além dos estudos rurais que mencionei anteriormente, a primeira publicação importante foi *Contemporary American Institutions: A Sociological Analysis* (New York, Harper) de F. Stuart Chapin, que data de 1935 — um livro "produzido apressadamente e especulativo" — que teria sido seguido por alguns estudos empíricos de outros cientistas sociais sobre a família, o desemprego ou ainda sobre os efeitos da depressão em Middletown, uma cidade estudada alguns anos antes por Robert Lynd, que a "revisitou".

Em 1936 foi lançado um primeiro, e, de fato, único, grande programa de pesquisa sob o impulso de William F. Ogburn e outros nomes bem conhecidos na área, sob o título genérico *Studies in the Social Aspects of the Depression*, que serviu para dar a conhecer treze estudos monográficos — publicações sobre as quais o mínimo que podemos dizer, como Camic, é que não produziram no seu conjunto nenhuma conclusão sólida e convincente. Apesar da sua intenção de estimular a pesquisa empírica sobre a Depressão, elas foram na verdade apenas indicativas do seu fim! Ernest Burgess (com Schroeder), concluiu em 1938 que:

> Os cientistas sociais (...) perderam uma oportunidade única ao longo dos últimos dez anos para aumentar o nosso conhecimento sobre o funcionamento das instituições sociais enquanto afetadas pelas flutuações de mercado do ciclo econômico (...). A maior depressão da história dos Estados Unidos não foi adequadamente registrada pelos estudiosos da sociedade. As ciências sociais falharam individual e coletivamente.*

A consequência, ou dimensão dessa falha, foi a crescente importância concedida pela sociologia americana aos temas culturais e categorias, aproximando-a da psicologia e da antropologia social.

Seria necessário um estudo de outras experiências nacionais para, talvez, nos permitir relativizar essa observação irrevogável. O fato é que o único estudo importante que data desse período, e que atravessou a história nessa matéria focando-se especificamente na crise, é o agora clássico de Marie Jahoda, Paul Lazarsfeld e Hans Zeisel** sobre trabalhadores desempregados em Marienthal, uma pequena cidade

---

* Paul L. Schroeder e Ernest W. Burgess, Introdução, *The Family and the Depression: A Study of One Hundred Chicago Families*, citado por Charles Camic, "Sociology during the Great Depression and the New Deal", p.271.
** Marie Jahoda, Paul F. Lazarsfeld, Hans Zeisel, *Die Arbeitslosen von Marienthal*.

austríaca onde um nível muito elevado de desemprego tornou os trabalhadores e toda a população apática, desmoralizada, apesar de os sindicatos e da esquerda política terem sido poderosos outrora.

Deve-se, portanto, admitir que não há uma relação óbvia entre a crise e as ciências sociais, e a melhor maneira de lidar com essa questão é, sem dúvida, começar com a crise e a análise que pode ser feita dela.

Duas abordagens

Desde cedo, a maioria dos comentaristas disse que a coisa mais simples a fazer era seguir a sequência dos acontecimentos. Depois disso, tem-nos sido apresentada uma história que é sempre a mesma, com pequenas variações de pormenor; o livro de Jacques Attali* constitui um paradigma. Dizem-nos que, em primeira instância, a crise era financeira (crédito ao consumo e, especialmente, a "bolha" imobiliária americana, os créditos de alto risco, a securitização, os fracassos de instituições financeiras ou bancos, evitados em última instância graças à intervenção dos Estados etc.). Espalhou-se na forma de uma crise mundial, social e econômica (o chamado desemprego "técnico", supressão de postos de trabalho, encerramento de empresas, pobreza etc.). Terá provavelmente dramáticas repercussões políticas com violência, protestos e populismo, formas de radicalização nacionalista ou de extrema-esquerda. Mais tarde ou mais cedo, depois de um período difícil, será resolvida. Esse será o "caminho para sair da crise" — a economia vai se animar, de novo, limpa e talvez reforçada, funcionando de forma mais suave, graças a um sistema bancário que foi melhorado sob a liderança de Estados que abriram caminho para uma recuperação da confiança e também, talvez, graças a um progresso substancial que tem sido feito na governança da economia e das finanças, ao nível mundial.

Claro que essa narrativa não parece inteiramente falsa. No entanto, em muitos aspectos, ela é insustentável. O seu economicismo tende a ser demasiado simplista; a economia é a explicação para tudo.

---

* Jacques Attali, *La crise et après?*

As conotações marxistas são surpreendentes da parte daqueles que as desenvolveram; a acreditarmos nelas, a infraestrutura econômica controla a superestrutura político-ideológica, como se os atores políticos não fossem de nenhuma forma responsáveis pela catástrofe. Tudo o que é necessário é simplesmente aguardar que a situação se inverta, o que já está tomando forma e é referido como "o regresso do Estado".

Essa narrativa também tem o tom de uma "saga" com um final feliz: "Vamos sofrer, vamos ter que apertar o cinto, mas vamos superar isto." E aqueles que a criaram, sejam eles especialistas, economistas ou outros, não têm problemas de autoconfiança. Eles não viram o que estava para vir, mas apresentam-se a si próprios como qualificados para explicar de uma forma sofisticada o que aconteceu e como será o futuro, indo ao ponto de sugerir as políticas públicas mais adequadas a adotar.

Além disso, quando são questionados, afirmam que alguns deles haviam previsto o cenário americano, a inevitável explosão da bolha associada ao crédito desenfreado, no mercado imobiliário, e ao consumo. No máximo, admitem que não imaginavam a extensão da crise ao planeta como um todo e com tanta rapidez; aqueles que têm falado sobre a globalização nos últimos vinte anos, sem sequer imaginar que isso também poderia conduzir a uma crise "global", não hesitam em declarar que esta é a primeira crise da globalização. E é claro agora que essa narrativa não previu o fato de alguns países e até algumas regiões no mundo não sofrerem realmente com essa crise; também não imaginaram as consequências econômicas e políticas reais dessa crise em países como a Grécia ou a Espanha, por exemplo. E têm sido cegos aos seus efeitos culturais e sociais, às formas de resistência que a crise pode causar ou reforçar.

Dois tipos de argumentos

De fato, se o objetivo é ser mais preciso, dois tipos de argumentos delineiam o espaço de análise da crise atual e essa observação pode ser encontrada, por exemplo, na França, no pensamento coletivo do

Cercle des Économistes.* O primeiro argumento, como acabamos de ver, lida com o assunto como um fenômeno financeiro que começou em agosto de 2007, inicialmente restrito aos Estados Unidos, e que ganhou impulso, em 2008, com a crise do crédito hipotecário de alto risco, a deriva do crédito ao consumidor e a liquidez desproporcional à verdadeira capacidade dos devedores, juntamente com a securitização de ativos, alguns deles revelados tóxicos. A crise financeira espalhou-se muito rapidamente por todo o planeta e transformou-se numa crise econômica que deu origem a dificuldades sociais e a grandes tensões políticas — uma narrativa sem imaginação e que, como vimos, não previu as diferenças entre países ou partes do mundo.

Essa é a abordagem que predomina entre os economistas que, em última instância, datam o verdadeiro início da crise com a falência do Lehman Brothers, em 15/9/2008 — data que se diz tão importante como a de 29/10/1929, ou a "Terça-Feira Negra", quando a bolsa americana entrou em colapso. Tem sido estruturado um debate, dentro dessa primeira abordagem, na oposição fundamental entre economistas monetaristas, discípulos em particular de Milton Friedman, e economistas keynesianos. Os primeiros consideram o excesso de liquidez como a principal fonte da crise atual: na sua opinião, a crise significa a destruição do excesso de liquidez, a dissolução de dívidas de cobrança duvidosa e outros ativos "tóxicos"; atua como uma espécie de purga, depois da qual poderá haver um recomeço e um novo ciclo do capitalismo poderá ter lugar; isso implica uma intervenção por parte do Estado, embora deva ser temporária e durar apenas até a crise acabar, momento em que o Estado deve retomar o seu papel, que é, por definição, modesto. Os keynesianos insistem no processo de esgotamento do crescimento que deve ser relançado por meio de várias terapias implementadas pelo Estado: redução das taxas de juros, investimento em obras públicas, injeções de liquidez que estimulem o consumo etc.

Devemos acrescentar que os economistas keynesianos são muito mais abertos às perspectivas oferecidas por um segundo tipo de explicação da crise do que os monetaristas; eles vivem a crise como uma

---

* Le Cercle des Économistes, *Fin de monde ou sortie de crise?*

consequência da retirada do Estado, inaugurada nos anos Thatcher e Reagan e talvez até mais cedo.

Na verdade, o segundo tipo de argumento considera que, de fato, a crise atual é apenas um ponto no tempo, particularmente relevante, de uma transformação que começou a ocorrer em vários países desde meados dos anos 1970.

Uma vez mais, uma data serve para marcar o início do fenômeno que na época se dizia ter sido provocado pela crise do petróleo ligada à guerra do Kippur, quando, em 1973, os países árabes produtores de petróleo decidiram subitamente aumentar muito o preço do petróleo "bruto". Desse ponto de vista, o mundo inteiro entrou então numa série de transformações que marcam o fim dos trinta anos pós-Segunda Guerra Mundial. O modelo de desenvolvimento que naquela altura era predominante em numerosos países era caracterizado em particular pelo importante papel do Estado na redistribuição da riqueza — o Estado de bem-estar social — e a sua intervenção em grande escala para organizar a vida econômica, pela adesão generalizada aos valores da era industrial: confiança no progresso, na ciência e no diferimento dos ganhos. A gestão das empresas esforçava-se por maximizar a eficiência da produção e era frequentemente caracterizada pela fé tayloriana no "melhor caminho", no fordismo e, mais genericamente, na existência de sociedades industriais com um conflito central em que se opunham o movimento da classe trabalhadora e os empregadores.

Esse modelo também foi caracterizado por uma elevada taxa de crescimento: as finanças estavam reguladas e as desigualdades, restringidas. Para além das suas características específicas, que não temos a intenção de minimizar, o mundo soviético era de certa forma uma visão extrema desse mesmo modelo. Foi, aliás, no momento do seu declínio que a globalização começou a ser implementada — um processo que ganhou impulso quando a União Soviética entrou em declínio — desafiando modelos nacionais de crescimento. Esse segundo tipo de argumento, que não é completamente estranho a certos economistas, como vimos, não está, no entanto, muito presente no pensamento político e entre os cientistas sociais quando dão voz às suas opiniões, por exemplo, na imprensa.

Em ambos os casos, é possível apresentar abordagens muito mais elaboradas. Para o primeiro tipo de argumento que referiríamos, podemos adicionar o mercado mundial e os espetaculares aumentos de reservas de moeda estrangeira nos países que exportam matérias-primas ou na China ou outros países do Brics ou "emergentes".

Gostaríamos de ressaltar as dificuldades ocorridas na regulação do comércio internacional, em particular com o fracasso das negociações comerciais de rodada de Doha, uma vez que não apenas os Estados Unidos mas também a Índia e a China bloquearam as negociações em dezembro de 2008. Também salientamos as incríveis lacunas das agências de classificação de crédito, que vão da incompetência à corrupção, uma vez que são simultaneamente juízes e júri e, em teoria, classificam títulos em nome das autoridades que emitem esses mesmos títulos: clientes que os compensaram generosamente. Se na análise insistirmos em restringir-nos à ideia de uma crise com fontes e datas relativamente limitadas, como um episódio, entre outros, típico do capitalismo (mesmo com força e dimensões invulgares), então as respostas para esta crise também têm de ser financeiras e econômicas. A economia tem de ser relançada pelo consumo e pelo investimento até ganhar novamente impulso e as indústrias financeiras, devidamente purgadas, estarem aptas a recuperar o seu modo normal de funcionamento. Colocando a questão simplesmente, nesse primeiro conjunto de argumentos, a crise é um momento difícil no tempo: força-nos a apelar ao Estado e a vários modos de regulação para nos livrarmos das ideologias neoliberais, embora basicamente não venhamos a ter alterações profundas, uma vez que a economia foi purgada e relançada.

O segundo conjunto de argumentos também pode ser apresentado de uma forma mais elaborada. Trata-se, em particular, de demonstrar que nem tudo pode ser classificado exclusivamente como crise "estrutural" ou "sistêmica", nos processos inaugurados em meados dos anos 1970. Em vez disso, é uma questão de transformação em larga escala, uma mudança através da qual o mundo está sendo inventado: a internet e as tecnologias digitais estão ajudando a criar revoluções no planeta, das quais estão emergindo novos valores "pós-modernos" ou "pós-industriais". Enquanto o velho mundo se desintegra, há uma ameaça de "estagflação" (uma combinação de inflação e estagnação); simultaneamente, os ricos estão ficando mais ricos, as desigualdades aprofundam-se, os gestores tornam-se elementos do capitalismo financeiro e as empresas externalizam uma parte cada vez maior das suas atividades, valorizam a flexibilidade e a subcontratação. A partir dessa perspectiva, somos forçados a introduzir dois conjuntos de hipóteses sobre a atual "crise": ela denota o fim de uma longa purga, o último passo de um longo processo em que emergimos do que os franceses chamam, nas palavras do economista Jean Fourastié, de "*les trente glorieuses*" — os "gloriosos trinta anos". Ou, em vez disso, não será uma indicação de que o modelo neoliberal que vem tomando forma desde meados dos anos 1970 fracassou, uma vez que vivenciamos agora o fim do crescimento e a necessidade de inventar um ou vários modelos de desenvolvimento? No primeiro cenário, após a crise, estaremos aptos a entrar num novo mundo de uma forma mais transparente — que parece ser indicada pelas expectativas ligadas ao desenvolvimento sustentável ou crescimento "verde", ou, ainda, pela crítica ao consumismo; todos esses temas tiveram origem no desafio da sociedade industrial, desde fins dos anos 1960, e são revividos pela presente crise.* No segundo caso, tendemos à tentação de regressar à realidade dos "*trente glorieuses*", ao Estado de bem-estar social, à regulação da economia, à gestão envolvida com a organização do trabalho e da produção, em vez de aderir simplesmente aos interesses dos acionistas, ou, mais uma vez, do sindicalismo tipo "rhenan", para usar os termos de Michel Albert. Mas também poderíamos prever a entrada num longo período de depressão e recessão, o fracasso em inventar um mundo novo, sem a capacidade de encontrar mais inspiração nos modelos de desenvolvimento dos anos do pós-guerra. Por outras palavras: se no segundo conjunto de abordagens o retorno duradouro do Estado é geralmente um elemento evidente no confronto com o desenvolvimento da crise, pode igualmente assumir a forma de uma tentativa de retorno aos "*trente glorieuses*" ou à invenção de novos modos de intervenção. Na última perspectiva mencionada, é uma questão de pensar o papel do Estado em termos que se afastem

---

* Cf. por exemplo Bernard Stiegler, *Pour une nouvelle critique de l'économie politique*, que retoma as preocupações e temáticas do fim dos anos 1960.

do "nacionalismo metodológico" denunciado pelo sociólogo alemão Ulrich Beck e que nos permitem prever regras, novas ou revistas, de funcionamento aos níveis supranacional, regional (Europa, por exemplo) e global.

Aproximação

As duas principais abordagens à crise que acabaram de ser descritas não são necessariamente contraditórias, apesar de se poderem encontrar variantes extremas e opostas em ambas. Assim, alguns economistas não apenas consideram que a crise é, em primeiro lugar, monetária e financeira como sugerem uma solução elementar para sair dela: o regresso, mas a um nível mundial, e não apenas na América, aos princípios do Ato Glass-Steagall, aprovado nos Estados Unidos em 1933, nas semanas que se seguiram ao início da administração Roosevelt. Esse ato estabeleceu uma separação estrita entre as atividades de mercado e as atividades de depósitos bancários. Em outras palavras, voltava a fazerem-se os credores responsáveis por se assegurar que os mutuários são solventes e acabava-se com a securitização que permitia a esses mesmos bancos eliminar o risco convertendo as suas dívidas em títulos — ou, se preferirem, restaurar a separação entre os bancos e os mercados financeiros (que, nos Estados Unidos, foi abolida em 1999 com a revogação e substituição do Ato Glass-Steagall pelo Ato Leach-Bliley) que tornou possível aos bancos converterem dívidas que, até então, tinham de manter em títulos negociáveis nos mercados financeiros.

Da mesma forma, a segunda abordagem pode, em última instância, libertar-se de qualquer consideração de curto prazo e da crise na sua dimensão financeira ou até econômica e focar-se nas enormes mudanças das quais essas dimensões são apenas um aspecto específico. O escritor Amin Maalouf, por exemplo, fala de uma desregulamentação do mundo,* de uma zona de "turbulência" que é o resultado de um empobrecimento cultural e civilizacional. E, totalmente afastado de qualquer ideia de "choque de culturas", ele está muito preocupado

---

* Amin Maalouf, *O mundo em desajuste*.

ao ver o Ocidente deixar de ser fiel aos seus próprios valores centrais, que ele define como a herança do Iluminismo, enquanto que, simultaneamente, na sua opinião, o mundo árabe recua num impasse histórico e cultural. Ele apela à recusa das três "tentações": a do "precipício" (algumas pessoas saltam para o vazio com a intenção de arrastar outros na sua queda), a da "parede" (recuo, retirada, optar pela postura de "costas para a parede" enquanto espera que a tempestade passe) e a do "cume" (a ideia de que a humanidade chegou ao crepúsculo da sua história). Ele conclui o seu pensamento apelando à sobrevivência como algo obrigatório e com esperança na metamorfose da humanidade.

Mas entre a análise restrita de fatores específicos e as grandes visões metassociais não haverá espaço para um projeto que analise a crise articulando as opiniões sobre aspectos específicos, situados no espaço e no tempo, com abordagens abrangentes e monodisciplinares, com outros pontos de vista sociológicos, possivelmente abertos à multidisciplinaridade, com uma concepção relativamente ampla do espaço e do tempo? Até a eclosão desta crise, era comum insistir na distância que separa a economia financeira da economia "real"; por exemplo, as pessoas notavam que quanto mais as empresas reduziam trabalhadores e fechavam instalações que ainda eram economicamente viáveis, mais as suas ações subiam no mercado da bolsa de valores.

Esta crise demonstrou que existiam poderosas ligações entre a esfera financeira e a da produção, a partir do momento em que o colapso do sistema financeiro trouxe consigo a catástrofe para o emprego e para o crescimento. A partir desse ponto, em vez de opor esses dois mundos, não seria melhor analisar a forma como eles estão ligados? Uma vez mais, podemos encontrar aqui várias propostas. A mais interessante vem de economistas como Daniel Cohen em *A prosperidade do vício*, Paris, Albin Michel, 2009, no qual explica que desde os anos 1970 as finanças têm sido uma esfera paradigmática de transformações mais gerais e têm estado na vanguarda das mudanças dominadas pela desregulamentação, pela perda de sentido de responsabilidade dos envolvidos e pelo crescimento do individualismo, mesmo do cinismo, e, simultaneamente, pela retirada de cena por parte dos Estados.

Mesmo nas suas variantes mais afastadas da ideia de uma crise estrutural ou sistêmica, o discurso dominante inclui dimensões sociológicas. Por exemplo, encontramos observações sobre a desigualdade social que tem aumentado continuamente durante os anos de desregulamentação e questões sobre o fato de a sociedade ter sido capaz de tolerar tais níveis de desigualdade.* Notamos que para as gerações jovens a crise é um fenômeno no qual nasceram: sempre conheceram o desemprego, horizontes limitados, o medo de perder o status e a perspectiva de um futuro sem referências ou esperança. Também registramos algumas observações sobre o poder dos acionistas, que substituiu o dos gestores, ou sobre *milieu dos traders*, incluindo, surpreendentemente, o fato de na França os melhores estudantes das *grandes écoles* — as futuras elites — terem, nos últimos quinze ou vinte anos, escolhido estudar matemática financeira para obter acesso a salários míticos. Na verdade, a distância é maior se considerarmos o espectro de categorias relevantes para qualquer consideração sobre a crise. De um ponto de vista sociológico, além do fato de a crise não ser apenas financeira ou até econômica no sentido mais amplo do termo, as suas fontes primárias residem possivelmente noutro lugar, genericamente nas dinâmicas políticas, sociais e culturais. Em última instância, a crise tem de ser definida no contexto global de mudanças que num nível global se relacionam com a demografia,** com a nossa relação com o ambiente e com o clima, com os hábitos alimentares, o consumo e a produção. Destacam também as mudanças no seu domínio, que também pode ser visto nas crises de energia ou alimentos, e mudanças que estão relacionadas com a internet e com o espaço considerável que as tecnologias digitais ocupam hoje nas nossas vidas. Também é explicada por desenvolvimentos políticos, começando pela aceitação, desde meados de 1970, da retirada do Estado e de uma forma de desregulamentação associada ao declínio dos modelos e ideologias clássicas da esquerda. Nos nossos dias, a esquerda é como

---

* Cf. por exemplo Frédéric Loridon, num tom frequentemente hipercrítico e polêmico, *La crise de trop*. Reconstruction d'un monde failli.
** Cf. por exemplo Henri Loridon, *De la croissance zéro au développement durable*; o autor considera que a quebra do crescimento populacional desde 1969 está relacionada com o aparecimento das discussões sobre o "crescimento zero" e o conceito de desenvolvimento sustentável.

um órfão, sem o pai comunismo — até a social-democracia tem dificuldades crescentes de atuar como uma referência. A crise também está associada às mudanças que dizem respeito aos nossos modelos cognitivos, à forma como apreendemos a natureza, a cultura e a sua relação. Finalmente, ela não afeta todos os grupos sociais da mesma forma.

Há, portanto, um campo imenso para a análise sociológica da atual "crise", e não apenas olhando meramente outra vez para as treze áreas abrangidas pela série americana mencionada acima em *Studies in the Social Aspects of the Depression* (família, religião, educação, vida rural, migrações internas, minorias, crime, saúde, lazer, leitura, consumo, trabalho social e políticas sociais). O mais importante a fazer é considerar que conceitos podem ser úteis.

Uma vez que nenhuma pesquisa sociológica parece ter-se focado na crise, há a tentação de permitir uma forma espontânea de sociologia para ocupar o terreno e, nesse caso, insistir nos maiores riscos que estão por vir: fechamento dos indivíduos em si mesmos ou em grupos primários, como a família ou as comunidades; xenofobia, racismo, populismo, antissemitismo, procura de bodes expiatórios e, finalmente, fascismo ou nazismo, os maiores movimentos totalitários. Não podem ser excluídos movimentos desse tipo e a comunicação social já nos tem dado alguns exemplos ocasionais, nos Estados Unidos e no Reino Unido. Mas aqui temos de recusar qualquer determinação ultrassimplista. Afinal, em 1933, Roosevelt propôs o New Deal aos americanos, e não o fascismo — nem o Reino Unido se tornou fascista. Hoje, é verdade que os imigrantes sofrem mais do que os outros e que a crise revela novas geografias migratórias. Os países que acolhem estão tornando mais difíceis as condições de entrada e permanência e expulsando imigrantes sem documentos. Um efeito direto da crise é o declínio das transferências financeiras dos imigrantes para os seus países de origem. Mas, por ora, não podemos falar de ondas de racismo ou xenofobia e ainda menos de fascistização da vida política. Afinal, nos Estados Unidos, foi um americano negro, Barack Obama, que foi eleito presidente, apesar de a crise já ter sido declarada, e a sua eleição deveu-se muito ao fato de ele parecer mais capaz de lidar com ela do que o seu adversário republicano.

A própria palavra "crise" é de alguma forma estranha ao vocabulário, se não das ciências sociais, pelo menos da sociologia. Deve-se salientar que não está sempre listada nos dicionários e enciclopédias de sociologia (por exemplo, não consta na recente enciclopédia editada por George Ritzer e publicada pela Routledge) e quando há uma entrada, não é normalmente muito longa. Contudo, embora eu não vá tratar disso aqui, alguns sociólogos contemporâneos fizeram dele um importante objeto de estudo: por exemplo, na França, Edgar Morin, em "crisologia", descreveu-a, em meados dos anos 1970,* ou Alain Touraine, que, na mesma altura, editou uma publicação coletiva com o título eloquente de *Para lá da crise*.**

Os dois modos de abordagem que foram descritos, sobretudo em conexão com a proposta dos economistas, são uma indicação de quais poderiam ser as questões em jogo e o espaço teórico dentro do qual as ciências sociais poderiam aprofundar a pesquisa sobre a crise. Poderia ser estudada enquanto está em curso, com destaque para seus efeitos e implicações; poderia ser depois considerada ao longo do tempo, desde meados dos anos 1970, para perceber algumas das dimensões da transformação. A desintegração de uma forma de desenvolvimento não impede a invenção de novas formas em todos os domínios, na produção, na cultura ou no conhecimento. Nessa perspectiva, outras crises limitadas geograficamente, com, pelo menos de início, outros problemas para além dos financeiros — por exemplo, na esfera da energia, novas tecnologias, clima ou alimentação —, também têm lugar naquilo que pode ser pensado como um processo de mudança. Isso pode também ter importantes implicações sobre o caminho para sair da crise: depende de se a crise é de longo prazo, e não apenas de curto prazo, se é unicamente financeira ou mesmo econômica e se se mistura ou não com dimensões de outro tipo. Se é decorrente de outros fatores para além dos financeiros, que provavelmente até desempenham um papel importante, então as respostas que têm sido apenas financeiras ou até econômicas podem ser inadequadas e inapropriadas.

Mas em que condições poderão as ciências sociais, de uma forma útil, confrontar a atual crise, independentemente da abordagem

---

* Edgar Morin, "Pour une *crisologie*", p.149-163.
** Alain Touraine et al., *Au-delà de la crise*.

adotada? Para responder a essa questão, temos de começar com esses conceitos que permitem lidar com uma transformação tão complexa como essa que causou a crise.

Três ferramentas analíticas

As ciências sociais têm, definitivamente, ferramentas analíticas para oferecer àqueles que acreditam, como vimos, que os cientistas sociais deveriam fazer da "crise" a prioridade das suas intervenções. A comparação permite-nos esta posição enérgica: os cientistas sociais não podem continuar a fazer simplesmente o seu trabalho enquanto o barco afunda.

A crise como um problema de um sistema

As ciências sociais desenvolveram-se tendo por base a resolução de preocupações que frequentemente evocavam a ideia de crise. Assim, o conceito de anomia, popularizado por Emile Durkheim, refere-se diretamente à ideia de crise. Desse ponto de vista, crise significa que um sistema (em particular, social, político ou econômico) não está funcionando bem, está estagnando e mudando de uma forma que não pode ser controlada. Isso gera reações no comportamento que estão, elas próprias, relacionadas, por exemplo, com frustrações e medo.

Anomia, na definição de Durkheim, é a falta ou a ineficácia das normas numa sociedade. Durkheim introduziu o conceito de anomia (a palavra foi usada antes dele por Jean-Marie Guyau*) em *A divisão do trabalho na sociedade* (1893) e é usada principalmente em *Suicídio* (1897). Concretamente, ele diferenciou suicídio anômico de outras modalidades do fenômeno: o suicídio anômico ocorre na ausência de normas ou então é devido a uma anomia de longa duração, por exemplo na indústria, no comércio ou quando uma transição abrupta conduz a uma perda de eficácia das normas, que deixam de ter efeito na regulação do comportamento. Por exemplo, em tempos de crise financeira, a anomia incita ao suicídio.

---

* Jean-Marie Guyau, *Esquisse d'une morale sans obligation*.

Num artigo que é frequentemente citado,* o conceito de anomia foi retomado e transformado por Robert Merton para explicar o desvio: com Merton, a anomia deixa de estar nas normas e nos valores que se tornaram confusos ou desapareceram, como em Durkheim; ela reside nos meios para alcançar ou legitimar objetivos, valores claros que estão de alguma forma em crise: o desviante aceita os valores que são socialmente reconhecidos, mas usa meios não legítimos para os alcançar. Os valores podem ser, por exemplo, o sucesso individual; os meios legítimos de o alcançar são, por exemplo, o trabalho e a educação. Mas alguns usarão meios ilegítimos, como o crime ou a delinquência, para alcançar o sucesso individual que outros alcançam com mérito, como resultado do estudo ou de atividades profissionais. Essa ideia conduz à hipótese do conformismo dos desviantes: como todos os outros, eles querem dinheiro ou sinais de sucesso social, mas alcançam-nos por meios não conformes com as regras da sociedade.

Devemos acrescentar que o conceito de anomia implica que há uma sociedade — uma ideia que merece ser discutida ou criticada. O fato é que, tanto com Emile Durkheim como com os funcionalistas americanos dos anos 1930, 1940 ou 1950, a crise refere-se em primeiro lugar à ideia de colapso no sistema e, em particular, à ideia de um problema de vínculo social. Há ruptura, ou a ameaça de ruptura, na solidariedade ou no tecido social; há uma falta de confiança.

De alguma forma, a sociologia espontânea e também a sociologia por detrás dos discursos mais estereotipados sobre a crise atual concordam relativamente bem com as categorias clássicas e a ideia de uma correspondência estreita entre sociedade, nação e Estado. Nessa perspectiva, têm sido tomadas medidas pelas autoridades do Estado para restaurar a confiança nos domínios econômico e financeiro. Além disso, quem está no poder espera o apoio da população em nome dos mais altos interesses da nação. A ideia de que combatendo eficientemente a crise se evita a violência, se minimizam os radicalismos e se restringe o movimento na direção de extremos também pertence a essa abordagem clássica. A crise, aqui, é um problema temporário no sistema social; é um estado de desastre de uma ou várias sociedades cujos Estados têm a tarefa de resolver, com a aju-

---

* Robert Merton, "Social Theory and Anomie", p.672-682.

da de acordos internacionais ou negociações, e por meio de políticas apropriadas, como planos para retomar o crescimento econômico. Além do Estado, não se encontram muitos atores nesse tipo de abordagem; no máximo, haverá os atores cujo comportamento deve ser regulado ou governado por entidades públicas — banqueiros, financistas e negociantes que agiram indevidamente no período anterior. As abordagens da crise que originariam em Durkheim ou no funcionalismo a ideia de que é hora de mudar o sistema social ou o tipo de sociedade na maior parte dos casos estendem-se a apelos para acabar com as dificuldades atuais e regressar ao estado anterior. Nessa base, o cientista social pode intervir na discussão — a sua intervenção será no sentido de apresentar propostas e soluções, em vez de ajudar na formação de atores e, clarificando as coisas, permitindo-lhes melhorar a sua mobilização para fazer face à crise. É por isso que a abordagem clássica não é, do meu ponto de vista, tão útil.

Crisologia

Em meados dos anos 1970, como vimos, Edgar Morin sugeriu o desenvolvimento de um estudo científico sobre a "crise" ou "crisologia"* e esse foi um texto premonitório, porque foi escrito num contexto histórico em que a transformação geral que culminou no que hoje chamamos "a crise" começou a tomar forma. Edgar Morin considerou que a crise pode ser um acontecimento que simultaneamente revela e tem um efeito:

a) Como um momento que revela: revela o que normalmente permanece invisível, força-nos a ouvir coisas que não gostamos de ouvir. A crise revela elementos que são inerentes ao real e que não são meros acidentes; constituem o momento da verdade. Assim, podemos dizer que a crise atual revela um capitalismo desenfreado, em particular o capitalismo financeiro, e toda a sua brutalidade e injustiça extrema. Acima de tudo, vemos que isso constitui um paradoxo num processo que começou muito antes de 2008.

---

* Edgar Morin, "Pour une théorie de la crise", p.139-153. O texto foi publicado previamente na revista *Communications*, n° 25, 1976.

b) Como um evento que tem um efeito: Morin considera que a crise põe em movimento não apenas as forças de decomposição, desorganização e destruição, mas também forças de transformação; nesses casos, é também um ponto crítico num processo que inclui dimensões de construção, inovação e invenção.

Essa ideia de ponto crítico é reforçada pela etimologia. A palavra *Krisis*, em grego, significa "decisão" e começou por ser usada na medicina: a crise é o ponto crítico que permite o diagnóstico, como lembra Edgar Morin. Desse ponto de vista, crise não é apenas sinônimo de impotência, congestão, resignação, consequência e desenvolvimento de elementos irracionais. Ela dá origem à desregulamentação e ao endurecimento de posições, à "paralisia" e ao "reforço" do que constituía a flexibilidade organizacional do sistema, observa Edgar Morin. Mas também constitui, ao contrário, uma condição que é favorável às ações e decisões de alguns atores e torna-se um elemento que permite — ou até força os atores — pensar e aprimorar a sua análise de forma a melhorar a sua ação. Morin afirma:

> Ao mesmo tempo, podemos compreender a inadequação e o interesse do conceito de crise: há algo inerente a ele que é incerto, uma vez que corresponde a uma regressão do determinismo específico ao sistema em questão, portanto, a uma regressão no conhecimento. Mas essa regressão pode e tem de ser compensada pelo progresso na compreensão da complexidade associada à crise.*

Continuando com a ideia de que a crise "tem um efeito" e "revela", Edgar Morin convida-nos, portanto, a admitir que a crise demonstra que o que era uma questão óbvia é, na verdade, uma fonte de dificuldades e problemas: o que funcionou teve os seus limites, as suas desvantagens e as suas inadequações. A crise constitui, portanto, um incentivo para inventar algo novo. Mas um incentivo que é um imperativo num contexto muito particular, no qual as emoções, as paixões e os medos tendem a perverter a razão e, em particular, o esforço para sair da crise por meios racionais. É um lugar-comum, mas que corresponde a muitas realidades que, em tempos de crise, muitos procura-

---

* Edgar Morin, "Pour une théorie de la crise", p.140, 141.

ram bodes expiatórios, o populismo é suscetível de se desenvolver e os atores tendem a se tornar mais radicais; tem que ser vigorosamente afirmado que, em tempos de crise, há comportamentos que podem envolver sectarismo e o recurso ao mágico e ao irracional, que pode assumir contornos de movimentos messiânicos. As formas de comportamento são muitas e variadas e não correspondem a nenhuma espécie de determinismo; a maior parte delas é ainda mais alarmante, dado que os atores ou o sistema em crise se desenvolvem de uma maneira muito menos previsível e muito mais aleatória do que os atores num sistema que funciona. Mas o comportamento tipo-crise pode tomar ainda outras formas. Em particular, pode ser desânimo e apatia, como Marie Jahoda, Paul Lazarsfeld e Hans Zeiself observaram no seu estudo clássico sobre trabalhadores desempregados em Marienthal, onde a anomia era a forma predominante de comportamento no início dos anos 1930 — antes de os nazistas a transformarem em formas de comportamento coletivo e mobilização.

Numa crise, a desordem e a inflexibilidade estão atuantes. Mas, na medida em que a crise é sujeita ao desconhecido, em última instância, ela deixa espaço de manobra para estratégias individuais para a ação de uma minoria ativa. A crise é a ruptura num sistema no qual as incertezas surgem, mas também novas oportunidades; essa ruptura é dupla; ela opera na esfera da realidade social e na do nosso conhecimento — ela abre novas perspectivas à ação e à aprendizagem.

Demos mais um passo. Vista dessa perspectiva, a crise é uma característica do sistema que o afeta ou que indica uma saída? Para Edgar Morin, é o primeiro caminho que devemos tomar. Ele sustenta que apenas podemos desenvolver uma teoria da crise

> se tivermos uma teoria da sociedade que também seja sistemática, cibernética e sujeita à entropia negativa. Para compreender a crise, se quisermos ir além da ideia de ruptura, agonia e equilíbrio, temos que entender a sociedade como um sistema capaz de experimentar a crise, ou seja, um sistema complexo que inclui antagonismos sem os quais a teoria da sociedade é inadequada e a noção de crise impensável.*

---

* Edgar Morin, "Pour une théorie de la crise", p.142.

Nesse caso, crise é uma característica, em última instância, uma propriedade de um sistema complexo constituído pela sociedade, um sistema que pode transformar-se a ele próprio ou recuperar a sua própria forma de regulamentação. Mas por que não imaginar um segundo caminho e ver a crise como uma convulsão na transição de um sistema para outro, uma fase decisiva no processo de mudança no sistema?

Ambas as hipóteses merecem ser aplicadas à análise das crises atuais. Por exemplo, Lenin, no seu tempo, adotou a segunda quando explicou que, na sua opinião, o fundamental não era que os atores fossem revolucionários, mas que a situação o fosse, ou seja, definida em termos de crise. A mudança no sistema tornou-se possível na Rússia em 1917, a partir do ponto em que a crise se tornou generalizada, social e politicamente, mas também internacional e militarmente, e o regime do czar estava em colapso.

Finalmente, também encontramos uma questão interessante em Morin: a crise vem de dentro do sistema que afeta ou de fora? Também aí não há uma resposta única, mas experiências diferentes, dependendo das crises que considerarmos. A ruptura pode vir de fora: por exemplo, no caso de catástrofes climáticas. Também pode vir de dentro, a partir de um processo que no início não é uma fonte teórica da crise, mas que a produz em resultado de o sistema deixar de ser autorregulado. Em Marx, por exemplo, as crises no capitalismo podem ser originadas na contradição entre as relações de produção e o desenvolvimento de forças produtivas que se tornaram demasiadamente amplas. Surge então a crise, quando o sistema se torna incapaz de resolver as dificuldades que até então conseguia resolver. Morin afirma que a crise é a "ausência de solução (fenômeno de desregulamentação e desorganização) que, em resultado, é capaz de criar uma solução (uma nova forma de regulação, de transformação gradual)". Aqui, ele concorda de certa forma com Michel Dobry,* para quem o aspecto mais interessante da sociologia da crise reside não na consideração da ruptura externa, mas na ruptura interna e no processo

---

* Michel Dobry, "Brève note sur les turpitudes de la crisologie: que sommes nous en droit de déduire des multiples usages du mot 'crise'?"

de desregulamentação consequente — disfuncionamento e desregulamentação.

Assim, com a "crisologia" descrita por Edgar Morin, temos pistas ou hipóteses que podem nos permitir enfrentar as crises atuais com categorias, em vez dos discursos estereotipados que predominam entre os economistas e políticos. Como veremos, vale a pena o exercício. Mas o projeto de criar uma nova ciência da "crisologia" não é totalmente satisfatório intelectualmente: a crise precisa de pesquisadores que não se isolem, que não se desliguem do seu contexto; eles fazem parte da vida coletiva, não pertencem a uma ciência específica.

Crise e conflito

Nas ciências sociais, é possível discernir formas de pensamento que diferem e são até opostas àquelas que se focam na sociedade ou no sistema considerado na sua totalidade e nas suas dificuldades de manter a sua integração; uma abordagem baseada na ideia de uma insuficiência, uma falha, uma perda ou um déficit de conflitualidade.

Nesses casos, a análise foca-se não tanto no sistema ou na sociedade, mas nos atores que não conseguem, ou deixam de conseguir, ou que ainda não conseguiram estabelecer uma relação de conflitualidade com a crise a representar o extremo oposto desse tipo de relação.

O conflito existe quando os atores estão envolvidos numa relação que eles reconhecem que os liga e os opõe; os atores admitem que a relação envolve questões, que essas questões são as mesmas para todos e que cada uma delas se esforça por controlá-los ou dominá-los.

Essas questões podem situar-se em vários níveis e a teoria sociológica pode esforçar-se por classificá-las. Assim, nos anos 1970, Alain Touraine sugeriu a comparação de três níveis diferentes de conflito, por um lado, com três níveis diferentes de crise, por outro.* Ele distinguiu o mais alto nível em termos sociológicos, a que chamou o nível de historicidade, no qual o controle das principais orientações da comunidade são decididas:

---

* Alain Touraine, *Production de la société*.

É essa distância que a sociedade coloca entre ela própria e a sua atividade, e essa ação pela qual determina as categorias da sua prática, que eu chamo historicidade. A sociedade não é o que é, mas o que se faz ser a si própria: por meio do conhecimento, que cria um estado de relações entre a sociedade e o seu ambiente; por meio da acumulação, que subtrai uma parte do produto disponível do ciclo que leva ao consumo; por meio do modelo cultural, que captura a criatividade em formas que dependem da prática social dominante sobre o seu próprio funcionamento.*

Ao nível da historicidade, portanto, o conflito, no vocabulário usado por Alain Touraine, refere-se à existência do movimento social, que é a ação de um ator que é dominado e controlado, envolvido numa luta com os principais atores e líderes pelo controle da historicidade. Assim, numa sociedade industrial, a questão mais importante, no conflito que opõe o movimento da classe trabalhadora aos empregadores, foi o controle das orientações mais decisivas enfrentadas pela organização do trabalho, notadamente o controle do investimento, a apropriação e o uso dos frutos do trabalho. Em contrapartida, a esse nível de historicidade, a crise emerge quando o conflito social não é possível ou já não é possível, quando é destruído e tomado pelo bloqueio do Estado, a sua incapacidade para agir e para representar uma entidade social não apenas no seu estado atual, mas também no seu futuro e passado; a crise emerge quando há uma ausência de poder do Estado ou quando ele é reduzido ao mero exercício da força e está ele próprio superado e oprimido. Um Estado que está em crise profunda gera formas reativas de comportamento que podem por fim culminar numa revolução. Por exemplo, em 1917, na Rússia, houve efetivamente um movimento social de trabalhadores, mas, se houve uma revolução, não foi porque os trabalhadores e os patrões estavam em desacordo, foi porque o Estado russo, como disse, entrou em colapso e estava perdendo a guerra. Além disso, assim que a Revolução venceu, o novo poder soviético não perdeu tempo em esmagar o movimento da classe trabalhadora e em transformar os sindicatos em "correias de transmissão" controladas por ele. Esses exemplos, no entanto, convidam-nos a reconhecer que pode haver uma relação

---

* Alain Touraine, *Production de la société*, p.4 (tradução inglesa).

complexa entre o movimento social e a revolução, ou entre o conflito e a crise, mais genericamente. A crise não impede necessariamente o conflito; a crise tem um impacto no conflito, assim como também pode ser a origem ou o resultado dele. Portanto, sejamos cautelosos em relação a argumentos demasiadamente simplistas que podem evocar a imagem de uma conexão entre as duas como se a violência do conflito estivesse inversamente relacionada com a extensão da crise. A realidade é mais complexa. Em vez disso, uma forma mais equilibrada de colocar a questão seria dizer que a esfera do conflito aumenta quando a da crise declina, e vice-versa, mas sem qualquer ideia de que isso está predeterminado ou é automático. Com essa clarificação, estamos prontos a combinar, na nossa análise, as hipóteses de conflito e de crise e a sua interação quando se misturam. Por exemplo, se analisarmos o Maio de 1968 na França, podemos fazer uma distinção analítica entre as dimensões do conflito e o movimento social — primeiramente os estudantes, depois os trabalhadores — e elementos da crise, em particular no sistema universitário e no regime político. Alain Touraine também sugere a consideração de outros dois que estão a um nível inferior ao da historicidade, em termos sociológicos. Na instância política ou institucional, há uma crise se o sistema político se revelar incapaz de lidar com as exigências que vêm da sociedade ou de certos setores dela, se estiver bloqueado, ou nos casos em que é incapaz de moldar a discussão social. Por exemplo, o terrorismo italiano, sobre o qual muitas explicações foram aventadas nos anos 1970 e 1980, devia-se, em muitos aspectos, à crise política. No contexto de aproximação entre a esquerda (o Partido Comunista Italiano) e a direita (democratas-cristãos), que se moviam juntas para um "compromisso histórico", o PCI tornou-se incapaz de lidar politicamente com as exigências que eram classicamente do seu domínio, em particular as que emanavam da juventude. Jovens que eram muitas vezes qualificados e que apenas conseguiam encontrar empregos em linhas de produção, que sonhavam com outra cultura, percebendo que a universidade se tinha tornado numa forma de os paralisar, foram arrastados para a violência de organizações terroristas[*] — de

---

[*] Refiro-me a esse exemplo na medida em que fiz um estudo em profundidade sobre ele. Cf. o meu livro *Sociétés et terrorisme*.

uma forma geral, a conduta-tipo numa crise adquire frequentemente a forma da violência.

No campo político ou institucional, o conflito, ao contrário da crise, assume a expressão de pressões dos atores para melhorar a sua posição relativa dentro do sistema político, para entrar ou aumentar a sua influência — essa é a grande lição do que é conhecido como a teoria da "mobilização de recursos".

Por fim, e ainda na esteira de Alain Touraine, a um nível ainda mais baixo, há uma oposição entre crise e conflito dentro das organizações; nesses casos, o conflito é a relação interna na qual os atores se esforçam por obter uma melhor recompensa em troca da sua contribuição e a crise organizacional é um sinal de desorganização, de uma incapacidade de lidar com problemas internos e de enfrentar o mundo exterior. Ela expressa deterioração, um hiato entre os valores e o discurso; também aqui ela pode ser transmitida por formas de conduta violentas.

Em todos os casos, a violência pode igualmente estar associada ao conflito e, nesse caso, aparecer como um instrumento, como uma ferramenta ou um recurso mobilizado por alguns atores para alcançar os seus objetivos ou estarem associados a uma crise, por exemplo, na forma de um protesto ou da pura expressão — mesmo desesperada — de formas de conduta.

Consideremos agora como é que essas considerações teóricas ou gerais podem ajudar a clarificar a nossa compreensão da crise atual.

A CRISE COMO PERDA, AUSÊNCIA OU INSUFICIÊNCIA DE CONFLITO

Comecemos por considerar especificamente as dimensões sociais da crise. Os efeitos são ainda mais devastadores à medida que o mais importante princípio de conflitualidade que estruturou as sociedades como a nossa, pelo menos durante um século e até meados de 1970 — i.e., a oposição entre o movimento da classe operária e os empregadores — deixou de ser fundamental. Até recentemente, ainda era possível contrastar o modelo do capitalismo de Reno, no qual os sindicatos e os conselhos de administração das empresas se confrontavam num contexto de conflito altamente institucionalizado, e o modelo neoamericano, que dava prioridade aos acionistas e financistas ou mesmo às lógicas especulativas.*

O modelo neoamericano, que parece ter ganhado terreno desde então, significava o domínio absoluto dos acionistas sobre os gestores, de uma viabilidade econômica de investimento de muito curto prazo em detrimento da estabilidade de longa duração da empresa. Se a economia subitamente desacelerou, é apenas devido à falta de liquidez? Não é também porque as formas de organização favoreceram a flexibilidade — com implicações tão bem descritas por Richard Sennett em *A cultura do novo capitalismo* — em detrimento de lógicas de produção que incentivavam o conflito na estrutura das relações sociais, em empresas, entre gestores e assalariados?

Colocam-se aqui duas questões. A primeira tem a ver com a capacidade do sindicalismo de voltar a ser uma força mobilizada na empresa, mas também, para além disso, para ter impacto como ator político. Conseguimos imaginar um renascimento da ação sindical? Isso não implica novas formas de militância ou condições muito específicas de encorajamento dos assalariados para se juntarem aos sindicatos? Seriam necessárias mudanças consideráveis na gestão das empresas, o fim do capitalismo "neoamericano", que parece um objetivo irrealista, e não está no plano de mobilização sindical deste momento. A segunda questão é: o sindicalismo é capaz de se projetar no futuro e contribuir para a invenção de novos modelos de desenvolvimento? Não está profundamente ligado ao modelo anterior, prisioneiro das suas principais orientações a ponto de, quando tem êxito na mobilização, correr o risco de temporariamente reviver o velho sistema em vez de contribuir para a construção de um novo? No final das décadas de 1970 e 1980, alguns sindicatos, como o CFDT na França, inovaram ao apresentar-se a si próprios — timidamente, é verdade — como os atores políticos dos novos desafios, incluindo, em particular, os ecologistas, as mulheres e o movimento antinuclear. Essa ideia merece ser reexaminada e atualizada. Permite aos sindicatos serem os tradicionais defensores dos assalariados, do emprego e do nível de vida, enquanto simultaneamente contribuem para as lutas

---

* Cf. por exemplo, Michel Albert, *Capitalismo contra capitalismo*.

que não lhes são tão específicas, mas que são percebidas como tendo um papel importante na nova era.

Agora, olhemos de perto para os conflitos atrás indicados e olhemos especificamente para as lutas altermundialistas.

Nos anos 1990, a compreensão da natureza global dos maiores problemas da atualidade mundial foi a força motriz por detrás do que havia de melhor no movimento altermundialista: introduziu outro princípio de confronto na esfera pública.

Desde então, tem diminuído — uma vítima colateral em particular dos ataques de 11 de Setembro de 2001, o que não quer dizer que esteja, historicamente falando, destinado a desaparecer —, prejudicado pela extrema politização que o transforma em anti-imperialista, antiguerra e antiamericano. O seu declínio priva a discussão sobre a crise e a forma de sair dela de um desafio que, por sua vez, pôs fim à arrogância de Davos. Paradoxalmente, é um elemento das dificuldades atuais porque nos priva, na esteira do declínio do sindicalismo, de um segundo princípio de conflitualidade. A um nível mais amplo, a severidade da crise atual parece ser acentuada pela dificuldade que os desafios sobre o planeta, o ambiente, a regulação supranacional da vida econômica, a existência a nível mundial de uma forma de justiça etc. têm na construção de uma ampla esfera para discussão e conflito.

Quer se trate de uma questão de sindicalismo, de novos movimentos sociais ou movimentos globais com as suas fortes componentes sociais e culturais, há uma hipótese que nos parece merecer a nossa atenção: para os cientistas sociais, considerar uma saída para a crise deveria significar analisar as condições que permitem a produção e o estímulo dos atores envolvidos nos conflitos.

Referências bibliográficas

ALBERT, Michel. *Capitalismo contra capitalismo*. São Paulo: Loyola, 1991.
ATTALI, Jacques. *La Crise et après?* Paris: Fayard, 2008.
CAMIC, Charles. "Sociology during the Great Depression and the New Deal", in Craig CALHOUN, Craig (org.). *Sociology in America*: A History. Chicago: University of Chicago Press, 2007, p.225-80.
CHAPIN, F. Stuart. *Contemporary American Institutions*: A Sociological Analysis. Nova York: Harper, 1935.
COHEN, Daniel. *A prosperidade do vício*: uma viagem inquieta pela economia. Rio de Janeiro: Zahar ed., 2010.
DOBRY, Michel. "Brève note sur les turpitudes de la crisologie: Que sommes nous en droit de déduire des multiples usages du 'mot' crise?". *Cahiers de la Sécurité Intérieure* (IHESI), 7, Jan./1992.
DURKHEIM, Emile. *The Division of Labour in Society*. Nova York: Free Press, 1893.
_____. *Suicide*. Nova York: Free Press, 1951.
GUYAU, Jean-Marie. *Esquisse d'une morale sans obligation*. Paris: F. Alcan, 1887.
JAHODA, Marie; LAZARSFELD, Paul F.; ZEISEL, Hans. *Die Arbeitslosen von Marienthal*. Bonn: Allensbach. English translation, New Brunswick: Transaction Publishers, 2002.
LE CERCLE DES ÉCONOMISTES. *Fin de monde ou sortie de crise?*
DOCKES, Pierre; LORENZI, Jean-Hervé (org.). Paris: Perrin, 2009.
LERIDON, Henri. *De la croissance zéro au développement durable*. Paris: Collège de France/Fayard, 2009.
LORDON, Frédéric. *La Crise de trop: Reconstruction d'un monde failli*. Paris: Fayard, 2009.
LYND, Robert. *Middletown*: A Study in Contemporary Culture. Nova York: Harcourt, Brace & Company, 1929.
MAALOUF, Amin. *O mundo em desajuste*. Rio de Janeiro: Difel, 2009.

MERTON, Robert. "Social Structure and Anomie". *American Sociological Review*, 1938, 3, p.672-82.

MORIN, Edgar. "Pour une crisologie". *Communications*, 1976, 25, p.149-63.

_____. "Pour une théorie de la crise", in MORIN, Edgar. *Sociologie*. Paris: Fayard, 1984, p.139-53.

SCHROEDER, Paul L.; BURGESS, Ernest W. "Introduction", in CAVAN, Ruth Shonle; RANCK, Katherine Howland (org.). *The Family and the Depression*: A Study of One Hundred Chicago Families. Chicago: University of Chicago Press, 1938, p.vii-xii.

SENNETT, Richard. *A cultura do novo capitalismo*. Rio de janeiro: Record, 2006.

STIEGLER, Bernard. *Pour une nouvelle critique de l'économie politique*. Paris: Galilée, 2009.

TOURAINE, Alain. *Production de la société*. Paris: Seuil, 1974.

_____ et al. *Au-delà de la crise*. Paris: Seuil, 1976.

WIEVIORKA, Michel. *Sociétés et terrorisme*. Paris: Fayard, 1988.

PARTE III
ENFRENTANDO A CRISE

O RESCALDO É UM TEMPO DE MUDANÇA. Um tempo em que um retorno ao passado é desejado, mas em que ao mesmo tempo esperamos encontrar o algo de novo. Como é discutido nesta parte, a procura pelo retorno ao antigamente ou a reconstrução de uma nova projeção não significa o mesmo para pessoas e instituições. O que nossa análise mostra é a necessidade partilhada de lidar com a crise e construir novas narrativas e instrumentos com o objetivo de a superar e de adaptarmo-nos às suas consequências. As abordagens a essas novas narrativas sobre como enfrentar a crise podem ser construídas por novos partidos políticos que promovam o nacionalismo, pelo Estado na procura de uma nova identidade, por empresas e pelas suas marcas que esperam um *rebrand* da crise ou pelos "indignados" em diferentes latitudes e longitudes em todo o mundo, que tentam fazer ouvir as suas vozes.

Se o intercâmbio econômico é organizado por significados culturais, para lidar com a crise, temos também de levar em consideração a publicidade dentro da prática econômica. Empresas e marcas não voltaram as costas à crise; pelo contrário, trouxeram a "crise" para as suas narrativas, através da publicidade, como um obstáculo inevitável no caminho do progresso do capitalismo. As empresas, por meio das suas marcas, enfrentam a crise pedindo às pessoas que a superem e reconstruam as suas vidas no rescaldo da crise, como uma obrigação simultaneamente moral e nacional, marcando-a com uma relação contínua com um produto especial: o próprio capitalismo.

Produtos e marcas dependem da confiança construída entre as pessoas e as empresas, mas a confiança depende essencialmente, numa sociedade globalmente midiatizada, da capacidade dos meios de comunicação — sejam eles de massa, de *self-mass*, um-para-muitos (televisão, cinema) ou multimídia interpessoal — para a construir. Esta parte também analisa o que fazemos com as consequências da globalização; em especial, qual é o papel da mídia e como as pessoas reagem à (in)capacidade da mídia de (re)construir a confiança nesta fase de rescaldo. A mídia desempenhou um papel fundamental na perda de confiança em 2007-08, na procura de respostas e nas tentativas de reconstruir a confiança através da mediação de novas vozes. Algumas dessas novas vozes estão concentradas na aceitabilidade de culpar pessoas noutros países para os problemas que a nova economia global criou; outras vozes estão à procura do que é comum aos problemas e ao que seria comum às suas soluções. Nacionalistas e "indignados" são algumas dessas vozes que procuram um espaço para ser ouvidas nas sociedades globais midiatizadas. Se o rescaldo é um tempo de grande recessão, é também o tempo de o Estado se questionar na procura de uma nova identidade para enfrentar a crise econômica, o Estado de bem-estar social e a identidade cultural. A questão aqui levantada leva-nos a questionar a capacidade dos atores e das instituições de construir um projeto de identidade, baseado num modelo de desenvolvimento mais sustentável, numa sociedade em rede: a sua incapacidade para o fazer coloca a crise num ambiente mais violento social e culturalmente? A resposta está talvez na necessidade de olhar para além do rescaldo.

5

O BRANDING DA CRISE

Sarah Banet-Weiser*

COMO É CLARO NA VARIEDADE de ensaios neste livro, há razões complexas, em multicamadas e profundamente inter-relacionadas que contribuem para a crise econômica de 2008. Durante os anos 2007-08, em todo o mundo, os mercados de ações caíram, grandes instituições financeiras entraram em declínio, ou foram compradas, e os governos, mesmo das nações mais ricas, esforçaram-se por desenvolver pacotes de resgate para socorrer os seus sistemas financeiros. O colapso do mercado de hipotecas de alto risco nos Estados Unidos e a reversão do *boom* imobiliário em outras economias industrializadas tiveram um efeito em cascata para outras nações. O fracasso das economias nacionais da Espanha e da França (para citar apenas algumas) teve efeitos contundentes nos Estados Unidos e no comércio global. Neste ensaio, não pretendo explicar a variedade de causas da crise econômica global ou presumir saber se os seus efeitos são duradouros. De fato, é impossível prever os efeitos, a longo prazo, das respostas de diferentes Estados-nação à crise global, que têm sido muito variadas. Muitas respostas são contraditórias; é claro que o mercado capitalista não circula da mesma forma nas diferentes esferas da vida. A crise econômica global e os seus rescaldos demonstram o importante aspecto defendido por Viviana Zelizer de que as trocas econômicas são organizadas de acordo com significados culturais.**

No entanto, a cultura contemporânea também contém essa dinâmica na direção oposta: os significados culturais organizam-se pelo in-

---
* Gostaria de agradecer a Manuel Castells e Melissa Brough pelas suas valiosas opiniões sobre este ensaio, bem como as sugestões oferecidas pelo grupo Aftermath.
** Viviana Zelizer, *Economic Lives:* How Culture Shapes the Economy.

tercâmbio econômico. A cultura da economia e a economia da cultura geraram uma variedade de impulsos e reações à Grande Recessão do início do século XXI: tem havido respostas financeiras na forma de ajudas dos governos; desafios subversivos ao capitalismo em termos de estilos de vida alternativos; proclamações ideológicas acerca do que o capitalismo é e deveria ser; respostas de recuperação que privilegiam um novo mercado global mais "magro"; e assim por diante.* Aqui, estou interessada em como o significado cultural da crise econômica de 2008 é organizado pela prática econômica da publicidade. Em particular, estou interessada em como a publicidade tenta fazer um *rebranding* da crise como um obstáculo inevitável na marcha progressiva do capitalismo, um obstáculo que os indivíduos são chamados a "superar" como uma obrigação moral e nacional. Escolho de alguma forma uma abordagem estreita, analisando duas campanhas empresariais específicas; as estratégias de *branding* empregadas por essas campanhas contam com uma ampla alegoria pós-crise, que apresentam a recuperação como uma narrativa de capital amigável para mobilizar e autorizar a classe trabalhadora americana a enfrentar a crise individualmente, em vez de pôr em questão uma estrutura capitalista com falhas. Retóricas de esperança, meritocracia e novas fronteiras são usadas para enquadrar esses anúncios e assim manter uma narrativa sobre o excepcional liberalismo americano, bem como um mandato neoliberal para os indivíduos para "tomarem conta de si próprios".**

Mais especificamente, os anúncios que analisei posicionam os Estados Unidos como "estragados" pela crise econômica global. No entanto, esse mesmo problema é também enquadrado por esses anúncios através de uma visão das qualidades únicas atribuídas a uma certa visão de ser americano; através de uma poderosa narrativa visual e textual, os anúncios posicionam a cultura empresarial dos Estados Unidos como oferecendo os meios para que os indivíduos resgatem a nação avariada. Os casos que analisei oferecem exemplos particularmente claros da relação entre a economia da cultura e a cultura da economia e de formas pelas quais as marcas empresariais tentam reconciliar as suas posições contraditórias por meio da recon-

---

* Sobre outras respostas opcionais, consultar Castells et al. neste volume.
** Michel Foucault, *Nascimento da biopolítica*.

figuração das alegorias clássicas americanas com a mudança neoliberal contemporânea.

No seu ensaio deste livro, Terhi Rantanen sublinha o papel da confiança no colapso da economia global do século XXI.* Juntamente com os orçamentos nacionais e as economias pessoais, a confiança tem sido perdida na Grande Recessão; a confiança que os indivíduos têm nas suas nações, nos seus governos, bancos e meios de comunicação. A espiral descendente de confiança que Rantanen analisa também envolve, em parte, a confiança que os indivíduos têm nas marcas; o fracasso dos três grandes fabricantes de automóveis nos Estados Unidos (Chrysler, GM e Ford) e o de bancos como o Lehman Brothers e a Goldman Sachs, como não sendo simplesmente o fracasso financeiro das empresas, mas, de uma forma mais difusa, o fracasso das marcas às quais os indivíduos confiaram as suas vidas e os seus meios de subsistência. Para as marcas, como para os bancos, a tarefa tornou-se reconstruir a confiança. Isso significa, em parte, imaginar uma poderosa narrativa para salvar a história das marcas. Também significa o posicionamento do indivíduo transformado numa personagem central da história da marca. Em vez de chamar a atenção para as grandes falhas infraestruturais que contribuíram para a crise econômica global (como a fraude das hipotecas, a ganância das empresas e por aí afora), os esforços contemporâneos vão no sentido de enquadrar a crise como uma oportunidade — na verdade, uma obrigação moral — para o indivíduo trabalhador. Num tempo de globalização e crise global, certamente o país é mais importante do que nunca; fronteiras econômicas fluidas e hibridismo cultural não fazem a nação obsoleta, mas antes centram a sua importância de uma forma ainda mais firme, precisamente porque a nação está sob ameaça.** Recentrar a nação e o papel do indivíduo-cidadão na nação numa narrativa da marca é uma forma de reafirmar o controle cultural sobre o que, de outra forma, seria uma narrativa desestabilizadora. A publicidade é um veículo particularmente rico e central para fazer isso.

Assim, contra os relatos da imprensa nos Estados Unidos que proclamavam cheios de fôlego "a morte do capitalismo", na estei-

---

* Consultar Terhi Rantanen, "No nacionalismo nós confiamos?", neste volume.
** Sobre a história da crise, consultar Rosalind Williams neste volume.

ra da crise financeira de 2008,* analiso duas campanhas publicitárias como método de desempacotar as formas por meio das quais algumas empresas americanas não celebraram, de fato, no mínimo a morte do capitalismo, mas, em vez disso, trabalharam para o *branding* da crise de forma a obscurecer alguns dos estragos duradouros do poder capitalista em subjetividades individuais e coletivas. As campanhas publicitárias que examinei (ambas campanhas americanas muito conhecidas) funcionam num registro afetivo e estabelecem uma relação entre consumidores e empresas como uma força a que se adere no caos e na incerteza que acompanha a crise econômica global.** Historicamente, a publicidade teve um papel crucial na construção da nação, por conta das suas mensagens tranquilizadoras para os cidadãos de que o consumo deveria ser não apenas um hábito, mas, mais profundamente, um dever nacional.*** No momento contemporâneo, a publicidade continua a criar narrativas que funcionam para validar e confirmar a nação e a identidade nacional. Mas no rescaldo da crise econômica global de 2008, a publicidade, bem como outras estratégias, como as relações públicas empresariais e campanhas de marketing, dão um passo à frente e "marcam" a crise para os consumidores. De fato, os esforços das empresas americanas são no sentido de "marcar" a crise econômica global como uma oportunidade para os trabalhadores americanos poderem abordá-la de uma forma culturalmente consumível.

O que está envolvido no *branding* da crise econômica? As campanhas publicitárias que examino aqui, narrativamente, remetem para a Grande Recessão em termos abstratos, não atribuindo culpas específicas a qualquer entidade. Em vez disso, os anúncios que examinei significam e oferecem uma narrativa de como as nações e os seus cidadãos precisam de superar a crise. A Grande Recessão tem testemunhado as mudanças em curso na legitimidade do Estado social liberal, assim como as suas mudanças através de programas sociais e de redistribuição até então geridos e administrados pelo Estado, o

---

* Peter Foster, "No End to Capitalism".
** Sobre *media assemblage*, consultar Aihwa Ong, *Neoliberalism as Exception*.
*** Sobre o papel da publicidade na construção da nação, consultar Marita Sturken e Lisa Cartwright, *Practices of Looking*, bem como outros autores.

que levanta questões perturbadoras acerca dos métodos e do significado do Estado-nação, da globalização e do consumo dos cidadãos na era atual.* Um espaço que autoriza um papel específico para o cidadão-consumidor como um construtor da nação é a publicidade; como um espaço de afetos, de sentimentos, de emoções, a publicidade oferece garantias face a essas questões perturbadoras. Como disse Michael Schudson em 1986 sobre o papel da publicidade nos Estados Unidos, a publicidade é a forma de o capitalismo dizer "Eu te amo" a si próprio.** Mas quando o capitalismo falhou e o mundo está em crise econômica, como esse amor pode ser reconquistado, reimaginado, repensado?

A normalização da cultura das marcas não é uma consequência do colapso econômico global de 2008. Ao contrário, as estratégias de *branding* têm influenciado o capitalismo liberal e pós-fordiano ao longo de décadas. Contudo, como sublinhei, parte do que certamente ocorreu no recente colapso financeiro global foi a falência das marcas — como Goldman Sachs, Lehman Brothers e outras. As marcas e a cultura das marcas são elementos culturais cada vez mais importantes no mundo ocidental do século XXI; por isso, quando algumas das maiores marcas falham, não é surpreendente que possa ter lugar um esforço de *rebrand* e, portanto, de reconstrução da cultura corporativa.

Aqui, porém, olho para duas estratégias específicas que funcionaram para o *rebrand* da cultura empresarial e que têm, por sua vez, trabalhado para a marca da própria crise. Em vez de examinar os gigantes hegemônicos que eram tão visíveis no centro da crise, como os bancos, o FMI e outros, olhei para dois espaços americanos que foram fortemente atingidos pela crise financeira: a indústria automobilística e as cidades industriais do Rust Belt no nordeste dos Estados Unidos. Usando a nostalgia, representações nacionalistas e retórica, a empresa automobilística Chrysler e a marca de vestuário Levi's lançaram novas campanhas que "marcam" a crise como um espaço de

---

* Consultar Manuel Castells, *O poder da comunicação* (no prelo); Lisa Duggan, *The Twilight of Equality? Neoliberalism, Cultural Politics, and Attack on Democracy*; David Harvey, *O neoliberalismo: história e implicações*; Wendy Brown, *Politics Outside History*, entre outros.
** Michael Schudson, *The Uneasy Persuasion*.

possibilidades — a possibilidade para um perdedor, no caso da Chrysler, e para uma nova fronteira, no caso da Levi's. Antes de analisar as campanhas publicitárias específicas, contudo, é necessário definir o contexto em que surgiram.

Cultura de marca

Uma vez mais, porque o capitalismo circula na cultura de formas variadas, existem diferentes respostas à atual crise econômica global. Uma resposta cultural (nos Estados Unidos e em outros lugares) tem sido a de organizar a crise como uma espécie de "evento de mídia".* Como Elihu Katz e Daniel Dayan argumentaram, os eventos de mídia são aqueles acontecimentos históricos transmitidos pelos meios de comunicação social enquanto estão acontecendo, como uma espécie de ritual mundial que eles chamam de "os grandes feriados da comunicação de massas".** A atual crise econômica configura-se como um evento de mídia de várias formas: por meio de debates televisivos, especialistas que discutem as causas da crise e confrontações históricas sobre a crise em debates radiofônicos colocando a culpa nas políticas liberais.*** Como Rantanen observa, "os meios de comunicação usam principalmente um enquadramento nacional quando tentam dar sentido a acontecimentos globais como a crise econômica mundial".**** Enquanto ela discute o papel da mídia nesse sentido, a crise econômica global do século XXI tem sido construída como um evento de mídia de uma outra forma, através do *branding* da crise. Como uma componente-chave do *branding*, a publicidade também tem um papel central no estabelecimento de uma narrativa, assim como na relação entre a cultura empresarial e os consumidores, que ajuda os indivíduos a interpretarem a crise econômica mundial, novamente através do contexto nacional. Claramente, a publicidade é mais do que um artefato de comunicação discreto e mais do que uma

---

* Elihu Katz e Daniel Dayan, *Media Events*: The Live Broadcasting of History.
** Ibidem.
*** Chris Smith, Annenberg Research Colloquium, 29/8/2011.
**** Terhi Rantanen, neste volume.

simples ferramenta econômica para vender produtos.* A publicidade é um sistema social e cultural; é parte do que Raymond Williams definiu como uma "estrutura de sentimentos", uma ética de qualidades intangíveis que ressoam de diferentes formas em comunidades distintas.** Como um sistema cultural e social, a publicidade e o *branding* ajudam a criar esse *ethos* "intangível" que repercute de várias formas afetivas e emocionais numa variedade de cidadãos. Mas *branding* é também parte do que Ruth Wilson Gilmore chama uma "infraestrutura de sentimentos", um ambiente mais amplo, mais alargado, que sustenta, legitima e autoriza os intercâmbios culturais e econômicos dos circuitos capitalistas.***

Como argumentei em outra ocasião, o *branding* tornou-se um fenômeno especificamente cultural nos Estados Unidos nos anos 1980.**** Durante esse período, as empresas e negócios começaram a concentrar-se menos na produção e muito mais no marketing dos produtos, o trabalho começou a ser externalizado dos Estados Unidos em quantidades significativas e a "marca" começou a adquirir um elevado significado econômico e valor cultural, como argumenta Naomi Klein.*****

Dentro do capitalismo avançado, as estratégias das marcas e de gestão posicionam-se não apenas como princípios econômicos ou de bons negócios, mas como material afetivo da cultura. Isto é, as práticas neoliberais não apenas protegem os mercados existentes como também são expansivas, como a criatividade, a política e a religião.******
Assim, dentro do capitalismo neoliberal, esses domínios da cultura e

---

* Consultar, por exemplo, T.J. Jackson Lears, *No Place of Grace*; Stuart Ewen, *Captains of Consciousness*; Michael Schudson, *Advertising, the Uneasy Persuasion*: Its Dubious Impact of American Society; Rosalind Williams, *Dream Worlds*: Mass Consumption in Late Nineteenth Century France; Robert Goldman e Stephen Papson, *Sign Wars*; The Cluttered Landscape of Advertising; Marita Sturken e Lisa Cartwright, *Practices of Looking*: An Introduction to Visual Culture; entre outros.
** Raymond Williams, *The Long Revolution*, p.64.
*** Ruth Wilson Gilmore, *Golden Gulag*: Prisons, Surplus, Crisis, and Opposition in Globalizing California.
**** Sarah Banet-Weiser, *Authentic*: The Politics of Ambivalence in a Brand Culture.
***** Naomi Klein, *No Logo*: No Space, No Choice, No Jobs.
****** David Harvey, *O neoliberalismo*: história e implicações; Lisa Duggan, *The Twilight of Equality?* Neoliberalism, Cultural Politics, and the Attack on Democracy. Ver também Sarah Banet-Weiser, *Authentic*: The Politics of Ambivalence in a Brand Culture.

da sociedade, uma vez considerados "fora" da economia oficial, são aproveitados, remodelados e tornados legíveis em termos econômicos — e culturais. Um dos resultados das práticas neoliberais tem sido a reimaginação, não apenas das transações econômicas e dos recursos, mas também das relações sociais, individuais, das emoções e da própria cultura. Entre outras coisas, o neoliberalismo, tal como o liberalismo, privilegia a ideologia do mercado livre e foca-se no indivíduo em detrimento dos serviços públicos ou sociais. O liberalismo, como doutrina política e prática ideológica, centra-se no indivíduo: na linguagem política do liberalismo tradicional, ganhar poder significa exercitar os direitos individuais para falar, para ter voz, para ser ouvido, para "fazer a diferença", para ganhar e acumular lucros e propriedade.* Na cultura neoliberal, o reforço do poder do indivíduo e da sua voz está antes de mais nada ligado ao mercado, o que é evidenciado nas suas estratégias e práticas de lógica de *branding* e na forma como privilegia o sujeito empreendedor.

Em vez de inserir marcas na cultura existente, os gestores das marcas contemporâneas procuram construir uma cultura à volta delas através de relações emotivas. Os especialistas de mercado falam incessantemente de "compromisso", novos ramos de empresas de marketing e publicidade dedicam-se a usar os meios de comunicação social como uma forma de interagir autenticamente com os consumidores e, em geral, os *marketers* estão aceitando mais perda de controle sobre o processo de comunicação.** As estratégias de *branding* concentram-se em cultivar a afetividade, relações autênticas entre consumidores e produtores, e construir uma cultura a partir dessas relações.*** Dentro da cultura da marca, os consumidores produzem uma identidade, uma comunidade, ligações emocionais, práticas afetivas e relações; a cultura da marca no capitalismo neoliberal fornece uma infraestrutura para esse tipo de comportamento político e social. Para os publicitários, nos Estados Unidos contemporâneos, construir uma marca é construir uma relação afetiva e autêntica com o consumidor, baseada num conjunto de memórias, emoções, narrativas pessoais e expectativas.

---

* Nick Couldry, *Why Voice Matters*.
** Ver Sarah Banet-Weiser, *Authentic: The Politics of Ambivalence in a Brand Culture*.
*** Entrevistas com a autora.

Argumentar que a marca tenta criar relações com os consumidores não é, por sua vez, insistir em que a publicidade, como uma componente da marca, "funciona" para persuadir os indivíduos a comprar um produto em particular. As campanhas publicitárias que analiso aqui, as da Chrysler e da Levi's, não tiveram um sucesso surpreendente no aumento de vendas de automóveis ou calças (embora a Chrysler tenha registrado um aumento de vendas depois do anúncio do Super Bowl). Em vez disso, são notáveis pelas formas como estabelecem uma relação afetiva com os consumidores, marcando a crise econômica como um problema, de fato uma consequência inevitável do empreendedorismo individual. As relações afetivas com as marcas são esquivas, móveis e muitas vezes ambíguas, o que as torna poderosas, mas também difíceis de prever e caracterizar com precisão. As práticas culturais são expressas e validadas por meio das marcas, que não são uma mera estratégia econômica do capitalismo, mas os espaços culturais nos quais os indivíduos se sentem seguros, confortáveis, importantes e autênticos. É esse o espaço em que as campanhas da Chrysler e da Levi's fazem sentido e reforçam as ideologias sobre o excepcionalismo e o individualismo americanos.

Como artefatos culturais dentro de uma cultura mais ampla da marca, a publicidade cultiva as relações entre consumidores e marcas através da utilização de alegorias ressonantes e ideologias como o *empowerment* individual e o empreendedorismo. A publicidade, com certeza, baseia-se amplamente numa retórica afetiva e no enfoque no indivíduo. Para pegar num dos seus exemplos mais marcantes, em 1984 o comitê presidencial de Ronald Reagan produziu um anúncio político intitulado "Morning in America". O anúncio abre com uma mistura de imagens com a participação de americanos (todos brancos) que se dirigem para o trabalho: de uma barca no rio Hudson, um homem sai de um táxi, outro de um trator, um jovem conduz a sua bicicleta pela rota de distribuição de jornais. A voz em off, masculina, calma e suave, começa:

Amanhece novamente na América. Hoje, mais homens e mulheres irão para o trabalho do que em qualquer outra época na história do nosso país. Com as taxas de juros a metade dos recordes de 1980, 2 mil famílias hoje comprarão novas casas, mais do que alguma vez nos últimos quatro anos. Esta tarde, 6.500 jovens, homens e mulheres, casarão e com a inflação a menos de metade do que era há quatro anos podem olhar com confiança para o futuro. Amanhece novamente na América e, sob a liderança do presidente Reagan, o nosso país é mais orgulhoso, forte e melhor. Por que haveríamos de querer voltar aonde estávamos há menos de quatro anos?[*]

"Morning in America" baseia-se em alegorias patrióticas e num tom de utopia para transmitir o seu "produto", Ronald Reagan. O que é diferente na publicidade contemporânea? Enquanto o excepcionalismo americano é, há muito, uma alegoria na publicidade, como é evidenciado pelo "Morning in America", atualmente o papel do cidadão consumidor individual é mais proeminente.[**] Na cultura contemporânea da marca, a publicidade oferece uma promessa, a de que se pode ser preenchido pela relação entre a marca e os cidadãos consumidores. Mas no meio da Grande Recessão, qual é a promessa oferecida? Como a publicidade e o *branding* promovem uma relação afetiva numa crise econômica e a remarcam como uma oportunidade para a recuperação afetiva? Na verdade, a crise econômica, a devastação financeira e a perda individual dificilmente parecem prometer muito, além de mais ruína financeira, cultural e individual. Mas, como Michel Wieviorka argumenta neste livro, há uma variedade de diferentes narrativas que são evocadas com a intenção de explicar e justificar a crise econômica global.

Regresso agora a duas campanhas de publicidade e *branding* de 2010, da Chrysler e da Levi's, como uma forma de demonstrar como e de que formas a Grande Recessão do século XXI está sendo "marcada". Como os exemplos que aqui considerei ilustrativos, as narrativas de publicidade e *branding* oferecem uma promessa que aparentemente só está disponível por causa da crise econômica; uma oportunidade de reconstruir; de reescrever a história mitológica americana do indivíduo empreendedor; do trabalho robusto e da ética no trabalho e a fronteira aberta.

---

[*] "Morning in America".
[**] Consultar, por exemplo, a discussão sobre publicidade em Marita Sturken e Lisa Cartwright, *Practices of Looking*.

Chrysler: importado de Detroit

Durante o Super Bowl [final do campeonato de futebol americano] de 2011, o Grupo Chrysler divulgou a publicidade para o seu novo carro, o Chrysler 200. Apesar de a Chrysler ser gerida por Sergio Marchionne, da Fiat (esta detinha a maior parte das participações da Chrysler então), é uma das "Big Three", as três maiores empresas automobilísticas americanas. O anúncio de dois minutos (o mais longo da história do Super Bowl) custou aproximadamente US$9 milhões e foi criado pela agência de publicidade Wieden + Kennedy. Incluía uma montagem de imagens e temas em torno de Detroit e teve como estrela o músico Eminem, originário da cidade. Até o momento em que este texto foi escrito, a versão do YouTube desse anúncio já tinha quase 12 milhões de visualizações.*

Segundo o site da Chrysler, depois de o anúncio inicial do Super Bowl lançar a campanha publicitária, o Grupo Chrysler LLC teve o seu primeiro trimestre lucrativo desde que entrara em concordata em 2009. Enquanto que em 2010 a empresa sofreu uma perda líquida de US$ 197 milhões, os seus lucros aumentaram em 2011 e as receitas líquidas em 35% nesse trimestre.** O diretor financeiro da Chrysler, Richard Palmer, disse, sobre o anúncio: "O impacto foi bastante grande também para o mercado com (o) anúncio do Super Bowl com o Eminem sendo muito visto no YouTube... E o lema 'importado de Detroit'".***

O anúncio da Chrysler no Super Bowl é parte de uma campanha maior lançada pela Chrysler em 2011, intitulada "Good Things Come to Those Who Work" ("as coisas boas vêm para aqueles que trabalham"). O anúncio é uma homenagem a Detroit, apresentando os seus ícones, suas paisagens urbanas e seus trabalhadores. Abre com duas imagens de fábricas e passa rapidamente para sinais de trânsito que introduzem o nome "Detroit". A câmera foca os símbolos da cidade: o punho de ferro de Joe Louis, um mural de Diego Rivera, o

---

* http://www.youtube.com/watch?v=SKL254Y_jtc
** Site da Chrysler, www.chrysler.com
*** Esse *slogan* é particularmente interessante no contexto do *branding* da nação que, no seu atual formato, parece ser um fenômeno da globalização e dos mercados globais.

monumento UAW, o Campus Martius com pista de gelo, o opulento centro da Renascença. A câmera depois vira-se para a baixa Detroit, com os seus deslumbrantes edifícios e pormenores arquitetônicos de um momento histórico recente, quando era uma das cidades mais ricas dos Estados Unidos. A voz em off começa:

> Tenho uma pergunta para você. O que esta cidade sabe sobre o luxo? Hem? O que faz uma cidade que tem estado no inferno e volta a conhecer as coisas boas da vida? Bem, eu lhe digo. Mais do que a maioria. Você sabe que é o mais quente dos fogos que faz o mais duro aço. Adiciona trabalho pesado, convicção e o *know-how* de gerações que corre fundo em cada um de nós... (começa a música de Eminem, "Lose Yourself")
>
> Isso é o que somos. Essa é a nossa história. Agora, não é provavelmente a que tens lido nos jornais, a que começou a ser escrita por pessoas que nunca estiveram aqui e que não sabem do que somos capazes. Porque, quando se trata de luxo, a questão não é de onde vem, mas para quem é.
>
> Agora, nós somos da América, mas isto não é a cidade de Nova York. Nem Windy City, nem Sin City... E também não é a cidade da esmeralda para ninguém.

A voz culmina com uma passagem de *hip-hop* de Eminem, conduzindo um Chrysler 200, preto, pela histórica avenida Woodward, e termina quando ele chega ao icônico Teatro Fox, construído em 1928 e restaurado em 1988, que mostra o letreiro "Mantenha Detroit bela" ("Keep Detroit Beautiful"). Com a música em crescendo, Eminem entra no teatro, onde, no palco, está um coro de gospel negro, cantando suavemente. Eminem volta-se para a câmera e aponta, dizendo: "Esta é a cidade-motor. E isto é o que nós fazemos." A tela vai ficando preta, com o logotipo da Chrysler, e o lema aparece: "Importado de Detroit".

O anúncio do Super Bowl tem grande eco em muitos cidadãos de Detroit, bem como em outros; a blogosfera e muitos *talk shows* televisivos cobriram o anúncio como se se tratasse de um acontecimento televisivo isolado. A cinematografia, as referências à história, a mistura entre trabalho e luxo, a referência ao fato de a cidade ter "estado no inferno e voltado", tudo ressoava com as mitologias americanas de trabalho e ética, nacionalismo barato e as narrativas do autor novecentista Horatio Alger sobre a meritocracia e a mentalidade das pessoas simples. Também falava da paranoia americana sobre a externalização do trabalho ("O Chrysler 200 chegou. Importado de Detroit") e do impacto que as práticas neoliberais do trabalho tiveram na vitalidade da economia baseada na indústria de cidades americanas como Detroit. Como disse um blogueiro entusiasmado de Detroit, "O lema, 'Importado de Detroit', é perfeito". Ele combina luxo e qualidade com o orgulho Motown, ao mesmo tempo que reconhece quanto os Estados Unidos quiseram fingir que Detroit pertencia a um país diferente, um país "não americano" (não característico ou consistente com os princípios, costumes ou as tradições americanos), que permitiu aos seus cidadãos viver em tal desespero.*

Na verdade, a infraestrutura de Detroit tem há muito vivido nesse "tal desespero", atormentada pela recessão econômica, tensão racial e por um nível dramático de desemprego. O anúncio da Chrysler centra-se na avenida Woodward, a via pública que divide a parte oriental da cidade da ocidental. Essa avenida é, historicamente, a casa dos negros em Detroit, que haviam sido proibidos por políticas de habitação racistas a viver nos bairros dos brancos.** Detroit tem sido, e continua a ser, uma das cidades com maior segregação racial nos Estados Unidos. Historicamente, desindustrialização, desemprego, pobreza e "fuga dos brancos" significaram para Detroit, entre outras coisas, "o aumento do desemprego e a decadência da infraestrutura dos bairros do centro da cidade, reforçando os estereótipos dos brancos sobre os negros, famílias e comunidades".***

Obviamente, há muito a dizer sobre a desconexão entre a ideologia agressivamente chauvinista e regionalista do anúncio e as várias formas pelas quais Detroit é emblemática a ponto de fazer parte da crise econômica global. A cidade moldou o estado atual da indústria automobilística e tem sido moldada por ela. A Chrysler, em particu-

---

* Lester K. Spence, blacksmythe.com
** Thomas J. Sugrue, *The Origins of the Urban Crisis: Race and Inequality in Postwar Detroit*; George Lipsitz, *The Possessive Investment in Whiteness*.
*** Ibidem, p.8.

lar, foi uma das primeiras empresas a necessitar de um resgate federal, depois do colapso econômico global de 2008. O anúncio da Chrysler é o mais caro na história do Super Bowl (impressionantes US$9 milhões por dois minutos) e obscurece o fato de a empresa ter recebido US$15 bilhões em fundos de resgate do governo norte-americano desde 2008 e subsequentemente fechado numerosas instalações na área de Detroit — o que custou milhares de empregos.*

Detroit foi cada vez mais devastada pela recessão econômica, com o aumento da taxa de desemprego (que permanece atualmente mais elevada do que em qualquer outra cidade dos Estados Unidos); o sistema de ensino falhou (notícias recentes sobre o sistema de ensino público relataram que em muitas salas de aula a proporção de estudantes por professor é de 60:1); os conflitos raciais e a violência continuam a ser um problema num dos mais duramente segregados centros urbanos dos Estados Unidos e há amplos rumores de que o governo da cidade é um antro de corrupção, nepotismo e favorecimento de amigos e funcionários; muitos cidadãos de Detroit sentem que as três grandes empresas automobilísticas sediadas na cidade (Chrysler, GM e Ford) se limitaram a sentar-se e a assistir.**

Na verdade, historicamente, as empresas automobilísticas de Detroit desencorajaram a diversificação da economia da cidade e, por isso, quando a nação entrou na crise econômica global, não havia praticamente nenhuma outra infraestrutura com que os habitantes da cidade pudessem contar.***

Mas a lógica hipócrita que sustenta esse anúncio não apresenta necessariamente uma dissonância cognitiva por parte do receptor. Pelo contrário, essa é precisamente a forma como funciona o processo de *branding*. O anúncio, efetivamente, *marca* a crise como uma oportunidade para os indivíduos — nesse caso, os indivíduos que resi-

---

* Jerry Flint, "Bailing Out Detroit's Bailout Plans".
** "Detroit schools struggle to solve budget woes", msnbc.msn.com, acesso em 5/2011; "Businessman latest to plead guilty in Detroit City Hall Corruption scandal", corruptauthority.com, acesso em 12/2010; Bureau of Labor Statistics, *Civilian labor force and unemployment by state and metropolitan area*; "Detroit is poorest big city in U.S.", freep.com, acesso em 7/1/2010.
*** Thomas J. Sugrue, no seu livro *The Origins of the Urban Crisis: Race and Inequality in Postwar Detroit*, historia a resistência de Detroit à diversificação da sua economia.

dem em Detroit — restabeleceram a sua cidadania, o seu patriotismo, a sua lealdade e a sua confiança. A escolha de Eminem como porta--voz da Chrysler, completada com a sua música de grande sucesso "Lose Yourself" como hino de fundo da campanha, identifica-se com a nostálgica representação visual de Detroit no anúncio. Eminem foi aparentemente levado pela promessa do anúncio de mostrar Detroit no que tem de mais cinzento e sinistro e quis participar para mostrar Detroit em toda a sua rudeza e contradição.* A história de Detroit, Eminem e o colapso da economia global identificam-se com a nova inspiração no mito de Horatio Alger: a revista *Advertising Age* referiu--se a Eminem como "a história do regresso do ano", que é outra associação com o que os proprietários das empresas gostariam de ver para a Chrysler, bem como Detroit — e, definitivamente não menos importante, o regresso do capitalismo depois do colapso econômico global. Como a *Advertising Age* disse na análise da campanha publicitária: "O que começou como um pequeno tributo a uma cidade falida transformou-se num grito desafiador."**

Contudo, a Chrysler não foi a única empresa nos Estados Unidos a capitalizar a mitologia americana de nostalgia e ansiedade econômica no rescaldo da crise econômica global de 2008. A icônica empresa de jeans Levi's também a explorou, com imagens e ideologias semelhantes, na sua campanha publicitária de 2010, "Go Forth". Ambas as campanhas publicitárias trabalharam fortemente no registro afetivo, ambas focadas na devastação econômica do Rust Belt americano, e muitas exploraram o que alguns chamaram de "ruína" ou "pobreza" pornográfica.***

Levi's: "Go Forth"

A empresa de vestuário Levi's criou uma ampla campanha publicitária em 2010 que apresentava Braddock, cidade da indústria do aço, na

---

* Website da AOL Autos, www.aolautos.com
** "Chrysler to Run Two-Minute SuperBowl Commercial".
*** Adam Weinstein, "Chrysler's Deplorable 'Detroit' Superbowl Ad; Seth Stevenson, Levi's Commercials, now starring Walt Whitman".

Pensilvânia, no coração do Rust Belt no nordeste dos Estados Unidos. A campanha, intitulada "Go Forth", coloca um tom nostálgico e otimista no declínio do trabalho de colarinho azul (em oposição ao colarinho branco) e da indústria nos Estados Unidos e, claramente, tenta expressar a ansiedade americana na recessão econômica global. Os anúncios capitalizam uma retórica histórica de pioneiros americanos e é visualmente semelhante ao anúncio da Chrysler no Super Bowl; não surpreendentemente, a campanha publicitária foi criada pela mesma agência, a Wieden + Kennedy. Ao contrário do anúncio da Chrysler, que usa ícones e imagens reconhecíveis de Detroit, o anúncio da Levi's usa imagens mais genéricas. Está implícito que as imagens foram feitas em Braddock, mas a aparência do anúncio identifica-se claramente com muitas outras pequenas cidades dos Estados Unidos; evoca de uma forma reconhecível as cidades industriais do Rust Belt. Ao contrário do anúncio da Chrysler, o anúncio da Levi's retrata imagens de dor e depressão, a par de imagens mais nostálgicas de um tempo "simples". Um dos anúncios, por exemplo, abre com um homem e um cão sentados à frente de uma fogueira num campo vasto, enquanto passa um trem de carga; seguido de imagens angulares de edifícios abandonados, emoldurados pelo sol nascente; carros velhos e avariados e brinquedos sob árvores caídas; e depois uma criança pequena que salta para a cama para dormir com seu pai. Música instrumental — sopro e cordas — toca quando se ouve uma voz de criança: "Aprendemos como os pioneiros entraram no Oeste. Eles abriram os olhos e perceberam como que as coisas podiam ser. Há muito tempo, alguma coisa se estragou aqui. As pessoas ficaram tristes e partiram."

Em seguida, o anúncio descreve como a cidade começa a se mover e a acordar. A música ganha impulso e a criança continua: "Talvez o mundo se estrague de propósito, para que nós possamos ter trabalho a fazer. As pessoas pensam que já não há fronteiras; mas não conseguem ver como as fronteiras estão à nossa volta."

A música para ab-ruptamente e o *slogan* aparece na tela: "Go Forth. Levi's". O anúncio é emocionalmente poderoso, as imagens são exuberantes e cativantes. A música dramática justapõe-se à voz deliberadamente inocente da criança para criar uma montagem afetiva que reforça a luta, o trabalho e a mitologia americana da fronteira.

Como com outras fronteiras conquistadas pelos Estados Unidos (historicamente, desde o genocídio dos nativos americanos, o colonialismo do século XIX, a expansão para o Oeste, a corrida espacial com a União Soviética e guerra do Iraque, para citar apenas alguns), a retórica desse anúncio enfatiza o destino americano e a inevitabilidade: "Talvez o mundo se estrague de propósito, para que nós possamos ter trabalho a fazer." A impressionante abstração da retórica do anúncio — "As coisas estragaram-se aqui" — corresponde a um conceito histórico neoliberal de que a crise econômica representa oportunidades para os indivíduos empreendedores imaginarem, criarem e conquistarem um campo infinito de novas fronteiras. A voz em off, mapeada em imagens de uma cidade industrial do Rust Belt, economicamente deprimida, capitaliza num projeto mais amplo de *rebranding* da crise econômica global de 2008. Esse esforço de *branding*, representado em anúncios como os apresentados aqui (mas também presente nas relações públicas empresariais, representações na mídia e no marketing nacionalista), reimagina a crise econômica global como uma coisa que era inevitável — não por causa da espiral degradante da ganância empresarial ou do desvio de fundos, mas porque isto é o que os Estados Unidos fazem: "consertam as coisas." Orquestrada essa resolução, o anúncio insiste em que esse é um destino exclusivamente americano.

Esse aspecto é ainda mais fortemente exercido numa outra série de anúncios da campanha da Levi's "Go Forth". Dois anúncios, "O Pioneers!" e "America", também criados pela Wieden + Kennedy, são mais abstratos do que o anterior anúncio "Go Forth" na sua justaposição de imagens: imagens rápidas de indivíduos, quase todos jovens adultos, em várias situações. Ambos usam a poesia de Walt Whitman em off. O anúncio "America" abre com uma imagem em preto e banco de um sinal de néon — a que chamaremos o sinal da América — onde se lê a palavra "America". O sinal falha, acende-se e apaga-se porque está avariado e afundando numa piscina. Isso é seguido por uma mistura de imagens, filmadas com a estética do cinema independente, incluindo imagens rápidas, de câmeras na mão, e uma narrativa realmente perceptível a ligar as imagens. A impressionante imagem de abertura de uma América estragada é justaposta com imagens de fogos de artifício, de um trajeto de metrô, postes telefônicos numa paisagem desoladora e uma bandeira americana agitada pela brisa. A narração é uma gravação do poema "America", de Whitman, presumivelmente pelo próprio Whitman, gravada em 1890, arranhada e nostálgica:

> Centre of equal daughters, equal sons
> All alike endear'd, grown, ungrown, young or old
> Strong, ample, fair, enduring, capable, rich
> Perennial with the earth, with freedom, law, and love*

O anúncio termina com o sinal de néon da América restaurado, pairando acima da linha de água, gloriosamente iluminado. O *slogan* da Levi's "Go Forth" desenha-se num cobertor segurado por jovens e a imagem escurece até ficar preta.

O outro anúncio da série Whitman, "O Pioneers!", é igualmente melancólico e nostálgico. Abre com uma jovem com a mão no ar, como se imitasse uma estátua, um homem que corre sozinho num campo, jovens que se abraçam, vestem-se (com calças Levi's, claro) em prédios abandonados, conduzem: não há uma coerência narrativa visual, mas as imagens são unidas pela leitura gravada de uma parte de "Pioneers! O Pioneers!" de Walt Whitman, 1865:

> Come, my tan-faced children,
> Follow well in order, get your weapons ready;
> Have you your pistols? Have you your sharp edged axes?
> Pioneers! O Pioneers!
>
> For we cannot tarry here,
> We must march my darlings, we must bear the brunt of danger,
> We, the youthful sinewy races, all the rest on us depend,
> Pioneers! O Pioneers!
>
> O you youths, western youths,
> So impatient, full of action, full of manly pride and friendship

---

* Walt Whitman, "America".

Plain I see you, western youths, see you tramping with the foremost,
Pioneers! O Pioneers!

We debouch upon a newer, mightier world, varied world,
Fresh and strong the world we seize,
Pioneers! O Pioneers!*

A caminhada dos pioneiros para o Oeste conduzida pela poesia de Whitman, a utilização de um poeta de excelência americano para vender uma marca de excelência americana e as imagens industriais sombrias e devastadoras depois do colapso econômico de 2008 marcam claramente a campanha da Levi's como uma tentativa deliberada de caracterizar a crise com uma narrativa nostálgica de esperança e amigável do capital, em vez de uma crise que põe em questão a própria estrutura do capitalismo e a legitimidade empresarial. Como o repórter Seth Stevenson salientou, o anúncio atua como uma chamada galvanizante à ação das gerações: "Os tempos podem ser duros, mas já estivemos aqui antes e a juventude americana não será quebrada."**

Lançando a atual crise econômica global como parte de uma dinâmica cíclica, a Levi's conta com a continuidade do excepcionalismo liberal americano — já estivemos aqui antes, já superamos a crise de então e podemos fazê-lo outra vez — como uma forma de marcar a crise atual como apenas uma numa série de outras que os americanos superaram provando a sua força. Na verdade, a Levi's posiciona a crise contemporânea como uma espécie de "prova" do destino americano para superar e florescer; afinal, como Whitman nos recorda, "We debouch upon a newer, mightier world, varied world/Fresh and strong the world we seize". Aproveitar esse mundo, contudo, no século XXI, significa marcar o nacionalismo e a crise como profundamente inter-relacionados, numa dinâmica inevitável: os americanos são, diz nos Whitman, "Perenes como a Terra, a liberdade, a lei e o amor".

O uso de Whitman nos anúncios da Levi's tem a intenção de apresentar referências históricas e imagens que têm por objetivo provocar a nostalgia. Ao mesmo tempo, os anúncios não são nostálgicos

---

* Walt Whitman, "Pioneers! O Pioneers!"
** Seth Stevenson, "Levi's Commercials".

da mesma forma que é o da Chrysler no Super Bowl. Os anúncios de Whitman também visam diretamente a uma identificação com o medo através da utilização do que pode ser denominado como uma estética apocalíptica, apoiada fortemente numa espécie de crise desoladora pós-industrial chique como uma alegoria visual que percorre os anúncios.* Há um elemento de perigo na estética e nas narrativas poéticas desses anúncios que é justaposto a um apelo implícito à aventura corajosa. Os anúncios, em vez de tranquilizar, capitalizam o desconhecido e a ansiedade. Em "America", o sinal de néon avariado onde se lê "América" dá o tom de zona de guerra ao resto do anúncio: os edifícios queimados, os rostos sombrios, a fotografia assombrosa. Os anúncios não celebram o excepcionalismo americano da mesma forma que o anúncio da Chrysler (ou, mais genericamente, da forma habitual da maior parte dos anúncios americanos). Em vez disso, eles procuram de uma forma explícita explorar o medo e a ansiedade, gerados pela crise econômica global, com o objetivo de resgatar os destinatários da crise — ou talvez, mais precisamente, para encorajar os destinatários, como cidadãos consumidores, a resgatarem-se a eles próprios.

Por outras palavras, os anúncios de Whitman não funcionam de uma forma convencional para reconstruir a confiança no capitalismo. Mas a estética do medo que enquadra esses anúncios realiza uma importante espécie de trabalho cultural: eles suplicam ao público americano (e à Levi's) que se salve, uma vez mais; dessa vez como neoliberais otimistas e corajosos. Nesses anúncios, a cultura empresarial e a exploração capitalista integram a paisagem natural, áspera, mesmo perigosa que fixa o palco para a história da coragem americana para voltar a dizer — na verdade, fazer o *rebrand* — de si própria. Os anúncios reforçam a naturalidade dos perigos de um capitalismo empresarial neoliberal desregulamentado, posicionando o indivíduo empreendedor como a personagem central na narrativa da marca.

Ao contrário da Chrysler, os anúncios da Levi's são parte de uma campanha maior, mais ampla, que envolve a efetiva revitalização de Braddock por meio de subvenções para artes e para a renovação cultural, iniciativas de agricultura urbana etc. O projeto Levi's, intitu-

---

* Correspondência pessoal, Melissa Brough.

lado "We Are All Workers" ("Somos todos trabalhadores") teve um comunicado de imprensa inicial que começava assim:

> No meio da necessidade generalizada de hoje de revitalização e recuperação, emergiu uma nova geração de "verdadeiros trabalhadores", os que veem os desafios à sua volta e estão inspirados para conduzir uma mudança positiva, significativa. Agora, com a introdução de "Go Forth Ready to Work", a marca Levi's irá capacitar e inspirar trabalhadores em toda parte, por meio do produto manufaturado Levi's e de histórias sobre o novo trabalhador americano.*

A campanha mais ampla é constituída por onze episódios em vídeo (colocados no YouTube, entre outros sites de comunicação), criados em conjunto com a INF e o Sundance Film Festival. Ao contrário dos anúncios "Go Forth", esses vídeos não foram exibidos nos cinemas ou na televisão. Em vez disso, a intenção foi claramente abordar o gênero filmes independentes/documentários, que mostrava os "autênticos" americanos usando pessoas "reais" em vez de atores. A Levi's, com o enfoque na autenticidade, nos indivíduos "reais", marca a crise como uma oportunidade nostálgica, um contexto para os americanos construírem uma comunidade à moda da Grande Recessão. O sujeito empreendedor, ou o "pioneiro moderno", que é caracterizado nos vídeos, dessa cultura da marca mostra a invulgar mentalidade empreendedora americana e a própria crise econômica é como uma marca renovada (*rebranded*) como um momento de oportunidade. Os onze episódios apresentam indivíduos que "contam uma história de empreendedorismo" por meio do seu compromisso com as práticas, financiadas pela Levi's, para revitalizar a cidade: um novo centro comunitário; o desenvolvimento de uma nova agricultura urbana em Braddock; os esforços do prefeito John Fetterman para conseguir a ajuda dos que a Levi's chamou os "pioneiros modernos" — artistas, músicos, artesãos. Como nos anúncios do "Go Forth", os vídeos desenrolam-se em episódios, com emocionantes trilhas sonoras, com indivíduos melancólicos e em trabalho árduo, edifícios deteriorados, escolas vazias, lojas fechadas. Ao longo dos onze episódios, a cidade é

---

* Levi Strauss and Co., "We Are All Workers".

lentamente reconstruída através do esforço desses "pioneiros", que se tornam cidadãos centrais da comunidade da marca Levi's.

O BRANDING DA CRISE

Não quero desvalorizar as possíveis compensações que a colaboração da Levi's com Braddock pode trazer ou os benefícios que Detroit pode colher com a atenção nacional que o anúncio da Chrysler proporcionou. Quero salientar, nesses exemplos, como o uso daquilo que Eva Illouz chama de "capitalismo emocional" funciona para construir uma cultura de marca através de múltiplos espaços (como a publicidade convencional na imprensa e televisão, YouTube, blogs, produções caseiras [DIY, *Do It Yourself*, faça você mesmo], conteúdos gerados pelo consumidor etc.).* Da análise desses anúncios específicos, neste ensaio, sugiro que a lógica que lhes está subjacente vai além de uma mera tentativa de ressuscitar indústrias em dificuldades, na crise econômica. Trata-se mais de uma lógica característica de práticas neoliberais mais amplas, que pretendem expandir mercado e estratégias que vão além do simples enaltecimento de um determinado produto.**

Na verdade, os anúncios mostram a atual crise econômica como um momento perigoso, ou inevitável, do capitalismo desregulado e colocam o indivíduo no centro da responsabilidade, como um salvador responsável, mesmo que o Estado ou a nação tenha abdicado do seu papel na crise.

É claro que a campanha publicitária da Chrysler estabeleceu, com sucesso, conexões emocionais e afetivas entre as estratégias de *branding* e a cidade de Detroit. Da mesma forma, a campanha "Go Forth" da Levi's explorou ideologias históricas e discursos sobre o excepcionalismo e o destino americanos e marcou nostalgicamente a crise econômica de 2008 como uma "nova fronteira". A forma como os dois anúncios marcam cidades específicas, empresas e produtos,

---

* Eva Illouz, *O amor nos tempos do capitalismo*.

** Jo Littler, *Radical Consumption*: Shopping for Change in Contemporary Culture; Eva Illouz, *Oprah Winfrey and the Glamour of Misery*: An Essay on Popular Culture.

contudo, é apenas parte de um processo de *branding* mais abrangente; essas campanhas publicitárias também funcionam como parte da infraestrutura de sentimentos que, mais globalmente, marca a crise como uma oportunidade para a classe trabalhadora americana comprar, em opção a uma narrativa amiga do capitalismo. Esta foca-se no indivíduo empreendedor, não no fracasso do sistema capitalista. A manutenção da história do excepcionalismo liberal americano é posicionada lado a lado com o mandato neoliberal que diz aos indivíduos que tomem conta deles próprios.

Embora a crise econômica global do século XXI seja referenciada em ambos os anúncios por um vago reconhecimento de que os Estados Unidos precisam de uma "revitalização e recuperação generalizada" ou que alguma coisa "se estragou aqui", as verdadeiras razões para a crise — o colapso das práticas neoliberais nos bancos e no comércio, a desintegração da indústria automobilística nos Estados Unidos, o efeito global e em cascata da devastação econômica — nunca são colocadas em questão; em vez disso, o trabalhador individual, "autêntico", otimista e corajoso é que é apresentado como o responsável por fazer a mudança: "Nós somos a cidade. E isto é o que fazemos."*

Na verdade, dentro dessas campanhas publicitárias, o trabalhador ou operário sucumbe à própria marca e é posicionado como a personagem central numa narrativa mais abrangente que marca a crise. Em vez de chamar a atenção para a falência do sistema da indústria global do setor bancário, ou para os efeitos para as gerações que vivem do crédito, ou para a crise das hipotecas de alto risco, esses anúncios chamam a nossa atenção para o empreendedor resistente e solitário; o trabalhador individualista que é nostalgicamente criado e posicionado como o único caminho para sair do que "se estragou", da confusão que foi "feita", de alguma forma abstrata, para que os americanos pudessem agir e "consertar as coisas".

O trabalhador é assim posicionado numa variedade de formas nessas campanhas: como um herói, como memória cultural, como empreendedor neoliberal, como um símbolo para uma nação sob ameaça. Na verdade, a campanha publicitária da Chrysler tem um *slo-*

---

* Sobre o *branding* do "autêntico", consultar Sarah Banet-Weiser.

gan: "As coisas boas vêm para aqueles que trabalham" ("Good Things Come to Those Who Work"). A campanha "Go Forth" da Levi's até menciona vagamente o *slogan* do Partido Comunista com a expressão "Nós somos todos trabalhadores", mas sem nenhuma das referências do PC ou a confiança no trabalho comunitário. O "Nós" de "Nós somos todos trabalhadores" é uma comunidade de trabalhadores individuais, cada um deles "livre", num "mercado livre", chamado a "ir em frente e trabalhar", com o cenário da crise econômica que os encorajará a serem mais simples, mais vigilantes do que nunca, dentro do capitalismo. Com a ajuda da Levi's, Braddock é transformada numa cidade de "verdadeiros trabalhadores" que "arregaçam as mangas para fazer com que a mudança realmente aconteça".

Parte da narrativa afetiva do neoliberalismo global é precisamente esse enfoque nos indivíduos em vez do Estado. Os anúncios adquirem uma posição particular numa nação no meio de uma crise global. Mais do que falar vagamente de uma comunidade global que precisa se unir para responder ao colapso econômico global, essas duas empresas posicionam os Estados Unidos como estando sob ameaça — externa e internamente. Essa é, no entanto, uma ameaça ambígua, avessa a colocar a responsabilidade em atores e estruturas concretamente identificáveis.

Como é cada vez mais comum na cultura contemporânea das marcas, as campanhas de 2010 da Levi's e da Chrysler desafiam a linguagem histórica da publicidade, que se baseou fortemente na eficiência dos produtos e nas suas qualidades únicas num mercado competitivo. Em vez disso, esses anúncios utilizam a linguagem da marca, aquilo a que Celia Lury chama "logos" (logotipo) da marca, que é mantido por uma narrativa pessoal, individual, que gira à volta do estilo de vida, da identidade e do poder individual.* Nesse sentido, os anúncios são sobre muito mais do que um produto ou uma coisa: o automóvel da Chrysler ou um par de calças Levi's. Como Lury salienta,

> presumir que a marca é uma coisa única seria confundir as camadas de atividade múltiplas e às vezes divergentes que foram tomadas na produção da marca (...) [essas atividades] têm múltiplas histórias, estão in-

---

* Celia Lury, *Brands*.

ternamente divididas, em tensão umas com as outras, e podem até ser contraditórias e opostas.*

Assim, embora seja importante sublinhar a hipocrisia nos anúncios — a empresa Chrysler foi não apenas um ator-chave da atual crise econômica, como também, historicamente, abandonou Detroit com a desindustrialização e a terceirização do trabalho; enquanto a Levi's usa uma retórica nacionalista para vender produtos americanos e descaradamente explora a desintegração das cidades industriais do Rust Belt para o fazer — também defendo a tese de que é precisamente esse tipo de desconexão ou contradição que torna as campanhas publicitárias tão bem-sucedidas ao nível emocional e afetivo e que as torna eficazes como mecanismos que definem a atual crise econômica global. Essas características fazem parte da marca.

O uso de contradições culturais na publicidade não começou certamente com a crise econômica global de 2008. A publicidade há muito que conseguiu agregar a estética da contracultura, reformulando uma estética da resistência numa coisa vendável, dissipando, assim, qualquer receio ou ansiedade sobre o que podem ser as consequências da resistência.** Mas a atual crise econômica global apresenta um caso extremo para os publicitários para mobilizarem o medo e a ansiedade como uma alegoria dominante.

Por exemplo, o anúncio da Chrysler assinala a importância dos indivíduos pertencerem a uma cidade em particular, Detroit: "Isto é o que nós fazemos". Como Adam Weinstein salienta, nesse gesto com os cidadãos de Detroit, o anúncio efetivamente posiciona a Chrysler como a marca de um "núcleo urbano", usando uma imagem de coragem e de resistência que assenta no que alguns críticos chamaram "pornografia da pobreza".*** Como Weinstein sublinhou, o que subjaz e reforça o anúncio é profundamente hipócrita:

---

* Celia Lury, *Brands*, p.14.
** Consultar Thomas Frank, *The Conquest of Cool*: Business Culture, Counterculture, and the Rise of Hip Consumerism; Stephen Heath e Andrew Potter, *Nation of Rebels*: Why Counterculture Became Consumer Culture; Naomi Klein, *No Logo*.
*** Adam Weinstein, "Chrysler's Deplorable 'Detroit' SuperBowl Ad".

(...) o fato de o destinatário de apoio estatal tentar ganhar melhor imagem através de um anúncio; o racismo cínico (ou, no mínimo, colonialismo) de posicionar a Chrysler como uma resistente, corajosa, perfeita para atingir demograficamente o público urbano, usando a pobreza de Detroit de forma pornográfica para nos excitar. (...) Mas o mais terrível é a ideia de que a Chrysler é uma das grandes coisas quando se fala sobre a coragem de Detroit e da América, quando o fato é que é uma das empresas que integraram a praga de gafanhotos que asfixiou a cidade e a nação com as suas acrobacias financeiras que levaram à perda de empregos e ao abandono de fábricas.

Mas essa história se torna invisível com o enquadramento nostálgico do anúncio da Chrysler. Mais, a visão nostálgica de Detroit referenciada no anúncio teve início em 1908, quando Henry Ford abriu a sua primeira linha de montagem de automóveis em Highland Park, no lado leste da Woodward Avenue. Como o historiador Thomas J. Sugrue defende no seu trabalho *The Origins of the Urban Crisis*, a prosperidade dos Estados Unidos do pós-guerra, muitas vezes elogiada, contada nos livros escolares, na televisão e nos meios de comunicação populares, bem como nas escolas, obscureceu uma profunda desigualdade na paisagem americana do pós-guerra, na qual o "capitalismo deixou para trás enormes setores dos Estados Unidos, sobretudo as mais antigas cidades industriais do norte e do leste e áreas rurais no sul e centro-oeste."*

Os problemas de múltiplos níveis que afligem Detroit desde o período do pós-guerra são bem conhecidos. Menciono-os para defender a tese de que a Grande Recessão de 2008 não devastou Detroit porque a cidade já estava mergulhada na devastação econômica e cultural. Como Charlie LeDuff sublinha, no momento atual:

"Detroitismo" significa algo completamente diferente. Significa incerteza, abandono e psicopatologia. A cidade atingiu um pico populacional de 1,9 milhão de pessoas nos anos 1950 e 83% eram brancos. Agora, Detroit tem menos de 800 mil pessoas, 83% de negros, e é a única cida-

---

* Thomas J. Sugrue, *The Origins of the Urban Crisis*: Race and Inequality in Postwar Detroit.

de americana que ultrapassou 1 milhão de pessoas e voltou para abaixo desse limiar.*

Mas a história da cidade, especialmente da sua desindustrialização e pobreza, não atraiu muito a atenção nacional (e certamente não atraiu muito o financiamento federal ou estatal para reconstruir o racismo institucionalizado e a pobreza sistêmica) até 2008, quando os diretores executivos das três grandes empresas automobilísticas pediram ajuda financeira ao governo federal (e, no processo, começaram a declarar a bancarrota). Como Weinstein diz, é neste momento, no momento de colapso econômico global, no momento de desintegração da indústria automobilística nos Estados Unidos, que "Detroit foi histórica, simbólica — mesmo central" e, portanto, notavelmente *brandable*. Como Lester K. Spence argumentou:

> Depois do colapso da indústria automobilística e da explosão da bolha do setor imobiliário, há pouco mais a exportar de Detroit além da miséria. E a América está comprando. Há pelo menos dois dramas televisivos, dois documentários e três programas sobre essa realidade a serem filmados aqui. Até a *Time* comprou uma casa no East Side no ano passado por US$ 99 mil. O objetivo era ter lá os seus repórteres vivendo e relatando o declínio da Motor City durante um ano.**

Na verdade, Detroit é um lugar exemplar para o *branding* da crise econômica global: uma das cidades mais fortemente atingidas nos Estados Unidos, uma história de conflito e triunfo, um ambiente urbano que enfatiza o trabalho de colarinho azul na sua memória regional e cultural — todas as histórias se entrelaçam para oferecer um contexto rico para uma nova narrativa sobre o *branding* da crise econômica.

A Levi's baseou-se numa estratégia semelhante de usar seletivamente a história para o *branding* da crise atual. O título de um artigo que detalhava a campanha na revista de marketing, publicidade e mídia *AdWeek* enquadra essa estratégia irônica e sucintamente:

---

* Charlie LeDuff, "What killed Aiyana Stanley-Jones?".
** Lester K. Spence, blacksmythe.com.

"Walt Whitman renasceu. Para vender jeans".* Como Doug Sweeny, vice-presidente de marketing da Levi's, diz, mais seriamente: "A ideia de (...) fazer as pessoas voltarem ao trabalho é claramente genial [culturalmente]."** Apesar de a campanha da Levi's se focar na depressão econômica do Rust Belt, o seu enfoque retórico não é tão concentrado na especificidade de Braddock como é o da campanha da Chrysler com Detroit. Em vez disso, o anúncio da Levi's foca-se na ideologia genérica da herança americana e no destino da classe trabalhadora de colarinho azul como uma forma de apresentar a oportunidade que a atual crise econômica global representa. Ao fazê-lo dessa forma, tanto a campanha da Levi's como a da Chrysler silenciam realidades materiais — como a diversidade étnica, o fato de muitos americanos quererem realmente "go forth" e trabalhar, mas não haver empregos disponíveis. Isso foi claramente mencionado num outdoor da Levi's em Nova York, com um anúncio da série "Go Forth". O outdoor mostrava uma jovem branca correndo pelos campos com o texto "Este país não foi construído por homens de paletó e gravata". Alguém, não oficialmente, respondeu a essa chamada escrevendo por baixo: "Foi construído por escravos". A estratégia óbvia do outdoor — apelar ao trabalho duro dos americanos, dos operários, não dos paletós e das gravatas corporativos ou executivos pagos regiamente — saiu pela culatra, pelo menos nesse caso, por causa da forma como a campanha torna invisíveis certas narrativas históricas para privilegiar a ideologia da "fronteira".

A mudança de foco nas campanhas da Levi's, do idealismo de Walt Whitman para as realidades de Braddock, foi estratégica na forma como a empresa estava fazendo o *branding* da crise econômica. Como disse o repórter Matthew Newton:

> No início, a Levi's tentou canalizar o realismo corajoso simulando-o. Agora, indo para o local, para Braddock — uma cidade do Rust Belt que perdeu 90% da sua população desde que a indústria americana do aço secou — a Levi's irá tentar capturar o realismo corajoso em ação. Como local da fábrica de Andrew Carnegie, a primeira siderúrgica, Braddock

---

* "Walt Whitman Is Reborn. To Sell Jeans".
** Citado em "Walt Whitman Is Reborn".

encarnou o espírito do trabalhador americano, o que torna a cidade uma casa receptiva às palavras de um poeta como Walt Whitman. Mas esse espírito de uma ética inabalável de trabalho americana desde há muito que tem sido substituído por vitrines vazias e casas incendiadas, contenciosos políticos de pequenas cidades e uma sensação de abandono. (...) É óbvio que a Levi's espera que essa alteração de estratégia dê uma sensação de sinceridade à sua campanha publicitária. O que pode muito bem acontecer. Afinal, é um gesto bonito da parte da Levi's — seja ou não motivado pelas RP — investir um milhão de dólares durante mais de dois anos em Braddock.*

As campanhas publicitárias de 2010 da Levi's e da Chrysler funcionaram não apenas para reconstruir a marca das suas empresas em dificuldades, mas, mais genericamente, para a marca da própria crise econômica global. Já aqui vimos que a crise econômica de 2008 foi acerca de muitas coisas, uma delas a falência das marcas. O trabalho com que se debatiam as grandes empresas, no rescaldo da crise, não era apenas o de tentar reconquistar a confiança dos consumidores em automóveis ou jeans. Ele tornou-se, de uma forma muito mais importante, a restauração da confiança nas marcas, no mercado e, na verdade, no próprio capitalismo neoliberal. Que melhor forma para os Estados Unidos restabelecerem a confiança dos consumidores do que posicionar a crise como uma marca: uma marca sobre a América, sobre os cidadãos-consumidores, sobre o inevitável triunfo do capitalismo? Na cultura contemporânea das marcas, *branders* e *marketers* investem no estabelecimento de uma relação afetiva "autêntica" entre produtos e consumidores. No ambiente atual do pós-crise econômica global de 2008, o "produto" mais importante, nessa relação, é o próprio capitalismo.

---

* Matthew Newton, "Levi's Attempts to Salvage 'Go Forth' Campaign with Sincerity".

Referências bibliográficas

ADVERTISING AGE, "Chrysler to Run Two-Minute SuperBowl Commercial", 2/2/2011.

BANET-WEISER, Sarah. *Authentic:* The Politics of Ambivalence in a Brand Culture. Nova York: New York University Press, 2012.

BROWN, Wendy. *Politics Out of History.* Princeton and Oxford: PrincetonUniversity Press, 2001.

BUREAU OF LABOR STATISTICS. *Civilian Labor Force and Unemployment by State and Metropolitan Area.* Washington: US Department of Labor, 2011.

CASTELLS, Manuel. *O poder da comunicação.* São Paulo: Paz e Terra, no prelo.

CHRYSLER GROUP LLC. "Quarterly Profit Reports", 2011, disponível em: http://www.chryslergroupllc.com (acesso em 7/7/2011).

CORRUPT AUTHORITY. "Businessman Latest to Plead Guilty in Detroit City Hall Corruption Scandal", 24/12/2010, disponível em: http://www.corruptauthority.com (acesso em 7/7/2011).

COULDRY, Nick. *Why Voice Matters*: Culture and Politics after Neoliberalism. Londres: Sage Publications, 2010.

DAYAN, Daniel; KATZ, Elihu. *Media Events*: The Live Broadcasting of History. Cambridge: Harvard University Press, 1994.

DETROIT FREE PRESS. "Detroit is Poorest Big City in US", 27/8/2008, disponível em: http://www.freep.com/article/20080827/NEWS06/808270343/Detroit-is-poorest-big-city-in-U.S. (acesso em 1/7/2010).

DUGGAN, Lisa. *The Twilight of Equality?* Neoliberalism, Cultural Politics, and the Attack on Democracy. Boston: Beacon Press, 2003.

EWEN, Stuart. *Captains of Consciousness:* Advertising and the Social Roots of the Consumer Culture. Nova York: Basic Books, 2001.

FLINT, Jerry. "Bailing out Detroit's Bailout Plans". *Forbes,* 2/1/2009.

FOSTER, Peter. "No End to Capitalism". *Financial Post,* 18/9/2009.

FOUCAULT, Michel. *O nascimento da biopolítica*. São Paulo: Martins Fontes, 2004.

FRANK, Thomas. *The Conquest of Cool*: Business Culture, Counterculture, and the Rise of Hip Consumerism. Chicago: University of Chicago Press, 1998.

FREIRE, J.P. "Chrysler Releases $9M Super Bowl Ad while Requesting More Taxpayer Dollars". *Washington Examiner*, 7/2/2011.

GILMORE, Ruth Wilson. *Golden Gulag*: Prisons, Surplus, Crisis, and Opposition in Globalizing California. Berkeley e Los Angeles: University of California Press, 2007.

GOLDMAN, Robert; PAPSON, Stephen. *Sign Wars*: the Cluttered Landscape of Advertising. Nova York: Guilford Press, 1996.

HARVEY, David. *O neoliberalismo:* história e implicações. São Paulo: Loyola, 2005.

HEATH, Stephen; POTTER, Andrew. *Nation of Rebels*: Why Counterculture Became Consumer Culture. Nova York: Harper, 2004.

ILLOUZ, Eva. *O amor nos tempos do capitalismo*. Rio de Janeiro: Zahar ed., 2011.

_____. *Oprah Winfrey and the Glamour of Misery:* An Essay on Popular Culture. Nova York: Columbia University Press, 2003.

KIEFABER, David. "Walt Whitman is Reborn. To Sell Jeans". *Adweek*, 6/7/2009, disponível em: http://www.adweek.com/adfreak/walt-whitman-reborn-sell-blue-jeans-13954 (acesso em 1/7/2011).

KILEY, David. "The Inside Story: Chrysler's Risky Eminem Super Bowl Commercial", 8/2/2011, disponível em: http://autos.aol.com/article/chrysler-eminem-super-bowl-ad/ (acesso em 15/7/2011).

KLEIN, Naomi. *No Logo:* No Space, No Choice, No Jobs. Nova York: Picador, 2000.

LEARS, T.J. *No Place of Grace*: Antimodernism and the Transformation of American Culture, 1880-1920. Chicago: University of Chicago Press, 1981.

LEDUFF, Charlie. "What Killed Aiyana Stanley-Jones?". *Mother Jones*, oct.-nov./2010.

LEVI STRAUSS AND CO. "We Are All Workers," 24/6/2010, disponível em: http://www.levistrauss.com/news/press-releases/

levis-proclaims-we-are-all-workers-launch-latest-go-forthmarketing-campaign (acesso em 1/7/2010).

LIPSITZ, George. *The Possessive Investment in Whiteness*: How White People Profit from Whiteness. Filadélfia: Temple University Press, 2006.

LITTLER, Jo. *Radical Consumption*: Shopping for Change in Contemporary Culture. Maidenhead: Open University Press, 2008.

LURY, Celia. *Brands*: The Logos of the Global Economy. Londres e Nova York: Routledge, 2004.

MUKHERJEE, Roopali; BANET-WEISER, Sarah (org.). *Commodity Activism:* Cultural Resistance in Neoliberal Times. Nova York: New York University Press, 2012.

NEWTON, Matthew. "Levi's Attempts to Salvage 'Go Forth' Campaign with Sincerity," 24/6/2010, disponível em: http://www.trueslant.com (acesso em 1/7/2011).

OFFICIAL US PRESIDENTIAL CAMPAIGN ADVERTISEMENT FOR THE REPUBLICAN PARTY OF THE UNITED STATES OF AMERICA. "Prouder, Better, Stronger", 1984.

ONG, Aihwa. *Neoliberalism as Exception*: Mutations in Citizenship and Sovereignty. Durham e Londres: Duke University Press, 2006.

SCHUDSON, Michael. *Advertising, the Uneasy Persuasion*: Its Dubious Impact on American Society. Nova York: Basic Books, 1986.

SMITH, Christopher Holmes. "We Have Armageddon! Media Ritual, Moral Panic, and Market Meltdown." Annenberg Research Seminar, Annenberg School for Communication and Journalism, University of Southern California, Los Angeles, Califórnia, 29/8/2011.

SPENCE, Lester. "From the DOGG to Eminem: Chrysler Then and Now", 2001, disponível em: http://www.lesterspence.com (acesso em 15/3/2011).

STEVENSON, Seth. "Levi's Commercials, now starring Walt Whitman". *AdWeek*, 26/10/2009.

STURKEN, Marita; CARTWRIGHT, Lisa. *Practices of Looking*: An Introduction to Visual Culture. 2ª ed. Oxford: Oxford University Press, 2009.

SUGRUE, Thomas J. *The Origins of the Urban Crisis*: Race and Inequality in Postwar Detroit. Princeton: Princeton University Press, 1996.

WEINSTEIN, Adam. "Chrysler's Deplorable 'Detroit' SuperBowl Ad". *Mother Jones*, 7/2/2011.
WHITMAN, Walt. "Pioneers! O Pioneers", in *Leaves of Grass, 1871-72*. Nova York: J.S. Redfield, 1872.
_____. "America", in *Leaves of Grass, 1891-92*. Boston: James R. Osgood, 1892.
WILLIAMS, Corey. "Detroit Schools Struggle to Solve Budget Woes", 20/3/2011, disponível em: http://www.msnbc.msn.com/id/42179951/ns/us_news-life/t/detroit-schools-struggle-solve-huge-budget-woes/ (acesso em 1/7/2010).
WILLIAMS, Raymond. *The Long Revolution*. Ontario: Broadview Press, 1961.
WILLIAMS, Rosalind. *Dream Worlds*: Mass Consumption in Late Nineteenth Century France. Berkeley e Los Angeles: University of California Press, 1991.
ZELIZER, Viviana. *Economic Lives*: How Culture Shapes the Economy. Princeton: Princeton University Press, 2011.

6
NO NACIONALISMO NÓS CONFIAMOS?

Terhi Rantanen

> No que diz respeito ao imaginário popular, uma das formas usadas para a moldar tem sido a reinstalação da narrativa "negócios como de costume" o mais depressa possível. Esse é um dos predicados num cenário de "medo e insegurança" — insegurança econômica em particular, que está reforçando a nova categoria de "público com os nervos em risco". (...) A principal tarefa é reassegurar a estabilidade do sistema financeiro, estimular novamente um *boom* do consumo ("mantendo a procura agregada"), recapitalizar os bancos para que eles possam restabelecer a circulação do crédito e, com essa esperança, reestimular o mercado imobiliário.*

APESAR DA SUA "MAGNITUDE", a Grande Recessão que teve início em 2008 foi inteiramente global apenas até certo ponto — não tem sido, e continua a não ser, uniformemente vivenciada em diferentes áreas do mundo. Países que praticam o capitalismo de Estado,** especialmente na Ásia, foram, na realidade, menos afetados. Contudo, a crise tem sido, e continua a ser, sem dúvida, transnacional, afetando muitos Estados-nação, incluindo os Estados Unidos e vários países europeus. A crise atingiu e continua a atingir não apenas países, instituições e pessoas, como a ideia ocidental de mercado livre, sem a interferência dos governos.

A crise tem e continua a consistir em diferentes elementos que coexistem e se sobrepõem. No início, incluiu uma crise do crédito, que se propagou a partir dos Estados Unidos para influenciar o se-

---

* G. Thompson, "What's in the frame? How the financial crisis is being packaged for public consumption", p.521.
** I. Bremmer, *End of the Free Market*: Who Wins the War Between States and Corporations?

tor bancário na Europa e noutros lugares. Além disso, resultou em resgates feitos pelos governos aos bancos e até em nacionalizações de vários bancos. O Reino Unido, por exemplo, gastará entre 8% e 13% do PIB para resgatar os seus bancos nos próximos anos.* A crise também afetou o mercado imobiliário, especialmente nos Estados Unidos, mas também no Reino Unido, na Espanha e na Irlanda, onde o valor da propriedade caiu 50%.** A Grande Recessão contribuiu para o fracasso de empresas-chave, para a diminuição do consumo e para um aumento acentuado do desemprego. Na União Europeia, conduziu a uma situação em que as economias nacionais da Grécia, Irlanda e de Portugal precisaram de recorrer a resgates a partir dos esforços conjuntos da UE e do FMI e a questionar a viabilidade do euro. A crise afetou e continua a afetar Estados-nação, nas suas tentativas de prestar serviços essenciais aos seus cidadãos, e é cada vez mais invocada como justificativa para o enfraquecimento do Estado social. Por fim, tanto ideológica como politicamente, a crise resultou num regresso ao nacionalismo. O nacionalismo, de acordo com Ernest Gellner, sustenta que os Estados e as nações estavam destinados uns aos outros, que um sem o outro seria algo incompleto e constituiria uma tragédia.*** Na Grande Recessão, depressa se tornou claro que nenhum Estado-nação podia atualmente controlar sozinho a sua economia nacional. Contudo, ao mesmo tempo que as pessoas começaram a desconfiar das instituições, incluindo os Estados-nação, a sua confiança nas nações parecia manter-se estável.

Como analisar esta crise, que tem sido descrita como a primeira da globalização? É possível que as organizações nacionais e internacionais existentes (incluindo a UE e o FMI) resgatem a economia global de hoje? Como lembra Ulrich Beck,**** a maioria das instituições ainda apela à legitimidade nacional. Quando o conceito de globalização foi introduzido pela primeira vez, no início dos anos 1990, foi frequentemente definido, de uma forma otimista, como o início de uma nova

---

* G. Tett, *O ouro dos tolos*.
** R. Boyes, *Meltdown Iceland. Lessons on the World Financial Crisis from a Small Bankrupt Island*, p.214.
*** E. Gellner, *Nations and Nationalism*, p.1.
**** Ulrich Beck, *Cosmopolitan Europe*, p.153.

era que podia ser identificada por uma conectividade cada vez maior, com o potencial de levar a "um só mundo". No entanto, com o surgimento da primeira crise econômica global, as teorias da globalização foram postas em causa. Qual a sua contribuição para nos ajudar a compreender o que está acontecendo num mundo em que as pessoas partilham cada vez mais, ainda que não o queiram necessariamente?

Após a introdução do conceito de globalização, aqui definido como um processo no qual "as relações econômicas, políticas, culturais e sociais mundiais se tornaram cada vez mais mediadas através do espaço e do tempo",* iniciou-se uma nova discussão sobre se a globalização começou e existiu de fato ou se não trouxe nada de novo. Os principais intervenientes nesse debate foram rotulados como otimistas da globalização (os que argumentam que a globalização existe) ou de pessimistas ou céticos (os que argumentam que a globalização não existe). De acordo com muitos pessimistas, o Estado-nação permaneceu tão poderoso como sempre e as organizações nacionais e internacionais ainda eram os principais atores da política e do comércio.** Desde então, otimistas e pessimistas têm-se deslocado e, por conseguinte, modificado as suas posições originais. Em consequência, o conceito de globalização tornou-se amplamente mais aceito, mas, simultaneamente, tem também sido amplamente reconhecido que os Estados-nação não perderam a sua energia por completo. Como escreve Holton,*** ao mesmo tempo que o Estado-nação está longe do fim, há boas razões para duvidar de que os Estados mantenham o monopólio do poder dentro das políticas de globalização. Além disso, alguns dos primeiros proponentes do conceito de globalização deixaram de usar o termo inicial e começaram a usar adjetivos em vez de substantivos: "global", "cosmopolita" ou "transnacional". Alguns dos primeiros teóricos da globalização, como Appadurai,**** deram atenção às suas possíveis consequências, sublinhando disjunções entre, por exemplo, a paisagem global financeira e a paisagem global das ideias, que não caminhavam necessariamente de mãos dadas ou

---

* T. Rantanem, *Media and Globalization*, p.8.
** Ver, por exemplo, Hirst et al., 2009.
*** R.J. Holton, *Globalization and the Nation-State*, p.107.
**** A. Appadurai, "Disjuncture and difference in the global culture economy".

produziam mudanças simultâneas (e talvez positivas). No entanto, no seguimento de uma crise financeira global, o sucesso de movimentos populistas da extrema-direita em muitos países europeus tem sido um resultado surpreendente das mudanças na paisagem europeia das ideias. Muitos desses movimentos, embora de aparência antissistema, são também anti-imigrantes e antieuropeus e oferecem soluções mais nacionalistas para os problemas econômicos globais. O partido finlandês da direita populista, os "Verdadeiros Finlandeses", que se tornou o terceiro da Finlândia, com um sucesso esmagador nas eleições parlamentares de 2011, considera que Bruxelas é o "coração das trevas" e rejeita toda assistência financeira ao que chamam os "países desperdiçadores", como Grécia, Irlanda e Portugal. O líder do partido afirma "fomos brandos demais com a Europa" e a "Finlândia não deve ser obrigada a pagar pelos erros dos outros".* O retorno ao nacionalismo como uma possível consequência da globalização tem recebido muito menos atenção e tem sido principalmente discutido em relação a sociedades não ocidentais, como a Rússia** ou a China.***

O outro fator ausente no início do debate sobre a globalização foi o do papel da mídia e das comunicações. Embora os estudiosos da mídia estivessem atrasados para participar no debate inicial, estavam tão divididos como os participantes anteriores. Céticos em relação à globalização da mídia, argumentavam que essa globalização não existia como conceito porque era apenas mais uma palavra para o imperialismo da mídia ou porque não havia meios verdadeiramente globais.**** Outros argumentavam que havia de fato algo novo que não podia ser reduzido por completo aos sistemas de comunicação ou audiências nacionais e que não haveria globalização sem a mídia, especialmente sem a nova mídia. Desde as fases iniciais do debate, tornou-se cada vez mais evidente que mídia e comunicações — sejam globais, nacionais ou locais — desempenham um papel significativo

---

* Matthew Newton, "Levi's Attempts to Salvage 'Go Forth' Campaign with Sincerity", trueslant.com, acesso em 5/2011.

** T. Rantanen, *The Global and the National*: Media and Communications in Post-communist Russia.

*** H. Zhang, "The Globalisation of Chinese Television: Internationalisation, transnationalisation and re-nationalisation".

**** Ver, por exemplo, C. Sparks, "What's wrong with globalization?"

numa segunda modernidade, na qual as relações sociais se tornaram cada vez mais mediadas, para lá das fronteiras nacionais. Ao mesmo tempo, os "otimistas" tiveram de reconhecer que a maioria das instituições da mídia ainda opera num quadro nacional, mesmo que sua propriedade e seu público — e, claro, os acontecimentos — sejam cada vez mais transnacionais.

A questão tratada neste capítulo não é nova. Já foi formulada por Anthony Giddens: "O que fazemos com as consequências da globalização?"* Nesse caso, o que fazemos com a globalização econômica? O que acontece quando falha uma economia global? O que as pessoas aprendem com isso? Qual é o papel da mídia? Como as pessoas reagem? Apresentarei uma análise da desconstrução de confiança global após a crise financeira global em 2007. Os momentos são rotulados como (1) a perda de confiança; (2) a busca de responsáveis e (3) as tentativas de reconstruir a confiança por meio do nacionalismo. Defendo a tese de que o que está em jogo é a confiança e que quando a confiança se amplia e se torna abstrata, há um retorno ao nacional. O resultado a longo prazo é uma desconfiança crescente nas instituições tradicionais, como bancos, governos e mídia, os pilares da primeira modernidade. Ao mesmo tempo, movimentos populistas de extrema-direita oferecem uma solução atraente na forma de confiança baseada num nacionalismo definido de maneira redutora.

Sociedade de risco global

Desde a Grande Recessão, temos visto cada vez mais provas de globalização, mas frequentemente, uma vez mais, em termos de uma crise global. O mundo também assistiu a outras crises inesperadas e coincidentes, como o *tsunami* no Japão em 2011. Beck** elaborou um argumento convincente de que agora vivemos numa sociedade de risco global, na qual os riscos se tornaram parte do dia a dia e nenhuma nação pode controlar os seus problemas sozinha.*** Segundo o au-

---

* Citado em T. Rantanen, *Media and Globalization*, p.18.
** U. Beck, *World at Risk*.
*** U. Beck e E. Grande, *Cosmopolitan Europe*, p.222.

tor, enfrentamos agora novos tipos de riscos, não apenas de desastres naturais, mas também de catástrofes, que são uma combinação das ações do homem e da natureza.* Nohrstedt** sugere que em vez de chamar o atual estágio de uma *sociedade de risco*, deveríamos chamar de *sociedade ameaça*. Bauman*** escreve sobre o medo, "o nome que damos à nossa incerteza, à nossa ignorância da ameaça e do que está para ser feito — o que pode e o que não pode — a fim de evitá-lo ou de combatê-lo, se o primeiro está para além das nossas possibilidades". Como resultado, podemos argumentar que não apenas o sentido de risco aumentou, mas também a percepção de ameaça, muitas vezes seguida de medo, porque esse último se tornou cada vez mais mediatizado: não experimentado diretamente, mas por meio da mídia.

As crises na segunda modernidade são também cada vez mais globais. O *tsunami* não atinge apenas a costa do Japão, atinge uma central nuclear que, em seguida, liberta materiais radioativos que afetam áreas além do Japão. As centrais nucleares deveriam ser uma das "grandes conquistas" da segunda modernidade e oferecer soluções "científicas" e "racionais" para problemas de grande escala, tais como o fornecimento de eletricidade barata para todos. Cada vez mais vemos os "velhos riscos" transformados em "novos riscos", que envolvem um inesperado elemento "humano" que intervém ao lado das forças da natureza.

A noção de Beck da sociedade de risco global é importante porque cada vez mais as crises afetam as pessoas não apenas "ali" ou "aqui", mas também aqui e ali simultaneamente. O *tsunami* no Japão afetou-nos não só porque muitos cidadãos de outros países estavam de fato no Japão naquela época, mas também porque todos puderam se identificar com o risco e reconhecer as instituições que haviam sido danificadas, especialmente as de produção de energia nuclear. Reconhecemos a vulnerabilidade das instituições que representam tipicamente a segunda modernidade, do "progresso da humanidade", das quais aprendemos a duvidar cada vez mais, se não nos opormos a elas ativamente. "Apenas 48 horas para evitar outra Chernobyl. Britânicos

---

* U. Beck, *World at Risk*, p.19.
** S.A. Nohrstedt, "Threat Society and the Media", p.24.
*** Bauman, 2006, p.2.

aconselhados a deixar Tóquio", gritou a primeira página do *Daily Telegraph* em 17 de março de 2011. Os espectadores da mídia em todo o mundo tornaram-se plenamente conscientes das consequências imprevisíveis do *tsunami* quando foram atingidas as centrais nucleares. "Americanos em pânico correm para comprar drogas antirradiação", informou o *Daily Mail*, de Londres, no mesmo dia. Quando a mídia "nacionalizou" desastres naturais, convocou um momento cosmopolita* e a compaixão pelas vítimas — apesar de geograficamente distantes.

Ao contrário dos desastres naturais, que convocam a assistência de organizações de resgate globais e ONGs como a Cruz Vermelha, a crise econômica global acabou por ser um acontecimento perante o qual as equipes de resgate estavam bastante relutantes e se mostravam pouco numerosas. Ainda mais importante, era mais difícil convencer o público de que essa crise financeira "aconteceu" da mesma forma que acontecem os desastres e que ninguém foi responsável. A procura de responsabilidade organizacional e individual começou quase simultaneamente com a cobertura da mídia. As reações a uma crise econômica global diferem significativamente das de um desastre natural, no qual as pessoas afetadas são muitas vezes vistas como vítimas que precisam de compaixão e da ajuda de outras pessoas.** O que numa crise econômica põe os povos uns contra os outros e os leva a aceitar a responsabilidade somente para os seus concidadãos, excluindo os imigrantes? Eu diria que o conceito que falta na sociedade de risco global é o da confiança, que se tornou demasiadamente abstrata.

Confiança abstrata

Houve tempos em que pode ter existido uma coisa tão simples como a confiança, exercida principalmente entre os indivíduos e grupos. Fukuyama*** define confiança como a expectativa de um comporta-

---

* U. Beck, *World at Risk*, p.56-57.
** M. Kyriakidou, "Media coverage of distant suffering and the mediation of cosmopolitanism: Audience discourses of distant disasters in Greece".
*** F. Fukuyama, *Trust. The Social Virtues and the Creation of Prosperity*, p.26.

mento regular, honesto e cooperativo, baseado em normas partilhadas que surgem dentro de uma comunidade. Coleman afirma que a confiança só pode ser produzida em pequenas comunidades informais, fechadas e homogêneas, que são capazes de reforçar as sanções normativas.* Simmel** escreve que, sem a confiança geral que as pessoas têm umas nas outras, a própria *sociedade* se desintegraria, porque muito poucos relacionamentos são baseados inteiramente naquilo que se sabe com certeza sobre outra pessoa e as muito poucas relações resistem se a confiança não é tão ou mais forte do que a prova racional ou a observação pessoal. Assim, as palavras "confiança" e "fé" não parecem estar completamente desconectadas. Até mesmo a palavra de raiz latina *crēdĕre* inclui confiança e crença,*** apesar de a primeira parecer ser mais baseada na racionalidade do que na crença inquestionável.

A confiança, de fato, tornou-se agora uma palavra complicada e está intimamente relacionada com o risco, especialmente quando estendida às instituições. Contudo, Luhmann**** argumenta que a ordem social já não é baseada na confiança pessoal, como nas pequenas comunidades, mas que as sociedades modernas são caracterizadas pela crescente importância da confiança no *sistema*; que é construída sobre a crença de que outros também confiam nessas instituições, em vez de ser construída sobre um sentimento de familiaridade que cria solidariedade.***** Essa confiança coletiva nas instituições é mais baseada num contrato entre um indivíduo e uma instituição, muitas vezes — mas nem sempre — escrito. O'Neill****** chama a isso *consentimento expresso* entre duas partes, no qual as expectativas estão documentadas. O que está se tornando tão ou mais importante do que isso é a confiança em *sistemas abstratos*, em vez da confiança pessoal, baseada em relaçõesinterpessoaisemcomunidades.******* DeacordocomLuhmann,********

---

* J.S. Coleman, *Foundations of Social Theory*, citado em B.A. Misztal, *Trust in Modern Societies*, p.80.
** G. Simmel, *The Philosophy of Money*, p.178-179.
*** OED on-line: http://www.oed.com (acesso em 01/072011).
**** N. Luhmann, *Trust and Power*.
***** B.A. Misztal, *Trust in Modern Societies*, p.74-75.
****** N. O'Neill, *A Question of Trust*, p.85.
******* A. Giddens, *As consequências da modernidade*, p.82.
******** N. Luhmann, *Trust and Power*, p.26.

a confiança continua a ser um empreendimento arriscado. Em outras palavras, sempre que confiamos, também assumimos o risco ou o medo de perder a confiança.

Para Giddens, a confiança é atribuída a sistemas abstratos (ou partes desses) por meio da extração das relações sociais de contextos locais de interação e da sua reestruturação por meio de extensões indefinidas de tempo-espaço.* Giddens escreve sobre dois tipos de mecanismos de extração intrinsecamente envolvidos no desenvolvimento das instituições sociais modernas. O primeiro é a criação de garantias simbólicas (ou seja, dinheiro) e o segundo é o estabelecimento de sistemas periciais. Giddens** define o dinheiro como abstrato, como uma forma de diferimento, proporcionando os meios de conectar crédito e compromisso em circunstâncias em que a troca imediata dos produtos é impossível. Com sistemas periciais, Giddens refere-se à "realização técnica ou prática profissional", para além do conhecimento ou alcance da maioria das pessoas. Tanto o sistema de dinheiro como o especialista removem as relações sociais das imediações do contexto e promovem o distanciamento tempo-espaço.***

Quando a confiança se estendeu às instituições, veio a ser exercida entre as pessoas comuns e os *representantes dessas instituições*, como na vida política, na qual supõe-se que um partido represente os interesses coletivos dos seus membros e eleitores, que, assim, confiam nos seus eleitos para representar esses interesses. Da mesma forma, um gestor bancário representa os interesses do banco, mas também atua como um mediador entre o banco e seus clientes. Se, e quando, um gestor bancário oferece um empréstimo ao cliente, é feito um contrato quando ambas as partes acordarem as suas obrigações. Como resultado, existe um contrato social expresso entre o banco e o cliente. Há sempre o risco, como em qualquer contrato social, de que uma parte não cumpra, mas as instituições estabelecidas, como os bancos, fazem o seu melhor para convencer os seus clientes de que são confiáveis.

---

* B.A. Misztal, *Trust in Modern Societies*, p.89, 90; A. Giddens, *As consequências da modernidade*, p.21, 22.
** A. Giddens, *idem*.
*** Ibidem, p.27, 28.

Shapiro* é um dos poucos sociólogos que abordam a questão da mídia em relação à confiança. Por um lado, argumenta, as organizações e os indivíduos precisam da sua própria captação de informação, mas, por outro, dependem cada vez mais das *representações* da comunicação social, especialmente em relação aos acontecimentos que têm lugar fora do seu alcance físico. Dessa forma, os meios de comunicação social agem da mesma forma em representação de outros, como, por exemplo, os bancos. O problema é que todas essas instituições representativas estão ligadas umas às outras e dependem umas das outras para a captação de informações. Os meios de comunicação precisam de informações sobre o sistema bancário, mas, simultaneamente, o sistema bancário precisa de informações sobre política. Os políticos precisam de informações sobre o sistema bancário e baseiam-se principalmente na mídia para as obter, mas a mídia também precisa dessa informação para preencher espaço em jornais e tempo em rádio e TV. Estão todos dependentes uns dos outros e alimentam-se uns aos outros. Todos precisam convencer as pessoas de que são confiáveis e valem o seu voto, dinheiro ou assinaturas. Não há uma crise financeira sem uma crise na política ou na comunicação social, uma vez que todos estão interligados. O que há é uma espiral de confiança que tanto pode ser ascendente, criando ou mantendo a confiança, ou descendente, de perda de confiança, conduzindo à total desconfiança e ao medo.

Misztal** argumenta que podemos ver conexões claras entre memória coletiva e confiança. De acordo com a autora, a memória coletiva só pode resistir se assentar na nacional, étnica ou de outro tipo de mito, permanecendo à margem da desconfiança não razoável em relação aos outros e permitindo um novo futuro de cooperação com base em "perdoar sem esquecer". Misztal*** cita Keane,**** que sugeriu que uma memória democrática ativa reconhece que o desenvolvimento de perspectivas novas e estimulantes sobre o presente depende de críticas que nos lembram do que estamos em perigo de esquecer. De-

---
* S. Shapiro, "The Social Control of Impersonal Trust", p.627.
** B.A. Misztal, *Trust in Modern Societies*, p.143.
*** Ibidem, p.146.
**** J. Keane, *Civil Society and the State*.

fenderia ainda a tese de que a memória democrática também precisa esquecer, mas é incapaz de fazê-lo por causa da mídia, que enquadra cada acontecimento novo com um anterior e utiliza principalmente uma visão nacional. Para Entman,*

> enquadrar é selecionar alguns aspectos de uma realidade percebida e torná-los mais relevantes num texto de comunicação, de tal forma que promove (1) uma definição particular do problema, (2) uma interpretação causal, (3) uma avaliação moral e/ou (4) uma recomendação de tratamento para o assunto descrito.

Eu diria que, ao passo que dinheiro e especialistas foram significativos para a primeira modernidade, a última fase da segunda modernidade assiste a três fenômenos novos: (1) globalização, (2) crédito (incluindo cartões, que cada vez mais substituem o dinheiro "real") e (3) a midiatização das sociedades, ou seja, o papel desempenhado pela importância cada vez maior dos meios de comunicação. Tudo isso contribui para a desagregação das relações sociais e para a mudança da natureza da confiança contemporânea, que tem de ser estendida além das fronteiras nacionais às instituições que estão mais distantes do que nunca.

Dinheiro, bancos e (des)confiança

Na memória coletiva de gerações de pessoas comuns, o sistema bancário moderno é um fenômeno relativamente novo e alguns ainda se lembram do tempo em que os salários lhes eram pagos em dinheiro, num envelope pardo. Ainda hoje, 30 milhões de pessoas — ou 7% dos adultos — nos 27 países da UE não têm uma conta bancária. O número de adultos que não são titulares de contas é particularmente elevado nos novos Estados da UE, como a Bulgária e a Romênia, onde apenas metade dos cidadãos tem uma conta. Um dos principais obstáculos à abertura de uma conta bancária é não ter um comprovante de residência, o que afeta não apenas os sem-teto, mas também estagiários ou trabalhadores migrantes que se mudam para um estado

---

* R.M. Entman, "Framing: Toward Clarification of a Fractured Paradigm", p.52.

diferente por um período curto de tempo.* As pessoas que têm contas bancárias ainda se lembram do tempo em que tinham "cadernetas de poupança" e "cofrinhos", que receberam desde cedo como uma lição sobre como poupar, não viver acima das possibilidades e não comprar coisas a crédito. Se, e quando, recebiam um empréstimo bancário (ou de uma empresa de crédito imobiliário), entravam em acordo com o gerente do banco local e os pagamentos eram cuidadosamente monitorados. A relação era baseada no respeito, na confiança e até mesmo no medo, pelo menos do ponto de vista do cliente. Bancos e moeda eram instituições nacionais e a ideia de abrir uma conta num banco estrangeiro era quase inimaginável. Os bancos também eram uma fonte de orgulho nacional, assim como outras "grandes" instituições da primeira modernidade que eram vistas como símbolos nacionais de Estados-nação independentes.

As pessoas comuns sabem que os bancos servem para ganhar dinheiro, mas ao mesmo tempo confiam em que recuperarão as suas poupanças quando precisarem delas, possivelmente com juros, apesar de a taxa poder variar. Quando confiam o seu dinheiro a um banco, a maioria das pessoas entende que esse dinheiro não é realmente mantido naquele banco, mas investido de maneira sensata, que garante a sua recuperação. A maioria das pessoas comuns não entende o conceito de bancos de investimento, o "sistema sombra",** no qual os banqueiros que estão "confortáveis com os riscos"*** "apostam com o dinheiro de outros — não o próprio",**** sem "medo"***** ou "que os bancos e os credores hipotecários têm uma estreita relação simbiótica"****** e que esses últimos têm alcançado uma riqueza inimaginável. A maioria das pessoas não conhecia derivados ou fundos de retorno absoluto antes da crise e ainda não sabe o que esses termos signifi-

---

* "UE pede aos Estados para dar acesso aos cidadãos a contas bancárias independentemente da residência ou do rendimento".
** R. Lowenstein, *The End of Wall Street*, p.57.
*** R.A. Posner, *A Failure of Capitalism*. The Crisis of '08 and the Descent into Depression, p.323.
**** J. Austers, *The Fearful Rise of Markets*: A Short View of Global Bubbles and Synchronised Meltdowns, p.73.
***** R. Lowenstein, *The End of Wall Street*, p.79.
****** M. Taibbi, *Griftopia*: Bubble Machines, Vampire Squids, and the Long Con That is Breaking America, p.84.

cam, embora desde o início dos anos 1990 os banqueiros tenham respondido às baixas das taxas de juros com produtos mais complexos, alavancados em produtos derivados, e desenvolvido derivados de crédito.*

Mas mesmo o dinheiro tornou-se agora desnacionalizado e muito mais abstrato. Perdeu a sua conexão anterior com qualquer metal valioso, uma vez que todos os países industrializados abandonaram a pretensão de que sua moeda está vinculada ao ouro, prata ou qualquer outra coisa de valor intrínseco. Como Evans e Schmalensee** escrevem,

> a introdução do euro em 2002 reforçou a questão de que a "fé" é suficiente, uma vez que não se pode converter o euro em ouro ou prata e tem de se confiar num grupo ainda vagamente conectado de países que frequentemente entram em conflito para manter o seu valor.

A confiança no dinheiro e nos bancos é cada vez mais abstrata, mas também mais prolongada e mediada. A introdução do "dinheiro de plástico" e dos cartões de crédito também resultou num maior distanciamento entre as pessoas e o dinheiro. As pessoas foram cada vez mais encorajadas a viver em dívida.*** Estudos mostram que o uso dos cartões de crédito se destina ao financiamento de muitas das necessidades básicas. Um número crescente de pessoas usa o crédito para financiar despesas de saúde, alimentícias e outras necessidades e pagam altas taxas de juros sobre esses créditos, que os podem afundar em dívidas.**** Já não há um gestor bancário individual, os empréstimos são cada vez mais aplicados on-line e o ponto de referência de uma agência bancária é uma máquina de dinheiro que é talvez menos intimidante, mas também carece de flexibilidade humana.

A globalização abriu novos mercados aos bancos. Como resultado, para muitas pessoas, o seu banco "local" deixou de ser local ou mesmo nacional e passou a estar localizado noutro país. Cada vez mais

---

* G. Tett, *O ouro dos tolos*.
** D.S. Evans e R. Schmalensee, *Paying with Plastic*: the Digital Revolution in Buying and Borrowing, p.29.
*** K. Gates, "The Securitization of Financial Identity and the Expansion of the Consumer Credit Industry", p.426.
**** Ibidem.

as pessoas também desconhecem a forma como as instituições locais e nacionais em que costumavam confiar investem seu dinheiro. Por exemplo, no Reino Unido, a Universidade de Oxford depositou £30 milhões em bancos islandeses. A Polícia Metropolitana investiu £30 milhões, a Transport for London £40 milhões, a Universidade de Cambridge £11 milhões, a Liga Nacional para a Proteção de Gatos £11,2 milhões e 116 governos locais £858 milhões em bancos islandeses.*

As hipotecas também se tornaram mais acessíveis, mesmo para pessoas para as quais o nível de rendimentos tornava os reembolsos difíceis. O que as pessoas comuns não sabiam era que durante anos os bancos usavam a securitização de hipotecas, na qual um conjunto de todos os tipos de hipotecas é combinado e reembalado em títulos que resultavam num novo produto financeiro que os investidores vendiam depois a empresas e governos. Isso permitiu aos bancos manter os empréstimos em níveis que não poderiam no passado e continuar a aliciar as pessoas a comprar propriedades que não podiam pagar.** No Reino Unido, por exemplo, até o final de 2007, os bancos tinham vendido 50% das hipotecas em circulação em veículos de securitização.*** O Northern Rock, o quinto maior credor britânico, foi, há tempos, muito considerado pela sociedade de Newcastle, onde nasceu, devido ao forte compromisso com a comunidade local,**** mas foi o primeiro credor britânico a abraçar plenamente a securitização de hipotecas***** e, em 2007, menos de 25% do financiamento do Northern Rock veio de depósitos e pagamentos de hipotecas. O resto surgia pela securitização.******

Securitização é frequentemente considerada como uma das principais causas da crise de crédito, seguida de uma diminuição dos preços imobiliários. Como Gates observa,******* também equivale a uma

---

* R. Boyes, *Meltdown Iceland*: Lessons on the World Financial Crisis from a Small Bankrupt Island, p.127.
** C. Gasparino, *The Sellout*: How Three Decades of Wall Street Greed and Government Mismanagement Destroyed the Global Financial System, p.18, 157, 241.
*** G. Brown, *Beyond the Crash*: Overcoming the First Crisis of Globalization, p.3.
**** V. Cable, *The Storm*: The World Economic Crisis & What It Means?, p.10.
***** G. Brown, *Beyond the Crash*: Overcoming the First Crisis of Globalization, p.23.
****** Ibidem, p.24; G. Tett, *O ouro dos tolos*, Parte II.
******* K. Gates, "The Securitization of Financial Identity and the Expansion of the Consumer Credit Industry", p.83.

forma de desorçamentação da dívida, retirando-a dos balanços de instituições específicas e agregando-a a outras dívidas, que por sua vez podem ser vendidas num mercado secundário. Cable* escreve que o crescimento de hipotecas em segunda mão sobre empréstimos pessoais e a securitização de hipotecas significaram um enfraquecimento do setor bancário baseado em relações pessoais com os gerentes dos bancos. Agora, muitas vezes, uma inadimplência dos pagamentos aciona automaticamente uma ação em tribunal, o primeiro passo no caminho para a recuperação da posse.** Nos Estados Unidos, em 2009, um inquérito do *Consumidor Reports* comentou que apenas 54% dos inquiridos pagaram todos os meses as prestações dos seus cartões de crédito, enquanto os restantes 46% acumulavam saldos devedores de mês para mês. Essas pessoas, que tinham dívidas de mais de US$ 10 mil e que são o grupo mais rentável para os emissores de cartões de crédito, não eram, na sua maioria, consumidores compulsivos irresponsáveis, mas os membros comuns da classe média.***

Desconfiar de um banco envolve um descrédito na fonte de confiança nas suas operações. As pessoas, claro, podem mudar de banco, mas os sistemas bancários operaram de forma semelhante através das fronteiras e estão ligados e dependentes uns dos outros. Os clientes têm deles uma ideia de sistemas bastante abstratos com leis próprias, que as pessoas não compreendem completamente. Em consequência, as crises financeiras parecem surgir como uma surpresa completa, como erupções vulcânicas e *tsunamis*, já que é muito difícil reconhecer os sinais de alerta se não forem tornados públicos com antecedência.

A MÍDIA

Os meios de comunicação tradicionais gostam de se apresentar como "especialistas", que informam o público sobre as operações das ins-

---

* V. Cable, *The Storm. The World Economic Crisis & What It Means?*, p.19.
** Ibidem.
*** K. Gates, "The Securitization of Financial Identity and the Expansion of the Consumer Credit Industry", p.426.

tituições que consideram importantes. Podem ser vistos como mediadores entre essas instituições e reclamam a sua importância em relação aos últimos por examinar criticamente as operações dos primeiros. No entanto, os meios de comunicação, como outras instituições tradicionais, são profundamente nacionais. A imprensa e a radiodifusão eram "filhas do Estado-nação moderno, sempre foram essencialmente nacionais, voltadas para a comunidade nacional".*

Em relação à Grande Recessão, a primeira pergunta a ser feita é se os meios de comunicação social realmente relataram os sinais sobre os desenvolvimentos da crise. O jornalista John Authers, do *Financial Times*, escreve no seu livro que foi em março de 2007 (após a "Surpresa de Xangai", quando uma queda de 9% na Bolsa de Xangai levou a um dia de turbulência em todo o mundo) que percebeu que os mercados de todo o mundo se ligavam uns aos outros num abraço apertado e mortal".** Outro jornalista, Gillian Tett (que também trabalhou para o *Financial Times*), descreve, no seu aclamado livro, como em 2005, quase por acaso, se apercebeu da atividade crescente no setor de crédito, que era sub-relatada pela comunicação social, e tentou cobri-la. No entanto, ela conclui que, antes de 2008, nem os políticos nem os jornalistas discutiam os derivados.*** Outro jornalista que fez um filme sobre a crise da dívida em 2006 foi ridicularizado como um "alarmista" ou um "pessimista fatalista".****

Assim, os meios de comunicação social parecem em grande parte não ter conseguido cobrir a evolução da crise, que só foi notícia quando se tornou uma questão governamental. Em 20 de junho de 2007, os meios de comunicação no Reino Unido relataram escrupulosamente o discurso do primeiro-ministro britânico Gordon Brown, ex-ministro da Fazenda, na Mansion House, no qual ele felicitou a *city* de Londres pelas suas capacidades de liderança e empreendedorismo e afirmou que o sucesso fora uma consequência direta das políticas

---

* S. Hjarvard, "Mediated Encounters: An Essay on the Role of Communication Media in the Creation of Trust in the 'Global Metropolis'", p.71, 72.
** J. Authers, *The Fearful Rise of Markets*: A Short View of Global Bubbles and Synchronised Meltdowns, p.1.
*** G. Tett, *O ouro dos tolos*.
**** D. Schechter, "Credit crisis: how did we miss it?", p.20.

pouco intervencionistas adotadas pelo governo trabalhista.* Segundo Brown,

> esta é uma época que a história registrará como uma nova era dourada para a *city* de Londres. (...) Nós pensamos globalmente (...) e estimular as capacidades do futuro, com antecedência, com uma regulação ligeira, um ambiente fiscal competitivo — e flexibilidade.**

Menos de três meses depois, na noite de 13 de setembro de 2007, a BBC informou, apesar de não se supor que essa informação se tornasse pública até a manhã seguinte, que o Northern Rock pedira ajuda de emergência ao Banco da Inglaterra. Em poucos minutos os clientes do banco começaram a se comunicar pelo site e retiraram o seu dinheiro, uma vez que o banco, com poucas agências, tinha apostado nas contas on-line. O site travou, causando mais pânico e medo. No dia seguinte, os clientes do Northern Rock formaram longas filas e as estações de televisão começaram a difundir imagens de clientes que esperavam pacientemente para tirar de lá o seu dinheiro, fazendo com que outros se juntassem a eles. Essas imagens espalharam-se por todo o mundo através dos meios de comunicação antigos e novos. Num dia, os depositantes do Northern Rock levantaram um £1 bilhão.*** Só então é que o acontecimento se tornou conhecido publicamente como uma crise econômica, porque os meios de comunicação tinham mostrado as filas que outras instituições não queriam que o público visse. Como Marvin King, o presidente do Banco da Inglaterra, disse numa entrevista em novembro de 2007:

---

* S. Sim, *The End of Modernity*: What the Financial and Environmental Crisis is Really Telling Us, p.95.
** R. Boyes, *Meltdown Iceland*: Lessons on the World Financial Crisis from a Small Bankrupt Island, p.188.
*** J. Authers, *The Fearful Rise of Markets*: A Short View of Global Bubbles and Synchronised Meltdowns, p.130-131; G. Brown, *Beyond the Crash*: Overcoming the First Crisis of Globalization, p.21; V. Cable, *The Storm*: The World Economic Crisis & What It Means?, p.9; S. Sim, *The End of Modernity*: What the Financial and Environmental Crisis is Really Telling Us, p.95; G. Tett, *O ouro dos tolos*.

Depois da corrida ao Northern Rock, e do impacto das imagens de televisão, tornou-se evidente que muitos dos financiadores de bancos britânicos em todo o mundo já não estavam dispostos a financiá-los (...) O que era muito difícil de prever era o impacto das imagens televisivas — enviadas para todo o mundo (...) E esse era um potencial risco sistêmico de enormes danos à estrutura do sistema bancário, porque uma série de instituições pode ter-se visto a si próprias como vítimas de pessoas que se sentiram nervosas e com dúvidas sobre se os seus depósitos estavam seguros porque tinham visto um banco em que os depositantes particulares caíram numa armadilha (...). *Quem me dera ter comunicado mais cedo do que o mês de agosto!* (grifo meu).*

Vince Cable, deputado do Partido Liberal Democrata, que mais tarde se tornou ministro destacado no governo de coligação com o Partido Conservador, escreveu:**

O Reino Unido se orgulhava de estar na vanguarda da inovação e da sofisticação financeira e havia sido *humilhado* pelo tipo de desastre normalmente experimentado nos sistemas bancários mais *primitivos*. As únicas imagens que a maioria dos britânicos tinha visto de pânicos bancários eram imagens de televisão de *babushkas* russas confusas e irritadas, empobrecidas pelos esquemas de pirâmides de vendas disfarçados de bancos no rescaldo caótico do comunismo, ou fotografias antigas em preto e branco de centro-europeus que tentavam desesperadamente forçar as portas de edifícios imponentes, mas barricados nos anos 1920. *Mas esta foi a Grã-Bretanha no século XXI!* (grifo meu).

De acordo com Gordon Brown,*** para incômodo considerável de "todos", ficou claro que alguém tinha uma vez mais divulgado informações a Robert Peston, editor de economia da BBC. Brown observou ainda que:

A maioria das pessoas assistiu com completa incredulidade às imagens exibidas nas nossas televisões, que mostraram uma corrida aos bancos,

---

* http://news.bbc.co.uk/1/shared/bsp/hi/pdfs/06_11_07_fo4_king.pdf
** V. Cable, *The Storm. The World Economic Crisis & What It Means?*, p.9.
*** Gordon Brown, *Beyond the Crash: Overcoming the First Crisis of Globalization*, p.21, 22, 56.

numa economia moderna. Eu estava em Downing Street, assistindo às longas filas à porta das agências de um banco britânico. Era como uma cena de um filme ou uma imagem de um livro de história, mas não algo que alguma vez tenha esperado ver, na minha vida ou sob o meu governo (...) Para mim, foi assustador ver uma manifestação física da fragilidade das economias modernas. *Devido à forma como a informação foi divulgada, as pessoas estavam aterrorizadas porque receavam perder tudo e a nossa principal tarefa era certificarmo-nos de que o público britânico se sentia seguro e se manteria seguro* (grifo meu).

O pânico do público pareceu parar quando o ministro da Fazenda garantiu todos os depósitos do Northern Rock, mas o Northern Rock era a primeira experiência de uma corrida aos bancos no Reino Unido em mais de 150 anos. Howard Davies e David Green[*] descrevem o fracasso do Northern Rock como "um choque desagradável para a reputação internacional do novo modelo de regulação de Londres" e a nacionalização do banco como "bastante embaraçosa para o governo trabalhista, que tinha chegado ao poder acreditando que a nacionalização já não fazia parte de sua política". Mas esse foi apenas o começo de uma crise bancária, em que se descobriu que muitos outros bancos, no Reino Unido e em vários países, tinham chegado a uma situação em que tinham, de uma forma muito substancial, mais dinheiro em empréstimos do que em ativos (£500 bilhões a mais no Reino Unido em 2007).[**]

Em setembro de 2008, nos Estados Unidos, o banco de investimento americano Lehman Brothers solicitou ajuda, e diversos bancos, fosse no Reino Unido, nos Estados Unidos, na França, na Alemanha, em Portugal, na Irlanda ou na Islândia, faliram e pediram ajuda. Um estudo realizado pelo Banco da Inglaterra concluiu que o custo dos pacotes de resgate de todo o mundo totalizava £4,473 trilhões, 12% do total do PIB global.[***] Agora, a crise recebia não apenas a atenção da comunicação social, mas também a de políticos, governos e orga-

---

[*] Howard Davies e David Green, *The Fall and Rise of Central Banking*, p.76, 77.
[**] S. Sim, *The End of Modernity: What the Financial and Environmental Crisis is Really Telling Us*, p.99.
[***] M. Lynn, *Bust, Greece, the Euro, and the Sovereign Debt Crisis*, p.97.

nizações internacionais. Não havia mais nenhuma forma de a crise econômica ser escondida ou esquecida. Kaletsky* observa que

> respeitados analistas, financistas célebres e economistas laureados com o Prêmio Nobel foram aparecendo durante o ponto mais grave da crise nos meios de comunicação mais respeitados — *Financial Times, Wall Street Journal* e a BBC —, que os convidavam para explicar do que se tratava, mas também desempenharam um papel na crise, sendo profissionalmente cegos.**

Mervin King escreve que "a economia mundial mudou após os acontecimentos do Lehman, mas não pela falência do Lehman como tal. O que mudou tudo foi o complexo colapso da confiança no sistema financeiro em todo o mundo". Kaletsky*** escreve que foi um

> colapso completo da confiança entre os depositantes e credores de todas as grandes instituições financeiras — na prática, todos os bancos no mundo. Não se tratava apenas de um banco ou de um sistema financeiro, mas de toda uma filosofia política e de um sistema econômico, de uma maneira de pensar e de viver no mundo.****

E Boyes***** observa que o fracasso do sistema financeiro também foi um fracasso do jornalismo.

Por que demorou tanto tempo para que todas as instituições envolvidas reconhecessem que havia uma crise global? Por que os meios de comunicação não a cobriram antes? E quando finalmente iniciaram a sua cobertura, contribuíram para piorar as coisas, como alegam políticos e banqueiros? Eu já defendi a tese de que todas as velhas instituições da modernidade (incluindo os meios de comunicação antigos) foram apanhadas numa *espiral de confiança* e que esta pode ser

---

* A. Kaletsky, *Capitalism 4.0*: The Birth of a New Economy, p.18.
** R.A. Posner, *A Failure of Capitalism*: The Crisis of '08 and the Descent into Depression, p.328.
*** A. Kaletsky, *Capitalism 4.0*: The Birth of a New Economy, p.136.
**** Ibidem, p.1.
***** R. Boyes, *Meltdown Iceland*. Lessons on the World Financial Crisis from a Small Bankrupt Island, p.66.

transformada em desconfiança e medo. Na maior parte das vezes, não importa se há desconfiança crescente numa das instituições-chave, mas importa quando todas são apanhadas na desconfiança mútua. A espiral de confiança começa a crescer, para cima ou para baixo, quando as diferentes instituições se tornam mais interligadas, como aconteceu com a crise bancária. Schechter* escreve:

> Pode-se dizer que o jornalismo econômico estava inserido nas instituições da mesma forma que os correspondentes de guerra foram incorporados nas unidades, no Iraque, mas isso pode ter dois sentidos. Os jornalistas em geral, assim como os jornalistas de economia, são realmente culpados. Nos últimos cinco anos, a maior parte dos jornalistas perdeu o desenvolvimento da crise e não avisou o público. Todos como que acreditamos que caíramos numa espécie de alquimia, que o capitalismo tinha mudado, e penso que todos se empolgaram. Mesmo os céticos, no fim, acharam que era bastante difícil manter o ceticismo diante do *tsunami* do, aparentemente, dinheiro fácil.

Por vezes é fácil esquecer que os meios de comunicação não podem fazer notícias sem fazer dinheiro.** Além da radiodifusão pública financiada, em alguns países, pelas taxas das licenças, os meios de comunicação têm um mercado duplo: eles criam público, que por sua vez é vendido aos anunciantes.*** Os próprios meios de comunicação estavam em crise, especialmente os jornais, que são fortemente dependentes da publicidade.**** Em muitos países, os investidores novos-ricos também aplicaram em meios de comunicação. Como Boyes escreve sobre a Islândia, os investidores mais favoráveis ao mundo dos negócios compraram os meios de comunicação enquanto advogavam a desregulamentação e a abertura dos mercados. Tentando sobreviver financeiramente, os jornais locais tornaram-se dependentes de agências imobiliárias que compram espaço publicitário. Os jornais nacionais focaram a sua cobertura

---

* D. Schechter, "Credit crisis: how did we miss it?", p.24.
** Ver, por exemplo, T. Rantanen, *When News Was New*.
*** B.M. Owens, *Television Economics*, p.4.
**** D. Schechter, "Credit crisis: how did we miss it?", p.21.

de negócios na comunidade empresarial, em vez de explicar o dia a dia ao leitor comum.*

Com a mídia colocando mais do que nunca e cada vez mais a ênfase no entretenimento, fazendo com que os meios de comunicação compitam uns contra os outros com as últimas notícias para o maior número de espectadores e captação de publicidade, torna-se também mais difícil vender essas notícias, e especialmente a análise informada de uma crise em desenvolvimento, sem fazer disso um evento dramático. Isso acontece quando os eventos têm o enquadramento de catástrofes. Ao contrário dos desastres naturais, nos quais não se pode culpar o vulcão ou o *tsunami*, com a crise financeira os meios de comunicação começaram imediatamente a procurar os culpados. Inicialmente, os suspeitos do costume foram os "banqueiros gananciosos, os agentes reguladores incompetentes, os proprietários ingênuos ou os insensatos burocratas chineses".** Mas foi necessário um culpado maior e de visibilidade mais coletiva: outros Estados-nação.

Nacionalismo, políticos e a comunicação social

Os meios de comunicação usam principalmente um enquadramento nacional quando tentam imprimir sentido aos acontecimentos globais, como a crise econômica mundial. Não estão sozinhos nisso, uma vez que também estão na espiral de confiança com governos e políticos e reportam escrupulosamente o que estes últimos dizem nos seus discursos e em declarações à imprensa. A maioria das notícias provém de fontes oficiais,*** e mesmo as organizações internacionais são enquadradas em cores nacionais pelos meios de comunicação ao escolherem entrevistar representantes do seu "próprio país". Há muito poucas instituições antigas verdadeiramente globais. Na maior parte, apenas instituições internacionais baseadas numa representação na-

---

* R. Boyes, *Meltdown Iceland*: Lessons on the World Financial Crisis from a Small Bankrupt Island, p.64-65.
** A. Kaletsky, *Capitalism 4.0*: The Birth of a New Economy, p.2.
*** Ver, por exemplo, J. Perry, "Whose news: who is the political gatekeeper in the early 21st century".

cional. Da mesma forma, não há um único meio de comunicação que não use um enquadramento nacional, referindo-se nas manchetes aos "americanos", "britânicos", "gregos", aos "Estados Unidos", "Reino Unido" ou "Grécia" como uma entidade homogênea.

Cada vez mais, quando os fundos da União Europeia foram necessários para resgatar os bancos noutros países, economistas, políticos e comunicação social começaram a utilizar a retórica nacionalista. Por exemplo, o *Observer* anunciou em 5 de outubro de 2008 que "a festa acabou para a Islândia, a ilha que tentou comprar o mundo".* Como Chartier** observa, os jornalistas estrangeiros que escreveram sobre a crise financeira na Islândia não tiveram relutância em usar um vocabulário de desastre como "abismo", "paralisia", "catástrofe", "naufrágio", "*crash*", "caos", "perda de valores", "geração perdida", "risco de êxodo da população", "depressão" e até "guerra civil". Ele também observa como os islandeses comuns foram vitimizados. O *Monde* escreveu em outubro de 2008:

> O crédito era quase uma religião na Islândia, o caminho para a bancarrota. Um empréstimo para um automóvel, para a cozinha, para a televisão. Quando os filhos queriam comprar uma casa, hipotecavam os pais. Todos os cartões de crédito adiavam o débito e foram usados para comprar tudo: cigarros e até mesmo pão.***

A chanceler alemã, Angela Merkel, num discurso feito em dezembro de 2008, logo após o colapso do Lehman Brothers e quando os governos, em todo o mundo, tentavam salvar os bancos em dificuldades socorrendo-os, falou sobre as donas de casa da Suábia que aconselhariam a não viver além das próprias necessidades.**** *Bild*, o maior jornal da Europa, informou que um especialista em política financeira afirmara que o governo alemão não podia prometer

---

* S. Sim, *The End of Modernity*: What the Financial and Environmental Crisis is Really Telling Us, p.26.
** D. Chartier, *The End of Iceland's Innocence*: the Image of Iceland in the Foreign Media During the Financial Crisis, p.28.
*** Citado em D. Chartier, *The End of Iceland's Innocence*: the Image of Iceland in the Foreign Media During the Financial Crisis, p.71.
**** M. Lynn, *Bust, Greece, the Euro, and the Sovereign Debt Crisis*, p.75.

qualquer ajuda à Grécia. "Vendam as vossas ilhas, seus gregos falidos! E vendam também a Acrópole!",* destacava um título. "Supostamente não temos dinheiro para baixar impostos, ou para reparar as nossas ruas, mas, de repente, os nossos políticos têm milhares de milhões de euros para os gregos que enganaram a Europa"** ou "gregos preguiçosos que vivem bem graças aos impostos alemães". "Levaram o ouro que estava no Banco da Grécia, levaram dinheiro grego e nunca o devolveram", proclamou o vice-primeiro-ministro grego, referindo-se à ocupação nazista da Grécia na Segunda Guerra Mundial.*** "Nem um euro para os países charlatães que mordem a mão que os alimenta", proclamou um deputado recém-eleito do Partido dos Verdadeiros Finlandeses, opondo-se à ajuda financeira da União Europeia ao governo português.****

O regresso do nacionalismo é em grande medida uma possibilidade por causa das memórias coletivas de confiança, desconfiança e medo. A memória internacional coletiva da maioria das pessoas é de uma quebra de confiança, sustentada pelos seus governos, partidos políticos e meios de comunicação, como em guerras e conflitos internacionais. Memórias de guerras que atravessam gerações transferem-se para as novas gerações no seio das famílias ou através dos meios de comunicação social.***** Os Estados-nação são baseados em memórias coletivas e os seus cidadãos são constantemente lembrados, todos os dias, de seu "pertencimento". Quando todas as outras grandes ideologias ocidentais estão num vácuo,****** o nacionalismo ainda está vivo, e bem, e é constantemente usado para enquadrar acontecimentos e para citar, culpar e humilhar, individual ou coletivamente, aqueles a quem se atribuem as responsabilidades pela crise. Na Grande Recessão, o inimigo era outro Estado-nação, como na "Grande Guerra"

---

* Ibidem, p.137.
** Bild, 28/4/2010; M. Lynn, *Bust, Greece, the Euro, and the Sovereign Debt Crisis*, p.146.
*** M. Lynn, *Bust, Greece, the Euro, and the Sovereign Debt Crisis*, p.138, 139, 145.
**** http://www.iltasanomat.fi/vaalit2011/Persukansanedustaja%20paljastaa%20Kotona%20ei%20tvtä%20ei%20radiota/art-1288384383390.html
***** T. Rantanen, *The Global and the National*: Media and Communications in Post-communist Russia.
****** S. Sim, *The End of Modernity*: What the Financial and Environmental Crisis is Really Telling Us, p.100.

(como a Primeira Guerra Mundial foi então chamada) e quase todas as guerras desde então.

Conclusão

Este capítulo explora a relação entre globalização, risco, confiança, medo e os meios de comunicação. Está especificamente concentrado numa crise global em grande escala, a recessão financeira que começou em 2007. Defendo a tese de que a globalização econômica tem avançado a uma velocidade tremenda, mas a política e a comunicação social têm permanecido essencialmente nacionais. Ou, usando os conceitos de Appadurai, poderíamos dizer que a paisagem financeira avançou muito mais rapidamente do que a paisagem das ideias. Como resultado, vemos uma clivagem entre as duas paisagens e um forte aumento do nacionalismo em muitos países.

A confiança nunca é incondicional, mesmo nas relações interpessoais. Cada vez mais as pessoas não confiam cegamente, sem reservas, em qualquer instituição, nem mesmo nas organizações religiosas. De acordo com um estudo recente, apenas metade dos entrevistados em 23 países confiava nos negócios, governos ou meios de comunicação para agir corretamente. A confiança nos bancos tem caído desde 2008, de 46% para 25% nos Estados Unidos e de 30% para 16% no Reino Unido. A confiança nos meios de comunicação social é menor do que nunca e caiu para 27% nos Estados Unidos e para 22% no Reino Unido. Cada vez mais as pessoas confiam (se confiarem em alguma coisa) em instituições não governamentais.* É claro que essa pesquisa foi feita país a país e, portanto, estamos falando da confiança das pessoas nas instituições nacionais. A confiança na União Europeia parece ser um pouco maior: o mais recente barômetro da União Europeia, em 2010, mostrou que 49% pensavam que ela era uma coisa boa. Mesmo que esses números tenham agora descido em relação ao passado, de acordo com esse estudo as pes-

---

* http://edelman.com/trust/2011/uploads/Edelman%20Trust%20Barometer%20Global%20Deck.pdf

soas, surpreendentemente, tendem a confiar mais na UE do que no próprio parlamento ou governo.*

Com base nesses estudos, parece que a maioria das pessoas vive sem confiar em qualquer das antigas instituições que já foram consideradas os pilares do Estado-nação. Uma das principais características da sociedade de risco global é que confiança e risco se tornaram inseparáveis, como duas faces da mesma moeda. A espiral de confiança responde a riscos e se esses se tornam maiores do que a confiança, então, em seguida, aparece a desconfiança, seguida pelo medo. Também é possível argumentar que as pessoas aprenderam a viver sem confiar particularmente em qualquer das velhas instituições e que nem sequer usam o conceito de confiança na descrição da sua relação com elas; mas ainda precisam de se agarrar a algo e não podem perder a sua confiança — mesmo que abstrata — em todas as instituições de uma vez.

As instituições financeiras tornaram-se rapidamente mais globais do que outras instituições antigas. Elas esticaram o conceito de confiança abstrata ao limite, por meio das suas operações e representações. Os bancos tornaram-se as máquinas da era moderna: sistemas de computadores que não podem ser atingidos ou tocados, porque se tornaram representações e eliminaram praticamente qualquer elemento humano. As pessoas não compreendem como funciona o sistema bancário global com dívidas crescentes. A ligação entre dinheiro e política é mais vaga do que nunca. A União Europeia e o euro não são a mesma coisa** e a confiança no euro é ainda mais abstrata do que a confiança na UE. Como Posner*** escreve, uma bolha é gerada frequentemente por uma *crença*, que acaba por se revelar um equívoco, de que os fundamentos econômicos estão mudando — que um mercado, ou talvez toda a economia, está entrando numa nova era de crescimento.

Contudo, as pessoas entendem como funciona a política nacional. Quando lhes é pedido que paguem as dívidas dos bancos ou de outros

---

* http://ec.europa.eu/public_opinion/archives/eb/eb73/eb73_first_en.pdf
** M. Lynn, *Bust, Greece, the Euro, and the Sovereign Debt Crisis*, p.228.
*** R.A. Posner, *A Failure of Capitalism. The Crisis of '08 and the Descent into Depression*, p.11.

Estados-nação, voltam-se para o nacionalismo que construíram através de gerações e memórias coletivas. Os partidos políticos, antigos e novos, com a ajuda dos meios de comunicação, oferecem soluções nacionais para problemas globais. Subitamente, é outra vez aceitável proclamar que há, por exemplo, "verdadeiros finlandeses" que são diferentes dos "falsos finlandeses", que ou são migrantes ou não crentes num nacionalismo finlandês, baseado na santa comunhão de uma língua, uma etnia e uma cultura. Da mesma forma, é aceitável dizer publicamente que os finlandeses são moralmente superiores aos gregos ou aos portugueses porque têm sido "bons", enquanto os outros têm sido "maus". Em suma, tornou-se aceitável culpar as pessoas de outros países pelos problemas que a nova economia global criou.

Referências Bibliográficas

APPADURAI, A. "Disjuncture and difference in the global culture economy". *Theory, Culture, and Society* 7(2):295-310, 1990.

AUTHERS, J. *The Fearful Rise of Markets*: A Short View of Global Bubbles and Synchronised Meltdowns. Harlow: Pearson Education Limited, 2010.

BAUMAN, Z. *Medo líquido*. Rio de Janeiro: Zahar ed., 2006.

BECK, U. *World at Risk*. Cambridge: Polity Press, 2009.

_____. *A God of One's Own*. Cambridge: Polity, 2011.

_____; GRANDE, E. *Cosmopolitan Europe*. Cambridge: Polity Press, 2007.

BOYES, R. *Meltdown Iceland*. Lessons on the World Financial Crisis from a Small Bankrupt Island. Londres: Bloomsbury, 2009.

BREMMER, I. *O fim do livre mercado:* quem vence a guerra entre estados e corporações. São Paulo: Saraiva Editora, 2011.

BROWN, G. *Beyond the Crash*: Overcoming the First Crisis of Globalisation. Londres: Simon & Schuster, 2010.

CABLE, V. *The Storm*: The World Economic Crisis & What It Means? Londres: Atlantic Books, 2009.

CHARTIER, D. *The End of Iceland's Innocence:* the Image of Iceland in the Foreign Media During the Financial Crisis. Ottawa, Quebec: University of Ottawa Press, Presses de l'Université du Québec, 2010.

COLEMAN, J.S. *Foundations of Social Theory*. Cambridge: Belknap, 1990.

DAVIES, H.; GREEN, D. *Banking on the Future*: The Fall and Rise of Central Banking. Princeton and Oxford: Princeton University Press, 2010.

ENTMAN, R.M. "Framing: Toward Clarification of a Fractured Paradigm". *Journal of Communication*, 43(4):51-58, 1993.

EVANS, D.S.; SCHMALENSEE, R. *Paying with Plastic*: The Digital Revolution in Buying and Borrowing. 2a ed. Cambridge: MIT Press, 2005.

FUKUYAMA, F. *Trust*: The Social Virtues and the Creation of Prosperity. Londres: Hamish Hamilton, 1995.

GASPARINO, C. *The Sellout*. How Three Decades of Wall Street Greed and Government Mismanagement Destroyed the Global Financial System. Nova York: HarperCollins Publishers, 2009.

GATES, K. "The Securitization of Financial Identity and the Expansion of the Consumer Credit Industry". *Journal of Communication Inquiry*, 34(4):417-431, 2010.

GELLNER, E. *Nations and Nationalism*. Oxford: Blackwell, 1983.

GIDDENS, A. *As consequências da modernidade*. São Paulo: Unesp, 1991.

HIRST, P.; THOMPSON, P; BROMLEY, S. *Globalization in Question*. Cambridge: Polity Press, 2009.

HJARVARD, S. "Mediated Encounters: An Essay on the Role of Communication Media in the Creation of Trust in the 'Global Metropolis'", in STALD, G.; TUFTE, T. (org.). *Global Encounters*: Media and Cultural Transformation. Luton: University of Luton Press, 2002, p.69-84.

HOLTON, R.J. *Globalization and the Nation-State*. Houndsmiths, Basingstone,
Hampshire e Londres: Macmillan Press, 1998.

KALETSKY, A. *Capitalism 4.0*: The Birth of a New Economy. Londres:
Bloomsbury, 2010.

KEANE, J. (org.). *Civil Society and the State*. Londres: Verso, 1988.

KYRIAKIDOU, M. "Media coverage of distant suffering and the mediation of cosmopolitanism: Audience discourses of distant disasters in Greece". An unpublished PhD thesis. Department of Media and Communications. The London School of Economics and Political Science, 2011.

LOWENSTEIN, R. *The End of Wall Street*. Nova York: The Penguin Press, 2010.

LUHMANN, N. *Trust and Power*. Chichester: Wiley, 1979.

LYNN, M. *Bust, Greece, the Euro, and the Sovereign Debt Crisis*. Hoboken: Bloomberg Press, 2011.

MISZTAL, B.A. *Trust in Modern Societies*. Cambridge: Polity Press, 1996.

_____. *Theories of Social Remembering*. Maidenhead: Open University Press, 2003.

NOHRSTEDT, S.A. "Threat Society and the Media", in NOHRSTEDT, S.A. (org.). *Communicating Risks*: Towards the Threat-Society? Göteborg: Nordicom, 2011, p.17-52.

O'NEILL, N. *A Question of Trust*. The BBC Reith Lectures. Cambridge: Cambridge University Press, 2002.

OWENS, B.M.; BEEBE, J.H.; MANNING Jr, W.G. *Television Economics*. Lexington: Lexington Books, 1974.

PERRY, J. "Whose news: who is the political gatekeeper in the early 21st century". Tese de doutorado. Departamento de mídia e comunicação. The London School of Economics and Political Science, 2007.

POSNER, R.A. *A Failure of Capitalism*: The Crisis of '08 and the Descent into Depression. Cambridge, Massachusetts e Londres: Harvard University Press, 2009.

RANTANEN, T. *The Global and the National*: Media and Communications in Post-communist Russia. Lanham: Rowman & Littlefield, 2002.

_____. *Media and Globalization*. Londres: Sage, 2005.

_____. *When News Was New*. Oxford: Wiley-Blackwell, 2009.

SCHECHTER, D. "Credit crisis: how did we miss it?". *British Journalism Review*, 20(1):19-26, 2009.

SHAPIRO, S. "The Social Control of Impersonal Trust". *The American Journal of Sociology*, 93(3):622-658, 1987.

SIM, S. *The End of Modernity*: What the Financial and Environmental Crisis is Really Telling Us. Edinburgh: Edinburgh University Press, 2010.

SIMMELL, G. *The Philosophy of Money*. Londres: Routledge and Kegan Paul, 1978.

SPARKS, C. "What's wrong with globalization?" *Global Media and Communication*, 3(2):133-155, 2007.

TAIBBI, M. *Griftopia*. Bubble Machines, Vampire Squids, and the Long Con That is Breaking America. Nova York: Spiegel & Grau, 2010.

TETT, G. *O ouro dos tolos*. Rio de Janeiro: Elvesier, 2009.

THOMPSON, G. "What's in the frame? How the financial crisis is being packaged for public consumption". *Economy and Society*, 38(3):520-524, 2009.

ZHANG, H. "The Globalisation of Chinese Television: Internationalisation, transnationalisation, and re-nationalisation". Tese de doutorado. Departamento de mídia e comunicação, The London School of Economics and Political Science, 2009.

7
CRISE, IDENTIDADE E ESTADO DE BEM-ESTAR SOCIAL

Pekka Himanen

O QUE ESTÁ ACONTECENDO? UM OLHAR SOBRE A CRISE DE 2011

QUEM IRIA ACREDITAR, HÁ TRÊS ANOS, que em breve estaríamos perante a iminência do colapso dos países na União Europeia? Quem iria pensar que o extraordinariamente popular presidente dos Estados Unidos, que chegou ao poder com uma mensagem de "Esperança" e "Sim, nós conseguimos" — a quem até foi atribuído um Prêmio Nobel da Paz durante o seu primeiro ano de Presidência —, estaria com as mais baixas taxas de aprovação, três anos após a sua eleição, devido à crise econômica nos Estados Unidos que se sobrepôs a todo o resto?

Contudo, é esse o contexto em que estamos, fruto da maior depressão desde a Grande Depressão de 1929 — uma recessão profunda a que alguns chamaram Grande Recessão. O seu cerne não é apenas econômico, resulta da interação entre a crise econômica, o Estado de bem-estar social e a identidade cultural.

Olhemos para os fatos empíricos para apoiar essa conclusão analítica. O que está acontecendo?

Na Espanha, nas ruas de Madri, Barcelona e outras grandes cidades, em junho de 2011, 200 mil manifestantes protestam contra a forma como a elite econômica e política tem conduzido o país em direção a uma crise econômica e como a tentaram resolver cortando, em primeira instância, a despesa pública. Designam-se *Los Indignados*, "Os Indignados". Desde 2007, o ano que antecedeu a crise, o desemprego triplicou para mais de 20%, entre a população espanhola em geral, e para 50% entre os que têm menos de 25 anos. Esse valor representa 5 milhões de desempregados, equivalendo ao total da população finlandesa ou a um número de desempregados superior ao que existe simultaneamente na França e na Itália. Assim, os jovens *"ni-ni"*, ou geração "nem, nem", que nem estuda nem trabalha tornou-se um dos maiores subgrupos do movimento.

Em Barcelona, a manifestação contra os cortes na despesa pública obrigou os representantes do governo catalão a deslocarem-se de helicóptero para a sua reunião, protegidos por um cordão de carros de polícia. Esse acontecimento deu-se depois de uma primeira manifestação na praça da Catalunha ser dispersa pela polícia com balas de borracha, deixando 121 pessoas feridas.

Contudo, a Espanha nem é um dos países que pediram ajuda financeira à União Europeia. É, ainda assim, um país que enfrenta a ameaça de cair no caminho do resgate financeiro e sente essa pressão devido ao alto índice de desemprego, que se conjuga com um elevado déficit público de 10% do PIB.

Na União Europeia a fase da crise da dívida pública começou com a Grécia. Em maio de 2009 a Grécia confirmou o pedido de um resgate de emergência de €110 bilhões à UE e ao FMI. Essa quantia não foi entregue sem condições. A Grécia foi obrigada a cortar significativamente a despesa pública e a privatizar. Neste momento, a Grécia pensa em pedir um novo resgate financeiro, que poderá até superar o pedido inicial de €110 bilhões. O país precisa urgentemente de €12 bilhões, à medida que o prazo de pagamento de parte daquele empréstimo deveria ter sido cumprido na segunda metade de julho de 2011.

A Grécia enfrenta a pior crise da dívida em toda a União Europeia: a sua dívida pública representa 120% do PIB e o déficit é superior a 13%. Simultaneamente, a taxa de desemprego global duplicou para 16% e, para os que têm menos de 25 anos, para mais de 50%. Os sindicatos reagiram com a organização de um conjunto de greves.

Manifestantes zangados, na praça Sintagma, em frente ao Parlamento, tornaram-se imagens familiares nas notícias televisivas. Os manifestantes atiraram pedras e coquetéis Molotov na polícia, que respondeu com gás lacrimogêneo. Foram incendiados edifícios. Numa dessas manifestações podia ler-se numa faixa: "Vocês têm uma doença para a qual nós temos a cura: Revolução." Até agora morreram três pessoas nas manifestações.

Recentemente, os manifestantes começaram a designar-se como Movimento de Cidadãos Indignados (em grego, *Kinema Aganaktismenon Politon*, Κίνημα Αγανακτισμένων Πολιτών). Esse movimento está ligado aos protestos na Espanha e também foi organizado através das redes sociais, motivo pelo qual foi designado como o Maio do Facebook (fazendo também referência ao movimento da "Primavera Árabe", e em ambos os movimentos a voz das gerações mais novas sobre um futuro alternativo é dominante, pois atualmente 50% da população mundial tem menos de 27 anos). Significativo é que esse movimento já não é organizado pelos tradicionais partidos políticos ou pelos sindicatos. Na página do Facebook dos "Indignados em Sintagma", estão inscritas 150 mil pessoas de várias procedências e ainda mais de outras localidades gregas. Os *slogans* mais populares nas manifestações incluem: "Erro 404 — Democracia não encontrada", "*Oust!*" (palavra grega para "Fora!") e, ainda, "As empregadas resistiram. O que fazemos?" (referindo-se ao alegado assédio sexual a uma camareira pelo ex-diretor do FMI Dominique Strauss-Kahn). Esses jovens também enviam mensagens a pessoas de outros países da Europa. Por exemplo, em resposta a um *slogan* dos manifestantes espanhóis, "Calem-se, os gregos estão dormindo", ergueram uma faixa na embaixada da Espanha em Atenas com as seguintes palavras: "*Estamos despiertos! Que hora es? Ya es hora de que se vayan!*" ("Estamos acordados! Que horas são? Já está na hora de vocês irem embora!") Também fizeram uma ligação, pelo Skype, entre as manifestações de Madri e de Atenas. E agora o movimento também envia uma mensagem às pessoas na Itália e na França com faixas: "*Zitti che svegliamo gli italiani*" (Silêncio ou ainda acordamos os italianos) e "*Silence! Les français dorment! Ils rêvent de '68*" (Silêncio! Os franceses estão dormindo! Estão sonhando com o Maio de 68").

Claro que, em novembro de 2010, na outra "esquina" da Europa, a Irlanda recebeu um pacote de resgate de €85 bilhões do FMI. Isso ocorreu depois de o déficit irlandês ter explodido em quase 15% e da sua taxa de desemprego ter triplicado para 15%.

E ainda existe Portugal, o país onde o nosso grupo de pesquisa se tem reunido desde 2009. Em Portugal, a dívida pública atingiu um nível recorde de quase 100% do PIB. O déficit orçamentário está perto dos 10% do PIB e o governo português está pagando quase 10% de juros por empréstimos a dez anos. O desemprego já quase duplicou para 13% desde o nível pré-crise.

Em Portugal as reações podem ter sido mais pacíficas do que na Grécia e na Espanha; contudo, a situação desencadeou manifestações de massa, em particular os protestos de 12 de Março da chamada Geração à Rasca (ou quinhentoseuristas), que também inspirou as manifestações na Espanha. As manifestações portuguesas, também organizadas através das redes sociais, desde o Facebook ao Twitter, reuniram 200 mil pessoas na avenida da Liberdade, em Lisboa, e em outras localidades do país. A trilha sonora dessas manifestações foi a música "Parva que sou", dos Deolinda, que cantam sobre as frágeis condições de trabalho da juventude, em particular dos jovens licenciados: "Que mundo tão parvo/Onde para ser escravo é preciso estudar."

Ainda que em teoria, durante muito tempo, tenhamos compreendido quão ligada está a sociedade global em rede — incluindo o "Estado em rede" dos Estados Unidos — os atuais acontecimentos em Portugal não podem deixar de admirar o observador. Ou como Portugal e a Finlândia — dois pequenos países, localizados em extremos opostos da Europa, amigos no passado — se transformaram subitamente em países adversários num drama que tornou refém toda a Europa?

Eis o que aconteceu nesse inesperado desenrolar de acontecimentos: em 7 de abril de 2011 Portugal pediu um pacote de resgate de €78 bilhões à União Europeia, decisão que foi determinante para a grande vitória do partido nacionalista e antieuropeu "Verdadeiros Finlandeses" nas eleições finlandesas de 17 de abril. Essas eleições tornaram-se, sobretudo, um debate em torno da situação financeira de Portugal! Depois das eleições, a Finlândia, a menina dos olhos da União Europeia, manteve Portugal e o resto da zona do euro com a respiração em suspenso, por seis semanas, até que finalmente confirmou a sua participação no resgate financeiro de Portugal em 25 de maio, a tempo da data limite da dívida portuguesa de €5 bilhões. Entretanto, no YouTube, decorria uma "batalha" entre Portugal e Finlândia, algo que ficou bem conhecido nos meios de comunicação social tradicionais. Para influenciar a tomada de decisão dos finlandeses, os portugueses criaram uma campanha no YouTube que recordava os grandes feitos de Portugal ao longo da história e aos finlandeses o apoio prestado por Portugal durante a Segunda Guerra Mundial. E se podermos falar da última ironia da história, está provavelmente aqui: a Finlândia, que agora se recusava a ajudar Portugal, tinha estado a poucos dias de ter de pedir um resgate financeiro ao FMI no início dos anos 1990.

Claro que o motor original da crise foi a crise financeira dos Estados Unidos em 2008, simbolizada pelo colapso da Lehman Brothers, em 15 de setembro do mesmo ano. Os Estados Unidos partilham o topo do *ranking* da dívida pública com a Grécia, a Irlanda e a Itália: a dívida pública dos Estados Unidos chegou aos 100% do PIB e o déficit está acima dos 10%. O desemprego é quase de 10%.

O FMI estimou que, no todo, os bancos norte-americanos perderam US$ 1 trilhão. O custo do plano público de incentivo à economia subiu de US$1 trilhão para US$ 3 trilhões. Segundo o Federal Reserve, a queda nos preços das casas, dos ativos de pensões e de outras poupanças e ativos de investimentos liquidou mais de US$14 trilhões da riqueza doméstica.

Contudo, apesar dessa situação, foram poucas as manifestações nos Estados Unidos. Uma das poucas exceções foi em Berkeley. Mas o conteúdo dessas manifestações, no *campus* de Berkeley, em Sproul Hall e em outros locais, é muito importante, independentemente de o alvo ou os métodos terem sido corretos.* Notadamente, os Estados Unidos também começaram por reagir à crise através de cortes na despesa pública, incluindo nos fundos para a educação, com importantes consequências analíticas, como veremos mais adiante.

Contexto analítico

Mas antes de saltarmos para as conclusões analíticas, clarifiquemos conceitualmente essa crise. Conforme afirmaram quase todos os autores deste livro, é preciso esclarecer o que entendemos ser essa crise. Não há necessidade de rever novamente todos os detalhes, por isso vou definir de forma sucinta a natureza da atual crise. Devido a razões analíticas, prefiro utilizar a expressão "A Grande Recessão", à medida que transmite o sentido de uma crise multidimensional mais

---

* Cf. a análise de Rosalind Williams neste livro.

abrangente, sem defender falsamente uma crise literalmente global. Porque, se observarmos o mapa da crise, não se trata de uma "crise financeira e econômica global". Quando olhamos para o mapa, o conceito que melhor expressa a geografia desta crise econômica é o de "crise dos países industrializados", uma vez que a queda do PIB se estende da América do Norte à Europa e da ex-União Soviética aos países asiáticos industrializados, como o Japão e os "Tigres", mas a crise econômica não se deu na maioria dos países da América Latina, da África, do Oriente Médio e da Ásia, como podemos observar em países com economias emergentes, como a China, a Índia e o Brasil.

E, ainda assim, a crise financeira e econômica foi global à medida que o seu impacto se sentiu em todos os países: nenhum país conseguiu ignorá-la ou deixar de reagir. Esse impacto global sentiu-se tanto no lado financeiro da crise — uma vez que temos um mercado financeiro global — como no lado econômico, pelo menos no que diz respeito aos mercados globais de exportação. Aqui reside simultaneamente a razão pela qual, se quisermos ser precisos, designar esta crise como "américo-europeia" não seria totalmente correto: mesmo que tenha começado nos Estados Unidos, e depois se alastrado para a Europa em particular, dificilmente podemos ignorar as restantes grandes economias mundiais que foram diretamente afetadas. A segunda razão é o seu impacto mais vasto.

O último motivo para preferir a expressão "A Grande Recessão" é o mais importante, notadamente o fato de as consequências analíticas da crise não se terem limitado à esfera financeira e econômica: à semelhança do que ocorreu na Grande Depressão de 1920-30, a crise teve consequências sociais e culturais muito mais profundas e abrangentes, que são a premissa deste livro e que é necessário compreender. Por fim, podemos argumentar, esta crise irá necessitar de uma resposta política e cultural equivalente ao New Deal, isto é, um novo contrato social.

Resumo

Assim, depois de clarificar o conceito da crise, qual o significado analítico dos desenvolvimentos empíricos acima descritos?

A observação analítica-chave é a de que a crise atual produziu fortes identidades de resistência que se opõem não apenas às medidas tomadas para tratar a crise, mas, mais profundamente, ao próprio modelo de desenvolvimento que conduziu a ela e a partir do qual derivam as atuais tentativas de retificar a situação. Assim, existe uma tensão explícita entre a identidade e a sociedade global em rede tal como se expressa no seu formato dominante atual.

Além do mais, a crise acima descrita não se limita à situação aguda das economias que estão na iminência de desmoronar. Podemos acrescentar mais um argumento: a raiz da crise atual é o fato de o modelo dominante de desenvolvimento em geral se ter baseado na obtenção sistemática de endividamento. Isso aplica-se à dívida econômica, mas também a outras esferas. Em relação ao ambiente, por exemplo, temos vivido construindo uma dívida com as gerações futuras. Em termos de inclusão social global, o nosso bem-estar tem-se baseado no endividamento social para com outros.

É esse modelo de desenvolvimento global, baseado no endividamento sistemático, que se encontra atualmente em crise: viver com dinheiro que não existe ou viver com o dinheiro dos outros (ou, mais em geral, com os recursos de outrem).

Assim, usando uma metáfora, o nosso mundo é como um doente que está tendo um ataque cardíaco sob a forma de crise econômica e que precisa de uma intervenção imediata para ser ressuscitado. Contudo, depois de um exame mais profundo, acontece que o mesmo doente padece de outras doenças mortais que precisam de igual atenção: cancro nos pulmões sob a forma de uma crise climática e diabetes sob a forma de uma crise social, na qual a obesidade do tronco ameaça matar um dos membros inferiores.

Existe um nível seguinte: analiticamente falando, nesse caso o problema é a solução — ou a solução é o problema! Isto é, a cura que é usada para tratar a crise agrava a crise. É como se o medicamento matasse o paciente. Esse fato deve-se a: analiticamente falando, caso se queira manter um Estado de bem-estar social inclusivo, existe apenas uma forma sustentável para superar a crise, ou seja, criar condições para o crescimento. Contudo, cortar os investimentos públicos — como na educação, na pesquisa e no desenvolvimento — nessas condições de crescimento aumenta ainda mais as quebras, o que volta a forçar cortes adicionais nos investimentos públicos. É um círculo vicioso.

A opção analítica seria investir na criação de um círculo virtuoso. Nesse círculo virtuoso, os investimentos para a criação de crescimento permitem continuar a apoiar os investimentos públicos. Esse modelo significaria formar um círculo virtuoso no qual o crescimento da economia permite continuar a apoiar um Estado de bem-estar social inclusivo, que continua a criar pessoas com elevados níveis de formação, com boa saúde e em segurança, para continuarem o sucesso da economia.

Esse tipo de modelo liga o desenvolvimento informacional ao desenvolvimento humano — num sentido mais profundo do que simplesmente ter uma economia informacional de sucesso e um Estado de bem-estar social inclusivo por detrás do desenvolvimento humano: o fundamental do conceito de um círculo virtuoso é a maneira como liga o informacionalismo ao desenvolvimento humano e à economia informacional ao Estado de bem-estar social. Não se trata apenas do fato de o sucesso da economia informacional possibilitar o financiamento da despesa da sociedade de bem-estar social. A sociedade do Estado de bem-estar social fornece as bases para o sucesso da economia informacional e, por isso, é um investimento. Esse Estado produz pessoas com elevados níveis de formação, pessoas saudáveis e com um sentido de segurança que lhes permite criar o sucesso contínuo da economia informacional. O modelo é sinônimo de um círculo virtuoso entre a sociedade de informação e o Estado de bem-estar social ou o desenvolvimento informacional e o desenvolvimento humano, no qual se apoiam simultaneamente.

Mas, por fim, também existe um conceito analítico fundamental que determina o círculo virtuoso/vicioso. Trata-se da identidade. Como afirmou Manuel Castells na trilogia "A era da informação", a tensão-chave da era da informação é a tensão entre a sociedade global em rede e a identidade. O desafio teórico é o de como construir um projeto de identidade que apoie o círculo virtuoso acima descrito. E, em períodos de crise, o risco é o de que a identidade se transforme numa identidade de resistência, conjugada com o círculo vicioso.

Os exemplos acima citados sobre o movimento dos Indignados no Sul da Europa — desde a Grécia, a Espanha e Portugal — são, até o momento, os de uma identidade de resistência que, em alguns casos, se transformou em violência. Até o momento o movimento não tem um novo projeto de identidade para propor, apesar de isso poder naturalmente mudar e de poder surgir um novo projeto de identidade, talvez associado ao apelo da ideia, acima mencionada, de um círculo virtuoso para substituir o atual círculo vicioso.

Outra forma muito forte de identidade de resistência que observamos atualmente na Europa, em particular no norte da Europa, é a da identidade nacionalista de extrema-direita. Na França, a Frente Nacional, liderada por Marine Le Pen, continuou a ter 15% de apoio nas eleições nacionais. As sondagens eleitorais para as eleições presidenciais colocaram Le Pen à frente do presidente Sarkozy, o que a levaria ao segundo turno com o candidato socialista.

O Partido Holandês pela Liberdade conseguiu 15,5% nas eleições nacionais de 2010. O Partido Popular Suíço tem uma taxa de apoio de 28,9%.

Nos países nórdicos, os partidos de extrema-direita têm uma taxa de apoio média de 20%. Na Noruega, o Partido Progressista tem 22,9% dos votos (sendo o segundo partido mais votado nas eleições parlamentares de 2009). E o nacionalismo extremista explodiu em violência quando um ataque terrorista horrível, organizado pela ala da extrema-direita, matou 77 pessoas.

O Partido Popular Dinamarquês tem um apoio de 13,9%; e os Democratas Suíços obtiveram 5,7% dos votos nas eleições gerais de 2010. E, depois, o caso da Finlândia: os Verdadeiros Finlandeses conseguiram 19% dos votos, nas eleições parlamentares de 2011.

LIGAR O MODELO TEÓRICO À REALIDADE EMPÍRICA

Aprofundemos a discussão teórica acima enunciada relacionando-a com um caso empírico real para podermos testar a hipótese por meio de um exemplo ilustrativo. Usarei o caso empírico da Finlândia, uma vez que mostra de modo particular as ligações acima descritas entre a crise econômica, o Estado de bem-estar social e a identidade cultural.

No nosso livro, *The Information Society and the Welfare State:* The Finnish Model (Oxford University Press, 2002) (A Sociedade de Informação e o Estado de bem-estar social: O modelo Finlandês), fizemos uma análise prévia do modelo finlandês com a colaboração de Manuel Castells.* Assim, no contexto da crise atual, qual o realismo empírico de defender um círculo virtuoso entre a economia informacional, o Estado de bem-estar social e a identidade cultural?

A primeira observação empírica é a de que a Finlândia conseguiu identificar a tempestade financeira muito antes dos outros países avançados. Em primeiro lugar, é um dos poucos países que manteve os *ratings* de crédito AAA mais elevados. De fato, os principais elementos do modelo finlandês continuaram a vigorar. Assim, ao contrário da ideia generalizada de que o Vale do Silício representava o único modelo de sucesso para o desenvolvimento informacional na Era da Informação, a Finlândia conseguiu combinar o desenvolvimento informacional de sucesso com o desenvolvimento humano. De fato, durante anos, a Finlândia posicionou-se nos *rankings* mundiais como a economia mais competitiva, com os seus índices mais elevados nas áreas da inovação, produzindo o gigante dos telefones móveis, a Nokia (que detinha 40% de *share* do mercado global), ou o sistema operativo de *open-source*, o Linux (adotado por um terço dos usuários da Web). Mas o que tornava a Finlândia diferente do Vale do Silício era o fato de, simultaneamente, ser uma das sociedades cujo Estado de bem-estar social era o mais inclusivo, responsável por um dos mais elevados níveis de desenvolvimento humano mundiais, incluindo os níveis mais baixos de pobreza e de desigualdade de rendimentos, tendo um sistema de saúde abrangente e de elevada qualidade e ainda segurança social para os desempregados e para os aposentados. Esse modelo também incluía o sistema de educação pública gratuito de elevada qualidade para todos, que estava no topo nas comparações internacionais de desempenho dos estudantes, como os estudos Pisa, da OCDE (nos quais a Finlândia ocupava o primeiro lugar em todas as categorias: alfabetização, matemática, ciências naturais e competências gerais na resolução de problemas).

---

* *The Information Society and the Welfare State:* The Finnish Model (A Sociedade de Informação e o Estado de bem-estar social: o modelo finlandês).

Todas essas condições continuam a se verificar mesmo depois da experiência dos impactos da Grande Recessão. Apesar de a economia finlandesa ter sofrido com a crise, conseguiu se recuperar rapidamente. Assim, depois da redução do PIB para 8,2% em 2009, em 2010 a economia finlandesa se recuperou com um crescimento de 3,1% e um crescimento estimado de 3,6% em 2011. Assim, atualmente, não existe crise econômica na Finlândia. O setor bancário também não foi afetado e o mesmo se aplica ao emprego, que não foi abalado. As taxas de desemprego dos últimos quatro anos foram: 6,4% em 2008, 8,4% em 2009, 8,5% em 2010, e em 2011 estima-se que terá decrescido para 7,7%. Além disso, deu-se seguimento à política de aumento dos investimentos no sistema de inovação: a Finlândia está alcançando o objetivo de 4% do PIB em P&D, que é o nível mais elevado no mundo. Esse objetivo de P&D foi recentemente confirmado pelo novo programa do governo.

O Estado de bem-estar social continua a funcionar de acordo com o seu formato inclusivo anterior. De fato, o novo programa do governo de coligação liderado pelos conservadores e pelos social-democratas introduz várias medidas para promover a inclusão social: desde aumentar a segurança social mínima em €100 mensais a reformar os impostos tendo como objetivo reduzir a desigualdade salarial e concentrar a ênfase dos impostos sobre os consumos prejudiciais ao meio ambiente e à saúde, e não sobre o trabalho (uma mudança que ficou conhecida como a "reforma dos impostos verdes").

E, em particular, o financiamento da educação não foi colocado em risco; pelo contrário, foram feitos mais investimentos, em especial no âmbito universitário. O sistema de educação continuou a ocupar os primeiros lugares nas comparações internacionais.

Assim, prevalece o núcleo do modelo finlandês, no qual a economia informacional e o Estado de bem-estar social formam um círculo virtuoso.

Desafios atuais do modelo finlandês

Se quisermos discutir uma alternativa séria de vida real ao modelo de desenvolvimento que entrou em crise, também temos de analisar os desafios colocados pelo modelo alternativo. Esses desafios são ainda mais importantes à medida que representam os desafios analíticos-chave para os modelos de desenvolvimento em geral quando se está reconstruindo um caminho para além da crise.

Expandir o crescimento da produtividade da economia baseado na inovação

O modelo finlandês — tal como o conceito global de círculo virtuoso — depende da criação de condições de crescimento. Para que esse crescimento seja sustentável a longo prazo, a própria economia informacional precisa se expandir e se diversificar para criar uma ampla base de crescimento de produtividade baseada na inovação. Enquanto escrevíamos este artigo, a Nokia dominava o setor finlandês de TIC. De modo a conseguir um crescimento sustentável, a Finlândia tinha que descobrir uma maneira na qual a economia informacional se expandisse para outros sucessos na área das TIC, bem como para outros setores, combinando inovação, em todos os campos, com o novo empreendedorismo. Em geral, a crise europeia mais profunda é sobretudo a crise de um crescimento da produtividade pouco baseado na inovação, em particular nos países que foram mais afetados pela crise.

A reforma do Estado de bem-estar social na Era da Informação e da Inovação

A sustentabilidade de longo prazo do círculo virtuoso não pode se basear apenas na reforma da própria economia e, assim, continuar a apoiar o desenvolvimento humano através do Estado de bem-estar social. Tem também de assistir à reforma informacional desse tipo de Estado e mostrar o que é o "Estado de bem-estar social 2.0", isto é, o Estado de bem-estar social na Era da Informação. No momento em que este trabalho está sendo redigido, o Estado de bem-estar social finlandês enfrentou essas pressões para se renovar, devido, entre outros fatores, ao envelhecimento da população, que muda a relação da dependência. Assim, mesmo que o Estado de bem-estar social não representasse apenas uma despesa que era possível apoiar com o sucesso da economia informacional, mas representasse um investimento para a economia informacional, ainda assim teria de passar pela reforma da produtividade e das estruturas baseadas num desenvolvimento informacional inovador. Esse desafio aumentava à medida que a população envelhecia, passando a aposentar-se em grande número. O desafio de criar um Estado de bem-estar social para a Era da Informação é também um desafio geral para todos os países.

A cultura do multiculturalismo

Por fim, qualquer modelo de desenvolvimento deverá encontrar uma relação sustentável entre o informacionalismo, o desenvolvimento humano e a identidade. Neste momento, notamos como a Finlândia conseguiu criar uma relação positiva entre a sua versão especial de ser parte de uma sociedade da rede global e a identidade finlandesa. Contudo, também identificamos um problema potencial enorme. Mostramos que apesar do seu projeto de identidade de sociedade de informação, a identidade finlandesa apoiava-se numa cultura finlandesa homogênea. Essa realidade criava o risco de se tornar uma identidade de resistência baseada num nacionalismo fechado. Nesse cenário, a identidade de resistência iria se tornar uma força contrária ao próprio modelo finlandês. Isso incluía a necessidade de longo prazo de aproveitar a "circulação de cérebros" do talento global na sociedade global em rede (para utilizar a expressão de AnnaLee Saxenian na sua análise sobre o Vale do Silício no livro *The New Argonauts: Regional Advantage in a Global Economy*).

Assim, em que momento está o modelo finlandês relativamente a esses desafios?

EXPANDINDO O CRESCIMENTO DA PRODUTIVIDADE BASEADA NA INOVAÇÃO

Primeiro, em termos da economia, a resposta é: mesmo que as taxas de crescimento signifiquem que a Finlândia tenha conseguido criar crescimento tendo por base a economia informacional mais abrangente, também é verdade que a Finlândia não conseguiu dar resposta ao desafio que mencionamos. Assim, mesmo que a Nokia continue a ter o maior *share* do mercado global de celulares (30%) e grandes lucros, foi muito desafiada pela mudança, no ambiente do seu mercado, por empresas como a Apple e a Google, o que se refletiu no decréscimo do valor de mercado da Nokia. Em termos de concorrência, trata-se agora de criar a internet móvel e as suas aplicações, e não tanto apenas projetar hardware. Assim, tal como mencionamos no nosso livro, é necessário um novo tipo de inovação que se compare com as origens da Nokia.

A expansão do setor das TIC, de forma a ser menos dependente da Nokia, também ainda não teve lugar. É verdade que a indústria dos jogos para celular se desenvolveu muito na Finlândia, com ícones como o jogo da Rovio Mobile *Angry Birds*, que foi o aplicativo para smart phone de maior sucesso, chegando aos 100 milhões de downloads. O CEO da empresa, Peter Vesterbacka, consta da lista da revista *Time* como uma das pessoas mais influentes no mundo: poderá ser um exagero quanto à sua influência, mas a revista está provavelmente pensando nele como uma nova face para a nova era da inovação aberta, na qual os jovens de todo o mundo podem começar a implementar as suas ideias criativas em plataformas abertas, uma mudança que, no futuro, poderá ter consequências importantes. Por enquanto, as receitas da indústria de jogos para celulares ainda são modestas à escala da economia global finlandesa. O futuro poderá ser positivo, mas dependerá do desenvolvimento do ambiente empresarial e de inovação. Nesse enquadramento, o futuro do setor das TIC na Finlândia está muito ligado ao decurso da reestruturação no novo ambiente concorrencial. É sabido que a nova aliança entre a Nokia e a Microsoft, que mudará a plataforma dos telefones da Nokia para o sistema operacional do Windows, será sinônimo de demissão de muitos milhares de profissionais P&D que estavam desenvolvendo o sistema operacional para a Nokia, o Symbian. A questão crítica é: poderá esta realidade ser traduzida numa nova onda de inovação e de empreendedorismo, com milhares dos *developers* de topo a começarem os seus negócios em torno das duas ideias num ambiente de apoio à inovação? Se assim for, então o princípio "nunca desperdice uma boa crise" poderia abrir um novo capítulo na história do setor finlandês das TIC.

Por fim, analisando a situação atual, mesmo que a economia finlandesa esteja crescendo num bom ritmo, essas taxas de crescimento são muito inferiores às que testemunhamos no início do século XXI. Isso quer dizer que se perdeu algo do forte dinamismo do modelo finlandês e o único modo de se desenvolver seria, como sublinhamos, expandir e diversificar a economia informacional.

Reforma do Estado de bem-estar social na Era da Informação com base na inovação

Quanto ao Estado de bem-estar social, a situação é semelhante: tem-se mantido forte, sem grandes cortes, mas também não se deu uma transformação informacional da sua produtividade e das suas estruturas com base na inovação. Nos próximos anos, com a população se aposentando, estaremos perante um enorme desafio, porque, além da abertura do país à imigração, o crescimento da produtividade com base na inovação é a única maneira de aliviar a pressão dos fundos públicos. Como salientamos, é necessário que comecem a ocorrer mudanças de modo a que o Estado de bem-estar social continue sem grandes cortes. Isso implicaria mostrar o que pode ser o Estado de bem-estar social 2.0, ou o Estado de bem-estar social na Era da Informação.

A principal exceção é o importante investimento na renovação do sistema de educação que atualmente ocorre na Finlândia, em particular na esfera universitária, mais diretamente relacionado com o sistema de inovação. Houve um aumento significativo nos apoios financeiros às universidades e uma mudança na sua estrutura. No passado, o financiamento do ensino superior era dividido por vinte universidades num pequeno país; hoje, algumas das universidades fundiram-se e clarificou-se uma divisão por especialização, de modo a que pudessem ter recursos suficientes para estar nos níveis mundiais superiores nas suas áreas de especialização.

A mais importante dessas renovações estruturais foi a fusão da Universidade Tecnológica de Helsinque com a Escola de Economia e com a Universidade de Arte e Design, formando a nova Universidade Aalto (o nome deriva do famoso arquiteto funcionalista Alvar Aalto, cujo trabalho abrangeu todas essas áreas). A ideia é a de juntar três tipos de inovação necessários ao sucesso na atualidade: tecnológica, gestão e design. Claro que o objetivo máximo das universidades é ainda o de permanecer no topo do *ranking* em termos da pesquisa pura e das artes. O aspecto prático é apenas uma das dimensões da Universidade Aalto e é sabido que apenas poderá ter valor para o sistema de inovação se o seu núcleo de pesquisa pura e arte se mantiver intacto, original e de nível superior. Assim, a Universidade Aalto apresenta-se como o local "onde a ciência e as artes encontram a tecnologia, a gestão e o design." O financiamento da universidade aumentou significativamente.

O forte investimento público no sistema de educação, durante a crise, é uma diferença muito importante relativamente a outros países. Enquanto na maioria dos outros países a resposta à crise foi cortar o financiamento das universidades, juntamente com outras despesas públicas, o modelo finlandês considera a educação um investimento público de valor intrínseco, bem como uma condição para o crescimento — e, assim, parte de um círculo virtuoso. Se nos Estados Unidos o governo respondeu à crise com um decréscimo no financiamento da educação, o governo finlandês aumentou o financiamento das universidades no mesmo período. Tal como mostra neste livro Rosalind Williams, no caso ilustrativo da UC Berkeley, uma das principais instituições acadêmicas norte-americanas, bem como um importante motor do Vale do Silício, o financiamento do governo passou de US$450 milhões em 2008 para US$225 milhões em 2011, com as mensalidades e taxas subindo, simultaneamente, mais de 50%. Pelo contrário, na mesma altura, o governo finlandês aumentou o financiamento das universidades — o financiamento, por exemplo, na sua nova "ponta de lança", a Universidade Aalto, foi de £500 milhões — e manteve o princípio de que o ensino superior deve ser gratuito para que a inclusão social progrida.

Isso reforça a concentração da universidade na área da Grande Helsinque, onde também se situa a líder de pesquisa, a Universidade de Helsinque. Do ponto de vista do sistema de inovação, o objetivo é o da Grande Área de Helsinque se tornar um "ponto no mapa" de uma economia global de inovação na qual o mundo não é plano, mas é liderado por concentrações de inovação "glocais". Esse "ponto no mapa" está se formando, sobretudo, no ambiente físico da Universidade Aalto, localizada em Otaniemi, Espoo, perto de Keilaniemi, onde a Nokia e outras empresas de TIC líderes, bem como empresas líderes em muitas outras áreas (como a energia, com as suas maiores empresas Fortum e Neste, e Kone, que atualmente é gerida pela pessoa que dirigiu a fase de maior sucesso da Nokia). O plano que está sendo desenvolvido é o de esse núcleo formar um ambiente empreendedor e inovador, conduzido pelo espírito da paixão criativa e da interação enriquecedora.

Existe tanto um plano governamental nacional como um plano local/da cidade relacionados com o estímulo do desenvolvimento desse ambiente empreendedor de inovação. Os planos de construção para os transportes e para os edifícios, nessa área, nos próximos anos chegam a €10 bilhões. É a maior concentração de financiamento de P&D e de profissionais na Finlândia. Por exemplo, nos últimos vinte anos, a Nokia, sozinha, investiu €43 bilhões em P&D. Fazer todos esses investimentos de forma inteligente para formar um ambiente enriquecedor de inovação será decisivo para os próximos capítulos da história do modelo de inovação informacional finlandês.

A IDENTIDADE E A SOCIEDADE GLOBAL EM REDE

O terceiro desafio crítico que levantamos também se tornou relevante, não só para a Finlândia, e é por esse motivo que o caso finlandês é aqui apresentado em particular. Trata-se da ligação entre a identidade e a sociedade global em rede, em que a Finlândia conseguiu aliviar a tensão, no passado, ao fazer da sociedade de informação um projeto de identidade nacional. Os tempos de crise são propensos a produzir fortes identidades de resistência. E, hoje, no momento da crise atual, assistimos a essa tendência tanto na Finlândia como em outros países, incluindo os casos que acima descrevi. A grande questão global é: poderão criar-se identidades de projeto mais construtivas para responder às questões colocadas pelas identidades de resistência?

No caso da Finlândia, a identidade de resistência tem-se expressado de uma forma muito diferente da do movimento dos Indignados no Sul da Europa. Sim, o resultado final das eleições foi a formação de um governo de coligação liderado pelos conservadores e pelos social-democratas, que se tornaram os dois maiores partidos. E, nesse sentido, os finlandeses fizeram a escolha — usando o título do programa do governo — de uma "Finlândia Aberta, Justa e Corajosa".

Mas o título foi uma referência consciente a um outro forte desenvolvimento dessas eleições, que foi o aparecimento de uma identidade de resistência representada pelo partido nacionalista Verdadeiros Finlandeses. Foi esse fato que obrigou os partidos vencedores a enfatizar quanto são pró-UE, pró-euro e pró-imigração — incluindo o novo primeiro-ministro, que salientou que a Finlândia não irá mudar a posição fundamental de ser um país aberto e parte integrante da sociedade global em rede.

Assim, estamos perante uma verdadeira batalha entre um projeto de identidade de sociedade em rede, mais aberta, e uma identidade de resistência, fechada. E, a não ser que se consiga dar um novo conteúdo ao renovado projeto de identidade construtiva para a sociedade global em rede, dando resposta às questões colocadas pela identidade de resistência, trata-se de uma vitória momentânea e a identidade de resistência continuará a crescer cada vez mais forte.

Além do mais, a forma adquirida por essa identidade é, por fim, um fator-chave na definição de como a sociedade conseguirá dar resposta ao período de crise. No caso da Finlândia, como em muitos outros das economias avançadas, o futuro da sociedade de bem-estar social depende tanto da sua capacidade de transformação informacional inovadora como da imigração. De fato, a realidade é que sem a imigração o Estado de bem-estar social terá de ser cortado quando a população envelhecer. Assim, na realidade, por oposição à ideia, ligada à identidade xenófoba, segundo a qual "os imigrantes entram no país e nos tiram o Estado de bem-estar social", os imigrantes dão-nos o Estado de bem-estar social. Nesse sentido, ser contra a imigração é o mesmo que ser contra esse Estado. O mesmo acontece com a idade da aposentadoria: quanto menos imigração existir, mais tarde as pessoas terão de se aposentar.

Contudo, mesmo que essa relação seja analítica, o tempo da crise destaca o papel-chave que a identidade desempenha. As recentes eleições parlamentares finlandesas de 17 de abril destacaram diretamente esse tópico. Sejamos de novo empíricos e passemos a descrever o que realmente ocorreu nas eleições legislativas finlandesas que mencionamos acima.

Nas eleições, a Finlândia seguiu a tendência de aumentar a identidade de resistência nacionalista antes observada em muitos outros países europeus: o partido nacionalista, Verdadeiros Finlandeses, conseguiu uma grande vitória nessas eleições com o apoio de 19% dos eleitores e tornou-se o terceiro partido na Finlândia. O quadro seguinte mostra a mudança entre as eleições legislativas em 2007 e em 2011:

Tabela 1
Apoio dos partidos nas eleições parlamentares, 2007-2011 (%)

Partido	2011	2007	Variação
Conservadores	20,4	22,3	-1,9
Social-democratas	19,1	21,4	-2,3
Verdadeiros Finlandeses	19	4	+15
Partido do Centro	15,8	23,1	-7,3

Como podemos observar, o apoio conseguido pelo partido Verdadeiros Finlandeses aumentou imensamente. De fato, essa é a maior mudança observada no Parlamento em décadas.

O que aconteceu? O que está alimentando o crescimento dos Verdadeiros Finlandeses? A chave para compreender o seu rápido crescimento é observar que há quatro anos eram apenas um partido marginal, com meros 4% de votos. O partido começou por ser um movimento anti-imigração e xenófobo que enfatizava a identidade finlandesa, que está também na origem do seu nome. (Os Verdadeiros Finlandeses chegaram a integrar um programa cultural, na sua campanha oficial, que defendia a tese de que apenas a arte que propunha a identidade nacional deveria ser financiada com fundos públicos e que a "arte pós-moderna" deveria procurar financiamentos próprios!)

Mas seria demasiado simplista compreender a tensão entre identidade e sociedade global em rede apenas com base em sentimentos anti-imigração e xenófobos. Essa é a origem dos Verdadeiros Finlandeses, mas não é esse o motivo pelo qual conseguiram mais 15% de votos nas eleições. O apoio ao partido começou a crescer muito no contexto da crise e aumentou com a dívida da zona do euro de países como Grécia, Irlanda e, no mesmo período das eleições, Portugal.

Assim, o cerne do aparecimento dos Verdadeiros Finlandeses é o de que surgiram para representar um protesto mais global contra a sociedade global em rede no seu formato atual que conduziu à crise e não parecia oferecer uma saída para ela. A razão atual mais importante para o destaque dos Verdadeiros Finlandeses foi o fato de rejeitarem os instrumentos de resgate das dívidas dos outros países da zona do euro; a zona do euro tornou-se o símbolo da sociedade global em rede.

Sabemos disso agora por conta das análises empíricas claras. Juha Rahkonen realizou um estudo empírico com base numa amostra de 4 mil eleitores. O estudo mostrou que o voto não se limitou a uma classe marginalizada da sociedade. Cresceu num protesto generalizado. De fato, 40% dos apoiadores identificam-se como trabalhadores (quando apenas 31% do Partido Social-Democrata se identifica como trabalhadores). E é o partido mais popular entre os estudantes, com 11% de apoiadores, imediatamente seguido pelo Partido Verde (18%). O quadro seguinte mostra a distribuição da identificação dos partidos por grupo profissional (%):

Tabela 2
Quebra de identificação com os partidos, por grupo profissional, 2011 (%)

Profissão	Verdadeiros Finlandeses	Conservadores	Social--democratas	Centro
Operários	40	10	31	22
Funcionários	14	30	19	16
Empresários	7	11	4	6
Gestores	4	12	2	4
Agricultores	2	2	0	7
Estudantes	12	10	9	11
Domésticas	1	3	1	2
Aposentados	16	21	32	29

Fonte: Economic Research (Taloustutkimus) 2011

Além disso, o rendimento dos apoiadores dos Verdadeiros Finlandeses é semelhante à média dos finlandeses — e 5% dos apoiadores declararam um rendimento anual superior a €90 mil. Os Verdadeiros Finlandeses têm partidários entre diferentes classes sociais, bem como em todo o país. O que os une são os temas-chave do protesto, em particular serem anti-UE e contra a atual elite dirigente.

Assim, os Verdadeiros Finlandeses transformaram-se num protesto geral contra a sociedade global em rede no seu formato atual (inclusive, como em outros países, contra os seus líderes atuais que nos conduziram à crise econômica). Assim, além de serem a expressão da tensão entre a identidade e a sociedade global em rede (representada pela UE), também se trata de uma reação contra o sistema atual. Tratou-se, assim, de um voto contra o formato atual, e não de um voto a favor de algo de novo que o substituísse. Na melhor das hipóteses, existiu uma vaga aglomeração de objetivos levemente relacionados.

Por fim, ainda é necessário contextualizar o protesto. Os Verdadeiros Finlandeses são apenas o terceiro maior partido na Finlândia, com menos de 20% de partidários, o que significa que não poderão ditar o futuro da política finlandesa. O partido vencedor, o Conservador, deixou-o bem claro ao continuar a implementar políticas declaradamente direcionadas para uma sociedade global em rede.

Resumo do resumo

Globalmente — e a um nível analítico geral — deveríamos prestar mais atenção a essa dimensão social e cultural da crise. Não se trata apenas dos movimentos de identidade nacionalista em diferentes países. Não se trata apenas das pessoas participarem das manifestações dos Indignados na Espanha e na Grécia ou da Geração à Rasca em Portugal. As identidades de resistência chegaram à população dominante, que, cada vez mais, se opõe fortemente ao modelo atual para a sociedade global em rede que nos deixou nesta crise e que, contudo, está sendo usada também para sair dela.

Um número crescente de pessoas discorda desse modelo e apela a uma outra opção para avançar. Pode não apresentar respostas, contudo a situação não se resolverá ignorando-os, à medida que apenas irá fortalecer as identidades de resistência contra a sociedade global em rede.

Assim, a última questão política, em termos analíticos e práticos, é: conseguiremos formular um projeto identitário mais construtivo para um modelo de desenvolvimento sustentável na sociedade global em rede como uma maneira de avançar? Ou será que a crise se irá traduzir numa violenta crise social e cultural entre a tentativa de continuar o desenvolvimento da sociedade global em rede tal como era e a identidade de resistência que as pessoas irão expressar, cada vez com mais força, porque não se conseguem associar ao velho modelo de desenvolvimento? Existe um apelo urgente para uma forma mais sustentável de desenvolvimento da sociedade global em rede, que combinaria o desenvolvimento informacional com o desenvolvimento humano, desde o bem-estar ao ambiente, apoiado por um projeto de identidade mais construtivo. Isto é, um apelo a uma vida digna — ou, se o quisermos pôr nestes termos, um novo contrato social que responda à Grande Recessão com mais dignidade.

Referências bibliográficas

CASTELLS, Manuel. "A sociedade em rede". *A Era da Informação*: Economia, Sociedade e Cultura, v.1. São Paulo: Paz e Terra, 1999.
_____. "O poder da identidade". *A Era da Informação*: Economia, Sociedade e Cultura, v. 2. São Paulo: Paz e Terra, 2010.
_____. "Fim de milênio". *A Era da Informação*: Economia, Sociedade e Cultura, v. 3. São Paulo: Paz e Terra, 2009.
_____; HIMANEN, Pekka. *The Information Society and the Welfare State:* the Finnish Model. Oxford: Oxford University Press, 2002.
RAHKONEN, Juho. "Perussuomalaisten ruumiinavaus" (Dissection of the True Finns). *Yhteiskuntapolitiikka*, 76:4, 2011.
SAXENIAN, AnnaLee. *The New Argonauts:* Regional Advantage in a Global Economy. Cambridge: Harvard University Press, 2007.

PARTE IV
Para além da crise

PARA ALÉM DE ANALISAR o comportamento cultural e social que conduziu à crise, é crucial que se avalie a produtividade social das diferentes culturas que estão emergindo do rescaldo da crise.

As culturas que conduziram à crise da sociedade em rede foram fomentadas em práticas das redes do individualismo (uma "rede de interesses próprios") resumidas pelas elites gestoras e financeiras, apoiadas institucionalmente pelo *ethos* das escolas de gestão e disseminadas sob um modelo tradicional de comunicação baseado na comunicação de massas e na construção de grupos de referência.

A partir das descobertas obtidas através dos projetos de pesquisa empírica apresentados nesta parte, começa a surgir uma perspectiva oposta. O olhar para além da crise é o olhar para o que está surgindo com a crise. Os diferentes exemplos, que surgem da Europa ao norte da África, sugerem que, apesar de ter nascido da experimentação pré-crise das tecnologias digitais e de serem possibilitadas pela disseminação da internet, essas novas culturas não são alimentadas por uma elite profissional identificável, mas por redes de indivíduos muito diferentes e heterogêneas. Essas culturas propõem novas perspectivas sobre como olhar para a propriedade, produção, distribuição e construção da identidade. São culturas de "pertencimento em rede" também construídas a partir do individualismo em rede, mas que adotaram uma prática comum e aparentemente capaz de contaminar de forma viral as áreas não digitais da experiência diária, produção e das relações de poder.

Nos países mais desenvolvidos, podem ser encontrados exemplos de práticas de economia coletiva baseadas em formas de produção, consumo e trocas não capitalistas. A análise apresentada sobre a Catalunha sugere que entre 20% e 60% da população, e uma proporção muito maior de pessoas com menos de quarenta anos de idade, está envolvida em alguma forma de economia baseada na solidariedade e no valor da vida. Enquanto muitas dessas práticas eram anteriores à crise, em particular nas suas formas culturais mais conscientes, a crise parece ter aumentado a sua popularidade e o seu apreço. Podemos afirmar que as práticas alternativas que estão assim presentes na vida das pessoas deixaram o caminho aberto para o aparecimento e para a organização de movimentos políticos como o dos "Indignados".

Compreender o que está para além da crise e os seus rescaldos significa olhar profundamente para as culturas de pertencimento em rede e para práticas econômicas alternativas, porque poderá ser a partir das suas misturas e combinações improváveis que testemunharemos uma nova política capaz de fomentar uma nova organização social da vida nos anos que se seguirão à crise.

8

NAVEGANDO PELA CRISE: CULTURAS DE PERTENCIMENTO E MUDANÇA SOCIAL EM REDE

Gustavo Cardoso e Pedro Jacobetty

INTRODUÇÃO

NAS IMAGENS DO INÍCIO DO DOCUMENTÁRIO *The Chicago Sessions*, produzido pelo canal de TV a cabo holandês VPRO em 2009, Naomi Klein afirma que a noção de "classe" tinha regressado aos Estados Unidos com uma vingança. Essa afirmação diz respeito ao regresso da oposição entre a "Main Street" e a "Wall Street", e Klein argumentava que a visão de Milton Friedman sobre o fim das classes, ao generalizar a propriedade do capital e o acesso massificado às ações e à propriedade, tinha falhado.

Apesar de Klein ter identificado uma verdadeira oposição de forças entre os que detêm as empresas, "Wall Street", e os que têm acesso ao crédito para imitar a propriedade capitalista, "Main Street", argumentaríamos que a oposição fundamental que surge da crise não está na propriedade, mas nos valores que sustentam aquelas práticas. Esses valores são as culturas em rede "dos interesses próprios", que estiveram na base do verdadeiro início da crise, *versus* as culturas de "pertencimento em rede", que estão sendo construídas.

O que esta análise tentará mostrar são os fundamentos das culturas de pertencimento em rede, o conjunto de valores e de crenças que orientam as práticas materiais que têm tomado forma nos primeiros anos do século XXI e tentam promover a mudança social, por vezes organizadas e com objetivos claros, outras vezes produto do acaso das redes de escolhas diárias. Podem ser encontrados exemplos em várias geografias em todo o mundo, mas aqui escolhemos observar um conjunto específico de movimentos e organizações, incluindo o movimento MBA Oath, direcionado para a profissionalização da gestão; o Partido Pirata Internacional; o WikiLeaks; a rede aberta de indivíduos referidos como Anonymous; as revoluções do Twitter e do Facebook no Norte da África; o movimento Geração à Rasca em Portugal e a revolução espanhola.

Nesta análise tentaremos olhar para como as pessoas estão navegando a crise, isto é, quem são as pessoas que estão acreditando na mudança social e que culturas (valores e crenças) parecem estar por detrás dessas práticas. O nosso objetivo global é o de discutir como a experimentação está alimentando novas culturas e em que ponto estamos em relação às alternativas ao atual sistema político e econômico.

Para compreender os verdadeiros valores contrários em ação nas nossas sociedades em rede temos de olhar, em primeiro lugar, para as culturas que nos conduziram à crise atual e, depois, para as culturas que estão emergindo com a crise, que nos permitem navegar a crise, e não nos afogar no seu maremoto de ruptura social e econômica.

Crise, individualismo em rede e interesse próprio

A crise que começou em 2007 com raízes em eixos materiais — o mercado imobiliário —, mas que se desenrolou globalmente nas redes financeiras globais e dessas redes passou para o mundo inteiro. Assim, temos hoje a certeza de que essa crise nasceu do sistema social que adotamos em massa como nosso, na interdependência do campo das redes, tanto mediadas como não mediadas, que constituem a nossa experiência — isto é, a sociedade em rede.* Mas, ao mesmo tempo, podemos argumentar que essa não foi uma crise da sociedade em rede. Por quê? Porque a sociedade em rede é um modelo de organização das nossas vidas — organização da produção, poder e experiência — que concorre para a cultura que define a nossa civilização. Assim, apesar de o modelo organizacional poder favorecer um determinado conjunto de escolhas, será a nossa escolha individual

---

* M. Castells, "A sociedade em rede". *A Era da Informação*: Economia, Sociedade e Cultura, v.1.

e coletiva de valores que irá informar as nossas práticas. Assim, deveríamos argumentar que, mais do que uma crise nascida da nossa sociedade em rede, a crise atual nasceu de um conjunto de valores que foram percebidos, num dado momento, como dominantes e, assim, partilhados por meio do sistema de mediação dominante.* O argumento aqui desenvolvido é o de que, na sociedade em rede, o poder é essencialmente construído através do uso da comunicação mediada.** A comunicação é poder, mas o poder apenas pode ser exercido desde que os valores e as práticas que sustentam a comunicação sejam percebidos como úteis ao enquadramento da experiência na vida cotidiana.*** Quando essas condições mudam, o poder deixa de ser reconhecido pelos atores sociais envolvidos naqueles processos de comunicação. Quando se desenrola uma crise, surgem as dúvidas, conjuntamente com as condições para questionar a validade de todo o sistema econômico. Esses são os momentos em que os espaços para as perspectivas alternativas da realidade tendem a vir à superfície e parece ser esse o ponto a que chegamos. Um período em que os valores e as crenças antes percebidos como fundamentais para a organização da nossa experiência deixam de o ser. O que aqui designamos como culturas da crise, isto é, valores e crenças que influenciaram as práticas que conduziram à crise, são as culturas derivadas de práticas do individualismo em rede.**** Práticas forjadas sob a cultura em rede dos 'interesses próprios', sintetizadas pelas elites financeiras e gestoras, apoiadas institucionalmente pelo *ethos* das escolas de gestão e disseminadas sob um modelo tradicional da comunicação, baseado na comunicação de massas e na construção de grupos de referência.

O individualismo em rede e as novas elites de gestão

Na sociedade em rede, o paradigma social e organizacional da rede deu lugar a novos processos de ligação individual e institucional, nos

---

* W. Hope, "Time, Communication, and Financial Collapse".
** Castells, *O poder da comunicação*.
*** R. Silverstone, *Por que estudar a mídia*.
**** B. Wellman, "Little Boxes, Glocalization, and Networked Individualism".

quais grupos coesos* são substituídos por redes sociais difusas. Conforme sugere Wellman, as fronteiras tornaram-se mais permeáveis, as interações multiplicaram-se, as ligações se alternam entre múltiplas redes, as hierarquias tendem a atenuar-se e, ao mesmo tempo, tornam-se mais complexas nas suas estruturas.** Apesar da transformação da organização social baseada em grupos em redes poder ser testemunhada em múltiplas dimensões das nossas sociedades, da política à econômica, interessam-nos sobretudo os modos em que as possibilidades oferecidas pelo individualismo em rede foram apropriadas por uma pequena elite profissional — os gestores — e como tal apropriação permitiu a disseminação de modelos, com valores e crenças baseados numa cultura extremamente autocentrada e individualista, que podemos designar como "interesses próprios em rede". A sociedade em rede tanto é uma construção social como é uma infraestrutura material e um processo de organização, mas ser a soma de todas aquelas partes também lhe permite dar lugar a uma nova dimensão de capital, capital em rede,*** que pode ser descrito como a colocação em rede e a interação de diferentes tipos de capital, do financeiro ao humano e do organizacional ao cultural — desenvolvido com o uso de celulares, tablets, computadores, televisões etc., que permitem que a mediação social ocorra através e com a internet. Assim, o capital em rede pode ser entendido como uma versão 2.0 do que definíamos como capital social num ambiente pré-sociedade em rede. O capital de rede é o *melting pot* virtual e o ponto de encontro de recursos como a "informação, o conhecimento, a ajuda material, a ajuda financeira, alianças, apoio emocional e um sentimento de estar ligado".**** O individualismo em rede assenta nas ferramentas — hardware e software — e também em como as pessoas escolhem conduzir o seu uso por meio da apropriação social. Por exemplo, ferramentas como MySpace, QQ e Facebook permitiram um tipo de experiência diferente que, por sua vez, permitiu diferentes desenvolvimentos culturais através das práticas do individualismo em rede. O individua-

---

* Ibidem.
** Ibidem.
*** B. Wellman, "Little Boxes, Glocalization, and Networked Individualism".
**** Ibidem.

lismo em rede não é o produto direto de uma escolha de como vivermos as nossas vidas, mas uma consequência de aceitarmos o crescente papel da mediação sobre as redes nas nossas sociedades, desde as dimensões da amizade e família à adoção de trabalho organizacional com base na informação.

São muitos os exemplos de trabalho organizacional com base na informação, mas aqui gostaríamos de centrar a nossa atenção no sistema bancário financeiro e de investimento e nas suas elites de gestão. A crise de 2007 teve o seu epicentro no sistema financeiro e uma vez que os sistemas financeiros são o produto da interdependência tecnológica e social e da sua interação, também podemos encontrar neles um conjunto de valores e crenças centrais subjacentes, que orientaram a cultura partilhada pelo sistema financeiro e que a disseminaram — uma cultura que aqui definimos como "interesse próprio em rede". Se a dimensão tecnológica do sistema financeiro se baseava, e ainda se baseia, na existência de uma rede global de nós financeiros e de servidores, a sua dimensão social baseia-se numa rede de gestores em diferentes níveis e geografias, abraçando práticas individualistas em rede e partilhando entre elas uma dada cultura. Quando estudamos uma determinada crise podemos optar por olhar para os seus resultados ou para as suas causas; também podemos escolher olhar para manifestações materiais (números e índices da Bolsa ou do mercado imobiliário etc.) ou para as suas manifestações culturais. Seguir as abordagens culturais da crise também significa identificar e analisar as características subjacentes de um dado conjunto de valores, crenças e práticas, isto é, a maneira como as pessoas pensam e agem, mas também quem são essas pessoas e por que atuam num determinado cenário cultural.

Apesar de muito se ter publicado sobre as abordagens da sociologia e da economia política à crise, são poucas as análises sobre os gestores, a gestão e as culturas de gestão. Uma das exceções a essa tendência é o trabalho de Khurana,* que afirma que o estudo das práticas das escolas de gestão tem um papel fundamental para compreender os fundamentos da crise que se desenrolou na segunda me-

---

* R. Khurana, *From Higher Aims to Hired Hands*: the Social Transformation of Business Schools and the Unfulfilled Promise of Management as a Profession.

tade da última década. Para Khurana, as ideias de profissionalismo e moralidade que inspiraram a formação das escolas de gestão no início do século XX foram substituídas por uma perspectiva dos gestores enquanto meros agentes de acionistas, cuja função é a de agir como facilitadores da partilha de lucros. Durante a maior parte do século passado, os gestores atuaram sob um sistema de capitalismo de gestão, no qual a liberdade de escolha era considerável. Mas, depois da crise dos anos 1970,* tal panorama alterou-se por via da adoção da desregulação com o objetivo de aumentar tanto a produtividade do trabalho como a rentabilidade do capital. A desregulação teve um forte impacto sobre o capitalismo de gestão, porque os gestores eram vistos também como parte do problema que a desregulação estava tentando resolver.

O próximo passo para responder ao que poderia ser descrito como os "potenciais déficits para a remuneração do capital investido" seria a criação de mercados globais destinados a melhorar a capacidade para a maximização do lucro. Nesse processo, os gestores perderam poder para os acionistas, o que deu origem a uma profunda mudança nas relações entre executivos, empresas e acionistas. Essa transformação das relações de poder, com o objetivo de maximizar o lucro, desencadeou o desenvolvimento de um novo modelo de gestão: o capitalismo de investidor.** Outras análises sugerem que testemunhamos não apenas essa mudança, mas também a emergência de um novo sistema em Wall Street,*** no qual os bancos de investimento não apenas emprestavam dinheiro, geriam fundos ou comercializavam em nome dos clientes, mas também comercializavam transações por conta própria em ativos financeiros e outros, com o objetivo de comprar e vender derivados financeiros de forma a gerir diferenciais de preços (por exemplo, fundos de cobertura, grupos de fundos de capital privado, veículos de investimento específicos).

---

* M. Castells, "A sociedade em rede". *A Era da Informação*: Economia, Sociedade e Cultura, v.1.
** B. Khurana, *From Higher Aims to Hired Hands*: the Social Transformation of Business Schools and the Unfulfilled Promise of Management as a Profession.
*** P. Gowan, "Crisis in the Heartland. Consequences of the New Wall Street System".

Como em muitas outras dimensões profissionais desenvolvidas durante a modernidade, a gestão assenta na aceitação de garantias simbólicas e de sistemas periciais.* Mas a legitimidade e a autoridade desses grupos e a confiança necessária para atuarem são conferidas pela universidade. No caso da gestão, essa legitimidade encontra-se nas escolas de gestão e, em particular, nos MBA oferecidos pelas universidades. É aí, por meio das relações estabelecidas com as empresas na troca de recursos humanos — tanto de professores como de estudantes —, que os objetivos e os modelos de atuação e de gestão foram moldados na maioria das sociedades capitalistas do mundo — partindo normalmente dos principais centros nos Estados Unidos e mais tarde disseminados pelos centros dos MBA de gestão na Europa e na Ásia.

No período pré-2007, o propósito da gestão era o de maximizar o valor do acionista, legitimando o preço das ações como a medida de valor e de percepção social, tanto das empresas como dos gestores.** Esses processos de legitimação, desenvolvidos nos cursos de MBA, não se limitavam ao mero ensino de competências ou conhecimentos, mas de teorias micro e macroeconômicas gerais, que se tornaram o paradigma dominante nas escolas de gestão, da natureza e do propósito da gestão.***

A chegada da gestão ao mundo universitário seguiu um processo comum de legitimação na modernidade. No processo de conseguir um reconhecimento social mais elevado, e apenas depois de se terem estabelecido como campos científicos, a gestão e outros campos profissionais, como o jornalismo,**** que se tinham estabelecido em primeiro lugar fora do âmbito da universidade, têm em comum um conflito por resolver, entre a dimensão econômica do uso dos seus instrumentos e a dimensão cultural das normas, e dos valores, que deveriam atuar como fronteiras éticas na relação entre o poder individual e a confiança social. Na gestão, os processos de desregulamentação ancoraram-se na

---
* A. Giddens, *As consequências da modernidade*.
** R. Khurana, *From Higher Aims to Hired Hands*: The Social Transformation of Business Schools and the Unfulfilled Promise of Management as a Profession.
*** Ibidem.
**** U. Eco, "University and Mass Media".

aceitação generalizada da maioria das escolas de gestão e produziram uma determinada narrativa de sucesso, mensurada por meio do valor percebido pela cota de mercado. Essa definição teórica de sucesso criou as condições para as elevadas remunerações dos executivos e para as políticas de opção de compra de ações. Aquelas construções culturais, quando aplicadas no domínio da gestão, criaram as condições para a formação de um conjunto de veículos de inovação financeira especiais que, em troca, abriram caminho à crise dos empréstimos hipotecários do imobiliário e o quase colapso do sistema financeiro norte-americano e dos restantes nós do sistema financeiro mundial. Mas, mais importante para a nossa análise, criaram as condições para uma cultura ancorada no poder das redes digitais e a percepção do individualismo como sendo igual ao interesse próprio. Ao longo dos últimos trinta anos, o *ethos* das escolas de gestão abriu caminho à *cultura em rede do interesse próprio*, na qual os atores sociais tendem a privilegiar o aumento do poder individual e a morte da confiança societária ao atribuir um valor muito mais baixo às normas de justiça, de igualdade e de respeito para com as instituições, criando as condições para práticas nas quais o compromisso e a lealdade social poderão ser menos valorizadas do que o perseguir de oportunidades.* Também temos de reconhecer, à semelhança do que defendem Savage e Williams,** que o capitalismo atual exige uma nova agenda de pesquisa que ligue "a teoria de elite com uma análise social do dinheiro, das finanças e do poder" necessária à compreensão das transformações sociais atuais. As elites de gestão, em particular as que atuam no sistema financeiro, podem ser caracterizadas como, pela natureza do seu trabalho, mediadoras de negócios, mas também capazes de se movimentar entre os diferentes campos da economia e, assim, capazes de colocar em rede e de ligar realidades de criação de valor que, de outra forma, continuariam desligadas. Ao fazê-lo, as elites de gestão financeira forjam uma identidade coesa como uma elite social de "grande alcance"*** e consagram-se, como elementos

---

* Z. Bauman, *Modernidade líquida*; R. Nisbet, *The Present Age*: Progress and Anarchy in Modern America; R. Khurana, "MBAs Gone Wild".
** M. Savage e K. Williams, "Elites: remembered in capitalism and forgotten by social sciences".
*** Ibidem.

centrais, na construção do capital em rede no sistema econômico global. É precisamente essa capacidade de gestão financeira, construindo redes para além das redes dos primeiros anos de vida (por exemplo, a escola, a família), que lhes dá um papel tão central na economia global e, assim, o poder que transforma as elites de gestão financeira em elites reconhecidas. De interesse específico para a nossa análise são os modos em que as elites financeiras de gestão se tornaram modelos de uma dada cultura que validou e encorajou a participação de uma grande parte da população global em perigosas práticas de consumo e investimento. Para esse percurso também precisamos de reconhecer que o exercício do poder não está apenas associado a um determinado cenário institucional, como um banco de investimento ou uma empresa de *hedge funds*, mas que decorre do potencial para influenciar ou facilitar algo, em construções culturais.* É o que Giddens** designou a capacidade de "autorização", que resulta da interiorização dos valores culturais dominantes e da identificação com quem ocupa as posições dominantes em termos desses valores. O poder resulta da legitimidade e essa depende da crença de que um determinado padrão de dominação está correto, justificado ou é válido.*** Essa validação também é o produto do reconhecimento de um conjunto único de competências, baseadas em símbolos e em significados sociais, que monopolizam enquanto grupo ou rede de indivíduos. Mas o seu poder, como elite, também é limitado ao modo como é dada visibilidade àquele conjunto de competências, isto é, o seu poder também depende do modelo de comunicação de uma dada sociedade.

Redes de interesse próprio e a cobertura dos *mass media*

Apesar de a segunda metade dos anos 1990 ter testemunhado o início de uma profunda mudança no modo como nos comunicamos, temos

---

* J. Scott, "Modes of power and the re-conceptualization of elites".
** A. Giddens, *Central Problems in Social Theory*: Action, Structure and Contradiction in Social Analysis.
*** D. Held, *Political Theory and the Modern State*; D. Beetham, *The Legitimation of Power*; J. Scott, "Modes of power and the re-conceptualization of elites".

vivido, até há pouco tempo, sobretudo sob um modelo de mediação da comunicação de massa. Essa lógica promove, em particular, a integração do indivíduo nas instituições da sociedade já existentes, e não a construção, através da experimentação, de novos cenários institucionais. A principal novidade do nascimento e do desenvolvimento das culturas de interesse próprio em rede, durante os anos 1990 e início de 2000, foi o seu caráter híbrido, no sentido de que são o produto não apenas do individualismo em rede, possível por meio da centralidade das redes nas nossas vidas, como é o caso da internet, mas também das velhas tecnologias de *mass media*, instrumentais nesse caso na disseminação de valores e crenças, centradas na valorização do poder individual e na morte do valor da confiança social. Se as elites de gestão financeira foram os atores centrais de uma cultura de interesse-próprio em rede, como é que obtiveram o seu poder comunicacional para conseguir disseminar essas práticas culturais? Partindo de autores como Hope* e Castells,** temos de lembrar que a disseminação dessa cultura em particular ocorreu num período de emergência e proliferação de políticas de desregulamentação, da globalização da atividade financeira, do financiamento do capitalismo e da crescente ligação dos *mass media* em rede, telecomunicações e computadores. Esses mesmos elementos não apenas induziram um crescimento econômico extraordinário como também foram instrumentais à acumulação de perigos financeiros que conduziram à crise de 2008. Conforme salienta Hope,*** o poder dos bancos de investimento, a securitização das hipotecas, o aumento dos derivados hipotecários, o papel das redes globais de computadores e os meios noticiosos desempenharam um papel importante na criação das condições de base para a implosão da crise e para a sua rápida disseminação mundial. Mas se direcionarmos a nossa atenção para o período que decorreu entre a queda do muro de Berlim, em 1989, e a queda das Torres Gêmeas, em 2001, também encontraremos um período no qual a combinação da difusão de notícias 24 horas por

---

* W. Hope, "Time, Communication, and Financial Collapse".
** M. Castells, "A sociedade em rede". *A era da informação*: Economia, Sociedade e Cultura, v.1.
*** W. Hope, "Time, Communication, and Financial Collapse".

dia, a emergência global das redes financeiras e a difusão do comércio eletrônico deram lugar à transformação da mídia de economia. A mídia que produz informação sobre economia começou a construir o seu sistema de especialistas em mercados durante aquela década. Tal como a mídia de entretenimento tem o seu sistema de celebridades, ou como Hollywood tinha o seu sistema de estrelas, a mídia de economia desenvolveu o que podemos designar um *sistema de analistas*. Esse sistema de comentaristas de notícias caracterizou-se, antes dos anos 1980, pelo recurso a acadêmicos e economistas do setor privado, que se conjugavam com alguns funcionários públicos.* Um sistema como esse apoiava-se fortemente em análises de indicadores estatísticos nacionais, balanços comerciais, crescimento econômico e previsões de emprego — informação normalmente produzida por instituições do governo ou acadêmicos. Sob um modelo de desregulamentação baseado no capitalismo "investidor" e num "novo sistema de Wall Street", as mídias generalistas e econômicas evoluíram para a criação de painéis de comentaristas sobre a análise do ambiente financeiro global. Ao fazê-lo, as mídias de economia assumiram a natureza de um sistema baseado nas elites financeiras de gestão, como banqueiros, investidores, corretores etc. O papel dos comentaristas transformou-se, cada vez mais, na opinião individual e na interpretação de dados produzidos, em tempo real, pelos mercados financeiros. O resultado natural dessa evolução foi o aparecimento de um sistema interdependente no qual a análise de dados produzidos pelas redes financeiras é, ela própria, um indutor de informação para a decisão sobre o que comprar ou o que vender, criando realinhamentos constantes nas decisões comerciais, baseada na análise das notícias e num sistema global turbulento interdependente, entre as notícias de negócios e os mercados. Um sistema no qual a elite de gestão financeira, tanto por meio das suas decisões profissionais, sobre os mercados, como sobre os seus valores e as suas crenças incorporados nos comentários noticiosos, deu lugar à difusão de modelos fundamentados numa cultura de interesse próprio em rede.

O aparecimento de uma elite de gestão financeira no circuito das notícias e a generalização desse tipo de comentaristas também con-

---
* W. Hope, "Time, Communication, and Financial Collapse".

duziram à transformação do jornalismo de economia, tornando-o também mais permeável aos valores das culturas de interesse próprio em rede.* A disseminação das condições materiais que deram lugar ao individualismo em rede, a sua apropriação pela elite de gestão financeira e a transformação dos meios de comunicação social sobre economia permitiram a disseminação de uma cultura na qual os atores sociais tendiam a favorecer o aumento do poder individual, o desaparecimento da confiança social e a adoção dos interesses próprios em rede como um modelo para muitos dos detentores do poder — com efeitos de longa duração na política, economia e cultura. Mas também argumentamos que os valores e as crenças apenas subsistem desde que sejam úteis às pessoas. Depois da crise de 2008, as práticas construídas sob uma cultura de interesse próprio em rede foram rapidamente alvo de crítica. Assim, a questão que temos de colocar é: somos capazes de encontrar sinais de mudança? Sinais que possam ser vistos como a formação de um novo conjunto de práticas, informadas por valores diferentes, que se podem constituir como novos modelos numa sociedade global?

Pertencimento mediado e mudança social

Cinco anos após os primeiros sinais, parece ser tempo de assumir que esta crise não é idêntica às que temos vivido, no capitalismo, desde a do petróleo de 1973. Esta é diferente porque ocorreu num mundo globalizado, no qual a China se tinha tornado um ator central da economia e da diplomacia e os EUA e a Europa tinham enfraquecido. Essa crise também é diferente porque o poder europeu e americano foi consumido por duas guerras e por um setor financeiro que, fruto das próprias escolhas, implodiu e, para sobreviver, tinha esgotado os ativos financeiros dos Estados soberanos. Por fim, mas não menos importante, essa é uma crise na qual o crescimento futuro e a criação de riqueza não dependem diretamente da criação de mais emprego. Todas as crises têm conflitos, mas muitas são conduzidas pelas massas. Os conflitos são normalmente produto de elites potenciais, as

---

* D. Tambini, "What Are Financial Journalists For?"

que aspiram ao exercício do poder mas que não são autorizadas pelas elites atuais. Em momentos de crescimento econômico, são utilizados os mecanismos de mobilidade social, e da democracia, na luta simbólica entre as potenciais e as atuais elites de poder. Mas quando a crise persiste esses mecanismos tendem a perder a sua eficácia. A nossa sociedade baseia-se no conhecimento e na informação, uma sociedade em rede que liga todos os domínios, do social ao econômico e político, com relevo para o sistema econômico global. Assim, os que estão aptos a exercer o poder, mas que são deixados de fora pela crise, são hoje os profissionais da informação com licenciaturas universitárias, os que não conseguem encontrar um trabalho de acordo com as suas expectativas de mobilidade social ou que, simplesmente, não conseguem encontrar um trabalho. É entre esses que iremos encontrar os atores dos novos conflitos sociais. E o que são e quem são os seus alvos? Os novos conflitos sociais são produto da ação individual, mas simultaneamente da ação em rede. Muitas vezes as suas ações são anônimas, mas procuram apoio em redes sociais on-line. As elites que promovem a mudança social por meio das suas ações (e os primeiros que adotaram o que parecem ser novas culturas em rede) são radicalmente diferentes das elites de gestão financeira e das suas redes de interesse próprio. As elites que desafiam os poderes correntes são as que podemos designar como *elites por objetivo*, porque são reconhecidas como tal pelos seus pares desde que sejam capazes de atrair a atenção e a participação de outros nas ações que promovem por meio das redes digitais, mas com um impacto concreto nos lugares e nas instituições. O seu poder é construído nas redes e simbolicamente expresso tanto em redes sociais on-line como nas ruas, baseado na capacidade de atualizar, continuamente, as suas ações e os seus objetivos e apoiar uma rede de partilha de ideias e ações, sob uma lógica de acesso permanente entre os seus membros. Já conhecemos o poder da comunicação* por detrás do modelo da nova comunicação em rede,** mas ainda precisamos construir um novo conhecimento das consequências futuras das lutas de poder que se avizinham, em torno das

---

* M. Castells, *O poder da comunicação*.
** G. Cardoso, "The Birth of Network Communication: Beyond Internet and Mass Media".

questões que as pessoas consideram mais importantes em tempo de crise e, como veremos nos próximos exemplos, muitas vezes partem da necessidade de mudança no sistema político, mas também da procura da mudança económica e, mesmo, de uma mudança no modo como percebemos a economia e as nossas vidas. Nas próximas páginas iremos explorar a transformação das práticas durante um período de crise, estimuladas pela mudança cultural, na sociedade em rede, na qual jovens e menos jovens adotaram a esfera digital da comunicação em rede e, ao fazê-lo, aprendem a navegar a crise e a fazer experiências com a mudança social. São essas pessoas que assumem os papéis de inovadores numa sociedade em rede, experimentando por vezes em cenários de instituições tradicionais como universidades, partidos políticos, ONGs e grupos de interesse e, outras vezes, avançando para as ruas e praças e assumindo a sua identidade de *indivíduos em rede*.

Promessas rumo à mudança: o juramento global das empresas

O primeiro exemplo de pertencimento mediado que analisamos é o que ocorreu a partir das ações mundiais de um pequeno grupo de estudantes de MBA e de jovens gestores, com o objetivo de mudarem a ética da sua profissão, isto é, a ética da gestão. Como sabemos, apesar das tentativas de transformar a gestão numa profissão, quando surgiram as escolas de gestão as preocupações éticas foram afastadas, dando lugar à maximização do lucro e à eficiência económica. Um artigo publicado na *Business Review* de Harvard, de 2008, escrito por Rakesh Khurana e por Nitin Nohria, continha as linhas orientadoras para um código profissional da gestão. Na sequência desse artigo fizeram-se algumas tentativas para formalizar as normas de conduta de quem tinha estudado em escolas de gestão. Depois, assistiu-se à iniciativa internacional de criação de um juramento gobal relacionado com as práticas empresariais, ao qual aderiram o Fórum Económico Mundial (WEF), os Jovens Líderes Globais, o MBA Oath, o Instituto de Aspen, os Princípios para o Ensino da Gestão, o programa Global Compact das Nações Unidas, a Associação dos Profissionais de Gestão Empresarial, o Net Impact e o MBA Oath canadense. Em conjunto fundaram o Projeto do Juramento.* A força dos meios sociais é aqui ilustrada num movimento de base na gestão, que começou com os estudantes, que desafia o valor estabelecido do acionista como o fim absoluto para a atividade de gestão. Disseminou-se rapidamente através de redes sociais de indivíduos e organizações, com a ajuda do compromisso dos indivíduos envolvidos para alargarem o seu juramento a um público mais vasto e a redes sociais privadas, como a Welcom do WEF. O Projeto do Juramento e o seu juramento global de gestão são um exemplo do reconhecimento da falha dos valores e das crenças nas culturas de interesse próprio em rede e a consciência de que a mudança social pode ser promovida por grupos de pares que entendem que existem ferramentas que podem ser utilizadas para mudar a cultura empresarial e, ao mesmo tempo, mudar a sociedade.

Políticas públicas para a mudança: o Partido Pirata

O segundo exemplo da procura de mudança social através da mudança cultural é um em que a percepção da mudança, nas práticas de distribuição dos bens de culturas populares e cultura de fãs, levou ao uso do sistema político-partidário como motor de transformação social. O *Piratpartiet*, ou Partido Pirata, é um partido político sueco que começou como movimento em torno da partilha de arquivos e de atividades anticopyright. O Partido Pirata expandiu-se por vários países — conseguiu obter 9% dos votos nas eleições regionais de 2011, em Berlim, e quinze lugares no Parlamento. Apesar de os partidos Pirata apenas se encontrarem registrados oficialmente na Europa e no Canadá, esse pode ser considerado um movimento partidário internacional de sucesso. Além disso, o ativista Slim Amamou, do Partido Pirata tunisiano, foi nomeado secretário de Estado para Desporto e Juventude pelo novo governo da Tunísia.** A análise de muitos quadros do Partido Pirata em todo o mundo mostra que a ideologia partilhada por esse movimento gira em torno da emanci-

---

* The Oath Project, http://www.theoathproject.org/partners/index.html.
** "Turmoil in Tunisia: As it happened on Monday", disponível em: http://news.bbc.co.uk/2/hi/africa/9363808.stm.

pação tecnológica do indivíduo, em relação ao que parece ser uma escassez artificial da informação, na era digital, para a proteção de interesses estabelecidos, enquanto se adapta às variações dos contextos nacionais em que surge. Mas as ideias partilhadas entre esses partidos, de diferentes países, não pode obscurecer o fato de encontrarmos muitas ideias novas a serem testadas. No Reino Unido, por exemplo, um dos principais objetivos definidos pelo partido é oferecer medicamentos genéricos em substituição aos medicamentos patenteados, que, segundo o partido, representaria uma poupança de milhões de libras para o Serviço Nacional de Saúde.* Na Espanha, o partido defende uma plataforma participativa, em tempo real, de cidadãos que poderiam participar nas decisões políticas.** O partido italiano afirma claramente que pretende promover a pesquisa sobre democracia participativa, cultura e privacidade e estender os resultados desse trabalho à comunidade científica. A criação de partidos Pirata partilhando um pequeno conjunto de princípios — a privacidade, a liberdade de expressão e a abolição do *copyright* — e a evolução do seu discurso político para outros domínios da vida, da saúde à educação, mostram-nos o poder dos valores e das crenças enraizadas nas práticas generalizadas da sociedade — ainda que, muitas vezes, estas sejam consideradas como estando fora da lei — e como podem ir além de pequenos grupos de indivíduos dispersos, transformando-se numa rede institucionalizada de partidos, por todo o mundo, que tentam influenciar as políticas públicas e promover a mudança social.

Abertura para a mudança: WikiLeaks

A WikiLeaks, apesar de todas as controvérsias, é provavelmente o exemplo mais conhecido de uma cultura em rede pela mudança. A regra que sustenta as suas ações é a de que se alguém produziu informação que possa ser considerada de interesse geral, então essa in-

---

* "Election: Can Pirate Party UK emulate Sweden success?", disponível em: http://news.bbc.co.uk/2/hi/uk_news/politics/election_2010/8644834.stm.
** Objetivos do Partido Pirata Espanhol: http://www.partidopirata.es/conocenos/que-proponemos.

formação deve ser partilhada. A WikiLeaks também se baseia numa cultura de abertura, à medida que é *crowd-sourced* e uma organização sem fins lucrativos que opera internacionalmente.* Desde que foi lançada, em 2007, segundo o site da organização, a "WikiLeaks já publicou mais documentos secretos do que o conjunto de toda imprensa mundial". Jay Rosen percebeu que a WikiLeaks é a primeira organização noticiosa do mundo sem qualquer relação com o Estado, invertendo a tendência histórica da mídia que detém uma responsabilidade poderosa, ao mesmo tempo que funciona sob as leis de uma determinada região e é protegida por essas leis — utilizando a lógica global da internet sem os limites colocados pelos Estados.** O seu impacto não apenas está mudando a relação entre a mídia e o Estado, como as próprias regras do jogo, minando a autoridade do Estado no controle do acesso à informação ao mesmo tempo que influencia a cobertura dos eventos por parte da mídia tradicional. Essa organização inovadora, fundada sob princípios da mídia social e do serviço público, publica material sensível em nome do interesse público, desestabilizando o equilíbrio do poder tradicional e dando poder aos indivíduos. "A WikiLeaks mudou a nossa noção de *hackers* de uma parte do potencial ameaça, por parte de perigosos piratas, por um grupo mais vasto de ativistas, na sua maioria inofensivos — que não faziam parte das organizações visadas —, para os que atuam a partir dessas organizações."*** A divulgação dos despachos diplomáticos dos Estados Unidos e a aliança estabelecida pela WikiLeaks com *The Guardian, El País, The New York Times, Der Spiegel* e *Le Monde* não só representa um exemplo do Modelo de Comunicação em Rede**** como também representa a cultura de abertura e o modo como a sua apropriação causa mudanças que não se limitam à esfera digital das empresas de jornalismo. As práticas da WikiLeaks tiveram um forte impacto nas discussões sobre

---

* C. Sreedharan et al., "WikiLeaks and the changing forms of information politics in the 'network society'".
** J. Rosen, "The Afghanistan War Logs Released by Wikileaks"; C. Sreedharan et al., "WikiLeaks and the changing forms of information politics in the 'network society'".
*** Balász Bodó, "You Have No Sovereignty Where We Gather: Wikileaks and Freedom, Autonomy, and Sovereignty in the Cloud".
**** G. Cardoso, "The Birth of Network Communication: Beyond Internet and Mass Media".

a ética empresarial, a ética das relações internacionais, o papel dos jornalistas e do jornalismo nas nossas sociedades e, ainda, nas contradições existentes e nas incompatibilidades possíveis entre a percepção social da reserva e da privacidade, as praticadas pelas empresas, e pelos governos, e as definidas pelas leis nacionais e internacionais. Dada a sua vasta disseminação, como um estudo de caso bem conhecido, hoje em dia a WikiLeaks é um forte exemplo de como as pequenas organizações sem fins lucrativos, que centram a sua atenção no papel da informação nas nossas sociedades, podem prosseguir a mudança social por meio de novas percepções culturais do poder.

Letramento em direção à mudança: a entidade conhecida como Anonymous

Os *hackers* também se podem ligar em rede e, quando o fazem, tornam-se um tipo especial de grupo de interesse; é esse o caso por detrás do Anonymous, uma "não organização" em rede que, até há pouco tempo, era sobretudo um centro cultural desconhecido da internet.* Páginas da web como a comunidade de imagens "4chan" (www.4chan.org), nas quais as pessoas interagem carregando imagens e escrevendo comentários, não exigem o registro de usuários. Na ausência do nome dos usuários, a maior parte da atividade apresentada no site era assinada por Anonymous, num cenário em que a cultura "está constantemente em mudança devido ao crescimento incontrolado de 'memes'". Apesar da descrição da mídia, não se trata realmente de um grupo de perigosos *hackers*, mas de um nome coletivo adotado por indivíduos com as mesmas ideias que, por vezes, atuam em conjunto em atividades normalmente designadas como "operações". O pertencimento nesse grupo é *ad hoc*. Underwood e Welser** analisaram as fontes públicas on-line usadas pelos Anonymous para "planejar, discutir, coordenar e executar o Projeto Chanology", que consis-

---

* A. Blair, "'We are Legion': An Anthropological Perspective on Anonymous. The Impact of Technology on Culture".
** P. Underwood e H.T. Welser, "The Internet is Here: Emergent Coordination and Innovation of Protest Forms in Digital Culture".

tia em protestos simultâneos contra a Igreja da Cientologia. Nessa tentativa de protesto contra a alegada violação dos direitos humanos e da liberdade de expressão da religião, os participantes viam-se como *tricksters* e consideravam a sua participação, nesses projetos, sobretudo como um "divertimento". Mas foi a Operação Payback, que deu o reconhecimento público aos Anonymous, com a cobertura midiática. Os que estavam por detrás da Operação Payback retaliaram em apoio da WikiLeaks lançando ataques DDoS contra empresas como PayPal, MasterCard, Visa e Amazon.* Um dos pontos fortes dos Anonymous é a ausência de uma estrutura de grupo tradicional. Os indivíduos são responsabilizados pelas suas ações. Essas ações dos Anonymous são desenvolvidas sob a abordagem cultural da mídia social em torno de interesses particulares. O único requisito para o recrutamento dos participantes é que se identifiquem com o seu arquétipo sem rosto, coletivo e satírico. Devido à sua natureza, ninguém pode afirmar fazer parte dos Anonymous, a não ser que atue com outros sob a mesma bandeira. Os Anonymous mostraram como pessoas com elevadas competências e habilidades digitais, quando movidas por um propósito comum, podem atuar para mudar o que consideram ser errado. Apesar de a sua natureza poder induzir ações de vigilância organizada — muito na mesma linha, Alan Moore desenhou o seu *V* de Vingança, o seu vingador mascarado, que também é utilizado como um ícone pelos Anonymous —, as suas ações também nos mostraram que, no domínio digital de *hackers* com elevadas competências, o individualismo, a mobilização para a ação coletiva e para a mudança social poderão estar assumindo novas formas.

A mídia social para a mudança: a Primavera Árabe

Em 17 de dezembro de 2011, em Sidi Bouzaid, na Tunísia, aconteceu algo chocante. Mohamed Bouazizi, um comerciante de rua, com 26 anos, imolou-se em frente ao portão do gabinete do governador, em protesto contra o espancamento e a humilhação a que tinha sido

---

* D. Amorosi, "WikiLeaks 'Cablegate' Dominates Year-End Headlines".

sujeitado pelas autoridades.* O público considerou-o uma vítima da ditadura de Ben Ali, desencadeando protestos por todo o país, que culminaram numa revolução. O sucesso da Revolução dos Jasmins, na Tunísia, foi o primeiro de um conjunto de protestos populares que ocorreram no norte da África e no Oriente Médio que ficaram conhecidos como a "Primavera Árabe" de 2011. No Egito, em 25 de janeiro, os protestos organizados tomaram as ruas do Cairo, conduzindo à queda do regime do presidente Hosni Mubarak em 11 de fevereiro de 2011.** No final de janeiro de 2011, os protestos tinham-se disseminado pelo Iêmen, Líbano, Síria, Marrocos, Omã, Jordânia e Palestina e, em fevereiro, pelo Bahrein, Irã, Líbia e Iraque. Os motivos para essas sublevações estão relacionados com o impacto da crise econômica global no norte da África e no Oriente Médio, mas também com "décadas durante as quais as pessoas viram os seus direitos políticos negados" e "os governos corruptos e os abusos persistentes dos direitos humanos (agora bem documentados)".*** Esses eventos também podem ser vistos a partir da perspectiva da internet e da mídia social. De fato, a WikiLeaks divulgou um telegrama diplomático, no qual um diplomata norte-americano denunciava a corrupção de Ben Ali. Cerca de 40% de tunisianos estavam conectados à internet, metade dos quais tinham Facebook e tinham menos de trinta anos.**** É importante afirmar que se trata de uma "população letrada nos novos meios", que usa essas tecnologias para expressar a oposição pública e o descontentamento popular, divulgando simultaneamente informação sobre os protestos.***** É verdade que os sites de redes sociais estão na base de muitas organizações sociais da atualidade, ligando efetivamente as pessoas e permitindo a troca de informação. Mas afirmar que eles são a causa das revoltas no norte da África e no Oriente Mé-

---

* "Slap to a Man's Pride Set Off Tumult in Tunisia", disponível em: http://www.nytimes.com/2011/01/22/world/africa/22sidi.html?pagewanted=1&_r=3&src=twrhp.
** "Hosni Mubarak resigns — and Egypt celebrates a new dawn", disponível em: http://www.guardian.co.uk/world/2011/feb/11/hosni-mubarak-resigns-egypt-cairo?intcmp=239.
*** C.P. Hanelt e A. Möller, "How the European Union can Support Change in North Africa".
**** R. Mourtada e F. Salem, "Facebook for Global Protest: The Potential and Limits of Social Software for Grassroots Activism".
***** Z. Harb, "Arab Revolutions and the Social Media Effect".

dio é errado. É muito importante analisar as questões de novas formas de comunicação nos processos revolucionários, mas não devem ser entendidas como elementos revolucionários. De fato, o contexto comunicativo das sociedades depende de muito mais do que do acesso a diferentes plataformas de comunicação. As autoridades egípcias encerraram a internet no país, com exceção do *provider* utilizado pela Bolsa de Valores do Egito, bem como as comunicações móveis, que, segundo Thomas M. Chen, "ainda incitaram mais aos protestos".* Na Tunísia, o governo bloqueou os sites de notícias e blogs privados e começou a prender blogueiros e a roubar as senhas de entrada no Facebook.** O Google, por exemplo, criou um serviço que permitia aos egípcios enviarem mensagens, através do Twitter, telefonando para um número e deixando uma mensagem de voz.*** Outro dado interessante reside na articulação entre a mídia social e a comunicação de massa, em particular a televisão, e a emissora Al-Jazeera teve um papel central na construção de narrativas revolucionárias partilhadas e significados de vida. A sua cobertura da praça Tahrir durante os protestos, que incluía imagens feitas pelos cidadãos, acarretou o bloqueio do canal no Egito, tal como acontecera na Tunísia. Apesar de tudo, os conteúdos produzidos pelos cidadãos continuaram a ser retransmitidos.**** A influência desse canal internacional de notícias é sentida no impacto dos protestos, no apoio internacional e na mudança política, conduzindo à ideia de que o contexto comunicacional para os levantamentos populares é importante, mas multidimensional, e que os novos meios, por si só, não chegam para que ocorra uma ampla mudança social. Os movimentos da Primavera Árabe, e o seu sucesso, estão ligados ao uso da internet e dos celulares como ferramentas de organização em direção à autonomia. Mas também têm interesse para a nossa análise porque nos mostram a vontade e a capacidade de contornar as ferramentas de censura, aplicadas pelo governo, originalmente concebidas para controlar o acesso não apenas à informação política, mas também ao entretenimento, que levou a população

---

* Thomas M. Chen, "Governments and the Executive 'Internet Kill Switch'".
** Ibidem.
*** A. Oreskovic, "Google Inc Launched a Special Service...".
**** Z. Harb, "Arab Revolutions and the Social Media Effect".

mais jovem desses países a liderar os protestos. Na prática, mostram como as abordagens teóricas à contaminação das práticas desenvolvidas, com o objetivo de chegar à cultura popular, também são centrais no apoio à luta pela democracia.

A música pela mudança: a "Geração à Rasca"

Em 22 de janeiro de 2011, o Deolinda, um grupo português de música, atuava no Coliseu do Porto quando apresentaram uma música inédita para o público, "Que parva que sou". A música descrevia a vida atual dos jovens em Portugal e as dificuldades de alcançar o sucesso profissional e em ganhar o suficiente para ser independentes da família. A apresentação foi gravada por meio de um celular, colocada on-line e depois partilhada no YouTube e no Facebook, tornando-se o lema do movimento da "Geração à Rasca". O movimento "À rasca" começou em 5 de fevereiro de 2011 com quatro amigos no Facebook e descrevia-se e aos seus objetivos, no seu manifesto on-line, da seguinte forma:

> Nós, os desempregados, "as pessoas dos €500", e outros que vivem com remunerações mínimas, escravos disfarçados, os que trabalham sem contratos, com contratos de curto prazo, trabalhadores estudantes, bolsistas, estudantes, mães, pais e filhos de Portugal. Nós, que até ao momento temos vivido assim, estamos hoje aqui para dar a nossa contribuição para o desencadear de uma mudança qualitativa no nosso país.

As manifestações da Geração à Rasca que ocorreram em várias cidades portuguesas em 12 de março de 2011 foram descritas no Facebook e divulgadas pela televisão e pela cobertura jornalística. Esses protestos emanaram de um movimento que afirma ser apartidário, laico e pacífico. Esse movimento tinha como objetivo pressionar o governo a lutar contra o desemprego, melhorar as condições de trabalho e assegurar a valorização das qualificações acadêmicas. Essas são as exigências de uma jovem geração de portugueses muito afetada pelo desemprego e que tem conseguido o seu lugar no mercado de trabalho sobretudo com contratos de curta duração ou com estágios. Os sites das redes sociais foram a principal plataforma de comunicação e de organização do movimento. O sucesso do movimento deveu-se, em parte, à elevada taxa de penetração desse uso junto às gerações mais jovens, entre a qual se podia rapidamente disseminar uma mensagem e reunir apoiadores. A cobertura noticiosa do protesto também teve um importante papel nos eventos que se desenrolaram. A memória das sublevações no norte da África e no Oriente Médio, que tinha mostrado como as redes sobrepostas mudavam a inter-relação entre a mídia noticiosa tradicional e a nova mídia social, ainda estava fresca. Quando o protesto começou a ganhar dinâmica nas redes sociais, o interesse público e jornalístico voltou as suas atenções para quais poderiam ser os próximos grandes protestos capazes de quebrar a barreira entre o mundo on-line e os centros urbanos offline. Em Lisboa e no Porto, uma grande multidão de manifestantes ocupou o centro das cidades. O seu tipo de organização tornou-os o veículo perfeito para os conflitos não institucionalizados na sociedade portuguesa. Centenas de milhares de manifestantes pelo país levaram cartazes, escritos em casa, para as ruas, com os seus *slogans*. Ao contrário da maioria de outros protestos, a diversidade social tornou-se a característica-chave das manifestações de 12 de março. Essa diversidade não é apenas identificada quando se analisam os contextos sociais e políticos dos manifestantes, mas também os dos seus alvos: um espectro muito amplo de políticos e de gestores públicos, por um lado, de capitalistas industriais e financeiros, por outro. O movimento da "Geração à Rasca" é, em conjunto com o movimento da Primavera Árabe, um exemplo da integração de diferentes culturas que incluem as culturas de pertencimento em rede, sob regimes autoritários ou democráticos, facilitando os movimentos sociais rumo à mudança social. Mas a característica mais interessante desse movimento parece ter sido o papel desempenhado pela música no desencadear de um sentimento partilhado, de objetivos comuns e de pertencimento, a uma geração com problemas semelhantes. Como muitas outras músicas nessas redes, foi compartilhada no YouTube e no Facebook, que substituíram a MTV como principal ambiente para ouvir e ver música. O que foi único, nesse exemplo, foi o papel da música na criação de um ambiente propício entre os usuários de Facebook em Portugal. A divulgação do vídeo do Deolinda funcionou como um catalisador para a consciência de pertencimento social, para um grupo mais amplo de pessoas com preocupações semelhantes sobre a situação política e econômica portuguesa, abrindo caminho para o segundo momento do processo de mobilização — o convite para se juntarem à manifestação organizada para 12 de março. Apesar de diferente do que ocorreu na Primavera Árabe, na qual as competências desenvolvidas para contornar a censura dos bens culturais foram fundamentais para as manifestações, a cultura popular também foi instrumental para a mobilização em Portugal. O que muitos dos movimentos aqui descritos têm em comum é a relação estabelecida entre o consumo cultural da cultura de fãs e de como esses circuitos, imagens e narrativas, conhecimentos e ferramentas, inicialmente desenvolvidos com o objetivo de produzir entretenimento, influenciaram a participação cívica e política. As novas culturas de rede parecem florescer melhor onde as culturas de fãs desenvolvem as suas experiências. Só após essa experimentação se aplica então à dimensão da mudança social nos movimentos cívicos e políticos.

Ligação em rede e fluxos rumo à mudança: o movimento espanhol Indignados

Não apenas em Portugal, mas também na Espanha, se sentem os ecos da crise econômica, política e social. Na Espanha, a taxa de desemprego de jovens é de 43%.[*] Os protestos espanhóis, que começaram em 15 de maio de 2011, convocados pela plataforma Democracia Real YA em cinquenta cidades espanholas, foram o começo do que se tornaria uma rede de protestos europeus. A plataforma responsável pelos protestos tinha apenas alguns meses de existência e, conjuntamente com duzentas microassociações, mostrou ser possível mobilizar um grande número de pessoas, num curto período de tempo, por meio

---

[*] "Indignados: el porqué de la fatiga democrática", disponível em: http://www.publico.es/espana/377681/indignados-el-porque-de-la-fatiga-democratica-elecciones2011.

das redes sociais e do "boca a boca" digital.* As suas inspirações decorrem dos protestos no mundo árabe,** na Grécia,*** em Portugal**** e na Islândia. O manifesto, por detrás dos protestos, claramente representa progressistas e conservadores, crentes e não crentes, pessoas com ideologias definidas e outras que se consideram apolíticas, constituindo assim um movimento não partidário que afirma estar "preocupado e indignado com o cenário político, econômico e social ao nosso redor: a corrupção entre a classe política, os homens de negócios, os banqueiros, que nos deixam indefesos, sem uma voz".***** Continua afirmando que "as prioridades de uma sociedade avançada devem ser a igualdade, o progresso, a solidariedade, a liberdade cultural, a sustentabilidade e o desenvolvimento, o bem-estar e a felicidade das pessoas".****** Defende ainda "o direito à habitação, ao emprego, à cultura, à saúde, à participação política, à liberdade do desenvolvimento pessoal e aos direitos do consumidor por uma vida mais saudável e feliz".******* O protesto esteve na origem do movimento 15-M, também conhecido como #RevoluçãoEspanhola ou os "Indignados". O que torna particular esse protesto não é a sua mensagem, que é semelhante à de um conjunto de protestos de um novo tipo que se têm disseminado pela Europa em reação à recessão econômica que se seguiu à crise financeira, às medidas de austeridade anunciadas e, em alguns casos, aos programas de resgate que terão um grande impacto nas vidas das gerações mais jovens. Nem a sua dimensão, tendo inicialmente menos participantes do que os protestos da "Geração à Rasca", nas cidades portuguesas, em 12 de março de 2011. O que é fundamentalmente diferente é o fato de que, em vez de ter sido uma manifestação de um dia, os manifestantes acamparam nos centros das cidades, como

---

* "Movimiento 15-M: los ciudadanos exigen reconstruir la política", disponível em: http://politica.elpais.com/politica/2011/05/16/actualidad/1305578500_751064.html.
** "Spanish youth rally in Madrid echoes Egypt protests", disponível em: http://www.bbc.co.uk/go/em/fr/-/news/world-europe-13437819.
*** "Movimiento 15-M: los ciudadanos exigen reconstruir la política", disponível em: http://politica.elpais.com/politica/2011/05/16/actualidad/1305578500_751064.html.
**** "'Geração à Rasca' é referência para Espanha", disponível em: http://www.jn.pt/PaginaInicial/Mundo/Interior.aspx?content_id=1857358.
***** Manifesto Democracia Real, disponível em: http://democraciarealya.es/?page_id=814.
****** Idem.
******* Idem.

nas Portas do Sol, em Madri, ou na praça da Catalunha, e lá ficaram.*
Outra característica marcante foi a dimensão internacional. Até o 24
de maio, decorreram protestos em mais de 675 cidades no mundo,
inspirados pelos "Indignados" espanhóis. No paradigma da comunicação em rede, cada vez mais as redes se sobrepõem através de vários
dispositivos. Não apenas as mensagens são enviadas por uma diversidade de meios, o que facilita aos movimentos, como o 15-M, chegar
a um público ainda mais vasto e às pessoas seguirem os acontecimentos que se vão desenrolando; os próprios movimentos também estão
integrados numa troca simultânea e global entre jornalistas, leitores,
analistas, estudantes, políticos e os próprios manifestantes por todo
o mundo. O movimento #RevoluçãoEspanhola levou mais além a
apropriação social das novas culturas em rede, pelo fato de ocupar
as praças, um pouco por toda a Espanha, e por ter estimulado movimentos semelhantes em outros países, como o protesto global pela
democracia de 15 de outubro de 2011. Deixamos de testemunhar meramente o domínio das manifestações a desenvolverem-se on-line e
nas ruas; já começamos a ver as pessoas terem acesso permanente
aos espaços on-line, nos quais se constrói a identificação social e de
pertencimento através da participação na organização de eventos e
na tomada de decisão, como também começamos a assistir ao acesso
permanente a espaços de encontro, como as praças, nas cidades, ou
edifícios simbólicos, fundamentais no rumo à mudança social. Em
termos de mobilização social, aceitamos a indissociação entre os espaços digitais e físicos, porque pertencemos a ambos simultaneamente e, mais importante, o movimento #RevoluçãoEspanhola mostrou
que os únicos locais onde parecia ser possível a discussão da reforma
do sistema político eram as praças e as redes, uma vez que, mesmo nas
democracias, os atuais partidos políticos e outras instituições, como
as universidades, deixaram de ser adequados. O movimento mostrou
que as linguagens, do poder e das ruas, são diferentes e que existe
uma discrepância cultural. A #RevoluçãoEspanhola trouxe com ela o
entendimento de que estamos testemunhando o face a face de duas
culturas muito diferentes e de dois grupos de atores sociais muito

---

* "Continúan protestas pacíficas en España tras cinco días de resistencia": http://www.el-pais.com.co/elpais/internacional/cientos-espanoles-asientan-van-cinco-dias-protestas.

diferentes — um ainda herdeiro das culturas de interesse próprio dos anos 1980 e o outro nascido das culturas dos anos 2000, centrado no pertencimento.

Ligar em rede a mudança social

O que nos dizem esses exemplos sobre a maneira como as pessoas estão usando o seu poder para a mudança social? Em primeiro lugar, afirmaríamos que nos mostram que as práticas que identificamos estão crescentemente ligadas à mudança cultural nas nossas sociedades.

Vivemos numa sociedade em rede sob o individualismo em rede, mas a cultura subjacente, que enquadra as nossas ações, ruma para a adoção de um paradigma menos centrado no interesse próprio e mais centrado na capacidade de adotar interesses comuns e de pertencer a um grupo que partilha objetivos, dentro de uma determinada rede. Esse movimento cultural é promovido por uma mudança de valores e crenças; uma mudança que foi primeiro construída através da experimentação com os bens culturais digitais e que influenciou a maneira como percebemos a produção, a distribuição, a propriedade e as relações sociais em rede com os nossos pares. Em segundo lugar, gostaríamos de afirmar que, apesar de as mudanças, a nossa perceção, a produção, a distribuição e a propriedade serem fundamentais na promoção do empenho e do compromisso para a mudança social, a mudança central coloca-se ao nível de como percebemos a organização social que irá ocorrer, que é equivalente ao destaque do papel das redes sociais mediadas, como o Facebook e o Twitter. As redes sociais mediadas podem ser utilizadas para gerir as nossas redes pessoais, sob uma lógica de capital pessoal, ou podem ser utilizadas para a gestão da autonomia, conforme Castells identificou,* numa multiplicidade de projetos tão diversos como o desenvolvimento pessoal, a autonomia comunicativa, o empreendedorismo, a autonomia corporativa, a participação sociopolítica e a autonomia individual. Nesse contexto, a

---

* M. Castells et al. *La Societat Xarxa a Catalunya*. Barcelona: Random House Mondadori, 2003.

autonomia deveria ser entendida como um projeto individual ou coletivo construído em torno de uma definição de cultura individual ou partilhada — uma certa representação de sociedade.* Essa autonomia já não se relaciona sobretudo com a esfera do trabalho ou profissional, num espaço autônomo ou de tempo, mas está cada vez mais relacionada com o reconhecimento de como é importante criar uma moral autônoma em torno do indivíduo, da sua subjetividade e da sua capacidade para agir.** As esferas da autonomia aqui discutidas referem-se, sobretudo, a objetivos, que podem estar associados a situações de conflito e que operam, em primeiro lugar, em níveis simbólicos. Conforme sugere Stalder,*** a autonomia é crescentemente construída a partir de redes semipúblicas que são estruturadas por diferentes dimensões, da comunicação em rede e encontros face a face, mais ou menos frequentes. Por outras palavras, a mediação é, hoje em dia, um aspecto essencial do desenvolvimento da autonomia. O estabelecimento da autonomia, a capacidade de as pessoas viverem as suas vidas segundo os seus próprios planos, é algo que ocorre em diferentes escalas e que contém a diversidade inerente à condição humana da criatividade e da diferença. Esses projetos de autonomia são facilitados pelos protocolos de comunicação que se baseiam na confiança já estabelecida entre os participantes. Sob um ambiente social de mediação em rede, é a relação entre os projetos individuais que permite a criação de confiança, sem a qual os projetos de autonomia partilhados coletivamente não podem ser ativados.**** Mas o verdadeiro poder das ligações sociais em rede reside no seu potencial enquanto elemento da comunicação, ligado às redes nas quais já estamos inseridos e potencializando-as como estruturas de comunicação em rede, não estando limitadas ao seu uso enquanto mídia social. As redes sociais implicam espaços partilhados de criação que podem conduzir a espaços de ação e intervenção no que diz respeito à mudança social. Mas isso depende do papel que lhes atribuímos numa estratégia mais vasta que, por sua vez, deveria conduzir à ação. Quando os atores governam a criação de poder seguindo

---

* A. Touraine, "On the Frontier of Social Movements".
** Ibidem.
*** Felix Stalder, "Autonomy and Control in the Era of Post-Privacy, Open".
**** Ibidem.

um *modelo de comunicação em rede* — i.e., combinando a *comunicaçao multimídia interpessoal, comunicação mediada de um para muitos, autocomunicação de massas** com *comunicação de massas* — e, através do poder das ideias partilhadas, promovem o contato entre a comunicação mediada e a comunicação face a face, criam as condições para a mudança social no contexto da sociedade em rede. Podemos encontrar um exemplo do que afirmamos na análise de Neumayer e Raff** sobre o protesto "*Basta! Basta de raptos! Basta de mentiras! Basta de crime! Basta de Farc!*" Esse protesto foi organizado pelo Facebook, em 2008, e juntou 100 mil participantes da rede social. Mas, em cooperação com os jornais e com a televisão, levou à concentração de aproximadamente 500 mil pessoas em mais de 165 cidades, em 4 de fevereiro de 2008, criando uma rede social global de espaços e de fluxos.

Nesse processo, as redes sociais mediadas, que dependem das ferramentas contemporâneas da mídia social, desempenham um papel fundamental na criação de pontes sustentáveis entre atores sociais que partilham interesses. Além disso, tornam-nos visíveis uns aos outros. As redes sociais mediadas transportam com elas a possibilidade da mudança social, mas apenas se forem usadas para gerir a ligação do capital social que chega a grupos diferentes e desde que as lógicas organizacionais tenham em consideração o uso das ferramentas de comunicação sob a lógica do modelo de comunicação em rede. Para o conseguir, os programadores e *switchers* que produzem o poder da rede — i.e., os atores que promovem a matriz organizacional da rede e a sua eficiência — têm de desenvolver estratégias orientadas para a ação, manifestas no discurso e nas ideias, que conduz à mudança, enquanto operarem nesse novo modelo de comunicação.

Novos atores e culturas de rede

As práticas de mediação que deram lugar à comunicação em rede estão mudando a nossa cultura midiática e, nesse processo, estão mu-

---

* Castells, *O poder da comunicação*.
** C. Neumayer e C. Raff, "Facebook for Global Protest: The Potential and Limits of Social Software for Grassroots Activism".

dando os nossos valores e as nossas crenças como cidadãos de uma sociedade global em rede. Isto é, ao darem-nos as ferramentas para delinear as instituições do futuro, também estão mudando o modo como construímos as nossas relações com outras pessoas, com as organizações e com a vida diária. Tal como sugeriu Jenkins,* a teoria da convergência "tradicional" baseada no nascimento das novas tecnologias que irão fazer com que a mídia convirja cada vez mais não encontra evidência empírica; em vez de uma convergência baseada em novos padrões de produção, assistimos a novos padrões de consumo que promovem uma cultura de convergência. Essa cultura de convergência é o produto da interseção entre os velhos e os novos meios, um lugar onde os meios empresariais e de base individual colidem, onde o poder do produtor dos meios e o poder do consumidor interagem de maneira imprevisível.** Mas esse é também o espaço no qual o modo como produzimos culturas de fãs e culturas populares também parece influenciar as muitas maneiras de participação cívica e política. Podemos compreender melhor essa influência se virmos o exemplo do projeto *#18daysinegypt* sobre as manifestações no Egito que conduziram à queda do regime de Mubarak. Esse documentário, conforme o título sugere, é sobre os protestos que ocorreram no Egito entre 25 de janeiro e 11 de fevereiro de 2011. Mas o que torna esse documentário diferente é a sua estratégia *crowd-source*, isto é, as imagens são recolhidas pelos participantes nos protestos ou por observadores diretos. Isso só é possível devido à proliferação de dispositivos pessoais multifuncionais, com a possibilidade de gravação de vídeos, como os celulares. Além disso, não se baseia apenas numa única plataforma de colaboração ou em processos individuais de apresentação de imagens de vídeo. Ao contrário, utiliza sites populares, como Twitter, YouTube e Flickr, através da estratégia de uma *hashtag* comum. Parece claro que muita da experimentação seguida pelas premissas da cultura de fãs e cultura popular é cada vez mais usada como modelo de práticas para o envolvimento cívico e político, para a mudança social. É como se alguns daqueles modos imprevisíveis, como defende Jenkins,*** nos

---

* H. Jenkins, *Cultura da convergência*.
** Ibidem.
*** Ibidem.

quais o poder dos produtores da mídia, e dos consumidores, interage cada vez mais, estão dando lugar a alguns traços do que podemos chamar as *culturas de pertencimento em rede*, todas elas presentes nos estudos de caso previamente analisados e cuja ação teve como objetivo a mudança social. As culturas de pertencimento em rede são o conjunto de quatro dimensões diferentes de práticas que têm moldado os nossos valores e as nossas crenças e, ao fazê-lo, criaram uma cultura ainda ancorada no individualismo em rede, mas que já não se centra fundamentalmente no interesse próprio. Essas práticas podem ser agrupadas no que chamamos "culturas da nuvem", relativamente a como atualmente concebemos a propriedade, "culturas de abertura", relativamente ao modo como esperamos que os bens e serviços sejam produzidos, "culturas pirata", em relação ao modo como esperamos que os bens e serviços sejam distribuídos e, por fim, e provavelmente a dimensão com mais influência na mudança de valores e crenças, as "culturas sociais em rede", relativamente ao modo como construímos a identidade combinando o ambiente mediado e a experiência não mediada em redes de relações. Nas nossas vidas diárias, o sentimento de pertencimento molda, em diferentes níveis, os nossos processos de (re)construção, sociais e psicológicos, do *self* e da identidade. Descreve não apenas as relações sociais, mas também uma parte na nossa relação contemporânea com a mídia. Numa paisagem social na qual as sociedades contemporâneas cada vez mais se caracterizam e produzem por um modelo comunicacional construído sobre a noção de rede, o pertencimento em rede é um aspecto cultural fundamental da experiência da mediação. As redes podem potencializar, pela mediação, as relações sociais e, consequentemente, alimentar o sentimento de pertencimento a uma comunidade. Nesse sentido, o pertencimento mediado aumenta o alcance das comunidades on-line imaginadas. Podemos encontrar esse sentimento tanto como uma medida do envolvimento comunitário quanto como o preenchimento das necessidades pessoais de autoestima. Mas o pertencimento também é uma possibilidade descritiva ao enquadrar a natureza da nossa relação com a tecnologia, as suas formas cada vez mais intricadas de uso que tornam sempre mais difícil a distinção entre a função do meio e as consequências sociais das suas apropriações. As culturas de pertencimento são expressas em muitas das diferentes formas sociais de apropriação da mediação, que ocorrem nas nossas vidas diárias, desde a participação em sites de redes sociais, participação em comunidades on-line, participação política ou cívica, conteúdo produzido pelos usuários e a sua partilha, entre os participantes em redes de produção de conteúdo, interações de culturas de fãs, redes e comunidades de compartilhamento de arquivos etc. Mas o motivo pelo qual se tornou uma característica tão importante da nossa interação social decorre do uso crescente, e significado individual, que damos, nas nossas rotinas diárias, aos meios sociais em rede, como o Facebook, fazendo das culturas sociais em rede um traço fundamental das novas culturas de pertença em rede.

A segunda dimensão das culturas de pertencimento em rede pode ser encontrada na crescente importância e visibilidade das culturas de abertura, produto de três práticas distintas que atualmente são centrais no domínio da produção digital: *remix* e *mashup*; acesso livre; e práticas *beta* e *updating*. A combinação dessas três práticas de produção permitiu a disseminação de uma cultura de produção, baseada na abertura, e ao fazê-lo demos por adquirido o fato de que uma parte significativa da produção, nas nossas vidas diárias, funcionar sob esses princípios. Essa cultura de produção sob a abertura influenciou, por sua vez, o modo como produzimos as ações e os eventos para a mudança social. É como se a produção da cultura digital, como o vídeo, a música ou o software, se tivesse tornado uma das componentes de uma certa "normalidade" de como concebemos a produção. Essa mesma conceitualização contaminou viralmente não apenas o modo como esperamos que ocorra a produção em formato digital, mas também os eventos e o hardware — não esqueçamos a Apple e as suas atualizações anuais de hardware como o iPhone 4, 4S, 5 etc. As dimensões de abertura das culturas de pertença em rede são de tal forma grandes que encontramos barreiras de entrada extremamente baixas para quem se queira juntar a uma dada rede de produção com um objetivo comum. É também sob esses princípios de abertura que encontramos uma justificação para compreender por que essas redes tendem a agir permanentemente sob um modo sistêmico de atualização de objetivos e de estratégias de ação. A abertura, como princípio central associado à produção, também significa que essas culturas tendem a ter uma assinatura comum: inovação continuada e capacidade de surpreender os outros, partindo de experiências anteriores ou conceitos partilhados.

A terceira dimensão das culturas de pertencimento em rede pode ser encontrada nas chamadas "culturas-nuvem" e em como o seu conjunto de práticas deu lugar a crenças e valores que têm desafiado o modo como atualmente concebemos a propriedade. A propriedade tem estado intimamente relacionada com a posse individual ou organizacional, mas o valor da propriedade parece ter-se direcionado para uma crescente correlação com o acesso. Essa tendência foi inicialmente visível nos mercados financeiros globais, onde as trocas são efetuadas pelas redes digitais e onde o sucesso das transações não é atribuído a deter permanentemente a propriedade de algo, mas sim ao acesso permanente e à capacidade de comercializar globalmente os ativos financeiros. Nas redes financeiras, a propriedade dos ativos não é tanto garantida pela posse legal, como pelo acesso permanente que permite obter valor sustentável por meio de decisões em tempo real. Isso porque apenas o acesso e as interações comerciais permitem ganhar vantagens financeiras — isto é, dinheiro. Se o acesso se tornou uma peça central na definição de propriedade nas redes financeiras, durante os últimos anos testemunhamos uma tendência para a disseminação dessa cultura de propriedade, crescentemente baseada no acesso, como uma condição necessária para apoiar a posse. Podemos encontrar exemplos dessa tendência no modo como nos apropriamos da mediação quando vemos ou ouvimos *streaming media* ou quando acessamos documentos gravados em redes de computador distantes ou mesmo quando usamos sistemas de correio eletrônico, como Gmail, Outlook ou Yahoo. O uso de computadores e o armazenamento de dados evoluíram da proximidade para a distância e, nesse processo, mudamos o modo como percebemos a propriedade de dados digitais, sejam eles a comunicação pessoal, os filmes ou a música. Começamos por arquivar os nossos dados nos discos rígidos dos computadores locais, usando primeiro os *floppy disks* ou, mais tarde, os *pen* USB, mas estamos cada vez mais armazenando dados pessoais em "nuvens de dados" distantes da nossa localização física. Numa mudança cultural consistente na percepção da propriedade, mudamos da necessidade de ver onde estava arquivada a informação para acreditar que, desde que possamos acessar essa informação, em qualquer parte do mundo, ela nos pertence. Esse traço é o produto da mudança cultural precipitada pela natureza da própria comunicação e pela capacidade de a construir sob um modelo de comunicação em rede. As nuvens tornaram-se as fundações das culturas digitais em rede: para os negócios, permitiram novos modelos; para os indivíduos, são cada vez mais vistas como facilitadoras da ação coletiva. Assim, as "culturas-nuvem" mudaram o modo como valorizamos a propriedade, mas nesse processo também mudaram a nossa cultura de valorização para o acesso e deram-nos novos alicerces para olharmos a mobilidade social como algo dependente do acesso constante dos que nela estão envolvidos. As culturas-nuvem e a sua valorização do acesso, em detrimento da propriedade, tornam a pertença a determinada organização menos importante do que o contato permanente com outros e com os conteúdos digitais que estão armazenados, longe de nós, em sistemas de computação em nuvem.

A última dimensão da cultura de pertencimento em rede que aqui analisamos são as chamadas "culturas-pirata" e a noção de que se algo está disponível na rede deveria ser partilhado, questionando, em primeiro lugar, em que circunstâncias, legais ou outras, pode isso pode ocorrer. As culturas-pirata refletem os modos como esperamos aceder aos bens digitais e como a construção desses bens culturais partilhados influencia os nossos valores e as nossas crenças na sociedade. De forma a analisarmos o que chamamos culturas-pirata da comunicação em rede, precisamos primeiro estabelecer de onde vem a própria definição de "pirata". Normalmente olhamos para o consumo dos meios partindo da definição da indústria dos meios. Olhamos para televisão, rádio, jornais, jogos, internet e conteúdos dos meios em geral, partindo da ideia de que o acesso a esses meios é feito por intermédio do pagamento de uma licença, subscrição ou simplesmente porque é pago ou gratuito (sendo pago pela publicidade). Isto é, olhamos para o conteúdo e para o modo como as pessoas interagem com ele num dado sistema de pensamento que olha para o conteúdo, e para os seus canais de distribuição, como produto das relações entre as empresas de mídia, organizações e indivíduos, construindo efetivamente uma relação comercial de tipo contratual com direitos e obrigações. Mas e se, por um momento, dirigirmos a nossa atenção para as provas empíricas encontradas não apenas na Ásia, África ou América do Norte? Um pouco por todo o mundo testemunhamos um crescente número de pessoas que constroem relações de mídia fora do conjunto das regras institucionalizadas.* A questão da construção dessas relações de acesso aos conteúdos culturais e ao software não é tanto a de se estamos lidando com práticas legais ou ilegais, mas como se irão tornar fundamentais para a nossa compreensão de um novo modo de distribuição dos meios de entretenimento e do seu consumo. À medida que precisamos de um título para caracterizar essas culturas na sua diversidade, mas em simultâneo na sua comunidade, propomos chamá-las "culturas-pirata". O ponto principal é que a distribuição de cultura de fãs e popular se distanciou dos canais dominados pelas empresas para um ambiente no qual os indivíduos têm o papel principal. As próprias empresas consideram ilegal uma grande parte desses canais individuais de distribuição de cultura popular, mas eles existem e deixaram de ser um *cluster* econômico marginal no modelo de comunicação de massas para passar a ser um sistema alternativo de distribuição no modelo de comunicação em rede.** Essa mudança, na dimensão crescente dos usos individuais, conduziu à percepção, generalizada em grande parte da sociedade, de que os canais de distribuição já não têm de depender de organizações e podem apoiar-se na rede de indivíduos. As consequências dessa mudança estão para além

---

* R. Lobato, "Subcinema: Mapping Informal Film Distribution"; J. Karaganis, "Media Piracy in Emerging Economies: Price, Market Structure, and Consumer Behavior"; M. Yar, "The global 'epidemic' of movie 'piracy': Crime-wave or social construction?"; S. Wang, *Framing Piracy*: "Globalization and Film Distribution In Greater China; R. Sundaram, "Recycling modernity: Pirate electronic cultures in India"; B. Larkin, "Degraded images, distorted sounds: Nigerian video and the infrastructure of piracy"; A. Athique, "The 'crossover' audience: Mediated multiculturalism and the Indian film".

** A infração dos direitos de autor digitais é conduzida pela mudança tecnológica. O disquete permitiu aos indivíduos copiar música e software durante os primórdios do computador pessoal. Depois, foi substituído pelos CDs como suporte típico da pirataria. O desenvolvimento do Bulletin Board System (BBS) e da internet permitiu a disseminação de conteúdos digitais pirateados pelo mundo (M. Li, "The Pirate Party and The Pirate Bay: How the Pirate Bay Influences Sweden and International Copyright Relations", p.284, 285).

das perdas econômicas das empresas que atuam nas áreas da cultura de fãs e popular. A generalização dos valores centrais nas culturas-pirata, isto é, "o que existe é partilhável", traz a ideia da participação numa rede de compartilhamento, não de arquivos, mas de ideias ou da organização de eventos direcionados, muito mais plausível. Com as práticas piratas também se adotam os valores da partilha e, nesse processo, o *ethos* de fazer parte de uma rede de nós dentro de outras redes. As culturas-pirata são constitutivas da mudança social porque permitem a construção social do valor de fazer parte de uma rede maior, na qual os valores comuns podem ser partilhados e é construída a autonomia.

As culturas de pertencimento em rede são os produtos da transformação radical do sistema dos meios do que Merton* chamou, no final dos anos 1950, "grupos de referência" em "grupos de pertencimento", imitando funções sociais que, durante muito tempo, eram atributo apenas da interação face a face com família, amigos ou escola. A mudança na mediação** e a construção de um novo modelo de comunicação em rede*** permitem à mediação não só desempenhar o papel de grupo de referência ou organizador de ações com vista à autonomia, mas a incentivar também o pertencimento. A premissa global apresentada nesta análise é a de que, se a comunicação de massa e os meios de comunicação de massa incentivaram, sobretudo, a integração do indivíduo nas estruturas existentes, a comunicação em rede incentiva a construção de novas estruturas institucionais através da rede social de indivíduos.

O que os estudos de caso aqui analisados e o que outros acontecimentos — como o movimento "Occupy Wall Street/We Are the 99%" nos Estados Unidos, "Tent City" em Tel Aviv, que defendia melhores condições de habitação e de vida em Israel, as manifestações estudantis e das suas famílias, no Chile, pela mudança do sistema de educação — nos parecem dizer é que as pessoas estão questionando o *status quo*. Ao fazê-lo, também parecem estar valorizando cultural-

---

* R.K. Merton, "Continuities in the theory of reference groups and social structure".
** R. Silverstone, "The sociology of mediation and communication".
*** G. Cardoso, "The Birth of Network Communication: Beyond Internet and Mass Media"; M. Castells, *O poder da comunicação*.

mente a confiança social e promovendo menos o interesse próprio. O papel das mudanças culturais na propriedade, na produção, na distribuição e na socialização produzida pela apropriação das tecnologias de rede e dos produtos digitais parece também ter tido uma influência fundamental no modo como esses movimentos e grupos de pessoas decidiram tornar-se ou conseguiram fazer-se ouvir. Assim, parece que estamos num tempo em que as pessoas, em vez de estar interessadas em propor alternativas ao atual sistema político e econômico, estão mais interessadas em compreender como podem melhorar as suas condições de vida como sociedade ou como grupo. As pessoas procuram lugares onde possam colocar novas e velhas questões, de modo a experimentar diferentes respostas. Ao fazê-lo, estamos, pela mediação, mudando as culturas da nossa sociedade em rede e fundamentalmente criando novos pontos de partida que nos podem conduzir a novas vidas no rescaldo da crise — quando isso acontecer. Estamos testemunhando o navegar da crise, usando o poder da partilha com outros como um terreno comum para a construção de um futuro ao qual as pessoas podem sentir que pertencem.

Referências bibliográficas

AMOROSI, D. "WikiLeaks 'Cablegate' Dominates Year-End Headlines". *Infosecurity*, 8:1, p.6-9, 2011.

ATHIQUE, A. "The 'crossover' audience: Mediated multiculturalism and the Indian fi lm". *Continuum:* Journal of Media and Cultural Studies, 22 (3):299-311, 2008.

BAUMAN, Z. *Modernidade líquida*. Rio de Janeiro: Zahar ed., 2001.

BEETHAM, D. *The Legitimation of Power*. Houndmills: Macmillan, 1991.

BLAIR, A. "'We are legion': an anthropological perspective on Anonymous. The impact of technology on culture". Senior Symposium in Anthropology, Idaho State University, 2008.

BODÓ, Balázs. "You Have No Sovereignty Where We Gather—Wikileaks and Freedom, Autonomy, and Sovereignty in the Cloud (7/3/2011). Disponível em SSRN: http://ssrn.com/abstract=1780519.

CARDOSO, G. "From mass to network communication: communicational models and the informational society". *International Journal of Communication*, v.2, 2008. Disponível em: http://ijoc.org/ojs/index.php/ijoc/article/view/19/178.

_____. "The birth of network communication: beyond internet and mass media. *Telos* (Cuadernos de Comunicación e Innovación), 88, 2011. Disponível em: http://sociedadinformacion.fundacion.telefonica.com/seccion=1268&idioma=esES&id=2011012508180001&activo=6.do.

CASTELLS, M. "A sociedade em rede". *A Era da Informação*: Economia, Sociedade e Cultura, v.1. São Paulo: Paz e Terra, 2009.

_____. *O poder da comunicação*. São Paulo: Paz e Terra, no prelo.

_____ et al. *La Societat Xarxa a Catalunya*. Barcelona: Random House Mondadori, 2003.

CHEN, T.M. "Governments and the Executive 'Internet Kill Switch'". IEEE Network, mar.-abr./2011.

ECO, U. "University and Mass Media", s/d. Obtido em http://www.uniwei mar.de/medien/archiv/ws9899/eco/text3.html.

GIDDENS, A. *Central Problems in Social Theory*: Action, Structure and Contradiction in Social Analysis. Berkeley: University of California Press, 1979

_____. *As consequências da modernidade*. São Paulo: Unesp, 1991.

GOWAN, P. "Crisis in the heartland. Consequences of the new Wall Street system". *New Left Review*, 55:5-2, 2009.

HANELT, C.P.; MÖLLER, A. "How the European Union can support change in North Africa". *Spotlight Europe*, 1/2011.

HARB, Z. "Arab revolutions and the social media effect". *M/C Journal*, v. 14, n° 2, 2011. Disponível em: http://journal.media-culture.org.au/index.php/mcjournal/article/viewArticle/364.

HELD, D. *Political Theory and the Modern State*. Cambridge: Polity Press, 1989.

HOPE, W. "Time, Communication, and Financial Collapse". *International Journal of Communication*, 4, p.649-669, 2010.

JENKINS, H. *Cultura da convergência*. São Paulo: Aleph, 2006.

_____. "The cultural logic of media convergence". *International Journal of Cultural Studies*, 7:1, p.33-43, 2008.

KARAGANIS, J. "Media piracy in emerging economies: price, market structure, and consumer behavior", 2010. Disponível em: http://www.wipo.int/edocs/mdocs/enforcement/en/wipoace6/wipo-ace65.pdf.

KHURANA, R. *From Higher Aims to Hired Hands:* The Social Transformation of Business Schools and the Unfulfilled Promise of Management as a Profession. Princeton: Princeton University Press, 2007.

_____. "MBAs Gone Wild", jul.-aug./2009.

_____; NOHRIA, N. "It's time to make management a true profession". *Harvard Business Review*, oct./2008.

LARKIN, B. "Degraded images, distorted sounds: Nigerian video and the infrastructure of piracy". *Public Culture*, 16(2):289-314, 2004.

LI, M. "The pirate party and the pirate bay: how the pirate bay influences Sweden and international copyright relations". *Pace International Law Review*, 21:1, 2009.

LOBATO, R. "Subcinema: mapping informal film distribution". PhD thesis, School of Culture and Communication, The University of Melbourne, 2009. Disponível em: http://repository.unimelb.edu.au/10187/8855.

MERTON, R.K. "Continuities in the theory of reference groups and social structure", in MERTON, R.K. (org.). *Social Theory and Social Structure*. Glencoe: Free Press, 1957.

MOURTADA, R.; SALEM, F. "Arab social media report, Facebook usage: factors and analysis". *Arab Social Media Report*, 1:1, 2011. Disponível em: http://www.dsg.ae/portals/0/ASMR%20Final%20May%208%20high.pdf.

NEUMAYER, C.; RAFF, C. "Facebook for global protest: the potential and limits of social Software for grassroots activism", in STILLMAN, Larry; JOHANSON, Graeme (org.). *Proceedings of the 5th Prato Community Informatics & Development Informatics Conference 2008*. ICTs for Social Inclusion: What is the Reality? Faculty of Information Technology, Monash University, Caulfield East Australia. CD-Rom.

NISBET, R. *The Present Age:* Progress and Anarchy in Modern America. Nova York: Harper & Row, 1988.

ORESKOVIC, A. "Google Inc launched a special service...". Reuters, 28/1/2011, 2/2/2011. Disponível em: http://www.reuters.com/article/2011/02/01/us-egypt-protest-google-idUSTRE71005F20110201.

ROSEN, J. "The Afghanistan war logs released by Wikileaks". The World's First Stateless News Organization, 2010. Disponível em: http://archive.pressthink.org/2010/07/26/wikileaks_afghan.html.

SAVAGE, M.; WILLIAMS, K. "Elites: remembered in capitalism and forgotten by social sciences", in SAVAGE, M.; WILLIAMS, K. *Remembering Elites*. Oxford, Blackwell, 2008.

SCOTT, J. "Modes of power and the re-conceptualization of elites, in SAVAGE, M.; WILLIAMS, K. *Remembering Elites*. Oxford, Blackwells, 2008.

SILVERSTONE, R. "The sociology of mediation and communication", in CALHOUN, Craig; ROJEK, Chris; TURNER, Bryan (org.). *The Sage Handbook of Sociology*. Londres: Sage, 2000.

_____. *Why Study The Media?* Londres: Sage, 1999.

SREEDHARAN, C.; THORSEN, E.; ALLAN, S. "WikiLeaks and the changing forms of information politics in the 'network society'", in DOWNEY, E.; JONES, M.A. (org.). *Public Service and Web 2.0 Technologies:* Future Trends in Social Media. IGI Global, 2011.

STALDER, Felix. "Autonomy and control in the era of post-privacy, open". *Cahier on Art and the Public Domain.* # 19: Beyond Privacy. New Notions of the Private and Public Domains, 2010. Disponível em: http://felix.openflows.com/node/143.

SUNDARAM, R. "Recycling modernity: pirate electronic cultures in India". *Sarai Reader*, 1:93-99, 2001. Disponível em: http://www.sarai.net/journal/pdf/093-099%20(piracy).pdf.

TAMBINI, D. "What are financial journalists for?" *Journalism Studies*, 11:2, p.158, 2010.

TOURAINE, A. "On the frontier of social movements". *Current Sociology*, 52:4, p.717-725, 2004.

UNDERWOOD, P.; WELSER, H.T. "The Internet is here: emergent coordination and innovation of protest forms in digital culture". iConference, 2011, Seattle.

WANG, S. *Framing Piracy:* Globalization and Film Distribution in Greater China. Lanham: Rowman and Littlefield, 2003.

WELLMAN, B. "Little boxes, globalization, and networked individualism", in TANABE, Makoto; BESSELAAR, Peter van den; ISHIDA, Toru (org.). *Digital Cities II:* Computational and Sociological Approaches. Berlin: Springer, 2002.

YAR, M. "The global 'epidemic' of movie 'piracy': crime-wave or social construction?" *Media, Culture, and Society*, 27(5):677-96, 2005.

9

PARA ALÉM DA CRISE: PRÁTICAS ECONÔMICAS ALTERNATIVAS NA CATALUNHA

Joana Conill, Manuel Castells, Amalia Cardenas e Lisa J. Servon

INTRODUÇÃO

A CRISE ECONÔMICA TEM evoluído desde 2008, abalando os alicerces de milhões de pessoas na Europa e América do Norte. De repente, o emprego tornou-se incerto, o crédito foi restringido a poucos, o consumo foi reduzido ao essencial, os serviços sociais sofreram cortes profundos e uma nuvem escura ensombrou o futuro dos seus filhos, revertendo o padrão de expectativas mais otimistas para a próxima geração. A crise não surpreendeu os que não esperavam muitas melhorias nas suas vidas a partir do "capitalismo", termo curto para designar a organização social e econômica dominante. Aqueles não só deixaram de acreditar num sistema submetido a crises recorrentes como rejeitaram os seus princípios básicos. Opuseram-se ao ritmo destrutivo da vida e ao absurdo de trabalhar incansavelmente para ter dinheiro suficiente para consumir bens e serviços sem sentido, alimentar-se de comida química, drogar-se e competir com os seus companheiros humanos num mundo cada vez mais agressivo; ressentiram-se da destruição do meio ambiente que, na sua opinião, antecipava a data de expiração para a aventura humana no planeta azul.

Aqueles que ousaram viver modos de vida alternativos, com base num conjunto diferente de práticas econômicas enraizadas na procura do valor da vida e das relações pessoais significativas, construíram redes de solidariedade, apoio e experimentação. Não se retiraram da sociedade. A maior parte tinha empregos regulares e se beneficiou da rede de segurança do Estado de bem-estar social. No entanto, utilizando recursos que tinham disponíveis, comprometeram-se com várias formas de produção, consumo, trocas, educação, saúde, habitação, vida urbana, comunicação e expressões culturais que proporcionaram sentido às suas vidas. Ao fazê-lo, procuraram formas de melhorar os seus relacionamentos pessoais, aprenderam a trabalhar e a agir juntos de uma forma cooperativa e, gradualmente, construíram a sua relativa autonomia em relação às instituições da economia de mercado capitalista. E assim, quando a crise surgiu, estavam preparados para ela. Na verdade, em vez de os perturbar, os eventos dramáticos que se seguiram confirmaram, a partir da sua perspectiva, o que vinham dizendo. As suas convicções fortaleceram-se e, de repente, pareceram os mais sensatos, e já não uns meros estandartes de uma contracultura marginal.

Para os que aceitaram uma existência sustentada pelo sonho do consumo e pelo medo de sair da normalidade, quando a crise rompeu nas suas vidas, surgiu uma janela de esperança nos exemplos que ofereciam vislumbres de uma vida diferente. Não tanto por uma súbita conversão ideológica, mas como resultado da impossibilidade de viver de acordo com as regras do mercado. Estar desempregado ou ter menos acesso ao crédito paralisou as avenidas do consumo. Não ter a certeza de poder contar com a rede de segurança do Estado de bem--estar social aumentou a incerteza em relação ao futuro. A percepção da incapacidade das elites políticas de resolver os seus problemas destruiu a confiança nas instituições encarregadas de gerir a crise. O único lugar seguro era em casa, mas, com a possibilidade de uma execução hipotecária, até mesmo a casa podia desaparecer a qualquer momento. Assim, a noção de reconstruir a vida cotidiana em torno de práticas econômicas autônomas, que não contam com os bancos ou com o governo, tornou-se mais realista do que o padrão tradicional de comportamento econômico. Isso não quer dizer que as massas do mundo se juntaram à prática de uma cultura econômica alternativa. Mas a possibilidade de uma convergência entre a transformação cultural e a sobrevivência econômica foi aberta. Até que ponto isso realmente aconteceu, não sabemos. Isso depende das condições específicas dos países, das localidades, dos ambientes econômicos e dos grupos sociais. E o registro só pode ser definido por meio de uma pesquisa rigorosa. Esse é o objetivo da pesquisa cujos resultados apresentamos neste capítulo. Sabemos que há uma grande quantidade de práticas econômicas alternativas no mundo em geral, algumas delas sobreviventes de culturas pré-capitalistas, outras projetos conscientes de reinvenção da vida, outras ainda adaptadas aos contornos incertos do capitalismo existente. Há também uma literatura cada vez mais abundante sobre essas práticas e suas implicações para a mudança social e econômica numa variedade de contextos.*

Neste capítulo focamos na observação de práticas econômicas alternativas na Catalunha. Uma vez que é uma nação que sempre foi caracterizada por uma cultura rebelde e inovadora, e por movimentos sociais que desafiam ordens impostas, não reivindicamos qualquer distinção especial para o nosso campo de estudo. Na verdade, acreditamos que qualquer outra nação (por exemplo, a Alemanha ou a Grã-Bretanha) produzirá uma colheita semelhante de práticas alternativas. Aproveitamos simplesmente o privilégio de ter acesso direto aos processos de transformação na sociedade catalã a fim de realizar uma pesquisa empírica sobre as práticas que são relevantes para a compreensão das novas dinâmicas sociais em muitos países europeus.

Tivemos sempre em mente a distinção entre práticas econômicas alternativas, que, conscientemente, visam à criação de uma nova maneira de ser, e práticas não capitalistas, que permeiam a vida cotidiana das pessoas em caso de necessidade ou de persistência de formas sociais não mercantilizadas. Portanto, o nosso estudo tem dois enfoques diferentes, que tentaremos integrar na análise.

Por um lado, temos observado as redes, as organizações e os indivíduos que, pelo menos a tempo parcial, vivem à parte dos padrões capitalistas do comportamento econômico e de acordo com regras e valores que encontram significado para si próprios. Por outro lado, investigamos em que medida essas práticas são integradas no compor-

---

* F. Adaman e Y.M. Madra, "Theorizing the Third Sphere: A Critique of the Persistence of the 'Economistic Fallacy'"; J.K. Gibson-Graham, *The End of Capitalism (As We Knew It)*: A Feminist Critique of Political Economy; "Beyond global vs local: Economic politics outside the binary frame"; Andrew Leyshon et al., *Alternative Economic Spaces*; E. Miller, "Other Economies Are Possible: Organizing Toward an Economy of Cooperation and Solidarity"; Peter North, "Scaling alternative economic practises? Some lessons from alternative currencies".

tamento da população, em geral durante o período de crise. Embora os resultados sejam preliminares, sugerem que há mais ressonância do que é geralmente reconhecido entre uma cultura econômica alternativa consciente e a cultura de uma sociedade tradicional abalada pela crise.

Essa hipótese explica a nossa metodologia, que aqui descreveremos brevemente, remetendo para o apêndice metodológico deste capítulo para obter mais pormenores técnicos. Em primeiro lugar, estudamos o universo de práticas econômicas alternativas conscientes, na Catalunha, por uma sequência de três operações de pesquisa:

1. Foram identificadas redes e organizações envolvidas nessas práticas e entrevistados setenta indivíduos selecionados em termos do seu papel estratégico e conhecimento das práticas.

2. Com base nessas entrevistas, fez-se um documentário (www.homenatgeacatalunyaII.org) que comunicou os nossos resultados a um público amplo, nacional e internacionalmente.

3. Utilizou-se o filme para estimular o debate em oito grupos, que proporcionaram a oportunidade de compreender a formação da consciência de uma cultura econômica alternativa, na diversidade das suas expressões e em contraste com indivíduos que não partilham a cultura.

Em segundo lugar, usando os resultados da pesquisa qualitativa, elaboramos um questionário e pesquisamos uma amostra representativa da população de Barcelona (oitocentas entrevistas). A pesquisa tentou medir o grau de difusão de cada uma das práticas econômicas alternativas, identificadas na sociedade em geral, e determinar os fatores que induzem ou restringem a difusão dessas práticas durante a crise econômica. Este capítulo apresenta os resultados desse estudo e tenta dar sentido à nossa observação.

A CULTURA E A ORGANIZAÇÃO DE PRÁTICAS ECONÔMICAS ALTERNATIVAS

Enquanto as práticas econômicas que não se encaixam dentro do padrão estruturado pelas regras do mercado capitalista permeiam toda a sociedade, em alguns casos há uma tentativa deliberada de conectar essas práticas a uma visão alternativa do sentido da vida. Aqui, concentramo-nos na compreensão dessas práticas conscientes orientadas para uma economia do valor e nos discursos que as envolvem. Vamos nos referir a práticas organizadas de várias formas, seja em redes, associações, coletivos ou organizações como cooperativas de estatuto jurídico diverso.

A nossa observação concentra-se no período 2009-11, época da crise econômica, mas muitas dessas organizações e práticas são anteriores à crise e parecem estar relacionadas com a busca de milhares de pessoas por um estilo de vida com mais significado; a maioria, mas não todos, jovens adultos (idade média aproximada: 35) e, geralmente, com educação universitária.

Por uma questão de clareza, agrupamos o universo diversificado dessas organizações e a sua composição numa tipologia apresentada na Figura 1 e na Tabela 1.

Abordaremos essas práticas já a seguir.

Produção

A forma alternativa mais importante é na área de produção *agroecológica e processamento de alimentos*. Não se trata apenas de produção orgânica, mas, de acordo com a definição dos produtores, de "um sistema que mantém a saúde dos solos, dos ecossistemas e das pessoas". Existem dezenas de fazendas agroecológicas e centenas de agricultores distribuídos em toda a Catalunha.

A produção agroecológica também tem presença em cidades, apoiada por vezes pelos governos municipais. Em Barcelona contamos quinze pomares comunitários urbanos, cultivados e tratados por vizinhos, com o envolvimento de seiscentas pessoas. Uma atividade agroecológica significativa é a organização e a manutenção de bancos de sementes, que preservam as variedades locais de frutas e verduras para desacelerar a tendência global de extinção da semente original. Isso também é organizado em redes de bancos de sementes.

Em atividades não agrícolas, observamos evidências do crescimento da produção de autossubsistência, tais como pão, criação de aves para ovos e carne e cultivo de hortaliças nos terraços e nos jardins de casas particulares. Há também alguma produção artesanal de utensílios domésticos. Muitas dessas atividades são integradas em redes de apoio, aconselhamento e partilha.

Tabela 1
Tipologia da maior parte das organizações ativas envolvidas em práticas econômicas alternativas na Catalunha.
Estimativa de organizações e pessoas participantes.

Organização	Número	Número médio de pessoas	Total de pessoas envolvidas
Redes de produção agroecológica	12	22 famílias	264 x 4 = 1.056
Cooperativas de consumo agroecológicas	120	30 famílias	3.600 x 4 = 14.400
Redes de trocas	45	120	5.400
Redes de moeda social	15	50	750
Universidades livres	3	200	600
Hacklabs	1	150	150
Cooperativas de partilha de cuidados parentais	10	25	250
Redes de bancos de sementes	4	20	80
Pomares urbanos comunitários	40	15	600
Total*	250		23.286
+ Bancos éticos**	4	71.138	284.554
	254		307.840

* Algumas das pessoas envolvidas nessas práticas podem sobrepor-se;
** O número de pessoas nos bancos éticos indica membros e clientes das cooperativas de crédito.

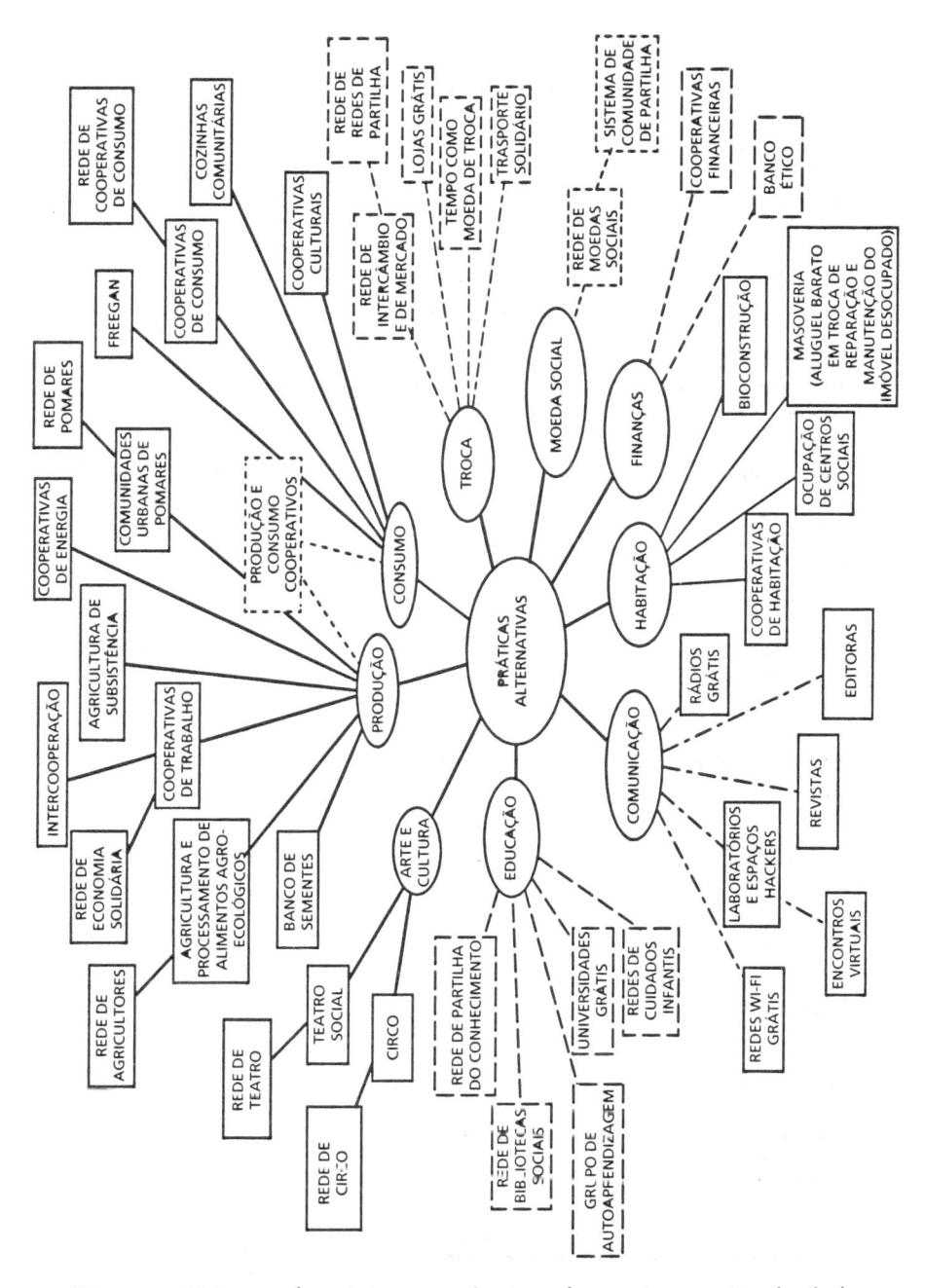

Figura 1: Universo de práticas econômicas alternativas na Catalunha*

---

* Esse diagrama ilustra a estrutura das práticas econômicas alternativas mais difundidas na Catalunha em 2010-11. Fonte: Nosso estudo.

Consumo

As cooperativas agroecológicas de consumo têm crescido rapidamente nos últimos anos. Normalmente organizam apenas consumidores, mas em alguns casos integram produtores e consumidores. Embora as redes produtor-consumidor ainda sejam um fenômeno de pequenas dimensões na Catalunha, elas estão ligadas a associações similares no sul de França, com uma forte presença da Association pour le Maintien de l'Agriculture Paysanne, e da Andaluzia, com associações dinâmicas, tais como La Ortiga (Sevilha), La Breva (Málaga) e El Encinar (Granada). Essas associações são baseadas num compromisso estável entre produtores e consumidores, ligados pela solidariedade mútua. Existem mais de cem grupos de consumidores de produtos agroecológicos na Catalunha. Há debates internos complexos para assegurar que consumidores e produtores encontrem um justo equilíbrio entre os seus interesses. A expansão desses grupos de consumidores, a maior parte dos quais criados na década de 2000, vem de uma cultura política alternativa e da crescente preocupação com alimentos pouco saudáveis num sistema de produção química. Em 2008, foi organizado um "espaço de encontro" para promover um debate entre as pessoas envolvidas no movimento de cooperativas de consumo; mais de 10 mil pessoas na época. O conjunto, chamado La Repera, recusou-se a organizar uma coordenação formal, porque acreditava que os grupos devem ser autônomos e capazes de se envolver num debate aberto sobre formas alternativas e objetivos do movimento em torno de metas comuns para consumo de alimentos. Na opinião de muitos participantes, a dimensão instrumental das cooperativas era apenas parte de seu projeto coletivo. A chave foi a construção de uma rede de decisão consciente sobre como viver de acordo com os valores ecológicos e éticos. Por extensão das cooperativas de consumo, fez-se uma série de experiências de cantinas escolares autônomas, organizadas pelos pais, para garantir que os filhos sejam alimentados com produtos agroecológicos. Houve também uma tendência crescente para o estabelecimento de restaurantes agroecológicos geridos cooperativamente.

Intercâmbio

Há um número considerável de mercados e redes de intercâmbio que se envolvem na troca de bens e serviços. A maior parte é organizada semanalmente em praças públicas e serve principalmente aos moradores locais. Nesses mercados não se usa dinheiro, eles baseiam-se na avaliação voluntária da permuta. Muitas vezes estendem o processo de troca a listas de e-mail, uma espécie de *Craigslist* entre vizinhos. Uma das redes de intercâmbio mais ativas, Xaingra, no distrito de Gracia, em Barcelona, tem mais de mil membros na sua lista de e-mail. A confiança numa determinada rede é a característica predominante desses sistemas de câmbio. A troca de serviços é importante, com as pessoas a trocarem capacidades e tempo, como nos sistemas de banco de tempo que proliferaram em todo o mundo. Foram identificadas 46 redes locais de intercâmbio na Catalunha e quatorze em Barcelona.

Moeda social e banco ético

A moeda social é uma nota formal, impressa, que indica uma unidade de valor que só é aceita dentro de uma rede local, ou redes ligadas à rede local, para a compra de bens e serviços. O objetivo é manter a ligação à produção e à distribuição locais e evitar a acumulação, uma vez que o valor depende dos participantes da rede. Na Catalunha, as redes de moeda social mais desenvolvidas são a Ecoseny (da área de Montseny) e Eco de Tarragona. Em alguns casos, essas moedas têm sido usadas em redes de troca noutras áreas, incluindo Barcelona. Além disso, estão integradas num sistema de troca comunitário mundial que, a partir de 2010, incluía 254 redes de moedas sociais presentes em 31 países e trezentas localidades (incluindo 51 redes nos EUA). A questão-chave é coordenar o intercâmbio local com o alcance mais amplo da moeda social, em última análise com o objetivo de desenvolver um sistema de moeda alternativa, baseado na confiança e na equivalência, excluindo a acumulação, a inflação e a troca injusta. Os defensores da moeda social veem o seu papel no contexto mais amplo dos diferentes níveis de troca econômica. De acordo com nossos entrevistados:

> Poderíamos ver aqui níveis econômicos diferentes, círculos que vão de pequenos a grandes e têm de ser postos em movimento com regras que são diferentes, mas complementares. O primeiro nível é livre, é o que se tem com a família e os amigos, é o círculo mais próximo de confiança. E sem ter de medir o valor adicionado por cada pessoa, é suficiente dar e receber o que se pode. O nível seguinte é a troca direta, também dentro de uma rede densa de relações, mas sem o alto nível de confiança de uma unidade familiar. Depois, há um círculo mais afastado, mas direto, isto é, abrange relacionamentos que são diretos e estáveis, que incluem, por exemplo, algo como uma moeda social. A moeda social pode ajudar-nos a substituir tudo o que atualmente funciona com euros, o que é uma forma de valorizar coisas que não podemos controlar e que são tratadas pelos bancos. Podemos usar as regras que são criadas em comunidade, de forma participativa, e que tentamos ajustar a certas relações (...) que acreditamos que são social e ecologicamente justas. Assim, todos contribuem e recebem de forma equilibrada. Claro que, idealmente, o primeiro nível acaba por consumir todos os outros. Se for ao contrário, se a moeda social consumir todos os níveis mais baixos, temos más notícias! A moeda social tem de consumir os níveis superiores, a economia do euro. Se não temos muita confiança, aceitaremos menos crédito e criaremos menos moeda; e se formos mais confiantes, aceitaremos mais crédito e criaremos mais moeda. Cada vez mais podemos assegurar as nossas necessidades através da troca, sem usar o euro. Isso significa uma enorme mudança na lógica, no nosso tempo, no cotidiano, no trabalho, na forma como definimos o trabalho: por um salário; então, talvez o trabalho esteja menos vinculado ao salário se trabalharmos mais, para os outros, de uma maneira que envolve a permuta e que é livre. É todo um debate que não faz muito sentido ao nível teórico. O que faz sentido é vivê-lo. E senti-lo dentro de nós próprios (Texto de duas entrevistas gravadas).

Objetivos semelhantes inspiram a prática crescente dos bancos éticos e das cooperativas financeiras alternativas, que incluem cerca de 300 mil clientes e membros, na Catalunha. Assim, de acordo com um dos fundadores da financeira Coop 57, "o negócio é muito simples: recolher dinheiro dos seus membros, com o fim de lhes assegurar condições favoráveis que não são oferecidas pelos bancos convencionais". O diretor de uma entidade financeira sem fins lucrativos, Fiare, descreve a sua atividade como "um banco onde a rentabilidade social é o mais importante; não a economia, mas os valores sociais". Contudo, "o projeto tem de ser rentável ou não crescerá, ou mesmo não sobreviverá". Ao centrar-se nos objetivos éticos e evitando intermediários, consegue eficiência e orientação por valores. O que é interessante é que no meio de uma crise financeira global algumas dessas entidades, tais como a Fiare e a Coop 57, parecem ser imunes. Na verdade, estão em crescimento e em suficiente boa forma financeira para conceder empréstimos para projetos que correspondam às suas concepções éticas.

Habitação

A falta de habitação a preços acessíveis, em particular para a população mais jovem, é sentida profundamente por aqueles que afeta. Práticas alternativas para lidar com essa crise incluem cooperativas de habitação; acordos com os proprietários para recuperar e manter habitações devolutas em troca de aluguéis baixos; acordos para cultivar a terra em chácaras abandonadas para partilhar a colheita e viver na propriedade; e autoconstrução de estruturas habitacionais adjacentes a edifícios existentes sem as autorizações legais, uma prática crescente, longe da vista das autoridades.

Além disso, há uma prática particularmente significativa de ocupação de apartamentos e edifícios vagos. Aqui temos de diferenciar entre a ocupação ilegal de apartamentos vazios por indivíduos e famílias com necessidades das ocupações conscientes, igualmente ilegais (o movimento Okupas), que ocupam prédios inteiros, como material de suporte para uma forma alternativa de vida. As ações desses últimos formaram o que é conhecido como Centros Sociais Ocupados, que organizavam atividades culturais e sociais, abertas ao bairro em geral. Incluem serviços como reparação gratuita de bicicletas, apoio jurídico e psicológico, troca de serviços e aulas gratuitas de uma variedade de assuntos, incluindo música e programação. Em 2010 havia 62 desses centros na Catalunha (52 em Barcelona e na sua área metropolitana), cujo objetivo é materializar a visão de uma cidade diferente e de uma cultura diferente. São frequentemente alvo de ações de despejo pela polícia, o que leva por vezes a confrontos violentos.

Educação

Algumas coletividades tentaram criar instituições de ensino para proporcionar uma educação alternativa. Existem três tipos principais de educação alternativa: as redes de partilha de conhecimento, universidades gratuitas e redes parentais de cuidados alternativos para a infância. As redes de partilha de conhecimento são geralmente montadas em bairros específicos e operam com base em acordos mútuos, entre as pessoas, para trocar aulas sobre temas do seu conhecimento respectivo. As universidades gratuitas são geralmente sediadas em prédios ocupados e oferecem uma ampla gama de cursos ministrados por professores voluntários: alguns, professores universitários, outros, pessoas com conhecimentos e competências, que querem ajudar a educar a população em geral. Oferecem cursos formais, com duração fixa, regras explícitas e um programa para cada curso. Há uma filosofia implícita de denunciar o vazio e a inutilidade da educação superior formal, demonstrando na prática como os alunos podem ser totalmente envolvidos quando a pedagogia é participativa e o conteúdo do curso é focado no desenvolvimento pessoal, em vez do que consideram a lógica das universidades, a entrega burocrática de um diploma. Em 2011, em Barcelona, uma das universidades livres, La Rimaia, teve um sucesso considerável na atração de estudantes. Em 2010 existia uma rede de cinco universidades gratuitas na Catalunha que partilhavam programas e recursos.

A rede de cuidados infantis, controlada pelos pais, teve origem na crítica que estes faziam aos cuidados que os filhos recebiam nas instituições existentes. Aquelas são inspiradas por uma filosofia de ensino gratuito com o objetivo do pleno desenvolvimento da personalidade da criança. Em geral, os pais são envolvidos intensamente no processo, com a ajuda de educadores profissionais. Essas são em grande parte privadas, experiências de autogestão que às vezes incluem o ensino em casa.

Comunicação e tecnologias de informação

Há uma série de redes wi-fi gratuitas, abertas e neutras, que operam por antenas, autoinstaladas nas varandas, na região da Catalunha. Os usuários estão conectados por uma rede virtual livre, guifi.net, que tem mais de 9 mil nós. A guifi.net foi desenvolvida como resposta à falta de acesso à internet em algumas áreas rurais e foi expandida para as cidades como wi-fi catalão, gratuito. Existem milhares de potenciais usuários que estão na lista de espera da guifi.net.

As redes de comunicação alternativas incluem estações de rádios livres (cerca de trinta em 2011), editoras, dezenas de revistas e boletins de todos os tipos. "Livres", como se proclamam, deve ser entendido no sentido de que, na maior parte dos casos, não preenchem os requisitos legais para a sua atividade. As estações de rádio usam muito frequências não atribuídas e constituem, portanto, uma violação direta das normas. A Contrabanda e a RadioBronca são as mais populares dessas estações. A sua programação rompe com todos os hábitos-padrão de produção de rádio. Um programa popular da Rádio Nicosia é inteiramente conduzido por pessoas portadoras de doença mental. Em torno desse núcleo de comunicação alternativa há livrarias, editoras e sites que, juridicamente estabelecidos, distribuem cópias, imagens e sons dessa cultura alternativa.

O software livre e a pirataria de vários tipos também são componentes-chave da cultura alternativa e muitas vezes são fundamentais para a criação de redes de internet sem fio em locais de protesto. Há uma rede de *hacklabs* que trabalham para a formação de ativistas e como centros de inovação para a programação de software livre avançado. Também ensinam como configurar redes *peer-to-peer* para downloads gratuitos. Esses *hacklabs* são globalmente conectados à rede de *hacktivistas* e redes de *hackers*, como a The Onion Router.

Atividades culturais alternativas

Embora, estritamente falando, teatro, cinema, música, artes plásticas e poesia não sejam considerados práticas econômicas, quisemos incluí-los na nossa observação porque, no pensamento atual sobre o desenvolvimento econômico, as "indústrias culturais" têm um papel proeminente. Assim, é importante sublinhar o florescimento extraordinário de todas essas criações culturais dentro das culturas alternativas da Catalunha. Na verdade, arte e protesto social sempre estiveram intimamente ligados ao longo da história, em todos os lugares. A música desempenha um papel central na cultura e no estilo de vida jovem. Mas talvez o teatro seja o meio mais abertamente crítico em termos da sua mensagem explícita de resistência às instituições do capitalismo. Existe uma rede de grupos que se chama Teatro do oprimido: Plataforma Autonoma de Teatro del Oprimido (Pato), que é baseada no trabalho voluntário e na autogestão de produção, direção e atuação. Atuam nas ruas, nos locais públicos e nos centros sociais, com o objetivo de atingir um público fora dos locais da alta cultura.

Em conjunto, essas práticas econômicas incorporaram uma cultura alternativa de manifestação multidimensional. Mas qual é o significado dessas práticas para quem as pratica?

O SIGNIFICADO DAS PRÁTICAS ALTERNATIVAS: A VISÃO DOS ATORES

Para investigar o significado dessas práticas econômicas alternativas para os próprios atores, prosseguimos com uma análise do debate interno, com oito grupos, desenhado de acordo com as nossas hipóteses e estudado de acordo com os procedimentos apresentados no apêndice metodológico deste capítulo. O objetivo geral do exercício foi contrastar o discurso e a autorrepresentação das pessoas consciente e ativamente envolvidas nessas práticas alternativas com pessoas que também estão envolvidas nessas práticas, mas não deliberadamente, pelo seu comportamento, e com pessoas cujas práticas econômicas são convencionais e raramente coincidem com as práticas que pretendemos estudar. Por uma questão de clareza, identificaremos o primeiro grupo como culturalmente transformador, o segundo como praticantes alternativos e o terceiro como culturalmente adaptados. A justificação para essa terminologia ficará mais clara à medida que prosseguirmos com a análise. É importante salientar que as três categorias são encontradas em todos os grupos, em várias proporções. No entanto, a nossa análise vai se concentrar nos temas-chave que emergem da discussão em todos os grupos. Identificaremos as posições dos diferentes agentes para cada um dos temas que caracterizam o surgimento de uma cultura de transformação econômica, em contraste com as outras duas categorias, em cada um dos grupos.

A crise econômica

Parece que as práticas econômicas alternativas foram crescendo à medida que a crise de 2008 tomou plena forma na economia espanhola. No entanto, embora todas as pessoas, independentemente da sua prática, estejam conscientes da gravidade da crise econômica e afetadas pelas suas consequências, divergem bastante na percepção e na avaliação da crise. Para as pessoas transformadoras, a crise é uma consequência da lógica do capitalismo e não deverá representar uma surpresa. Na verdade, é uma afirmação da sua análise do capitalismo, que já os havia levado à rejeição das regras capitalistas como um modo de vida. Assim, a maioria dessas pessoas já havia começado a viver de forma diferente antes de a crise se tornar visível e agora sente-se de alguma forma parabenizada pelo seu movimento preventivo de criar uma forma alternativa de vida antes de ser forçada a fazê-lo. Não se identifica com aqueles que alteraram as suas práticas por causa da incapacidade de manter os padrões e níveis de consumo pré-crise, a ponto de, após a crise, serem por vezes relutantes em reconhecer o crescimento de novas práticas. Para essas pessoas, o capitalismo está em crise permanente e trata-se de uma questão de ter essa consciência e escapar da armadilha de viver para trabalhar e ganhar dinheiro para consumir, em vez de apenas viver. Posicionam-se ideologicamente e exigem um tratamento político da crise, que enfrente as suas raízes em vez de se adaptar aos seus efeitos. Para os praticantes alternativos sem uma posição ideológica deliberada, a crise abalou as suas crenças e a sua compreensão da vida. A crise aparece como um monstro, de perfil incerto, que afeta tudo o que faziam ou pensavam, o que torna a adaptação ao novo ambiente difícil e confusa. Assim, mudaram as suas práticas: consomem menos, partilham, predispuseram-se a tentar redes de solidariedade e de troca e uma série de outras práticas que são mais adequadas à imprevisibilidade econômica em que atualmente se encontram, mas sem saber por que ou como e para que tipo de futuro. Enquanto os transformadores tinham antecipado a crise, os praticantes só agora estão reagindo e aprendendo com a prática, no novo mundo a que chamam, depois da comunicação social, "a crise". Em contraste, os adaptados, incapazes de aceitar essas novas condições, aguentam o mau tempo e esperam por dias melhores. À medida que a crise se aprofunda, a passagem de adaptados a praticantes, na cultura de austeridade, pode ser uma das tendências mais decisivas na mudança social em curso.

A cultura do trabalho

A cultura do trabalho tem sido central na sociedade industrial, em que a maior parte dos setores de meia-idade e idosos da população catalã cresceu (25% dos moradores de Barcelona têm mais de 64 anos). Nos grupos que montamos, os aposentados mostraram-se intransigentes na defesa da cultura do trabalho, não apenas como uma prática econômica necessária, mas como um princípio moral. Além disso, a influência da ética do trabalho vai para além da idade avançada para influenciar o grupo mais jovem, envolvido em práticas econômicas alternativas conscientes. A sua característica identificadora é a não distinção entre o trabalho pago e trabalho não remunerado. A distinção fundamental que fazem é entre o trabalho gratificante — que tem uma componente criativa ou agradável — e o trabalho imposto, e aborrecido, que é feito como um meio de sobrevivência. Além disso, valorizam o tipo de trabalho que se encaixa na sua agenda e complementam as suas preferências. Veem o trabalho como uma expressão da sua escolha e da sua autonomia, em vez da labuta desprovida de sentido (que, nas entrevistas, por vezes foi equiparada à escravidão). A maioria dos transformadores parece ter a capacidade de obter empregos qualificados ou horários flexíveis. Eles são trabalhadores autoprogramáveis. Essa qualidade de autoprogramação está entre o mesmo conjunto de capacidades necessárias para operar redes de autogestão, em que as culturas alternativas se baseiam. Muitas dessas pessoas têm formação suficiente para ter um emprego bem--remunerado. No entanto, fizeram uma escolha deliberada de não ter um trabalho desses porque isso significaria limitar sua autonomia e seu tempo livre.

Eles sentem-se suficientemente seguros de si próprios para dar prioridade à qualidade de vida — como a definiram — sobre o dinheiro. Estão conscientes de que nem todos têm essa possibilidade de escolha: as pessoas normalmente enfrentam dificuldades que tornam difícil conciliar o trabalho e a vida pessoal. Eles sabem que o seu capital cultural lhes concede a possibilidade de escolha e, assim, desejam que os outros também aumentem o seu capital cultural. No entanto, eles não equiparam necessariamente esse *handicap* à desigualdade social; também consideram a diferença nas atitudes e nas prioridades pessoais. Alguns deles estão conscientes de que poderiam ser acusados de elitismo e, consequentemente, de sentir-se desconfortáveis. Por outro lado, alguns redimem-se referindo-se aos riscos que assumem, com o objetivo de seguir um caminho autônomo, e, assim, concluem que merecem a liberdade que obtêm com o sacrifício da segurança.

Os transformadores acreditam que se deve começar por definir as verdadeiras necessidades econômicas, em vez de cair numa espiral interminável de consumo em que sistematicamente surgem novas necessidades, sempre como resultado da sedução do mercado. Por isso, cortaram os gastos desnecessários e, como resultado, não necessitam ganhar tanto e ficam livres para trabalhos flexíveis que proporcionam tempo para viver. O seu discurso é construído em torno da relação entre a consciência das suas necessidades e a satisfação das necessidades que consideram mais dignas. Em vez de partir das preferências do consumidor, como na lógica do mercado, partem das preferências de vida pessoais e organizam as suas necessidades em conformidade. As necessidades determinam quanto dinheiro têm de ganhar e que valor atribuir ao tempo livre. O resultado do cálculo é a escolha de um determinado trabalho ou atividade que otimiza a combinação desse conjunto de necessidades autodefinidas. Em algumas pessoas há uma consciência mais aguda de uma contradição interna: se são capazes de viver mais plenamente com menos dinheiro, é por causa dos serviços subsidiados que o capitalismo oferece. Depressa se torna óbvio que o sistema não é externo à sua prática e que vivem dentro dela com uma contradição. Além disso, às vezes sentem que são membros de uma elite que tem escolhas numa sociedade na qual a maioria não tem. Justificam-se dizendo que são apenas classe média com educação universitária.

Entre os praticantes, o discurso sobre a centralidade do trabalho nas suas vidas é cheio de ambiguidades. Eles valorizam mais o próprio tempo, e o prazer da vida do que o trabalho. Certamente preferem trabalhar menos com uma remuneração mais baixa. Para eles, a felicidade depende da capacidade de cada pessoa de escolher o trabalho de acordo com a sua preferência de horário e tipo de atividade. Por outro lado, estão conscientes da dificuldade de encontrar um emprego nas atuais condições econômicas. Sentem-se encurralados pelo pagamento de hipotecas, pelos seus orçamentos apertados e pelas suas responsabilidades familiares. Assim, envolvem-se em práticas econômicas alternativas, tanto quanto podem, e encaram uma nova forma de vida de acordo com os seus desejos de felicidade pessoal. Mas um projeto como esse é percebido como um sonho inatingível, em contraste com a dura realidade da vida.

Para os adaptados, o trabalho é de suma importância porque fundamenta as suas vidas. No entanto, curiosamente, eles também preferem trabalhar menos e receber menos. Mas o que domina o seu discurso e a sua visão é a necessidade de pagar as contas de tudo o que fazem na vida. Referem-se sempre a ter de pagar aluguel, carro, eletricidade, água e toda uma gama de outras despesas da família; para ser capazes de o fazer, precisam de um emprego tão bem-remunerado quanto possível. Assim, a vida poderia ser diferente e melhor, mas é como é, e não há retorno a uma situação liberta dos constrangimentos que derivam da existência que construíram. Eles seguiram o padrão de vida socialmente estabelecido e qualquer desafio à sua rotina seria perturbador e percebido como destrutivo.

A transição de uma cultura de trabalho para uma cultura de realização pessoal é mais bem-compreendida quando se compara o discurso dos jovens adultos (18-24) com o dos aposentados. A maioria dos jovens considera as práticas econômicas alternativas como o estilo de vida mais desejável. Mas, para eles, esse estilo de vida é um pouco abstrato, porque em muitos casos vivem com os pais e ainda não entraram no mundo profissional. Como a maioria é estudante, tentam imprimir sentido aos seus esforços atuais, projetando-se no futuro, imaginando-se não apenas trabalhando, mas trabalhando no que gostariam e na sua área de estudo. Assim, compartilham a cultura de trabalho, mas com a possibilidade de escolha — trabalho com significado. Por outro lado, olhando para as terríveis condições durante a crise, pensam que podem não atingir os seus objetivos. Assim, transmitem tanto a esperança de uma vida de trabalho com significado como a frustração que resulta da percepção dessa improbabilidade.

Essa posição está em nítido contraste com a dos aposentados. Para eles, o trabalho é de extrema importância e é o que deu sentido às suas vidas. Eles não conseguem compreender por que as pessoas o rejeitam ou aceitam menos dinheiro para trabalhar menos. Há um desprezo implícito em relação aos jovens que resistem a trabalhar sob quaisquer circunstâncias. O fosso cultural entre a sociedade industrial e a sociedade atual é totalmente manifesto no contraste acentuado das representações mentais entre os que já viveram a sua vida e aqueles que a estão projetando agora.

A sociedade de risco

O envolvimento em práticas econômicas alternativas implica um certo risco, no atual ambiente institucional, que aumenta com a profundidade e a extensão do envolvimento de cada indivíduo nessas práticas. De fato, uma descoberta surpreendente na nossa análise é que a vontade de assumir riscos parece ser o fator determinante para "saltar a cerca" e adotar uma forma de vida diferente, com base em preferências pessoais em vez dos imperativos do mercado de trabalho. Por exemplo, entre os adaptados ou os praticantes, um medo recorrente de abandonar o mercado formal é a perda dos direitos a seguro social quando chegarem à idade de aposentadoria. No entanto, no discurso das pessoas que estão mais profundamente comprometidas com uma forma alternativa de vida, o medo do risco desaparece, afastado pelos efeitos de um poderoso antídoto: a confiança. Eles confiam nas pessoas à sua volta, confiam nas suas redes de apoio e, assim, não sentem o risco. Além disso, não teriam apoio de outra forma. Essa é a vida que querem. Quanto às preocupações com o futuro, em termos de segurança social e outras formas de assistência pública, a partir da perspectiva da sua idade relativamente baixa, sentem-se otimistas em relação à possibilidade de esses problemas estarem resolvidos quando chegarem ao ponto de precisar de assistência. Quando perguntamos sobre como poderiam receber a ajuda necessária, eles projetaram um horizonte de mudança social e uma crença de que o crescimento exponencial das redes de solidariedade será suficiente para cuidarem uns dos outros quando as necessidades surgirem. Assim, em vez de contar com o Estado social tradicional, eles contam com a autogestão de redes de apoio mútuo. Esse discurso, de fato, pode estar ligado às origens do movimento mutualista que precedeu o Estado social moderno.

Além disso, quando pressionados com a questão dos riscos que enfrentam no seu estilo de vida alternativo, os transformadores referem-se ao que percebem como o risco real: viver sob o capitalismo — com a atual crise econômica. Na sua opinião, os riscos são o desemprego, os baixos salários, a incerteza do crédito, os cortes nos serviços sociais básicos, a insegurança de todo o tecido institucional de que a vida das pessoas depende. Em contraste, as práticas econômicas autônomas, aceitando um nível muito inferior de consumo, e com o sentido da vida colocado além da esfera do consumo, não dependem de ciclos de negócios, da especulação financeira ou das políticas públicas fracassadas — processos que estão fora do controle das pessoas. Na verdade, argumentam alguns, a preocupação constante com o futuro destrói a alegria do presente. Dado que o futuro está fora de controle, parece mais sensato construir um futuro diferente, fora da dinâmica de uma sucessão de presentes significativos.

Em contraste com essa atitude positiva, outras pessoas estão atoladas no risco que essas práticas acarretam. Normalmente, pensam que a ideia de ter mais tempo livre, ou alargar o âmbito da sua experiência, é atraente. Mas quando se considera a viabilidade dessas práticas, o seguro social e a aposentadoria pesam decisivamente na opção pela cautela e pela resignação. Eles identificam segurança e estabilidade com ganhar mais dinheiro, mesmo que não seja unânime que o dinheiro não significa felicidade. A felicidade está noutro lugar, num universo que poderia estar mais próximo do plano da vida presente em práticas alternativas. Mas isso é visto como um fruto proibido.

O risco percebido diminui com a dimensão das redes de apoio que tornam as práticas alternativas sustentáveis. Quanto maior for a rede, e quanto mais intensas as manifestações de solidariedade que constroem a confiança, maior a sensação de segurança. As grandes redes constroem a confiança. As pequenas transmitem insegurança e, além disso, provocam o cansaço de viver num mundo pequeno em constante tensão com a lógica dominante da sociedade. O sentimento de risco relacionado com práticas alternativas diminui quando as redes de apoio crescem a ponto de representar uma organização social alternativa. Esse efeito do tamanho da rede explica o crescimento exponencial de algumas dessas práticas, especialmente cooperativas de consumo, redes de troca e bancos éticos. Sabemos que o valor de uma rede cresce exponencialmente com o aumento do número das suas ligações. A confiança e a segurança crescem exponencialmente com o crescimento do número de participantes numa determinada rede de práticas, ao mesmo tempo que diminuem o sentimento de risco e os medos associados. Para uma prática se tornar significativa, tem de atingir um determinado limiar de massa crítica, em termos do número de pessoas e organizações envolvidas.

Os adaptados não sentem o risco porque não pensam seriamente em adotar práticas econômicas alternativas. Eles têm uma visão negativa das pessoas que o fazem. Os aposentados acham que essa forma de prática econômica está simplesmente errada e em contradição com a sua vida. Outros, sem ser tão críticos, acreditam que os transformadores de fato não assumem qualquer risco, devido a duas razões opostas, mas frequentemente conjugadas: por um lado, eles são uma elite que se pode dar ao luxo de correr riscos, porque têm um *background* de apoio; por outro lado, alguns não têm hipóteses reais de jogar pelas regras do sistema e porque não têm nada, não têm nada a perder. No entanto, para os que se recusaram a adotar práticas econômicas alternativas, o medo do risco é muito real; é, na verdade, tão esmagador que não consideram mesmo corrê-lo, e, portanto, percebê-lo, e ressentem-se com aqueles que se atrevem, apontando-os como elitistas e parasitas do sistema que denunciam.

A construção de práticas alternativas: identidade, redes e círculos

Aqueles que estão deliberadamente envolvidos em práticas alternativas têm uma forte identidade. Definem-se a si próprios como pessoas envolvidas numa forma de vida não capitalista, que resulta da sua convicção da necessidade de procurar alternativas para um sistema falho. A sua motivação é essencialmente ideológica e diferencia-os daqueles que se envolveram em práticas semelhantes em resultado de necessidades econômicas. Frequentemente usam o termo "nós" em oposição ao termo "as pessoas"; é "nós" *versus* "eles", "eu e o outro". Do seu ponto de vista, ser transformador, e estar deliberadamente envolvido em práticas alternativas, constrói um determinado universo, uma nova sociedade, em ruptura com o mundo convencional.

Nos debates no seio dos grupos, surgem claramente dois polos: aqueles que assumem a cultura alternativa e aqueles que a rejeitam.

No entanto, a separação não é total, porque há um grupo que diz "Eu não faço isso, mas conheço pessoas que fazem" e outro grupo que diz "Eu faço isso, mas conheço pessoas que não fazem". Assim, parece haver um *continuum* de práticas, mas uma polaridade em termos de envolvimento e identidade. A construção dessa identidade depende muito do ambiente social. Uma identidade alternativa surge do contato com pessoas igualmente críticas da organização social e prontas para viver de forma diferente e assumir o risco necessário. Por exemplo, uma mulher disse que gostaria de praticar uma economia alternativa, mas que teve de ceder às pressões de amigos e parentes. No entanto, outro participante disse que quando confrontado com a falta de compreensão no seu ambiente, simplesmente mudou a sua rede de amigos para encontrar uma pertença cultural mais semelhante aos seus pontos de vista. Ambos os casos ilustram a influência decisiva do ambiente social na formação de práticas, de uma forma ou de outra.

Um debate interessante sobre a identidade refere-se ao uso do termo "alternativa". Algumas das pessoas envolvidas nesse tipo de práticas usaram-no para marcar a sua distância face à sociedade convencional. Mas outros, mais sensíveis às estratégias de ampliação do que veem como um movimento, preferem não criar uma barreira terminológica, para atrair pessoas que concordam com o conteúdo de práticas alternativas, mas que recusam rótulos que os colocariam numa categoria segregada. Aqui, novamente, a vontade de afirmar uma identidade em vez de apenas se envolverem em práticas depende da existência de um ambiente favorável que ofereça apoio emocional, e capital social propício, para romper abertamente com as normas dominantes da sociedade. Por outro lado, os praticantes geralmente concordam com o que os transformadores fazem numa pequena escala, mas não gostariam de ver toda a sociedade organizada em torno de valores alternativos. Eles referem-se a essa tentativa como uma "utopia": algo impossível que, portanto, não vale a pena perseguir. No entanto, veem a possibilidade de viver de forma diferente a sua vida cotidiana em pequena escala; prontos para mudar as suas vidas, mas não o mundo em geral. Eles buscam a criação de um círculo de práticas, um círculo de pessoas que conhecem. Aí, veem a possibilidade de mudança social. A razão, argumentam, é que a essa pequena escala a confiança pessoal pode ser estabelecida pelo conhecimento direto e da interação e, assim, novas regras sociais podem crescer organicamente. A confiança torna-se mais difícil de estabelecer quando se trata de um grupo muito maior, porque há pessoas desconhecidas em quem é difícil confiar.

Em suma, a confiança é essencial para aqueles que seguem práticas econômicas alternativas e é construída com o apoio social e o contato pessoal com redes de pessoas com quem as práticas podem ser partilhadas. O conhecimento pessoal permite a experimentação sem medo: para eles, é aceitável que cometam erros, se o fizerem juntos. No entanto, não se podem ampliar as redes para além de uma dimensão que torna o contato personalizado difícil. Saber que alguém conhece alguém que tem conhecimento de práticas alternativas semelhantes cria uma conexão que proporciona segurança e experiência de aprendizagem. A intensidade da prática da partilha determina a probabilidade de partilha de práticas.

As práticas alternativas como processo: partilha de informação e dinâmica do tempo

A discussão dentro dos grupos enfatiza o fato de que a maioria das pessoas está consciente da extensão e da intensidade de práticas econômicas alternativas. Há um consenso sobre o fato de que quanto mais pessoas estiverem cientes de como muitas outras pessoas estão envolvidas nessa cultura econômica, mais as práticas alternativas se difundirão. O problema é a forma de difundir a informação. Duas perspectivas são confrontadas no discurso. Por um lado, o processo de construção de uma cultura alternativa é visto como sofrendo de comunicação interna insuficiente, diminuindo, assim, a oportunidade para sinergias e cooperação. Por outro lado, alguns transformadores acreditam que existem processos orgânicos por meio dos quais as pessoas, espontaneamente, descobrem o que os outros fazem, juntando esforços sem que seja necessária a direção de uma organização externa para o processo. A vantagem desse ponto de vista é que as pessoas só integram, na sua experiência, o que considerarem útil ou desejável. Há um debate sobre a dinâmica da organização em práticas econômicas emergentes: uma agenda deliberada para construir um esforço de organização ou deixar que as redes cresçam e se configurem num processo muito mais lento, o que, finalmente, consolida a conexão entre as práticas pela convergência dos seus valores. Os transformadores — sobretudo aqueles que estão envolvidos conscientemente em práticas alternativas há algum tempo — veem essas práticas como um processo. O desenvolvimento dessas práticas ao longo do tempo reforça as relações sociais imbuídas nas práticas. O processo produz as práticas. Viver a prática de uma cultura alternativa gera novas formas de cultura que incorporam novas práticas econômicas. É um processo aberto de experimentação em que a partilha do processo de aprendizagem induz novas formas de viver, que não foram planejadas, mas sim descobertas. As pessoas não se movem em direção a um objetivo programado. Elas descobrem os seus objetivos, e a si próprias, no processo de aprendizagem pela prática.

A ECONOMIA ALTERNATIVA INVISÍVEL: SINAIS DE PRÁTICAS ECONÔMICAS NÃO CAPITALISTAS ENTRE A POPULAÇÃO DE BARCELONA

A difusão de práticas econômicas não capitalistas e sua relação com a crise econômica

Talvez a descoberta mais importante da nossa pesquisa tenha sido a de que todos os que entrevistamos — 97% dos pesquisados — se envolveram em algum tipo de prática econômica não capitalista desde 2008, ano em que a atual crise teve início.* Embora uma dessas práticas, o banco ético, implique o pagamento de dinheiro para adquirir bens ou serviços e, por vezes, o objetivo de lucro, a maior parte das práticas aqui consideradas é não capitalista no sentido de que seu objetivo não é o lucro, mas sim a procura de significado pessoal. Na verdade, a grande maioria dessas práticas não envolve pagamentos financeiros ou até

---

* Usaremos aqui o termo "alternativas" como uma abreviatura para práticas econômicas não capitalistas.

trocas. Para essa componente da nossa pesquisa, focamos no período de 2008 até o presente, de modo a concentrarmo-nos nas práticas e nas atitudes de pessoas desde o surgimento da crise.

A nossa pesquisa mostra que o envolvimento em práticas econômicas não capitalistas não é um movimento marginal em que apenas um pequeno número de pessoas participa. A Tabela 2 ilustra a percentagem de entrevistados que participam em cada atividade e mostra claramente que a percentagem que participa é muito maior do que se poderia esperar. Além disso, vemos que há uma ampla gama de atividades econômicas que ocorrem — da horticultura urbana ao cuidado cooperativo de crianças — que não envolvem a troca de dinheiro. Mostramos evidências de uma surpreendente dimensão de entrincheiramento dessas práticas, em termos de amplitude e profundidade do seu uso e do tipo de pessoas que se dedicam a elas.

Tabela 2
Dados de uma amostra representativa da população de Barcelona, 2008-11

Práticas	% de respondentes ao inquérito que participaram em cada atividade no período 2008-2011	Valores absolutos
Práticas de autossuficiência		
Pintar ou fazer os próprios consertos ações em casa	55,6	445
Consertar ou costurar as próprias roupas	39	312
Consertar os eletrodomésticos	34,6	277
Consertar o próprio carro, moto ou bicicleta	21,5	172
Apanhar comida ou objetos úteis da rua ou mercados	16,1	129
Plantar tomates, vegetais ou outros produtos para o próprio consumo	18,8	150
Criar galinhas, coelhos ou outros animais para consumo próprio	1,9	15
Práticas altruístas		
Emprestar livros, filmes ou música a pessoas que não são parentes	64,5	516
Partilhar câmeras de vídeo, ferramentas, eletrodomésticos e objetos similares com pessoas que não são parentes	34	272
Emprestar dinheiro sem cobrar juros a pessoas que não são parentes	34	272
Fazer reparações em casa de outras pessoas sem cobrar dinheiro	21,3	170
Tomar conta de crianças, idosos ou doentes sem cobrar dinheiro	16,1	129
Reparar o carro, moto ou bicicleta de outros sem cobrar dinheiro	11,1	89

Práticas de intercâmbio e cooperação		
Baixar legalmente software da internet	39,8	318
Conhecer uma quinta agroecológica	29,5	236
Usar software livre	24,6	197
Envolver-se em atividades de ensino sem cobrar dinheiro	23,8	190
Trocar produtos, roupas, eletrodomésticos e outros bens sem dinheiro envolvido	21,9	175
Partilhar o carro com pessoas que não são parentes	17,6	141
Envolver-se em trocas de serviços sem cobrar dinheiro	16,9	135
Ser (ou ter sido) membro de uma cooperativa alimentar	9	72
Ter participado num jardim comunitário	6,9	55
Partilhar casa com um ou mais adultos que não são parentes nem empregados	6	48
Tomar conta das crianças de outrem em troca de que outros tomassem conta das suas	5,3	42
Usar moeda social	2,3	18
Ter participado num banco ético ou cooperativa de crédito pela última vez antes do ano de 2008	2	16
Valores absolutos		

Práticas de autossuficiência		
Pintar ou fazer os próprios consertos em casa	8,4	67
Plantar tomates, vegetais ou outros produtos para o próprio consumo	4,5	36
Criar galinhas, coelhos ou outros animais para consumo próprio	2,6	21
Apanhar comida ou objetos úteis da rua ou mercados	2,4	19
Reparar o próprio carro, moto ou bicicleta	2,3	18
Reparar ou costurar as próprias roupas	2,1	17

	0,5	4
Reparar os próprios eletrodomésticos		
Práticas altruístas		
Emprestar dinheiro sem cobrar juros a pessoas que não são parentes	6,1	49
Fazer reparações em casa de outras pessoas sem cobrar dinheiro	3	24
Tomar conta de crianças, idosos ou doentes sem cobrar dinheiro	2,4	19
Emprestar livros, filmes ou música a pessoas que não são parentes	1,5	12
Reparar o carro, moto ou bicicleta de outros sem cobrar dinheiro	0,6	5
Partilhar câmeras de vídeo, ferramentas, eletrodomésticos e objetos similares com pessoas que não são parentes	0,3	2
Práticas de intercâmbio e cooperação		
Conhecer uma quinta agroecológica	29,5	236
Partilhar casa com um ou mais adultos que não são parentes nem empregados	6	48
Ser (ou ter sido) membro de uma cooperativa alimentar	3,1	25
Envolver-se em atividades de ensino sem cobrar dinheiro	2,1	17
Ter participado num jardim comunitário	1,9	15
Tomar conta das crianças de outrem em troca de que outros tomassem conta das suas	1,1	9
Partilhar o carro com pessoas que não são parentes	1,1	9
Envolver-se em trocas de serviços sem cobrar dinheiro	1	8
Baixar legalmente software da internet	0,5	4
Trocar produtos, roupas, eletrodomésticos e outros bens sem dinheiro envolvido	0,4	3
Usar moeda social	0,4	3
Usar software livre	0,1	1
Ter participado num banco ético ou cooperativa de crédito	0	0

A Tabela 2 mostra a percentagem do total da população que exerceu cada uma das práticas, em algum momento desde 2008, ano em que a crise financeira começou.* Agrupamos as 26 práticas em três categorias: autossuficiência, altruísmo e intercâmbio e cooperação. As práticas de autossuficiência envolvem trabalho que as pessoas realizam para si próprias em vez de ir ao mercado pagar por bens e serviços. Por exemplo, quase 20% dos inquiridos cultivam vegetais para consumo próprio, um número significativo para uma área urbana densa. Mais da metade fez consertos nas próprias casas e mais de um terço já consertou os próprios aparelhos domésticos; um número igual fez ou consertou as próprias roupas. Menos numerosos, mas ainda importantes, são aqueles que têm consertado o próprio carro, motocicleta ou bicicleta (21,5%) e aqueles que recolheram objetos úteis ou alimentos na rua (16,1%). Sabemos pela literatura, e pela nossa própria observação qualitativa, que as pessoas podem fazer essas coisas a fim de poupar dinheiro — talvez por não terem dinheiro — ou porque gostam das práticas em si.

Uma segunda categoria de atividade é o que chamamos de práticas altruístas, o desempenho de serviços — que têm algum valor de mercado — a favor de outros, sem compensação financeira. Dos inquiridos, 21% fizeram consertos na casa de outros sem a mediação do dinheiro e 11% consertaram, da mesma forma, o carro, a motocicleta ou bicicleta de outros; 16% cuidaram de crianças, pessoas idosas ou doentes que não são membros da família e *mais de um terço já emprestou dinheiro sem juros a pessoas que não são membros da família*.

Cooperação e intercâmbio são os termos que usamos para descrever o terceiro grupo de atividades, que envolvem a troca de bens ou serviços — permuta ou similar — sem usar o dinheiro como meio de troca. Quase 65% dos inquiridos têm emprestado filmes, ou discos, a pessoas que não são membros da família. Quase 22% dos entrevistados trocaram roupas, eletrodomésticos e outros bens

---

* Analisamos especificamente pessoas que se envolveram em práticas econômicas não capitalistas desde 2008, de forma a focarmo-nos no período após a crise econômica. Esse grupo respeita a representatividade da pesquisa e representa 88% de toda a população pesquisada.

sem a mediação do dinheiro; 24% e 17% envolveram-se no ensino e em trocas de serviços, respectivamente, sem que fossem pagos monetariamente. Mais de 17% têm partilhado um carro com alguém que não é membro da família e 34% têm partilhado câmeras de vídeo, ferramentas ou eletrodomésticos com pessoas que não são membros da família.

Um número surpreendentemente elevado de pessoas — 97% dos entrevistados — envolveu-se em pelo menos uma atividade; 83% envolveram-se em três ou mais. Em média os entrevistados na pesquisa envolveram-se em seis práticas, um número elevado que implica que as atividades não capitalistas são uma componente normal da vida em Barcelona. O aparecimento relativamente recente de ferramentas tecnológicas para ajudar esse tipo de atividades indica uma procura crescente entre os jovens, os principais usuários dessas ferramentas.

Apenas 22 das oitocentas pessoas entrevistadas não se envolveram em nenhuma dessas práticas, desde 2008; 73% desse pequeno grupo têm mais de 64 anos; muitos relataram que questões de saúde relacionadas com a idade os impediram de realizar essas atividades. Além das questões sobre as práticas concretas, também perguntamos às pessoas se e como foram afetadas pela crise econômica. *A maioria dos inquiridos — 62% — indica que tem sido afetada negativamente pela crise econômica.* Mais da metade relatou que a crise afetou negativamente as suas despesas e os seus rendimentos e causou-lhes preocupações com o seu futuro e o das suas famílias. Cerca de um terço dos entrevistados indicou que o seu emprego tem sido afetado negativamente. A incidência de doenças relacionadas com estresse, depressão, ansiedade e abuso de certas substâncias aumentou desde o início da crise e muitos atribuem esse aumento à crise financeira. Já em outubro de 2008, a Organização Mundial da Saúde advertiu que os problemas de saúde mental e suicídios provavelmente aumentariam à medida que as pessoas fossem forçadas a lidar com a pobreza e o desemprego.* Mais de 29% dos entrevistados, na nossa pesquisa, disseram que a sua saúde tem sofrido em decorrência da crise.

---

* Reuters, "Financial crisis may increase mental health woes".

A partir dos entrevistados, também reunimos dados sobre uma série de atitudes em relação ao capitalismo e à mudança social. Os resultados dessa componente da nossa pesquisa indicam um desencanto bastante amplo com o sistema capitalista. Mais da metade dos entrevistados respondeu "mau" ou "muito mau" à pergunta "O que pensa sobre o capitalismo?" Apenas 2,5% responderam "muito bom". Apesar dessa atitude negativa para com o capitalismo, a grande maioria dos inquiridos — 77,4% — acredita que a sociedade pode mudar para melhor e 67,8% acreditam que podem contribuir pessoalmente para essa mudança.

Quase 60% dos entrevistados disseram que gostariam de trabalhar menos e ganhar menos dinheiro se tal opção fosse possível. Essa constatação, aliada ao profundo envolvimento da maioria das pessoas em práticas não capitalistas, implica insatisfação com o sistema capitalista e um desejo de outras formas de organizar as suas vidas de trabalho e de um maior controle sobre o tempo. Aqueles que disseram que gostariam de trabalhar menos afirmaram que passariam mais tempo com amigos e parentes e fariam outras atividades de que gostam com o tempo disponível.

Quem faz o quê? Categorias sociais e intensidade das práticas não capitalistas

Quando olhamos para determinados grupos sociodemográficos, vemos que há vários que se envolvem num número relativamente elevado ou relativamente pequeno de práticas. Vamos aprofundar mais esses grupos, para compreender melhor o que fazem e perceber por que podem ser mais ou menos propensos a envolver-se em práticas não capitalistas. A Tabela 3 ilustra o número médio de práticas em que se envolveu cada grupo analisado, a diferença entre cada grupo e a média em relação à população total, que é de 6,29 práticas. Há claramente uma certa sobreposição entre grupos específicos, como jovens e estudantes na extremidade superior do espectro, e entre os idosos e os aposentados na extremidade inferior.

Tabela 3
Comparação da intensidade da prática por categorias sociodemográficas

	Número de práticas feitas (média)	Abaixo ou acima da média
População total	6,29	
Gênero*		
Homens	7,08	0,79
Mulheres	5,61	-0,68
Idade*		
+ de 64 anos	4,08	-2,21
50-64 anos	5,52	-0,77
35-49 anos	7,13	0,84
25-34 anos	7,9	1,61
18-24 anos	8,28	1,99
Nível de escolaridade*		
Grau de mestre e superior	7,29	1
Grau universitário	6,77	0,48
Superior ao ensino secundário	6,37	0,08
Inferior ao ensino secundário	5,55	-0,74
Sem educação/escola básica não completa	4,35	-1,94
Ocupação*		
Profissional liberal, empresário, dirigentes intermédios	7,69	1,40
Trabalhadores autônomos	7,24	0,95
Assalariados, operários	6,86	0,57
Donas de casa	4,39	-1,90
Aposentados	4,36	-1,93
Desempregados	7,57	1,28
Estudantes	8,21	1,92
Estado civil*		
Solteiro	7,66	1,37
Casado	5,47	-0,82
Uniões de fato	9,48	3,19
Divorciado/separado	7,31	1,02
Viúvo	4,5	-1,79

Local de nascimento**		
Cidade de Barcelona	6,53	0,24
Resto da Catalunha	6,05	-0,24
Espanha	5,17	-1,12
Nascidos no estrangeiro	7,01	0,72
Tempo de residência em Barcelona*		
Sempre viveram em Barcelona (nascidos em Barcelona)	6,3	0,01
Mais de 20 anos	5,33	-0,96
Entre 10 e 20 anos	7,88	1,59
Entre 5 e 10 anos	7,4	1,11
Menos de 5 anos	8,88	2,59
Renda*		
Até €5.000	7,65	1,36
Entre €4.001 e €5.000	7,11	0,82
Entre €3.001 e €4.000	6,83	0,54
Entre €2.001 e €3.000	6,99	0,70
Entre €1.001 e €2.000	5,82	-0,47
Acima de €1.000	6,82	0,53
Não sabe	6,1	-0,19
Não respondeu	5,23	-1,06

*** Estatisticamente significativo para um nível de 0,00;
** Estatisticamente significativo para um nível de 0,01

As pessoas nascidas no estrangeiro envolvem-se num número relativamente elevado de práticas — sete em média. Parcelas significativas desse grupo envolvem-se em quase todas as práticas de autossuficiência: 40,6% consertam ou fazem as próprias roupas e fazem mais de um conserto trimestral no próprio carro, motocicleta ou bicicleta, colheita de alimentos ou recolha de objetos úteis na rua. Um número substancial também parece estar envolvido em redes de intercâmbio, como é evidenciado pelas percentagens acima da média de pessoas que: 1) sem ser remuneradas monetariamente cuidaram de doentes, idosos ou crianças que não são membros da família (32% *versus* 16%); 2) emprestaram dinheiro a pessoas que não são da família, sem cobrança de juros (48% *versus* 34%); e 3) cuidaram de filhos de outras pessoas em troca de outros que cuidaram dos seus (6% *versus* 5%). O enfoque em redes de troca não é surpreendente, dado que as pessoas nascidas no estrangeiro tendem a viver em proximidade e a ajudar-se mutuamente. Curiosamente, os nascidos no estrangeiro que responderam à nossa pesquisa tendem a ser relativamente bem estabelecidos. Mais da metade vive em Barcelona há mais de dez anos e um quarto vive em Barcelona há entre cinco e dez anos;* 68% têm idades entre 25 e 49 e 37% descrevem-se como empregados. Os nascidos no estrangeiro tendem a situar-se no espectro de rendimento mais baixo a médio, 35% com rendimentos entre €1.000 e €2.000 por mês e um quinto entre €2.000 e €3.000 por mês. Outro quinto ganha menos de €1.000 por mês, um número que se aproxima da taxa de desemprego, de 19%, relatado por esse grupo de entrevistados, e um número que se aproxima da taxa de desemprego total em Barcelona. Se relacionarmos essa análise sobre as práticas dos nascidos no estrangeiro com os resultados do nosso grupo de imigrantes, podemos concluir que os imigrantes tendem a estar mais dispostos a envolver-se em práticas não capitalistas do que a população nativa em geral. O paradoxo, claro, é que emigram de um país mais tradicional para uma cultura mais predominantemente capitalista: isso indica que as práticas não capitalistas são insuficientes para construir uma vida confortável num ambiente capitalista, por mais desejáveis que possam ser, em termos de relações humanas.

Os estudantes também são um grupo muito ativo nas práticas econômicas alternativas. Como os nascidos no estrangeiro, as suas atividades tendem a concentrar-se nas categorias de autossuficiência e intercâmbio. Mais de um terço (34% em comparação com a média da nossa amostra, 16%) recolheu alimentos ou objetos úteis encontrados na rua e 31% repararam o próprio carro, motocicleta ou bicicleta. Esse grupo tende a não se envolver em mais práticas domésticas de autossuficiência, como o cultivo de hortaliças ou conserto das suas casas, porque são os mais voláteis de todas as faixas etárias estudadas. Em relação a atividades orientadas de troca, quase 90% (contra 65% em média) têm emprestado ou pedido livros emprestados, filmes ou álbuns a pessoas que não são membros da família e 58% (contra 34% em

---

* Note-se que não lhes perguntamos quando emigraram para Espanha, por isso é possível que vivam nesse país há muito tempo.

média) compartilharam câmeras de vídeo, ferramentas e eletrodomésticos com pessoas que não são membros da família. Os estudantes têm acesso fácil a redes de outros estudantes, juntamente com os sistemas tecnológicos, que usam para comunicar com seus pares, o que ajuda a explicar o seu grande envolvimento em atividades orientadas de troca.

Em relação à situação de emprego, os dirigentes intermediários são bastante ativos. A maioria (43%) tem entre 35 e 49 anos; 46% são solteiros e um número igual é de casados. A maioria — 71,4% — é altamente qualificada, tendo obtido um diploma universitário; 86% já pintaram ou consertaram as próprias casas, 100% (contra 65%) têm emprestado ou pedido livros emprestados, álbuns e filmes a pessoas que não são membros da família, 64% (contra 34%) emprestaram dinheiro sem juros a não parentes e 64% (contra 40%) já fizeram downloads legais de software da internet; 43% (contra 16% da população total) têm cuidado de crianças, doentes ou idosos sem receber dinheiro por esses serviços.

Os homens tendem a adotar mais atividades do que as mulheres, 7,1% *versus* 5,6%, embora isso se deva, provavelmente, à alta taxa de feminização entre o grupo mais velho da população, que é menos propenso a envolver-se em atividades alternativas. Talvez sem surpresa, vemos diferenças de gênero gritantes, em termos dos tipos de atividades a que as mulheres e os homens se dedicam, indicando que a divisão sexual do trabalho continua a existir, tanto no lar como no envolvimento em outras atividades. Por exemplo, 55% das mulheres têm consertado ou feito as próprias roupas, ao contrário de 20% dos homens. Quase metade dos entrevistados do sexo masculino já consertou aparelhos domésticos próprios, enquanto apenas 22% das mulheres o fizeram. Os homens são mais propensos a envolver-se em atividades relacionadas com a tecnologia — 54% (contra 27%) já fizeram downloads de software a partir da internet e 34% (contra 16,5%) têm usado software livre.

Os casais não casados de maneira formal são particularmente ativos em práticas alternativas, provavelmente em função da independência cultural geralmente associada a esse tipo de agregado familiar. Também especialmente ativos são os moradores mais recentes de Barcelona (há menos de cinco anos), o que se encaixa no padrão conhecido do empreendedorismo e da autonomia entre aqueles que vêm viver num ambiente diferente.

Aqueles que estão desempregados tendem a envolver-se num número de práticas superior à média — 7,6%. Talvez não surpreendentemente, a sua atividade tende a concentrar-se na categoria de práticas de autossuficiência; 30% (contra 19% da amostra total) plantam vegetais para consumo próprio. Quase metade (contra 35%) conserta os próprios eletrodomésticos e quase 70% (contra 56%) fazem consertos nas suas casas. Esses resultados fazem sentido, dado que esse grupo tem mais tempo e menos dinheiro do que tinha antes do desemprego.

A relação entre crise econômica, atitudes perante o capitalismo e práticas alternativas

A nossa análise da pesquisa mostra que as pessoas que foram afetadas negativamente pela crise econômica são mais propensas a envolver-se num maior número de atividades não capitalistas do que aquelas que dizem que não foram afetadas negativamente (6,52 atividades *versus* 6,29).* Do grupo que foi afetado negativamente, o subgrupo cujo emprego foi afetado envolveu-se num maior número de práticas — 7,4, em média. *Isso fornece alguma evidência em apoio à nossa hipótese sobre a intensificação e difusão de práticas econômicas alternativas na esteira da crise.*

Também parece haver uma relação interessante entre as atitudes face ao capitalismo e a intensidade no envolvimento em práticas não capitalistas. Em geral, aqueles que estão desiludidos com o capitalismo e gostariam de ver a mudança também tendem a envolver-se num maior número de práticas alternativas. As pessoas que pensam que o capitalismo é "muito mau" envolvem-se em média em 7,6 práticas. Aqueles que acreditam que o capitalismo é "muito mau" para as suas vidas pessoais envolvem-se em média em 8,9 práticas e os entrevistados que estão interessados em trabalhar menos e receber menos envolvem-se em quase sete práticas, em média. Também observamos que aqueles que acreditam que podem contribuir para uma mudança social positiva tendem a envolver-se num maior número de práticas, 7,1.

---

* Contabilizamos as atividades de que cada entrevistado participou. Usamos esse número, mas com muita cautela, como uma espécie de aproximação ao grau do seu envolvimento em práticas não capitalistas. Não perguntamos aos entrevistados quanto tempo gastam por dia, ou por semana, nessas práticas.

Tabela 4
Atitudes quanto ao capitalismo e à intensidade de práticas não capitalistas

Atitude	Número médio de práticas
O capitalismo é muito mau	7,6
O capitalismo é muito mau para a minha vida pessoal	8,9
Gostaria de trabalhar menos e ganhar menos	7
Acredito que posso contribuir para uma mudança social positiva	7,1

Curiosamente, aqueles que manifestaram interesse em trabalhar menos por menos dinheiro tendem a situar-se na parte inferior ao meio do espectro socioeconômico; mais de um terço ganha menos de €2 mil por mês. Mais mulheres (56,3%) do que homens (46,4%) preferem trabalhar menos e ganhar menos, o que faz sentido dadas as atividades domésticas e de prestação de cuidados que normalmente recaem sobre as mulheres. O grupo que mantém essa atitude é distribuído de modo relativamente uniforme em todo o espectro de idade, o maior subgrupo — nos 27% — é de 35 a 49 anos, mais suscetível de ter atingido um patamar em termos de rendimentos e ser responsável por crianças pequenas e pais mais velhos. Metade desse grupo é casada, o que implica que pode ser mais fácil ganhar menos se se tem um cônjuge que também contribui para o rendimento familiar; no entanto, quase um terço é solteiro e não vive com um parceiro.

Não concluímos que o grupo mais jovem que pesquisamos — 18 a 24 anos — sentisse o capitalismo como algo muito negativo ou pensasse que poderia contribuir pessoalmente para tornar o mundo um lugar melhor. Aqueles que sentiram que poderiam ter um impacto positivo no mundo tendem a ter entre 25 e 49 anos e têm em geral boa formação. O nosso palpite é que são os jovens entre os 18 a 24 anos, e porque ainda vivem com os pais, que não sentem o mundo como um lugar tão duro.

Queríamos compreender os perfis dos entrevistados que tiveram atitudes positivas e negativas face ao capitalismo. Para essa parte da análise, substituímos as respostas de "bom" e "muito bom", "mau" e "muito mau" pela pergunta "O que pensa sobre o capitalismo?". Não observamos muitas diferenças entre percepções positivas e negativas quando olhamos para sexo, escolaridade e idade, mas sim quando consideramos os níveis de rendimento. Não surpreendentemente, 45% dos inquiridos com uma percepção negativa do capitalismo ganham menos de €2 mil por mês. A maioria é mais velha — 26% têm mais de 64 anos.

Uma análise de planos da nossa pesquisa levou-nos a duas descobertas importantes. A primeira é a existência de um amplo conjunto de práticas não capitalistas a que as pessoas se dedicam para reduzir o seu custo de vida, para se ligar a comunidades locais e distantes, para ajudar os outros e simplesmente para se realizar. A segunda é uma maior insatisfação com o capitalismo e com as suas armadilhas. Além disso, a correlação entre o desencanto com o capitalismo e o envolvimento num maior número médio de práticas implica que aqueles que não estão satisfeitos com a economia dominante optem, embora silenciosamente, pela procura de formas alternativas para controlar as suas vidas e assumir o controle do seu tempo. Apesar da insatisfação, são um grupo otimista, acreditam que o mundo pode mudar para melhor e que eles podem ser uma parte dessa mudança.

Conclusão: da cultura econômica para o movimento político

Em 15 de maio de 2011, foram convocadas manifestações de rua, pela internet, em Madri, Barcelona e outras cidades espanholas, para reivindicar "uma democracia real agora", poucos dias antes das eleições municipais. Foi uma iniciativa de um grupo de ativistas que queria protestar contra a incapacidade e desonestidade da classe política na sua má gestão da crise econômica. Sem qualquer tipo de organização ou liderança, dezenas de milhares de pessoas responderam à convocação. No final da manifestação em Madri, cerca de duas dúzias de manifestantes acamparam durante a noite na praça do Sol, a principal da cidade, para discutir como combater a destruição causada por uma crise fora de controle, resultado da irresponsabilidade dos políticos. Na noite seguinte, um grupo de pessoas decidiu fazer o mesmo em Barcelona, na praça Catalunha, a principal da cidade. Eles "twittaram" para que os seus amigos se juntassem a eles. Apareceram centenas, que também "twittaram", e três dias depois havia milhares de acampados na praça e milhares de outros em Madri e em outras cidades da Espanha e da Catalunha. Chamavam-se a si mesmos "os indignados", uma vez que o protesto nasceu da indignação que sentiam perante o desemprego em massa, os despejos, a educação medíocre, os cortes nos serviços públicos e a injustiça generalizada em todo o tempo da sua existência. Concentraram a sua indignação sobre os banqueiros, os políticos, as instituições políticas e os governos. Na opinião deles, a crise não foi realmente uma crise, mas a consequência do fracasso do capitalismo em proporcionar uma vida decente e da incapacidade das pseudoinstituições democráticas de representarem o interesse do povo. Acamparam durante semanas e debateram em múltiplas assembleias, e comissões, o que deveria ser feito e como fazê-lo. Inflexivelmente, rejeitaram qualquer liderança formal, ideologia ou organização permanente. Somente os coletivos poderiam tomar decisões depois de horas de debate respeitoso e votação aberta. Depois de quase um mês, as assembleias em cada localidade decidiram deixar as praças e apelaram à organização das assembleias de bairros e vilas de todo o país por manifestações e protestos centrados nas instituições políticas, por mobilizações contra as medidas de austeridade impostas pela União Europeia e o FMI para evitar a falência de países inteiros e a queda do euro. A maioria dos espanhóis simpatizou com os "indignados" — 84%, de acordo com uma pesquisa encomendada pelo prestigiado jornal *El País*. A diferença entre políticos e cidadãos cresceu mais amplamente do que nunca e o Parlamento espanhol começou a debater algumas das propostas do movimento para a reforma política, apesar do ceticismo dos "indignados" sobre a sinceridade de qualquer abertura política.

O que é significativo a partir da nossa perspectiva analítica é que muitos daqueles que são o objeto da nossa análise, neste capítulo, como participantes de práticas econômicas alternativas estavam presentes no movimento dos "indignados". Para eles, houve uma continuidade lógica entre a sua distância em relação às normas e às instituições do capitalismo e o protesto contra a indignidade de líderes políticos que, na sua opinião, levou a maioria das pessoas na Catalunha, Espanha e Europa para o beco sem saída da crise no mercado de trabalho e nos serviços sociais, enquanto os bancos registravam altos níveis de lucro, sem precedentes. Além disso, a ressonância que encontramos entre as práticas econômicas alternativas de uma minoria consciente e a ampla difusão de práticas econômicas não capitalistas num segmento considerável da população de Barcelona é espelhada no apoio da maior parte da opinião pública (exemplificado pela aceitação de centenas de milhares para protestar contra as manifestações em 19 de junho de 2011 e, em seguida, em 15 de outubro de 2011) aos projetos de democracia alternativa apresentados por aqueles que acamparam nas praças públicas. Além disso, essas manifestações foram espontâneas, sem liderança formal e sem qualquer participação dos sindicatos e partidos políticos. Enquanto o protesto surgiu como uma reação à crise econômica e aos seus custos sociais, as exigências dos manifestantes não se limitaram ao roteiro comum de reivindicações econômicas, mas configuraram uma nova economia baseada em muitas das práticas alternativas observadas no presente estudo. No entanto, para esse projeto prosperar, do ponto de vista do movimento, uma nova política tem de surgir, como alavanca necessária para avançar a partir das margens da sociedade para uma nova organização social da vida. Assim, a cultura econômica alternativa que antecedeu a crise econômica, em virtude da sua crítica profética ao capitalismo, subiu ao primeiro plano do debate público, quando ficou claro para muitos que o retorno aos dias felizes do capitalismo era questionável. O palco foi então definido para o confronto entre um modelo disciplinar endurecido, reduzido, o capitalismo financeiro, e o aprofundamento e a difusão de uma economia alternativa que uma minoria consciente ousou começar a viver. Esse é um conflito político direto, cujo resultado vai determinar o mundo em que viveremos durante os anos que se seguirão à crise.

APÊNDICE METODOLÓGICO

O nosso projeto de pesquisa compreendeu quatro operações diferentes:

1. Identificação e análise de práticas econômicas alternativas por observação participante e entrevistas a alguns dos principais atores envolvidos nas práticas.

2. Produção de um documentário sobre práticas econômicas alternativas baseadas nas entrevistas do nosso estudo.

3. Organização de oito grupos focais para discutir os valores e as questões envolvidas em práticas econômicas alternativas. O filme foi usado como um estímulo para desencadear o debate.

4. Pesquisa de uma amostra representativa da população de Barcelona (oitocentas entrevistas), com um questionário elaborado com base nos resultados dos nossos estudos qualitativos.

Resumimos aqui as características de cada uma dessas operações de pesquisa:

Seleção de organizações e redes de práticas alternativas e entrevistas com os participantes nessas práticas

Entre outubro de 2009 e maio de 2010 entrevistamos setenta pessoas envolvidas em práticas econômicas alternativas. As entrevistas foram gravadas e transcritas. Para selecionar os entrevistados, foi primeiro feita, em 2009, a observação participante numa série de organizações e redes de atividades econômicas alternativas. Construímos uma tipologia de práticas nas seguintes categorias: produção, consumo, câmbio, moeda social, ética bancária, habitação, educação, comunicação, informática e artes. Para cada categoria foram selecionadas as redes e as organizações e entrevistamos pessoas envolvidas em cada uma dessas práticas. Contamos com a assessoria dos próprios atores para identificar as práticas e os entrevistados mais significativos. Para as práticas mais amplas (cooperativas de consumo, redes de troca, pomares urbanos e produtores agroecológicos), foram selecionados os casos por meio de três critérios: práticas com mais de três anos, em contraste com as práticas com menos de três anos de duração; tamanho da rede envolvida na prática; urbano *versus* rural.

Na maior parte dos casos, o próprio coletivo decidiu quem seriam os entrevistados, utilizando dois critérios: deveria ser sempre um homem e uma mulher juntos, alguém com mais de três anos de experiência e alguém com menos de três anos de experiência no coletivo.

Todas as entrevistas foram feitas no local onde as práticas ocorrem. Enquanto entrevistávamos, observávamos e filmávamos o local de encontro e, quando possível, as práticas em si mesmas. A duração das entrevistas variou entre quarenta minutos e duas horas; 57% das entrevistas tiveram lugar em Barcelona e 97% na região metropolitana de Barcelona (incluindo a cidade), das quais 3% num ambiente rural; 3% das entrevistas foram nas áreas rurais de Tarragona.

Dos entrevistados, 55% são homens e 45% mulheres.

A distribuição etária é como se segue:

9%	18 a 24 anos
48%	25-34
37%	35-49
2%	50-64
4%	64 +

Grupos

Projetamos oito grupos. O procedimento foi o mesmo para cada grupo. Antes da reunião, assistiram ao documentário *Homenagem à Catalunha II* (uma hora). Na reunião envolveram-se num debate dirigido e moderado pela equipe de pesquisa, seguindo uma diretriz temática preparada com antecedência. Os debates foram gravados e transcritos. A formação dos grupos foi baseada em critérios de diferentes intensidades de envolvimento em práticas econômicas alternativas, bem como a composição sociodemográfica, como se faz quando se pretende entender as atitudes culturais de grupos específicos, tais como jovens, aposentados, mulheres com responsabilidades familiares e imigrantes. Esses são os grupos cuja participação em práticas econômicas alternativas estudamos:

1. Pessoas com um elevado nível de participação
2. Pessoas com baixos níveis de participação
3. Grupo misto de pessoas com altos níveis de participação e baixos níveis de participação

4. Grupo de mães com alto nível de participação
5. Pessoas desempregadas
6. Grupo de jovens de 18 a 24 anos
7. Grupo de pessoas aposentadas oriundas da classe trabalhadora
8. Grupo de imigrantes

Dentro de cada grupo (com exceção da idade ou especificidades de gênero), incluímos pessoas de diferentes idades, sexo e nível educacional. O grupo imigrante incluía pessoas de Marrocos, Romênia, Uruguai, Cuba e El Salvador.

O número de participantes em cada grupo oscilou entre sete e doze, com a exceção do das pessoas com baixos níveis de atividades alternativas, que foi formado por cinco pessoas.

Os grupos se reuniram entre novembro de 2010 e maio de 2011, geralmente numa sala da universidade, exceto os grupos de desempregados, aposentados e imigrantes, que se reuniram nas respectivas associações.

QUESTIONÁRIO SOBRE AS ATIVIDADES ECONÔMICAS ALTERNATIVAS DA POPULAÇÃO DE BARCELONA

Foi administrado um questionário de 43 perguntas a uma amostra estatisticamente representativa da população de Barcelona. Foram realizadas oitocentas entrevistas telefônicas entre 9 e 10 de fevereiro de 2011. As questões concentravam-se numa lista de 26 práticas econômicas alternativas, em atitudes face ao capitalismo e à mudança social, e características sociodemográficas dos inquiridos. O questionário foi elaborado pela nossa equipe de pesquisa. O desenho da amostra, o pré-teste das entrevistas e as próprias entrevistas foram realizados por uma equipe do Instituto Opina, uma das principais empresas de sondagem espanholas (www.opina.es). Detalhes técnicos sobre a amostra e as entrevistas, bem como o questionário, estão disponíveis por solicitação dos interessados (ac-cardenas@uoc.edu).

Referências bibliográficas

ADAMAN, F.; MADRA, Y.M. "Theorizing the third sphere: a critique of the persistence of the 'economistic fallacy'". *Journal of Economic Issues*, 36(4):1045-78, 2002.

GIBSON-GRAHAM, J.K. "Beyond global vs local: economic politics outside the binary frame", in HEROD, A.; WRIGHT, M. (org.). *Geographies of Power*: Placing Scale. Oxford: Blackwell Publishers, 2002, p.25-60.

_____. *The End of Capitalism (As We Knew It)*: A Feminist Critique of Political Economy. Minneapolis: University of Minnesota Press, 2006.

LEYSHON, Andrew; LEE, Roger; WILLIAMS, Colin C. *Alternative Economic Spaces*. Newbury: Sage Publications, 2003.

MILLER, E. "Other economies are possible: organizing toward an economy of cooperation and solidarity". *Dollars and Sense*, 266, jul-ago./2006.

NORTH, Peter. "Scaling alternative economic practises? Some lessons from alternative currencies", in *Transactions of the Institute of British Geographers*. Oxford: Blackwell Publishing, 2005, p.221-233.

REUTERS. "Financial crisis may increase mental health woes", 2008, disponível em: http://www.reuters.com/article/2008/10/09/us-financial-health-mental-idUSTRE498 39M20081009 (acesso em 4/6/2011).

PARTE V
A CRISE GLOBAL NÃO GLOBAL

SERÁ QUE A CRISE DE 2008 É GLOBAL no sentido de que o mundo está sentindo efeitos semelhantes, sofrendo provações comparáveis e enfrentando os mesmos processos que conduziram à redução da esperança em relação ao futuro? Será que o sistema mundial está sentindo a crise através das instituições que estruturaram o seu centro, suas semiperiferia e periferia, durante as gerações anteriores? Perante o olhar alarmado do mundo ocidental de ambos os lados do Atlântico, o sistema mundial transforma-se e oscila de forma caótica, aparentemente capaz de se bifurcar numa arquitetura auto-organizada, diferente, durante algumas gerações. Devido à interdependência econômica e cultural entre o centro e as periferias, e considerando o resultado das transições caóticas do passado entre velhas e novas áreas de acumulação capitalista, poderiam esperar-se distúrbios com uma amplitude considerável na Ásia, América Latina e África. Contudo, a crise nas economias emergentes é social, e não financeira: não são observados sinais de grandes perturbações financeiras, apesar de existirem sintomas de potenciais distúrbios sociais relacionados com as dinâmicas das sociedades, e não com a economia mundial. A crise é uma crise do Ocidente e a clivagem entre as duas margens do Atlântico está se aprofundando, sugerindo os contornos de uma nova configuração — ainda não sabemos se mais ou menos multipolar — da economia global.

É por esse motivo que pensamos ser necessário refletir sobre a natureza não global da crise no mundo global, analisando as dinâmicas do desenvolvimento do capitalismo global através dos olhos dos cientistas sociais da China e da América Latina. Estes capítulos dão-nos uma oportunidade, única, para olhar para percepções e pensamentos de atores-chave da área da economia e da política, que também contribuem para moldar o novo mundo que está surgindo, através das cortinas que ainda encobrem o rescaldo da crise.

10

CRISE SOCIAL NA CHINA?

You-tien Hsing

UM GRÃO DE AREIA NA EXPANSÃO ECONÔMICA CHINESA NO PÓS-2008

O CRESCIMENTO CONTÍNUO DA ECONOMIA CHINESA nos últimos trinta anos, que destacou a China de outras economias em transição, é uma história bem conhecida. O que é mais intrigante é a contínua expansão econômica da China nos últimos anos, após a crise financeira de 2008. O país parecia ter passado incólume pela crise, se olharmos para os seguintes números:

Apesar dos gastos dos consumidores, nos Estados Unidos e em outros grandes mercados, com exportações chinesas terem sofrido cortes desde a crise financeira de 2008, a China conseguiu manter a sua taxa de crescimento acima dos 9% de 2008 a 2009. Em 2010, voltou a um crescimento de dois dígitos, de 10,3%. (Ver Tabela 1 para comparação com outras economias.) Também em 2010, a balança comercial da China recuperou-se e teve um aumento de 25% a partir de 2009 (ver Tabela 2 para comparação com outras economias), apesar de a sua moeda estar em constante ascensão.* Em termos de dívida pública, os dados oficiais mostraram uma taxa razoável e estável de 17-18% do PIB, entre 2001 e 2010 (ver Tabela 3), em comparação com os Estados Unidos (92,5%), o Japão (220,3%) e a Alemanha (79,9%) em 2010.

Esses números têm encorajado alguns economistas a sugerir que a China foi "dissociada" da economia global de uma forma positiva.

---

* "Appreciation for China", *The Economist*, 2011: http://www.economist.com/blogs/free exchange/2011/04/chinas_economy_1.

David Dollar, do Banco Mundial, por exemplo, sugeriu que a procura doméstica da China contribui agora com 9% para o crescimento do país, enquanto as exportações líquidas contribuem com apenas 2% ou 3%.* O FMI também previu que, entre 2011 e 2013, a China será o maior contribuinte (US$ 1,6 trilhão) para a expansão da produção mundial, superando os Estados Unidos (US$ 1,43 trilhão), o Japão e a Alemanha.**

Tabela 1
Crescimento anual do PIB

País	2001	2002	2003	2004	2005	2006	2007	2008	2009	2010
China	8,3	9,1	10	10,1	11,3	12,7	14,2	9,6	9,1	10,3
EUA	1,1	1,8	2,5	3,6	3,1	2,7	1,9	0	-2,6	2,83
Índia	5,2	3,8	8,4	8,3	9,3	9,3	9,8	4,9	9,1	10,37
Brasil	1,3	2,7	1,1	5,7	3,2	4	6,1	5,2	-0,6	7,49
Alemanha	1,2	0	-0,2	1,2	0,8	3,4	2,7	1	-4,7	3,50
Japão	0,2	0,3	1,4	2,7	1,9	2	2,4	-1,2	-5,2	3,94
Coreia do Sul	4.	7,2	2,8	4,6	4	5,2	5,1	2,3	0,2	6,11

Fonte: Banco Mundial*** e FMI****

Mas o impressionante recorde de crescimento da China pós-2008 é para ser lido com cautela. No final desse ano, o governo chinês anun-

---

* David Dollar, *Is China Delinking from the US Economy?*: http://blogs.worldbank.org/eastasiapacific/node/2804.
** Alguns contra-argumentos incluem a tese da "armadilha do rendimento médio", que diz que a expansão da China em ritmo econômico acelerado não é sustentável a longo prazo. No seu artigo de 2011, "When Fast Growing Economies Slow Down: International Evidence and Implication for China", por exemplo, Barry Eichengreen, Donghyun Park e Kwanho Shin argumentaram que uma vez que o PIB *per capita* de um país seja superior a US$17 mil, o país vai experimentar uma considerável desaceleração econômica. Isso porque (1) será mais difícil aumentar a produtividade deslocando trabalhadores da agricultura para a indústria e (2) os ganhos de importação de tecnologia estrangeira diminuem: "China's Economy: The Middle-Income Trap", *The Economist*: http://www.economist.com/blogs/freeexchange/2011/04/chinas_economy
*** http://data.worldbank.org/indicator/NY.GDP.MKTP.KD.ZG
**** http://www.imf.org/external/pubs/ft/weo/2011/01/weodata/weoselgr.aspx

ciou um pacote de estímulos de RMB*4 trilhões (cerca de 13% do PIB da China de 2008) para combater a crise financeira global e compensar a recessão no setor das exportações. Enquanto isso, os governos locais aproveitaram o clima liberal macroeconômico trazido pelo "pacote de estímulos" e acrescentaram mais RMB20 trilhões em propostas de investimento "suplementares". Juntos, o governo central e os governos locais chineses comprometeram-se com RMB24 trilhões, ou US$3,5 trilhões (em comparação com o pacote de estímulo de Obama — US$800 bilhões em 2009) para manter a economia chinesa à tona. A pergunta é: como o governo chinês conseguiu desde 2008 controlar o déficit orçamentário num nível razoável com tão extraordinário nível de investimento? A resposta do cientista político Victor Shih foi: isso não aconteceu. A pesquisa de Shih mostra que o volume da dívida do governo chinês tem sido astronômico. Essa dívida foi assumida principalmente pelos governos locais e está fora do orçamento oficial. Depois de muita investigação, Shih estimou que o total da dívida pública de 2008, em relação ao PIB nominal da China, era de 77%, em vez do número oficial de 17%, e mais de 100%, adicionando à dívida alavancada pelas empresas estatais. Os governos locais chineses têm pegado fortes empréstimos para financiar os projetos de estímulos. Como o orçamento dos governos locais já estava no vermelho desde a década de 1990, e os regulamentos do governo central proibiam os governos locais de se endividar excessivamente ou emitir obrigações, os governos locais surgiram com a estratégia de criação de uma outra plataforma para lidar com questões financeiras locais. Desde 2008 foram criadas mais de 8 mil Companhias de Investimento e Desenvolvimento Urbano (UDICs, na sigla inglesa) pelos governos locais da China aos níveis provincial, distrital e municipal. As UDICs, separadas do sistema orçamentário governamental, funcionaram como uma plataforma de investimento para emitir títulos e empréstimos de bancos estatais. Em 2012 pediram emprestados até RMB24 quatrilhões (US$3,5 quatrilhões), se incluirmos os empréstimos que os governos locais já tinham contraído em 2009 (RMB11,4 quatrilhões) e as linhas de crédito que lhes foram prometidas (RMB12,7 quatrilhões).**

---

* Moeda chinesa: Rén Ming Bì. (N.E.)
** Victor Shih, "Big rock-candy mountain", p.26-32.

Tabela 2
Balança comercial (evolução ao longo do tempo em %)

País	2001	2002	2003	2004	2005	2006	2007	2008	2009	2010
China		103,5	29,5	49,7	134,2	57,48	46,81	17,2	-31,8	25,27
EUA		-15,3	-13,7	-21,1	-18,6	-7,36	10,53	6,85	43,42	-24,2
Índia		400,6	24,3	-91,1	-1418	9,58	13,16	-283	13,98	-134,7
Brasil		67	154,6	181	19,14	-2,6	-88,6	-1917	13,79	-95,5
Alemanha		10580	14,01	176,3	11,69	31,98	34,63	-3,16	-32,0	5,45
Japão		39,7	11,06	26,3	-3,7	2,86	23,78	-25,5	-9,75	37,39
Coreia do Sul		-10,5	106	107,3	-42,4	-24,3	54,58	-85,3	9,25	-13,9

Fonte: Banco Mundial* e FMI**

Tabela 3
Dívida pública bruta geral (% do PIB)

País	2001	2002	2003	2004	2005	2006	2007	2008	2009	2010
China	17,7	18,9	19,2	18,5	17,6	16,2	19,6	16,9	17,7	17,7
EUA	54,7	57,1	60,4	61,4	61,7	61,1	62,1	71,2	84,5	91,5
Índia	75,8	80,1	81,2	81,2	78,8	75,7	72,9	72,9	71,1	69,1
Brasil	70,2	79,8	74,6	70,6	69,1	66,6	65,1	70,6	67,8	66
Alemanha	58,5	60,4	63,9	65,7	67,8	67,6	64,9	66,3	73,5	79,9
Japão	151,7	160,9	167,2	178,1	191,6	191,3	187,7	195	216,3	220,3
Coreia do Sul	17,4	17,6	20,7	23,8	27,7	30,4	29,7	29,0	32,6	30,9

Fonte: FMI***

Shih argumenta que esse montante da dívida, mais de oito vezes maior do que o total das receitas do governo local, nunca poderia ser pago e os projetos de investimento dos governos locais em infraestrutura, bens imobiliários e outros negócios foram extremamente ambiciosos e nem sempre rentáveis. Para servir à dívida e continuar

---

* http://data.worldbank.org/indicator/BN.CAB.XOKA.CD
** http://www.imf.org/external/pubs/ft/weo/2011/01/weodata/weoselgr.aspx
*** http://www.imf.org/external/pubs/ft/weo/2011/01/weodata/weoselgr.aspx

a financiar novos projetos, os governos locais recorreram ao estabelecimento de mais empresas sob a égide das UDICs, mais uma vez fora do orçamento, a fim de contrair novos empréstimos. É habitual que os recém-nomeados líderes dos governos locais iniciem novos projetos e esses novos projetos são financiados por novos empréstimos. O jogo financeiro de "reestruturar dívidas antigas com novas dívidas" e dívidas triangulares não é novidade na China, como não é o jogo de manipulação de confiança. A inadimplência de empréstimos foi estimada em acima dos 50%. No entanto, isso não é admitido pelo Banco Popular da China.

Compreensivelmente, Shih preocupou-se com a sustentabilidade financeira do expansionismo chinês pós-2008. E têm havido debates acalorados, dentro e fora da China, sobre a questão de como a economia chinesa é "desvinculada". Antes de podermos ir mais longe na questão da sustentabilidade financeira, é preciso examinar que tipo de base política ajudou a sustentar o modelo chinês expansionista até aqui, quais poderiam ser as consequências sociais dessa expansão espetacular e as implicações de tais processos sociais na economia política global de desenvolvimento da China na próxima década. Defendo a tese de que o modelo expansionista da China é construído sobre um sistema político que integra os interesses da elite política e econômica em todos os níveis, de forma a sustentar o domínio do Partido Comunista Chinês (PCC), auxiliado por uma efetiva reestruturação do sistema partidário-estatal. Como a integração da elite política e econômica e o modelo expansionista se reforçam mutuamente, as crises econômicas e políticas são deslocadas para a frente social.

Para começar, o que vem com a expansão excessiva é a inflação. O número oficial de inflação, a partir de abril de 2011, foi de 5%, um ponto percentual superior ao previsto. Embora esse número tenha sido suficiente para detonar todos os tipos de debates políticos sobre se e como controlar a inflação, a maioria das pessoas com quem falei acreditava que a taxa de inflação real era muito superior a 5%, especialmente se fossem levados em conta os preços da habitação, que haviam disparado (mais uma vez, não totalmente refletidos nos números oficiais) para níveis muito além do alcance da classe assalariada; sem mencionar o aumento dos preços dos alimentos, sentidos mais fortemente pelos pobres: camponeses sem terra, aposentados, desempregados e trabalhadores migrantes.*

Outra ligação crítica e direta ao financiamento expansionista da dívida chinesa é a terra. A maior parte da dívida dos governos locais foi garantida com terra expropriada dos camponeses. Cada vez que o governo local necessitava de reestruturar a sua dívida, injetava algumas parcelas de terra nas UDICs. Esse recurso adicional ajudou as UDICs a obterem novos empréstimos bancários. Esse esquema tem criado um grande número de camponeses deslocados e provocado um número crescente de agitações sociais. Além disso, com o objetivo de negociar melhores condições de financiamento e maiores empréstimos bancários, os governos locais tentam aumentar o valor comercial da terra sob a sua jurisdição. Essa medida encorajaria guerras de licitação sobre as parcelas de terra e repetidamente ostentaria o nascimento da nova "Terra Rei" (a parcela de terra que atingiu o preço unitário mais alto na história local). Na China de hoje, não existem direitos de propriedade privada da terra. Mas os direitos de uso da terra podem ser comprados e vendidos em leilões no mercado de arrendamento de terras monopolizado pelo governo. O governo local é o único fornecedor legítimo da terra, no mercado de arrendamento, para desenvolvimento comercial. Sob o monopólio estatal da circulação da terra, as guerras de licitação de arrendamentos de terrenos patrocinadas pelo governo, que são uma parte indispensável do plano de financiamento local, conduziram inevitavelmente ao aumento dos preços da habitação. Foi relatado que na mais recente rodada de vendas de terras públicas controladas pelo governo, no município de Chengdu (da província de Sichuan, na China central), o preço da terra, no projeto da nova cidade, subiu dez vezes nos últimos três anos. O expansionismo financeiro da terra criou desapropriação em massa e aumento dos preços da habitação,

---

* O Banco Central da China fez subir as taxas de juros quatro vezes desde 2010. E também exigiu dos bancos maiores reservas em numerário. Tanto a Bloomberg como *The New York Times* previram que o Banco iria elevar as taxas de juros novamente em breve. "China Inflation Over 5% Signals Officials May Boost Yuan, Interest Rates": http://www.bloomberg.com/news/2011-05-11/china-inflation-over-5-signals-officials-may-boost-yuan-interest-rates.html. "Inflation in China Poses Big Threat to Global Trade": http://www.nytimes.com/2011/04/18/business/global/18yuan.html

afetando não apenas os pobres, na base, mas também os que estão nos estratos médios.

Mas isso é apenas o começo. Antes de ir mais longe na questão do impacto social do expansionismo da China, impõe-se uma análise da sustentabilidade política expansionista desse modelo.

INTEGRAÇÃO DAS ELITES POLÍTICAS E ECONÔMICAS E DOMINAÇÃO PERSISTENTE DO PARTIDO COMUNISTA CHINÊS

O modelo expansionista da China é basicamente um projeto político. A expansão econômica tem o objetivo político claro de manter o domínio do PCC. O modelo foi possível graças à integração da elite política e econômica sob a economia estatal. Em outras palavras, tanto o fundamento como o objetivo de expansão econômica e reforma do mercado da China formam o sistema político do Estado centralizado pelo Partido. Por essa razão, enquanto a economia continuar a expandir-se, é politicamente viável, e vice-versa.

Politicamente, a China divergiu de outras economias em transição da Europa Oriental e da Rússia no domínio contínuo e ininterrupto do Partido Comunista. O PCC conseguiu fazê-lo, tornou-se ele próprio o capitalista mais formidável no mercado em crescimento e, por meio da racionalização da organização do partido-Estado, manteve a sua elite jovem, motivada e leal.

Antes de entrar na nova classe dominante, descreverei brevemente a economia chinesa na era pós-Mao.

As reformas de mercado chinesas, desde os anos 1970, foram caracterizadas não por uma privatização da economia em geral, mas pela contínua intervenção do Estado e participação direta no mercado. O expansionismo de mercado da China não seguiu o caminho linear de diminuir o setor estatal nem conduziu a um setor privado cada vez mais forte.

No entanto, a intervenção estatal contínua e crescente no processo de expansão do mercado não tem sido uma história simples do monopólio estatal e do desaparecimento correspondente da concorrência no mercado. Quando falamos sobre o Estado chinês, ou, aliás, sobre qualquer Estado, dificilmente falamos de uma entidade homogênea, com um conjunto coerente de organizações burocráticas, recursos alocados uniformemente dentro da máquina, mandatos políticos consistentes e capacidades de execução. O Estado da China, de fato, tem um legado de economia planificada, continua a ser um Estado socialista, é uma vasta galáxia de órgãos estatais, que incluem instituições como governo ou organizações partidárias e de utilidade pública, agências de serviços, unidades militares, universidades, hospitais, institutos de pesquisa, empresas estatais e bancos. Além disso, o governo está organizado hierarquicamente do mais elevado, a nível central, aos níveis provincial, municipal e de vila. E em todos os níveis há uma grande variedade de órgãos funcionais. Desde os anos 1980, a muitos governos desses órgãos estatais e, especialmente, aos governos locais de diversos níveis, foi concedida autonomia fiscal para controlarem uma boa parte das receitas geradas localmente. Junto com a autonomia fiscal, a responsabilidade fiscal: os governos locais tiveram de assumir uma responsabilidade fiscal muito maior para fazer face às despesas sociais e aos investimentos em infraestrutura. Como resultado, os líderes dos governos locais — que foram nomeados em vez de eleitos, exceto os chefes de aldeia — tornaram-se altamente motivados para encontrar novas fontes de receita, envolvendo-se de forma direta em negócios lucrativos, como a venda de terras e a especulação imobiliária.

Como resultado da contínua intervenção do Estado e participação no mercado feita por um setor estatal bastante fragmentado e diversificado, a economia estatal chinesa pós-Mao pode ser caracterizada como se segue.

Em primeiro lugar, o aumento da importância do "Estado local" no processo de formação do mercado e expansão. Mas, novamente, esse "Estado local" não é uma entidade homogênea. Nas últimas três décadas observou-se uma grande mudança no que diz respeito ao motor de crescimento. Na década de 1980 e no início de 1990, o governo de instâncias mais baixas, o rural, aos níveis de município e de vila, tomou a iniciativa de industrialização e expansão do mercado. Os heróis dos anos 1980 foram as lendárias TVEs, empresas coletivas pertencentes a cidades e vilas. Huang Yasheng* argumentou que a liberalização e a

---

* Huang Yasheng, *Capitalism with Chinese Characteristics*.

industrialização de base rural representou uma oportunidade histórica de desenvolver um setor privado. Mas a oportunidade foi perdida. As TVEs não seguiram esse caminho "inevitável" e linear de crescimento do setor privado no processo de criação de mercado. Muito pelo contrário, as infames TVEs começaram a diminuir em meados de 1990 e foram responsabilizadas pela sua falta de economia de escala. Enquanto isso, o *ethos* do novo desenvolvimento aprovou o modelo de integração de crescimento liderado a alto nível e baseado nos governos municipais. Grandes governos municipais consolidariam os centros urbanos e do interior rural dentro da sua jurisdição, que pode ser tão grande como um país europeu. Esses municípios são as principais cidades das grandes regiões metropolitanas, incluindo Pequim, Xangai e Guangzhou, ao longo da costa, e as menos desenvolvidas no litoral e nas regiões interiores, como Chongqing, Tianjin, Nanjing, Wuhan e Qingdao, Zhengzhou, Changsha, Jinan etc. A nova ordem territorial chinesa é estruturada por essas poderosas regiões metropolitanas.

Em segundo lugar, como resposta a uma economia excessivamente descentralizada da década de 1980, e para equilibrar as regiões metropolitanas emergentes lideradas por poderosos governos municipais, o governo central esforçou-se para recentralizar o controle sobre a economia desde os anos 1990. O Conselho de Estado tomou uma série de medidas para reestruturar as empresas de posse estatal (EPEs), visando à consolidação de ativos estatais. A campanha atingiu o pico em 2004, com o estabelecimento da Comissão de Supervisão e Administração dos Ativos Estatais.

A Comissão de Supervisão e Administração de Bens de Estado (CSABE), proprietária dos ativos do Estado, iniciou uma campanha nacional de consolidação das empresas estatais, com o princípio de "manter os peixes grandes e soltar os pequenos camarões". As pequenas empresas estatais foram fundidas em empresas estatais grandes e estratégicas e foram formados grupos empresariais oligopolísticos ou monopolistas estatais. A campanha de consolidação abrangeu um vasto leque de setores estratégicos, incluindo finanças, energia hidrelétrica, logística, petróleo, petroquímico, siderúrgico, construção naval, telecomunicações, mídia, metais preciosos, defesa, aeroespacial, alimentação, construção de infraestruturas e imobiliário, tabaco etc. Enquanto isso, as empresas estatais menos estratégicas e mais fracas foram privatizadas, a parte mais significativa do pacote de estímulos nacional, em 2009, foi canalizada para as SOE (*state-owned enterprises*, ou empresas estatais) estratégicas, de topo.

Em terceiro lugar, sob o princípio de "manter os peixes grandes e soltar os camarões pequenos" na reestruturação das empresas públicas, as pequenas empresas estatais foram privatizadas através de fusão ou compra direta pelos seus gestores. A reestruturação criou uma estrutura de propriedade bastante complexa e elaborada dentro de redes de negócios e de diferentes setores e indústrias, tornando-se impossível traçar uma linha clara entre o setor "Estado" e o "privado". Como resultado, as pequenas e médias empresas continuaram a existir; a concorrência entre elas é particularmente feroz e as taxas de "mortalidade" e "natalidade" muito altas. Foram as mais profundamente afetadas na recente crise do crédito.

O elo fundamental na economia estatal da China é o que eu chamaria de os burocratas empresariais (BEs) e os empresários burocráticos (EBs). Por burocratas empresariais refiro-me aos atuais funcionários do governo cuja principal responsabilidade é a de gerir as empresas diretamente, como os diretores de áreas de desenvolvimento especiais ou diretores executivos de empresas de investimento estatais. Por empresários burocráticos, refiro-me a proprietários, empresários, diretores executivos e gestores, de nível superior, de empresas com fins lucrativos, que têm fortes conexões com o Estado ou com fundos das instituições estatais, incluindo organizações governamentais partidárias, de utilidade pública e agências de serviços, unidades militares ou empresas estatais.

Figura 1: Espectro de burocratas empresariais e empresários burocráticos

1. Primeiro Nível BEs	2. Segundo Nível BEs	3. Terceiro nível EBs
Estado ◄────────────────────────────► Mercado		
Burocratas empresariais		Empresários burocráticos

O que os EBs e os BEs têm em comum é que, como principais intervenientes no mercado, têm uma forte ligação com a burocracia estatal. Com base na natureza da sua filiação ao Estado, podemos construir uma árvore tipológica dos BEs e EBs. O meu pressuposto de base é que o nível da sua filiação com o Estado tem uma implicação direta sobre a sua posição no mercado, assim como com o seu acesso ao financiamento e a recursos essenciais, como terra e energia, a preços altamente subsidiados. A posição também define se eles estão no setor estratégico e com que nível de monopólio. Nessa tipologia da elite político-econômica, aqueles que se encontram no nível mais elevado estão mais próximos do núcleo do Estado: são os "burocratas empresariais"; e os que estão no terceiro nível ficam mais próximos do mercado, logo, os "empresários burocráticos."

Tipo 1: O primeiro nível da classe burocrata empresarial é parte integrante do Estado central

Como já mencionamos, em 2004 a Sasac lançou uma enorme escala de fusão, de âmbito nacional, de empresas estatais menores em grandes empresas estatais criteriosamente escolhidas, para formar oligopólios ou monopólios de grupos empresariais. Os CEOs das empresas estatais beneficiadas constituem a elite social. Esses CEOs não são apenas "dependentes do", mas uma "extensão do" Estado. Os CEOs e os gestores de nível superior, das empresas estatais de alto nível, são classificados na mesma hierarquia burocrática dos funcionários do governo e do partido. Os mais bem classificados são equiparados a ministro. O trabalho do CEO de uma empresa pública é uma posição burocrática com um mandato de acumulação. Eles são os promotores do PIB, com uma agenda política de dominação contínua do partido-Estado. A maioria dos CEOs de destaque das empresas públicas tem experiências de longo prazo nos sistemas do governo, do partido ou militar. Os CEOs veteranos, de alto nível, das empresas públicas, são muitas vezes designados como governadores provinciais ou secretários do partido, e vice versa.*

---

* Na campanha para a gestão científica das SOEs ou EPEs, a Comissão Estatal para os Ativos do Estado começou a recrutar gestores de alto nível das SOEs de fora da burocracia estatal existente desde 2004. Mas, de acordo com uma pesquisa, apenas 30% dos novos recrutas permaneceram nos seus cargos até 2009. E a maioria dos que ficaram já tinha passado pelo setor do Estado. http://finance.sina.com/bg/chinamkt/sinacn/20100702/181789396.html

Os CEOs mais destacados também possuem capital cultural. Na longa tradição da China de uma sociedade e cultura estatal, o Estado central ainda está imbuído do — e de alguma forma legitimado pelo — mandato celestial, e os líderes do Estado continuam a comandar a legitimidade da obrigação política e moral. Essa legitimidade é transferida para o alto nível das empresas públicas e os seus CEOs, que são vistos como extensões e representantes do Estado.

Um exemplo dessa legitimidade moral é que as empresas públicas centrais têm a missão nacionalista da construção de uma China forte, desde o início da era socialista. A nova missão das empresas estatais de nível central, na década de 2000, é colocar a China no mapa do mundo e ganhar uma liderança global. Uma maneira de o fazerem é exportando capital, e *know-how* tecnológico chinês, para o mundo. O primeiro é representado pelo investimento chinês na África e na Ásia Central nos setores de recursos e energia e em projetos hidrelétricos na África e no sudeste da Ásia. As empresas estatais de nível central desempenham um papel importante nessa missão nacionalista de expansão econômica, influência internacional e status. Outro exemplo é a aquisição da Lenovo, a divisão de produção da IBM, em 2004. O sucesso econômico das empresas estatais de primeira linha está em debate. Em qualquer caso, essa missão nacionalista ajuda a justificar as políticas macroeconômicas de expansão do setor do Estado, desde a década de 1990. O argumento é este: as economias de escala são uma obrigação para alcançar a competitividade global e podem ser alcançadas e têm de ser realizadas apenas pelo Estado, conforme o ex-diretor da Sasac Li Rongrong, que ocupou o cargo durante sete anos, um dos mais longos mandatos de uma posição de alto nível desde os anos 1970, quando começou a reforma do mercado chinês.

Outro exemplo vem do setor do consumo. Na nova economia, as principais empresas estatais são vistas como guardiãs dos cidadãos consumidores. Numa pesquisa de mercado em Shenyang, a capital da província de Liaoning, no nordeste, o Rust Belt chinês, por exemplo, 60% dos compradores de casas pesquisados ainda consideravam que os projetos liderados pelas empresas de desenvolvimento detidas pelo Estado central como as mais confiáveis em termos de credibilidade, qualidade e gestão.* Compradores de casas em Pequim também disseram preferir os materiais usados em projetos habitacionais desenvolvidos pelas empresas estatais.** O efeito da marca das empresas estatais mais importantes pode ser partilhado pelas marcas multinacionais (MNCs), daí a popularidade de *joint ventures* de empresas estatais de grande porte e multinacionais desde os anos 1990.

As empresas estatais de topo reúnem o prestígio, a expectativa e a obrigação que poucas empresas estatais locais ou empresas privadas podem igualar. Os CEOs e gestores de topo, juntos, constituem o elo entre os poderes político e econômico e formam a elite social de mais alto nível.

Tipo 2: O segundo nível da classe dos empresários burocráticos e burocratas empresariais é associado com grandes governos municipais

Abaixo das empresas estatais de primeira linha, há uma economia mais diversificada, que responde por mais da metade do PIB nacional e mais de 80% do emprego, constituindo a base estrutural das camadas de segundo e terceiro níveis da classe de elite.

Como foi mencionado anteriormente, houve uma mudança do centro do crescimento, do rural para o urbano, desde a década de 1990 e a ascensão dos principais centros metropolitanos, como Pequim, Xangai, Chongqing, Guangzhou, Chengdu e Nanjing, como poderes regionais predominantes no novo ordenamento territorial da China. Esses centros urbanos dominantes tornaram-se também novos locais de enfoque central-local. Os principais líderes do governo central tinham a vantagem da autoridade administrativa concedida pelo Estado central e o poder territorial obtido com a manobra empresarial de projectos de desenvolvimento urbano, como zonas econômicas e cidades novas. Os líderes municipais agiram como proprietários que contavam com as receitas da terra. Eles usaram o

---

* http://news.sy.soufun.com/2010-05-21/3364689.htm.
** Friederike Fleischer, *Suburban Beijing*: Housing and Consumption in Contemporary China, p.39.

planejamento e a autoridade local para criar vantagens para os seus projetos de desenvolvimento. Eles também foram impulsionadores urbanos cujo desempenho foi finalmente avaliado pelo aumento do valor da propriedade. A sua agenda política foi enquadrada pelo desenvolvimento urbano e as suas aspirações políticas foram assentes na modernidade urbana.

Os líderes municipais centrados no urbanismo, e seus aliados no negócio do desenvolvimento urbano das regiões metropolitanas, constituíram a segunda linha da classe dos empresários burocráticos e burocratas empresariais e podem ser caracterizados com o que se segue:

Primeiro, em comparação com as elites de primeira linha, as elites intermediárias têm um maior número de membros e enfrentam um mercado muito mais competitivo, menos monopolista. Esse grupo também tem uma maior responsabilidade política e social. Isso porque desde os anos 1990 o governo local vem acumulando, cada vez mais, uma reputação negativa pela sua avidez para conquistar terras e para se retirar muito rapidamente da obrigação de proteção social, em face da invasão do mercado. Como resultado, esse grupo tem menos capital moral e um mandato político mais ambíguo do que o grupo de topo. A sua identidade como impulsionadores urbanos e construtores deu-lhes tanto uma avaliação de desempenho positiva como danos à sua legitimidade aos olhos dos camponeses e moradores das cidades do interior. Sob o novo discurso político da década de 2000, que prioriza a harmonia social, esse dilema poderia derrubar os líderes estatais locais. Aprofundarei esse ponto na próxima seção sobre a crise social.

Segundo, esse grupo é composto pelo desenvolvimento urbano, à custa do setor rural. O declínio das TVEs e do empreendedorismo rural, em meados de 1990, e a redução e a abolição dos impostos agrícolas, no início dos anos 2000, despiram a base financeira do governo rural no que tange às aldeias e aos municípios. Entretanto, ao governo das cidades foi concedido um maior controle sobre uma grande área do interior rural — incluído na sua jurisdição administrativa —, muitas vezes maior do que a própria cidade. Como mencionado na primeira seção, isso deu ao governo da cidade mais ativos, que poderiam ser usados como garantia para empréstimos bancários, para financiar mais urbanizações e novos megaprojetos, como portos, aeroportos, pontes, estradas, centros de convenção, complexos desportivos e novas cidades. A realização dos empresários burocratas empresariais e seus aliados burocratas empresariais da classe de elite de segundo nível, portanto, baseia-se na divisão política entre setores urbanos e rurais e é apoiada pela conversão maciça de terra rural em expansão urbana. O expansionismo da dívida financiada é construído sobre essa estrutura territorial e político-econômica.

Tipo 3: O terceiro nível de empresários burocráticos

A constituição dos burocratas empresários de terceiro nível seguiu duas direções opostas. Uma relaciona-se com o movimento do setor privado para o setor semiestatal, a outra do coletivo para o setor estatal. Por eles estarem posicionados no nível mais baixo na hierarquia do Estado, são mais parecidos com empresários burocráticos do que com os burocratas empreendedores.

O caso mais representativo do primeiro grupo, dessa terceira camada, pode ser encontrado entre as pessoas de negócios que começaram originalmente como empresários privados em aldeias rurais, realizando pequenos empreendimentos industriais ou comerciais apoiados por economias familiares, empréstimos privados e/ou fundos coletivos (e terra) na forma de *joint ventures*. O sucesso inicial garantiu-lhes o respeito dos aldeões e foram eleitos como diretores de comissões de moradores.* Uma vez eleitos em comissão de moradores, essas chamadas *neng-ren* (pessoas competentes) na aldeia começaram a dominar os esquemas da burocracia do governo de baixo para cima. Também acumularam capital político quando conquistaram prêmios de empreendedores-modelo, atribuídos pelo município ou pelos seus órgãos, e receberam apoio financeiro por meio das suas conexões políticas. Alguns *neng-rens* mais ambiciosos conseguiram

---

* A eleição na aldeia é a única eleição aberta na China de hoje. Mas o secretário do partido do PCC da aldeia é nomeado. Para a análise da eleição das aldeias na China ver Kevin O'Brien e Lianjiang Li, "Accommodating 'Democracy' in a one-party state: Introducing village elections in China".

subir a escada burocrática e entraram nos mais diversos segmentos do governo local, a nível municipal, como na organização do partido ou no Comitê Local de Consulta Pública e Congresso do Povo, enquanto se mantinham fortemente concentrados nos seus negócios.* Com a estagnação das pequenas e médias indústrias rurais e a expansão agressiva da urbanização e dos setores estatais, muitas dessas pequenas empresas de base rural foram compradas por empresas estatais urbanas, grandes SOEs (ou EPEs). Esse grupo de empresários tornou-se gestor das empresas estatais e estava profundamente enraizado na empresa estatal e na rede burocrática. O seu capital econômico permite-lhes obter dividendos políticos, e vice-versa.

Nesse primeiro grupo de terceira linha dos BRs, a filiação com o Estado foi adquirida após o seu sucesso inicial em empresas privadas. O segundo grupo da terceira linha começou a partir da extremidade oposta: ex-funcionários que "mergulhavam no mar dos negócios" (*xia-hai*) na década de 1980 ou 1990, começando pequenas empresas, mantendo a sua ligação estreita com o setor estatal. Tal conexão serviu como um trunfo importante na sua operação como empresas privadas. Esse tipo de empresário é encontrado em muitos projetos no setor imobiliário, em empresas estatais do setor imobiliário, em novas empresas no setor da alta tecnologia e no comércio e outras unidades, no setor de comércio e serviços.

Também no segundo grupo estão as outrora propriedades coletivas ou pequenas empresas locais não competitivas, propriedades do Estado ao nível de município que enfrentavam a falência. Depois de serem compradas por SOEs, conseguiram construir uma forte filiação ao setor estatal. Como os municípios e os respectivos governos tentavam lidar com a carga financeira e social criada pelas ondas de falência das empresas locais, os melhores cenários que os municípios poderiam esperar era ter uma SOE superior, ou de segundo nível, comprando as empresas, permitindo-lhes manter-se no mesmo local.

---

* Há pesquisa sobre a importância da conexão política no sentido de facilitar o empreendedorismo privado, principalmente com enfoque no efeito de filiação partidária para o sucesso empresarial. A pesquisa de Chen Zhongshi mostra que o empresário que se tornou representante do Congresso Popular e Comissão de Concertação Política provou ser um tipo ainda mais importante de capital político.

Se os governos locais simplesmente vendessem as empresas a investidores privados, ou estrangeiros, ou organizassem uma operação de compra, os líderes do governo local poderiam ser facilmente acusados de vender patrimônio do Estado, como uma perda, e enfrentar a suspeita de enriquecimento ilícito ou má gestão. O risco político de proceder a uma simples "privatização" de empresas coletivas à beira da falência poderia ser demasiadamente elevado. A aquisição dessas empresas por uma SOEs (ou EPEs) seria politicamente mais segura; seria mais justificável, ainda que as vendas representassem uma perda financeira total para o governo local. Se a transação ocorresse dentro do "setor estatal", as autoridades locais ficavam salvaguardadas das acusações de corrupção. Noutros casos, as empresas municipais eram menos competitivas por causa do monopólio dos recursos-chave exercido pelo Estado central. Por exemplo, na indústria do alumínio, a SOE China Aluminum Corporation tinha acesso exclusivo à matéria-prima. As empresas municipais de alumínio tinham poucas opções, além de se fundir com as SOEs no âmbito da campanha de consolidação de meados dos anos 2000.* Esse mecanismo de fusão também as levou para mais próximo do sistema estatal.

O domínio do Estado na economia é consolidado por meio da integração da elite política e econômica a esses diferentes níveis, por meio de burocratas empresariais e de empresários burocráticos. É centralizado em torno do partido-Estado, mas descentralizado dentro da organização do partido-Estado. Essa economia estatal é o fundamento da contínua expansão econômica da China, ao mesmo tempo que mantém o poder do PCC. Uma questão interessante sobre esse modelo, relativamente descentralizado, é a capacidade organizativa e ideológica do PCC de manter um nível eficaz de coerência na era da globalização da economia de mercado. Como a organização do partido se fez por ondas de reformas para manter o círculo de liderança jovem e motivado, especialmente em áreas estratégicas, o setor estatal continuou a atrair universitários talentosos e ambiciosos das principais universidades. No momento em que a taxa de desemprego começou a aumentar, os empregos no setor do Estado tornaram-se ainda mais desejáveis. Em julho de 2011, um oficial de Pequim de um

---

* http://www.51zjxm.com/expert/20096/ex_22153415.html

Comitê de Rua, o menor nível de governo local nas zonas urbanas da China, disse-me que uma oferta de emprego de nível inicial no seu gabinete atraiu mais de mil candidatos e todos eles eram universitários graduados.

Em qualquer caso, há uma desvantagem nesse modelo: mantendo as crises econômicas e políticas a distância, a crise pode deslocar-se para a frente social.

O REGIME DE ESTABILIZAÇÃO SOCIAL

O outro lado da concentração de poder, e dinheiro, é a crescente disparidade social. O coeficiente de Gini da China subiu de 0,25 em 1984 para os alarmantes 0,47 em 2006, um dos mais altos do mundo. Se calcularmos a distribuição de ativos de propriedade em vez de rendimentos (que é distorcida pelos subsídios sociais para os grupos selecionados e por rendimentos não declarados), o valor sobe para 0,661. O fosso entre rendimentos rurais e urbanos foi de 1:4 em 2006, se levarmos em conta os benefícios sociais disponíveis apenas para detentores de residências urbanas.*

Mas o fosso de rendimentos não cria necessariamente, por si só, uma crise social. A tensão social atual na China, que poderia ser vista como crise em gestação, foi originada por um processo especificamente criado para resolver a tensão e evitar a crise.

A crise social da China começou no momento em que os representantes do Estado ao nível das bases, incluindo as autoridades locais e a polícia, entraram em choque com as massas durante os protestos. A causa dos conflitos pode ser multas excessivas para a punição dos infratores do planejamento familiar ou violência contra os vendedores ambulantes. Mas os conflitos fundiários foram a causa mais importante. Jian Yu-rong, um sociólogo de Pequim, sugeriu que cerca de 80% dos casos registrados de distúrbios sociais, na China, desde o início dos anos 2000 estão ligados à terra, causados por subcompensação de apropriação de terras, acordos de realojamento inadequados e demolição e realojamentos forçados. A minha pesquisa mostrou que

---

* Pei-lin Li et. al., *Social Harmony and Stability in China Today*, p.32, 33, 66, 67.

entre 1990 e 2009 a conversão de terras agrícolas e a reforma do desenvolvimento urbano deslocaram pelo menos 75 milhões de residentes rurais e urbanos. O número pode chegar a 150-200 milhões, 1/7 do total nacional, se incluir a destruição de assentamentos de migrantes e as consequências múltiplas do deslocamento de pessoas. O número de protestos aumentou à medida que se acelerava a destruição de casas e comunidades.* Foi relatado que em 1993 havia 8 mil casos de "perturbação da ordem pública", incluindo protestos, manifestações, piquetes e petições de grupos. O número subiu para 90-100 mil em 2007, com mais de 4 milhões de participantes, de acordo com Jian Yu--rong. Seguem-se dois incidentes relatados oficialmente em meados dos anos 2000 que envolvem confisco de terras e violência.

Incidente1: Província de Anhui, 2004

Em 2004, na aldeia de Ningda, no noroeste da Província de Anhui, partes da terra da aldeia foram apropriadas pelo governo do condado local para construir uma autoestrada. Os aldeões recebiam indenizações pelas expropriações. Embora as casas das famílias dentro da aldeia compreendessem diferentes contratos, a terra era propriedade do coletivo. O governo do condado, portanto, impôs a decisão de que a compensação em dinheiro seria dividida igualmente entre todas as famílias que perdessem as suas terras sem considerar a diferença de cada agregado familiar. O líder da aldeia deveria distribuir a compensação em dinheiro e redistribuir as terras remanescentes entre todos os proprietários de casas da aldeia em conformidade com o contrato sobre a terra.

Mas o secretário do partido em Ningda nunca quantificou a terra confiscada, nem a compensação total em dinhciro que a aldeia recebeu da agência de construção de autoestradas. Os moradores suspei taram que o secretário estava desviando fundos. Pediram que o líder da aldeia examinasse os arquivos sobre o negócio antes de realocar a terra restante para os aldeões. Mas o secretário do partido ignorou o

---

* Para uma análise mais detalhada, ver Hsing You-tien, *The Great Urban Transformation: Politics of Land and Property in China*.

pedido e começou a realocar a terra. Em 25 de maio, sem o consentimento dos moradores, o secretário do partido, pessoas e quadros de outra aldeia começaram a realocar as terras, colocando marcos de fronteira entre os novos loteamentos. Naquela noite, os aldeões eliminaram esses novos marcos. Dois dias depois, o secretário do partido e os seus dois filhos mataram um morador, chamado Wang Yong, que havia participado na eliminação dos marcos de fronteira. Wang morreu diante de seu pai, de 71 anos, depois de ser esfaqueado onze vezes.

Os assassinos foram presos naquela noite, com base em várias testemunhas do crime. Mas, mesmo após a prisão, poucos aldeões se atreveram a falar com o pai de Wang Yong. O velho Wang disse que sentira que se havia tornado um "contrarrevolucionário" na aldeia depois de ter perdido seu filho no conflito com o poderoso secretário do partido. Os moradores assustados estavam relutantes em falar com um jornalista, que fazia uma investigação sobre o secretário do partido, conhecido como um tirano local com influência política significativa. Ele havia sido eficaz na cobrança das taxas e dos impostos para o governo municipal e fora recompensado pelo município como "quadro avançado do partido" em 2001. Os moradores temiam que, se falassem, o secretário do partido retaliasse depois de liberto da prisão.*

Incidente 2: Província de Hebei, 2005

Junho de 2005, aldeia de Yousheng, cidade de Dingzhou, província de Hebei, a cerca de 100 quilômetros a sudoeste de Pequim. Segundo a agência oficial de notícias Xinhua e o *New Beijing Daily* (*Xinjingbao*), os moradores de Yousheng ocuparam seus campos, de julho de 2004 a junho de 2005, para resistir a uma expropriação subcompensada de 380 hectares de terras férteis para o projeto de uma central de energia. Os resistentes cavaram fortificações de terra sob mais de dez grandes

---

* Xiaodong Bao, "Anhui Fuyang Funanxian cunzhishu sharen shijian diaocha" (Investigation into a murder committed by a village party secretary in Funan County, Fuyang Municipality, Anhui Province).

tendas no campo e cavaram valas profundas em torno das suas tendas para defesa. Às quatro horas da manhã, em 11 de junho de 2005, dia do Festival do Dragão, mais de trezentos homens com capacetes e camuflagem atacaram os acampamentos. Os homens chegaram em cinco ônibus, um caminhão e três carros. Alguns tinham espingardas. Outros vieram com tubos de aço com lâminas afiadas na extremidade. Os aldeões estavam armados com tijolos e foices. Na batalha que se seguiu, foram mortos seis aldeões e outros 48 ficaram feridos. O ataque foi captado num vídeo de três minutos por um manifestante e circulou amplamente na internet.

O ataque não foi o primeiro na aldeia. Cerca de dois meses antes, trinta homens atacaram os campos à noite. Mas esse ataque resultou no aprisionamento de um dos assaltantes pelos aldeões de Yousheng. Antes disso, mais de cinquenta caminhões de construção, oitenta carros de polícia e centenas de agentes de segurança pública e trabalhadores da construção civil tinham feito mais de dez tentativas para forçar o início da construção, destruindo primeiramente o campo para desmoralizar os camponeses. Mas nenhum desses ataques "limpou o sítio", para usar a expressão oficial para o despejo forçado, com sucesso. Essas tentativas fracassadas acabaram por levar ao ataque final e às mortes.

Dois dias após o incidente, o secretário do partido e o prefeito de Dingzhou foram destituídos. Um mês depois, 31 pessoas envolvidas no crime foram presas e 131 homens armados contratados foram detidos. O governo provincial ordenou a suspensão da desapropriação da terra da vila. O incidente foi principalmente apresentado pela imprensa como um caso criminoso, com culpa principalmente nos empreiteiros, que diziam terem iniciado o ataque e contratado os criminosos.[*]

O número de desordens tem subido desde 2008,[**] assim como o número de participantes e o nível de violência. Uma mudança fundamental dos protestos, desde 2008, é que eles muitas vezes acontecem *ad hoc*, sem organização ou identificação da fonte do conflito. A maio-

---

[*] "Hebei Dingzhou xiji cunmin shijian shimo: bei kongju longzhao de cunzhuang" (The attack on villagers in Dingzhou, Hebei: the village under the shadow of horror).
[**] Relatório sobre o estado de direito publicado pela Academia Chinesa de Ciências Sociais.

ria dos participantes atua sem uma finalidade específica, sem queixas claramente expostas ou exigências, como melhores salários, segurança no emprego ou compensações mais justas. Os participantes juntavam-se aos tumultos após ouvir alguns rumores, receber mensagens de texto ou testemunhar os conflitos entre a autoridade e as pessoas na rua. À medida que a dimensão dos distúrbios cresceu, eles também se tornaram mais violentos. Incêndios, destruição e saques eram comuns nesses incidentes. Numa série de casos, os desordeiros, entre 10 mil e 30 mil, confrontaram fisicamente a polícia e paramilitares, atirando pedras e garrafas de vidro partidas, e incendiaram edifícios públicos e carros da polícia; os incidentes poderiam durar vários dias. Jian Yu-rong sugeriu que esses grandes motins, embora espontâneos, eram sinais de frustração das pessoas com o sistema e ressentimento para com a autoridade a um nível mais geral.

Mas ainda precisamos nos questionar sobre o que transforma confrontos numa crise social, se esses confrontos representam uma crise social e, se o fazem, que tipo de crise. Se definirmos a crise social como acontecimentos que levam ao colapso drástico das ordens sociais vigentes e relações de poder, ainda não vimos isso acontecer na China. Mas é justo dizer que esses incidentes violentos sem precedentes tiveram efeitos significativos sobre a forma como o governo responde a contestações sociais. Se há uma crise a fermentar nesses confrontos, os mecanismos que o governo chinês adotou para lidar com isso não parecem ter ajudado a reduzir a tensão.

O governo chinês tomou medidas para arrefecer os ânimos logo em 1990, um ano após o massacre de Tiananmen, estabelecendo a Lei do Contencioso Administrativo, que permitia aos cidadãos processarem o governo. Além disso, os governos de todos os níveis criaram agências especificamente designadas para lidar com pessoas que escrevem para os líderes locais ou visitam pessoalmente os seus gabinetes para dar voz às reivindicações e apresentar queixas. Mas a experiência dos camponeses, e moradores das cidades do interior, de procurar a justiça pelas vias legais e administrativas foi em grande parte decepcionante, e muitas vezes hostilizada.* Por um lado, muitos tribunais municipais e distritais, que estavam sob jurisdição dos

---

* Ver Ching Kwan Lee, *Against the Law:* Labor Protests in China's Rustbelt and Sunbelt.

governos locais, com juízes pagos por eles, não aceitavam casos relacionados com questões altamente explosivas, como número de filhos, questões com a terra e doações impostas pelo governo local. As pessoas que optaram pela via administrativa para dar voz às suas queixas também depararam com uma burocracia mais inclinada a reprimir ou retaliar os manifestantes do que a resolver os conflitos.

Desiludidas, algumas pessoas tornaram-se cínicas, enquanto outras se tornaram visitantes perpétuos de gabinetes do governo de níveis mais elevados para apresentar queixas.* Ainda assim, outros tornaram-se radicais. Encontramos um exemplo mais extremo disso recentemente, em 26 de maio de 2011. Nesse dia, um agricultor na província de Jiangxi explodiu três edifícios do governo municipal, causando três mortes, incluindo a própria, e ferimentos em seis pessoas. A tragédia teve origem em 2002, quando a casa do agricultor foi demolida pelo governo distrital para a construção de uma autoestrada. O agricultor considerou que a compensação era muito baixa e por isso levou o governo a tribunal; como muitos outros, perdeu a ação judicial. Começou então a sua longa marcha de levar as suas queixas a vários funcionários do governo, sem nenhum resultado, ao longo de nove anos. Finalmente, a desilusão levou à tragédia.

Funcionários do nível mais baixo eram temidos, havia ressentimentos, eram escarnecidos, suspeitos, enganados, mesmo atacados durante protestos em massa, mas raramente confiáveis. Como o governo central se alarmou, as massas tornaram-se mais hábeis em lidar com o Estado após esses primeiros embates.

Até o fim dos anos 2000, para lidar com o aumento dos conflitos sociais que não foram resolvidos pelas instituições legais e pelo sistema burocrático, o governo chinês instituiu um novo regime de "estabilização social". A avaliação de desempenho e a promoção das

---

* As minhas entrevistas mostram que uma vez que as pessoas começam a ser vistas como agitadores ou líderes de algum protesto, tomam um caminho sem volta. Uma vez que as pessoas tomam parte num motim, integram a lista negra dos governos locais e são vistos como uma ameaça à estabilidade. Eles são constantemente perseguidos, vigiados pelo governo e muitos já não podem levar uma vida normal ou mesmo manter o seu emprego. Nesse processo, essas pessoas encontraram mais motivos para apresentar queixa ao governo de nível superior e continuam os seus protestos. Em resultado, transformam-se em "arruaceiros" de longo prazo para o regime de manutenção da estabilidade.

autoridades locais foram estritamente condicionadas à existência de quaisquer casos de "perturbações da ordem social" definidos de uma forma ampla, na sua jurisdição. Apenas um caso seria suficiente para acabar com a esperança de uma promoção e muitas vezes com a sua carreira. Consequentemente, a estabilização social começou a tornar-se prioridade diária da ação dos governos locais. Novamente, foram criados gabinetes de "manutenção da estabilidade social" em todos os níveis de governo local. Longas e abrangentes listas de conflitos considerados de risco para a estabilidade social foram enviados para diferentes departamentos e agências do governo: conflitos por demolições, desemprego de jovens, falsificações, notícias dos meios de comunicação, emprego de veteranos de guerra, desastres naturais, conflitos étnicos e religiosos, destruição ecológica, segurança alimentar e de medicamentos, reestruturação de empresas, construção de infraestrutura e projetos ecológicos que implicassem deslocamento etc. Foram mobilizados vários segmentos da sociedade para ajudar a manter a estabilidade social, incluindo escolas. Os alunos foram incentivados a denunciar sinais de instabilidade social, tais como taxas excessivas, segurança elétrica, segurança alimentar, estudantes que levavam facas para as escolas, edifícios inseguros, problemas de tráfego em todo o *campus*, os pensamentos políticos de professores etc.* Na ocasião politicamente sensível do Congresso Anual do Povo e do encontro nacional do PCC, os perturbadores incluídos na lista negra eram colocados sob observação 24 horas por dia por agentes de segurança equipados com dispositivos caros de vigilância eletrônica. O regime de alta segurança adicionou um enorme volume de trabalho e encargos financeiros para o governo local, que teve de mobilizar voluntários para as comunidades de patrulha e ruas comerciais, para ajudá-los a manter a estabilidade social. Como resultado da mobilização de massa e da concentração de recursos do governo na estabilização social, muitas outras funções regulares do governo nos negócios públicos foram reduzidas ou suspensas, especialmente durante o tempo de alerta de alta segurança.

---

* Veja-se, por exemplo, a correspondência duma escola superior, na província de Fujian, respondendo ao Gabinete de Educação sobre o início da campanha de prevenção da instabilidade nas escolas: http://www.zanczx.com/ReadNews.asp?NewsID=716.

A estabilidade social não é apenas mais uma rotina burocrática, mas uma campanha política que exige resultados. Para manter os seus empregos, que ainda estavam entre as melhores opções de carreira, os funcionários tornaram-se mais coercivos. A maioria dos funcionários do governo era suficientemente astuta para evitar a aplicação do direito à violência desde o início, porque o custo político poderia ser elevado. Primeiro os funcionários enviavam agentes para persuadir e se isso não desse resultado, eram enviados *gangsters* para assumir a tarefa de persuasão. No caso de demolição e deslocamentos forçados, para evitar a escalada de conflitos e facilitar o bom funcionamento do projeto, os governos locais enviavam centenas de funcionários de várias agências governamentais, incluindo professores, para acompanhar as equipes de demolição nos locais e demonstrar a autoridade do governo. Foram contratados seguranças particulares, paramilitares, policiais armados em veículos blindados e até helicópteros, que se mantinham de sobreaviso, numa demonstração de força, prontos a atuar em caso de protestos. Para os quadros locais, que executavam políticas extremamente impopulares, como o planejamento familiar ou a demolição e o realojamento forçado, o ambiente podia ser tão tenso como o de uma miniguerra. E as guerras eram caras financeiramente. De tempos a tempos, bandidos e assassinos (muitos eram migrantes de outras províncias) eram contratados para atacar fisicamente redutos de deslocamentos difíceis, como no caso do incidente 2 apresentado acima. Em algumas ocasiões, os aldeões enfurecidos atacavam equipes de demolição e confrontavam-se com as forças de segurança. Ferimentos e mortes podiam acontecer em qualquer lado e os confrontos ameaçavam interromper o lento processo de demolição e construção, o que trouxe uma publicidade negativa aos líderes locais. Sob o regime de "estabilização social", tal confrontação podia custar os seus empregos.

Dessa forma, houve o morde e assopra. Para evitar a escalada dos conflitos ou o seu aumento, e sob a pressão do governo central para evitar o confronto físico, as autoridades locais usaram compensações monetárias para acalmar os desordeiros teimosos, mas astutos. Desde 2008, um número crescente de municípios e distritos estabeleceu um Fundo Complementar Judicial especial para pagar àqueles que ameaçavam criar publicidade negativa para os líderes. Sob a autoridade centralizada local, os principais líderes mobilizariam todos os recursos para combater uma crise. A dimensão da campanha foi condicionada pela prioridade política. O objetivo era uma solução imediata e a restauração da ordem social tão rapidamente quanto possível, com violência ou com dinheiro.

Com qualquer uma das abordagens, os conflitos foram resolvidos apenas em bases extralegais. A maioria das pessoas sofria e estava desiludida com o sistema judicial e burocrático. A compensação em dinheiro muitas vezes era o melhor resultado possível pela sua luta por justiça. Com o tempo, as pessoas também perceberam que o volume da compensação era muitas vezes condicionado pela escala e pelo âmbito dos problemas que causavam. Mais confusão e cobertura da imprensa significavam mais dinheiro, independentemente de a ação do governo ou a reação das pessoas ser dentro da esfera da legalidade ou da justiça.

A ameaça de suicídio era uma tática comum para exigir uma compensação. Nesses casos, os manifestantes levavam uma lata de gasolina ao visitar os funcionários responsáveis, ameaçando imolar-se. Algumas ameaças de morte conseguiram fazer com que os manifestantes ganhassem compensações mais elevadas, mas alguns tiros saíram pela culatra. A ameaça poderia, por exemplo, ser julgada como uma brincadeira, forçando assim o manifestante a imolar-se para salvar a honra. O dano, ou morte resultante, podia ser recompensado com uma melhor remuneração para os parentes. A maioria das pessoas parecia acreditar que era necessária a morte para conseguir a atenção do governo, como o montante da indenização parecia ser determinado pelo número de mortes. O custo da justiça é a vida e a medida de justiça é o dinheiro. Enquanto isso, para reforçar sua autoridade, o governo tem de mostrar que não é facilmente ameaçado por agitadores. Uma fonte de notícias oficial da China publicou um "boato" sobre o governador de um distrito do município de Xian, no noroeste da China e que já passara por projetos de demolição em massa. Segundo o boato, o governador teria dito à equipe de demolição que fora atribuída uma "cota" de quatro mortes por projeto de demolição de um dado bairro.* Em muitos casos, aqueles que ficaram

---

* http://www.eeo.com.cn/2011/0531/202511.shtml 2010-5-31

gravemente feridos ou perderam as suas vidas em confrontos físicos não eram necessariamente os funcionários do governo. O confronto ocorreu muitas vezes, cara a cara, no momento da demolição, entre os quadros do nível mais baixo da "linha de frente" e os trabalhadores migrantes contratados pela equipe de demolição. A violência não ocorreu apenas entre o Estado e a sociedade, mas também entre os diferentes grupos da sociedade.

Um motim, ou um "incidente de massa" nos termos chineses, que teve lugar na província de Hubei, na China central, em junho de 2009 é representativo do que os chineses descreveriam como "funcionários opressivos e rebeldes coproduzem-se uns aos outros". '

Em 17 de junho de 2009, Tu, um *chef* de 24 anos de um hotel em Shishou City, foi encontrado morto junto à porta do hotel. A polícia local anunciou que a morte de Tu fora suicídio e afirmou ter encontrado um bilhete de despedida. O hotel era conhecido como centro de tráfico de drogas. O patrão, que era conhecido por ser das relações do presidente da Câmara da Cidade de Shishou, ofereceu US$ 4.700 à família de Tu como compensação em troca da cremação imediata do corpo e pediu à família que assinasse uma declaração pública de que a morte de Tu tinha sido suicídio.

Mas a família de Tu não acreditou e decidiu que a indenização era insuficiente. Enquanto isso, a polícia tentou forçar a remoção do corpo, do hotel para a cremação. Para proteger o corpo, que era uma prova fundamental num caso criminal, a família de Tu levou latas de gasolina para fazer uma barricada e começou a enviar mensagens de texto, a contatar a imprensa, parentes e amigos para os mobilizar e bloquear o tráfego em torno do hotel. Em frente ao hotel, a família de Tu e simpatizantes usaram alto-falantes para pedir justiça, ofereceram cigarros e cerveja aos transeuntes, pedindo-lhes que aderissem ao esforço de impedir a polícia de remover o corpo à força. O incidente, que começou com algumas centenas de pessoas, tornou-se um tumulto em massa envolvendo mais de 10 mil pessoas e 10 mil policiais e paramilitares. Durante o motim, foram destruídos seis viaturas policiais e caminhões de bombeiros e o hotel também foi incendiado. Foi relatado que ao mesmo tempo 60 mil a 70 mil pessoas estavam na rua, atirando pedras e garrafas de cerveja vazias na polícia. Mais de duas centenas de feridos de ambos os lados foram relatados. Vídeos do confronto, colocados no YouTube, mostraram milhares de policiais paramilitares em marcha com escudos antimotim e depois a baterem em retirada, enquanto a multidão atirava pedras e outros objetos.*

O motim durou quatro dias. Dois líderes da cidade, incluindo o secretário do partido, foram demitidos e cinco participantes foram condenados a até cinco anos de prisão. Cinco foram condenados por incitar a desordem, mas as penas foram suspensas. Os membros da família de Tu foram, no entanto, absolvidos, em troca da assinatura de um acordo para cremar o cadáver antes de verem o relatório da perícia e depois de o pai de Tu ameaçar imolar-se em frente à Câmara.** O governo também prometeu à família do falecido uma indenização mais elevada, de RMB 80.000 (30.000 oferecidos pelo hotel, 35.000 pelo governo municipal e 15.000 pelo governo provincial, correspondentes a US$ 11.764).***

Após o incidente, um editorial do *Diário do Povo*, jornal oficial do PCC, citou o fracasso "do governo em fornecer informações oportunas e detalhadas sobre as circunstâncias da morte suspeita, juntamente com a propagação de rumores e informações não oficiais pela internet" como os principais fatores que fomentaram os protestos violentos.****

Outra consequência da campanha de "estabilização social" foi o orçamento para a segurança pública. Estima-se que na cidade de Guangzhou, em 2007, a manutenção da estabilidade social custou ao governo municipal RMB4,4 bilhões (cerca de US$ 70 milhões), maior do que as suas despesas sociais de RMB3,5 bilhões com o desemprego. A nível nacional, em 2010, as despesas em segurança pública foram de RMB514 bilhões, um aumento de 9% a partir de 2009, em comparação com o orçamento de defesa nacional, de RMB532 bilhões, um aumento de 7,5% a partir do mesmo ano. Não é uma coincidência total

---

* http://www.youtube.com/watch?v=u2OODWjezuQ
** Zhang, "Jinghong, jiazhi zhudaoxing qunti shijianzhong canyu zhutide xingdong loji (participants' logic of action in value-oriented mass incidents).
*** Cai Ke, "Cook killed self: autopsy".
**** Shi Ren-hou, "Beijing aims to stem mass incidents".

que, até 2010, as despesas com a segurança pública em toda a China tenham superado o orçamento de defesa nacional, dois anos após o início do programa de estímulo.

Uma questão mais fundamental, parece-me, não é apenas o recuo do estado de direito ou do orçamento do Estado inchado com a segurança pública. O que esse novo regime de estabilização social trouxe foi a mercantilização da percepção da justiça e dos direitos dos cidadãos. Para os que sofrem e são injustamente tratados, tanto no caso dos agricultores, que enfrentam a poluição industrial ou a apropriação de terras, como no dos trabalhadores migrantes, que enfrentam salários não pagos e acidentes de trabalho, muitos medem o sucesso dos seus esforços por justiça pela compensação em dinheiro. Constrangidos pelo espaço limitado na sua luta política, o dinheiro tornou-se o seu objetivo e a única medida de justiça. Enquanto isso, a combinação da evasão de funcionários locais via violência e dinheiro e o domínio da elite política e social em todos os níveis significam que a legitimidade do Estado está enfraquecida e o Estado perdeu a confiança dos seus cidadãos.

De acordo com uma pesquisa de 2006, de âmbito nacional, realizada pela Academia Chinesa de Ciências Sociais,* mais de 70% dos 7 mil inquiridos, camponeses, operários e trabalhadores migrantes, bem como profissionais urbanos e funcionários do governo, acreditavam que os funcionários do governo foram os que mais se beneficiaram do crescimento econômico da China desde os anos 1990. Em seguida aos funcionários do governo, com alguma distância, estavam as estrelas pop (54%), os empresários privados (52%) e os gestores de empresas estatais (48%).**

Quando solicitados a escolher quais os relacionamentos que os entrevistados percebiam como mais explosivos — isto é, entre os funcionários e as massas, entre ricos e pobres, entre a administração e os trabalhadores ou entre empregadores e empregados — mais de 73% dos inquiridos escolheram o relacionamento entre os funcionários e as massas como a mais importante fonte de conflitos na China de

---

* Que incluía mais de 7 mil camponeses, trabalhadores, funcionários do governo, empreendedores privados, estudantes e trabalhadores desempregados.
** Peilin Li et. al., *Social harmony and stability in China Today*, p. 64, 65.

hoje, seguida pela relação entre os pobres e os ricos. Mais de 73% dos entrevistados também disseram ter tanto vivenciado como ouvido falar da corrupção de funcionários do governo.*

A desconfiança do Estado e do seu ordenamento jurídico fez cidadãos mais suscetíveis a uma compensação em dinheiro. Mas o dinheiro parece não ter alcançado a justiça que o sistema jurídico não podia assegurar e o sentimento de segurança que o Estado não cumpriu.** Os domínios da justiça, da moralidade e da legalidade transformaram-se em jogos de força, bem como em fraudes e táticas, muitas vezes resolvidos pela violência.

O regime de estabilização social produziu um resultado paradoxal: quanto mais recursos do governo se têm dedicado a estabilizar a sociedade, mais frequentes, violentos e maiores se tornaram os distúrbios. O regime de estabilização social que foi projetado para manter o modelo de expansão da China e do partido, centrado no sistema político, criou o monstro da sociedade cada vez mais agitada. A crise surge como uma questão social de distribuição, direitos e justiça e traz à tona uma questão cultural sobre o significado desses ideais. Em suma, o que está sob ameaça não são apenas os direitos humanos, mas também o valor da humanidade e da visão de desenvolvimento.

---

* Ibidem, p.79.
** Paralelamente a esse mecanismo de governança, o Social Survey de 2006 mostrou que mais de 88% dos entrevistados escolheram "ganhar mais dinheiro" como sendo o objetivo mais importante na vida.

Referências bibliográficas

BAO, Xiaodong. "Investigation into a Murder Committed by a Village Party Secretary in Funan County, Fuyang Municipality, Anhui Province" (Anhui Fuyang Funanxian cunzhishu sharen shijian diaocha). *Southern Metropolitan Daily*, 5/7/2004; para um relatório parcial on-line, ver: http://news.163.com/40705/9/0QH3133D0001126G.html (acesso em 10/2/2009).

BARBOZA, David. "Inflation in China Poses Big Threat to Global Trade". *The New York Times*, 17/4/2011, disponível em: http://www.nytimes.com/2011/04/18/business/global/18yuan.html (acesso em 17/5/2011).

BLOOMBERG. "China Inflation over 5 percent Signals Officials May Boost Yuan Interest Rates", 11/5/2011, disponível em: http://www.bloomberg.com/news/2011-05-11/chinainflation-over-5-signals-officials-may-boost-yuan-interest-rates.html (acesso em 1/6/2011).

CAI, Ke. "Cook Killed Self: Autopsy". *China Daily*, 26/6/2009, disponível em: http://www.chinadaily.com.cn/china/2009-06/26/content_8324868.htm (acesso em 2/5/2011).

DOLLAR, David. "Is China Delinking from the US Economy?", 2008, disponível em: http://blogs.worldbank.org/eastasiapacific/node/2804 (acesso em 1/6/2011).

THE ECONOMIST. "Appreciation for China", 22/4/2011, disponível em: http://www.economist.com/blogs/freeexchange/2011/04/chinas_economy_1 (acesso em 3/5/2011).

_____. "In Search of Growth," 25/5/2011, disponivel em: http://www.economist.com/blogs/dailychart/2011/05/world_gdp (acesso em 2/7/2011).

_____. "China's Economy: The Middle-Income Trap", 5/4/2011, disponível em: http://www.economist.com/blogs/freeexchange/2011/04/chinas_economy (acesso em 3/8/2011).

EICHENGREEN, Barry; PARK, Donghyun; SHIN, Kwanho. "When Fast Growing Economies Slow Down: International Evidence and Implication for China". NBER Working Paper n° 16.919 (5/3/2001).

FLEISCHER, Friederike. *Suburban Beijing*: Housing and Consumption in Contemporary China. Minneapolis: University of Minnesota Press, 2010.

FMI. "World Economic Outlook Database, April 2011", disponível em: http://www.imf.org/external/pubs/ft/weo/2011/01/weodata/weoselgr.aspx (acesso em 5/6/2011).

FUQING Experimental High School Plans of Stability Maintenance (fuqing shiyan zhongxne 2011 nian weiwen gongzuo jitma), 2011, disponível em: http://www.8qsygz.cn/E_Read-News.asp?NewsID=404 (acesso em 18/12/2011).

HSING, You-tien. *The Great Urban Transformation*: Politics of Land and Property in China. Oxford: Oxford University Press, 2010.

HUANG, Yasheng. *Capitalism with Chinese Characteristics:* Entrepreneurship and the State. Nova York: Cambridge University Press, 2009.

LEE, Ching Kwan. *Against the Law:* Labor Protests in China's Rustbelt and Sunbelt. Berkeley e Los Angeles: University of California Press, 2007.

LI, Lin (org.). *The 2010 Report on Rule of Law*. Beijing: Chinese Academy of Social Sciences, 2010.

LI, Pei-lin et al. *Social Harmony and Stability in China Today*. Beijing: Social Science Press, 2008.

LIU, Jinsong. "Lianhu District Government of Xian Municipality Denied Setting Death Quota in Demolition Projects", 31/5/2010, disponível em: http://www.eeo.com.cn/2011/0531/202511 (acesso em 5/6/2011).

O'BRIEN, Kevin; LI, Lianjiang. "Accommodating 'Democracy' in a One-Party State: Introducing Village Elections in China". *China Quarterly*, 162:465-89, 2000.

REN-HOU, Shi. "Beijing Aims to Stem Mass Incidents". *Asian Times*, 2/7/2009, disponível em: http://www.webcitation.org/5wUpA8gNk (acesso em 3/2011).

SAN LIAN LIFE WEEKLY (*San Lian shenhguo zhoukan*). "The Attack on Villagers in Dingzhou, Hebei: The Village under the Shadow of Horror", 1/7/2005, disponível em: http://news.qq.com/a/20050701/001470.htm (acesso em 12/2/2009).

SHIH, Victor. "Big Rock-Candy Mountain". *China Economic Quarterly*, jun.2010, p.26-32.

WORLD BANK. "GDP Growth", 2012, disponível em: http://data.worldbank.org/indicator/NY.GDP.MKTP.KD.ZG (acesso em 5/6/2011).

_____. "Current Account Balance", 2012, disponível em: http://data.worldbank.org/indicator/BN.CAB.XOKA.CD (acesso em 5/6/2011).

XU, Kai; CHEN, Xiaoshu; LI, Weiao. "A Bill of Public Security". *Canjin Magazine*, 8/5/2011.

YANG, Mengyu. "Property Projects Developed by State-Owned Enterprises Were Popular: Brand Name Projects Guarantee High Quality", 2010, disponível em: http://news.sy.soufun.com/2010-05-21/3364689.htm (acesso em 6/3/2011).

YU, Jianrong. "Defending the Last Frontier of Social Stability". Leitura pública no auditório do Ministério da Fazenda, Beijing, 6/1/2009, disponível em: http://www.zjyizhan.com/newsdetail.php?case=2&classid=22&id=90 (acesso em 2/7/2011).

ZHANG, Jinghong. "Participants' Logic of Action in Value-Oriented Mass Incidents". *Chinese Journal of Sociology*, 31/2/11:73-96.

ZHONGSHI, Chen. "Empowering State Capitalism in China: The Revival, Legitimization and Development of Private Enterprises," tese de doutorado, Departamento de Sociologia, Universidade da Califórnia, Berkeley, 2011.

ZHOU, Limin; LIANG, Xiao. "Central Level SOE Management Recruitment Started Again, less than 30% of the Previous Recruitment Stayed", 2010, disponível em: http://finance.sina.com/hg/chinamkt/sinacn/20100702/181789396.html (acesso em 2/3/2011).

11
UMA CRISE NÃO GLOBAL? DESAFIAR A CRISE NA AMÉRICA LATINA

Ernesto Ottone

INTRODUÇÃO

A RELAÇÃO DA AMÉRICA LATINA COM a atual crise financeira global mostra-nos uma grande novidade que nos permite perguntar, pelo menos no que toca a essa região, mas de um modo mais geral considerando os países da América Latina, se estamos realmente perante uma crise global ou se paradoxalmente testemunhamos uma "crise que tem efeitos globais mas que não é propriamente global".

Mesmo que sejamos cautelosos na análise de um fenômeno que está em desenvolvimento, com efeitos tão negativos no seu local de origem — os EUA — como na Europa, poderíamos salientar que estamos perante uma dissociação entre países desenvolvidos e países emergentes que, sem se dever em absoluto aos níveis de interdependência da economia globalizada, gerou realidades muito diferentes entre eles, que estão refletidas em diferentes níveis de crescimento.

As economias emergentes mantiveram elevados níveis de crescimento, enquanto a economia dos países desenvolvidos cresceu muito pouco e corre o risco de crescer ainda menos (ver Figura 1).

Essa dissociação das tendências globais não tem precedentes na história econômica da América Latina. A Grande Depressao de 1929 produziu efeitos demolidores na região. O país mais afetado no mundo, segundo o relatório da Sociedade das Nações, faz parte da América Latina: o Chile.*

---

* Citado em Pinto Anibal, "Chile: un caso de desarrollo frustrado".

As turbulências da economia global nos anos 1970 contribuíram de forma determinante para a crise da dívida que explodiu em 1982 e afetou as economias dos países latino-americanos, dando lugar ao período que a Cepal caracterizou como a "década perdida". Os anos 1990 foram caracterizados por várias crises originadas tanto interna como externamente. A chamada "crise da tequila", que ocorreu no México em 1995, teve efeitos parciais na região, mas as crises que decorreram posteriormente, na Ásia, Rússia e Turquia, produziram sérios efeitos em vários países da América Latina e corroeram a economia da região, no fim do século XX e no início do século XXI.

Essa nova situação foi tão surpreendente que os próprios latino-americanos não parecem totalmente conscientes da sua capacidade de resistência à crise global, resistência que tinham acumulado ao longo de anos de dura experiência, durante as crises precedentes, que os obrigaram a introduzir nas suas economias elementos contraciclo (ou seja, elementos que caminham em oposição à orientação econômica), mais normas de regulação sobre os aspectos financeiros e um maior papel da intervenção pública. A esses fatores juntou-se a importância das suas exportações para os mercados emergentes da Ásia que resistiram à crise.

Graças a todos esses fatores, a crise de 2008 teve menos impacto do que as crises precedentes. Mesmo que o crescimento tenha abrandado, aconteceu apenas durante um ano e o seu impacto social não foi dramático. Esse declínio concentrou-se em 2009, mas seguiu-se uma forte recuperação em 2010 e o seu fortalecimento, apesar de mais moderado, em 2011 (ver Figura 2 e Tabela 1).

Figura 1: Crescimento do PIB, 2011-2012 (variação anual em %)

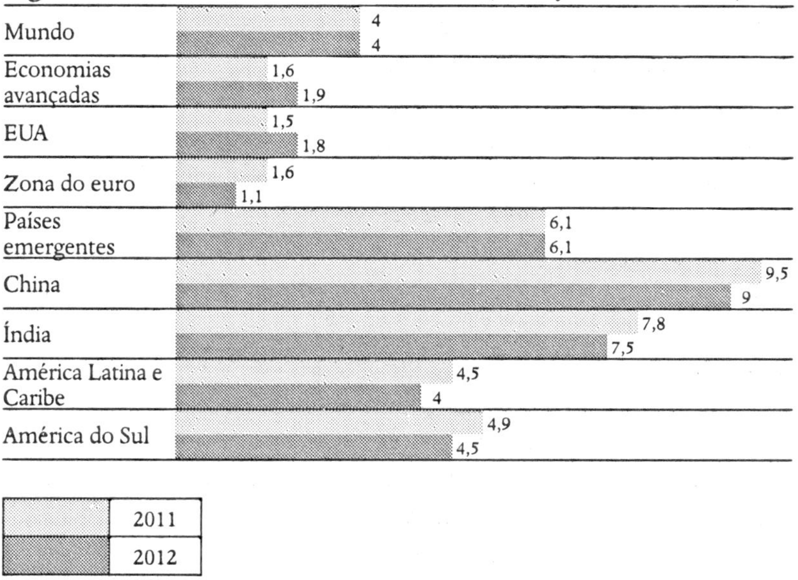

	2011	2012
Mundo	4	4
Economias avançadas	1,6	1,9
EUA	1,5	1,8
Zona do euro	1,6	1,1
Países emergentes	6,1	6,1
China	9,5	9
Índia	7,8	7,5
América Latina e Caribe	4,5	4
América do Sul	4,9	4,5

Fonte: WMF (2011)

Figura 2: América Latina: evolução da pobreza e da pobreza extrema, 1980-2010 (valores em %)

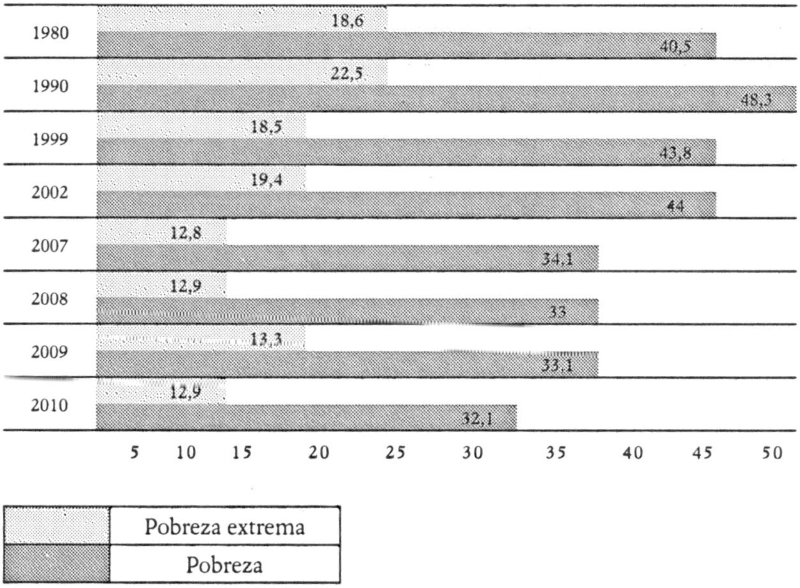

Ano	Pobreza extrema	Pobreza
1980	18,6	40,5
1990	22,5	48,3
1999	18,5	43,8
2002	19,4	44
2007	12,8	34,1
2008	12,9	33
2009	13,3	33,1
2010	12,9	32,1

Fonte: Cepal (2011)

Tabela 1
América Latina: variação anual do PIB (%)

Ano	2001	2002	2003	2004	2005	2006	2007	2008	2009	2010
PIB	0,3	-0,4	2,2	6,1	4,9	5,8	5,8	4,2	-1,9	6
PIB per capita	-1,1	-1,7	0,8	4,7	3,6	4,6	4,6	3,0	-2,8	4,8

Fonte: Cepal 2011

Em relação aos anos posteriores, de acordo com as projeções do FMI, essa tendência parece manter-se, embora dependendo da magnitude das tendências sombrias dos países centrais e da capacidade de resistência da China e da Índia. Essas projeções mostram que a América Latina crescerá uma média de 4% até 2016 e que um grupo de países da região crescerá ainda mais; alguns deles atingirão níveis tais de PIB *per capita* que os colocarão no "limiar do desenvolvimento" (ver Tabelas 2 e 3). Só uma enorme depressão global poderia criar uma espécie de nova convergência catastrófica.

Tabela 2
PIB mais elevado (em milhares de US$, PPP, *Purchasing Power Parity*, Paridade do Poder de Compra)

País	2011	País	2016
Argentina	17.376	Argentina	21.452
Chile	16.172	Chile	20.187
Uruguai	15.470	Uruguai	19.514
México	15.121	México	18.033

Nota: Os valores para 2016 são previsões.
Fonte: FMI (2011).

Tabela 3
Crescimento anual mais elevado do PIB

País	2011	País	2012
Argentina	7,99	Peru	6,01
Chile	6,55	Bolívia	4,50
Paraguai	6,40	Chile	4,47
Peru	6,25	Argentina	4,04
Uruguai	6	Paraguai	4

Fonte: WMF (2011).

Para compreender a magnitude dessa mudança, é necessário aprofundar a relação entre os processos de globalização e os processos de desenvolvimento na América Latina.

Quando a globalização começou a tornar-se uma tendência dominante no mundo, a América Latina passava pelos estágios finais de um período inacabado de modernização, consistindo num processo de industrialização conduzido pelo Estado, sobretudo orientado para o mercado interno, que começou nos anos 1930 e chegou ao fim nos anos 1980.

Esse modelo de modernização tinha sido precedido, em primeiro lugar, por um formato de modernização oligárquico com base no desenvolvimento orientado para a exportação (que começou na segunda metade do século XIX) e, em segundo lugar, por um interregno entre 1914 e 1930.

Não irei discutir o modelo oligárquico de modernização; quero apenas fazer notar que foi o responsável pelo desenho do mapa dos Estados da América Latina, criou nações e integrou a região na economia mundial da época. Assim, aquele modelo deu lugar a várias características que ainda hoje persistem na América Latina, tais como o hiato da região no que diz respeito aos países desenvolvidos e a grande desigualdade social e heterogeneidade que hoje a caracterizam. Para o bem ou para o mal, o certificado de nascimento da região foi escrito naquele período.

A MODERNIZAÇÃO INACABADA

O modelo de modernização inacabada pode ser resumido em três pontos principais:

1. A criação de um Estado mais inclusivo e de uma identidade nacional popular: na maior parte dos países da América Latina os setores sociais emergentes foram absorvidos devido à ausência de um sistema democrático representativo (isto é, inexistência de eleições, respeito pelas minorias ou instituições reguladoras responsáveis). A maior parte dos Estados foi forjada por processos autoritários, revoltas populares e intervenções militares, com diferentes persuasões políticas (como a revolução mexicana e os movimentos de Getulio Vargas, Perón, Rojas Pinilla, Pérez Jiménez e Villarroel, entre outros). O Chile, o Uruguai e a Costa Rica, em particular, representam exceções parciais nesse aspecto.

2. O fim do Estado oligárquico não ditou o fim da oligarquia dominante. Apesar de, em alguns casos, ter se transformado ou enfraquecido, essa classe continuou a existir representando a propriedade da terra num novo compromisso político com os setores comerciais, financeiros e industriais emergentes no bloco do poder pós-oligárquico, o que também incluiu o trabalho organizado e a representação política dos trabalhadores.

3. O processo de industrialização dirigido para o mercado interno, orientado pelo Estado, não foi uma decisão doutrinária nem uma escolha livre ou — para desmistificar esse processo — uma invenção da Cepal. Pelo contrário, foi uma realidade criada pela crise de 1929. Recordemo-nos de que as exportações de seis das maiores economias latino-americanas caíram 33% entre 1929 e 1932, quando os Estados Unidos e a Europa adotaram medidas protecionistas.

Essa é a paisagem global econômica na qual nasceu o modelo de industrialização direcionado para o mercado interno.

Os desenvolvimentos econômicos e sociopolíticos que se desenrolaram no contexto desse modelo de Estado conjugaram avanços importantes com grandes desigualdades.

Por um lado, entre 1950 e 1980, observou-se uma grande expansão econômica. Durante esse período o PIB duplicou, apesar de a população também ter duplicado.* A par dessa expansão, a América Latina passou por um período de grande urbanização e modernização dos estilos de vida e dos padrões de consumo de determinados grupos sociais. Conseguiram-se notáveis conquistas sociais, em particular no que diz respeito à saúde, à educação e à infraestrutura. Contudo, a expansão econômica foi conseguida por meio do endividamento externo e do desequilíbrio financeiro e coexistiu com grandes insuficiências tecnológicas e processos de poupança-investimento insuficientes.

Os frutos da expansão econômica foram distribuídos de forma notavelmente desigual, com grandes setores da população continuando a viver na pobreza e mesmo na pobreza extrema.

Apesar dos inegáveis desenvolvimentos, o modelo de desenvolvimento da América Latina, com o papel central ocupado pelo Estado clientelista, foi incapaz de superar a concentração de riqueza em algumas mãos ou de esconder a própria natureza heterogênea.

O modelo clientelista foi incapaz de construir um sistema democrático ou um Estado de bem-estar social, não obstante o fato de, na medida do possível, se terem dado alguns importantes avanços. Durante os anos 1970, a pobreza chegou aos 35% da população. Todos esses processos foram enquadrados politicamente pela guerra fria e pelos seus marcos, como a Revolução Cubana.

No final dos anos 1960 e início dos anos 1970, o padrão desigual de crescimento da região, praticamente sem democracia, gerou o que Lechner denominou "inflação ideológica", conduzida pela "ameaça da dissolução e da atomização da ordem social" enquadrada pela guerra fria.**

Essa inflação ideológica levou ao conflito das "abordagens ideológicas globais e polarizações" que diminuíram as possibilidades de

---

* Cepal, "Nota sobre el desarrollo social".
** Fernando Fajnzylber, "Industrialización en América Latina. De la 'Caja Negra' al 'Casillero Vacio'".

compromisso que o Estado clientelista poderia arbitrar. Depois, nos anos 1970, à medida que os regimes autoritários ou militaristas se estabeleceram em muitos países da América Latina, surgiu uma aliança conservadora.

Segundo o Programa das Nações Unidas para o Desenvolvimento (Pnud), em 1976, sobreviviam apenas três democracias na América Latina.

Sob o regime autoritário militar, o Estado perde a sua vocação de compromisso e de intervenção econômica. Nesse caso, desempenha um papel repressivo fundamental para assegurar a aplicação de doutrinas neoliberais que surgiram como resposta à crise. Em particular, tratou-se de tentar impor a hegemonia através da desarticulação da sociedade civil.

Mas as doutrinas neoliberais foram hegemônicas mesmo naqueles países onde o sistema democrático sobreviveu. Durante esse período foi promovida a desregulamentação e a privatização e a produção foi dirigida para as exportações.

Entre os anos 1970 e 1980 —o processo de globalização começou a ganhar ímpeto e a economia mundial direcionou-se fortemente para a internacionalização — o modelo de modernização inacabada perdeu a sua eficácia e estagnou, mesmo nos países democráticos.

A região tinha sérias carências em poupança, investimentos e em valor agregado. Suportava uma pesada dívida externa e falta de competitividade e sofria a depredação de recursos naturais e processos de inflação, enquanto a sua indústria e tecnologia ficavam obsoletas. A dívida externa, o aumento das taxas de juros nos Estados Unidos e a queda dos preços das matérias-primas reuniram as condições para a crise de 1982.

Mas não se tratou apenas de um colapso econômico e social; tratou-se também de um colapso político e cultural. O Estado clientelista era a principal fonte da identidade partilhada na América Latina: o fim desse modelo criou também um vazio no sentido de pertença, à medida que os Estados neoliberais e as ditaduras estavam simplesmente articulando o processo de integração na economia global, sem qualquer filtro ou tentativa de construir uma identidade nacional.*

---

* Norbert Lechner, "Problemas de la democratización en el contexto de una cultura post-moderna".

Contudo, devemos dizê-lo, foi nesse período e no enquadramento da Guerra Fria que se criaram as condições para a democratização do sistema político e para os avanços no pluralismo democrático.

Graças aos desenvolvimentos internos e ao fim da crise da Guerra Fria, a democracia foi restaurada na região a partir dos anos 1990, mas a taxa de pobreza tinha chegado aos 48%.

Os anos 1990

Os anos 1990 são normalmente descritos como um período de domínio neoliberal que reflete a natureza do processo de globalização que decorria no mundo.

Mas, no nível teórico, existia na América Latina pelo menos uma importante escola alternativa de pensamento: a escola da transformação da produção por meio da igualdade, inspirada e desenvolvida pela Cepal, por Fernando Fajnzylber.*

Com base na teoria da caixa vazia, que provou empiricamente que nenhum dos países da América Latina tinha conseguido obter um nível aceitável de crescimento de PIB *per capita* simultaneamente com um razoável grau de igualdade, a Cepal apresentou a teoria aos governos da América Latina, nos anos 1990, na qual propunha mudar os padrões de produção por meio da igualdade social.

Essa teoria pode ser resumida em cinco pontos:

1. A ideia central é a de que a mudança dos padrões de produção tem de se basear na incorporação sistemática deliberada de progresso técnico, que tem de abranger o sistema no qual as empresas operam.

2. É necessária uma gestao macroeconômica coerente e estável, apesar de não ser suficiente por si só.

3. É possível e viável uma relação simbiótica entre o crescimento e a igualdade e o progresso econômico só é sustentável com o progresso e a inclusão social.

4. É necessária abertura regional.

---

* Manuel Castells, "Panorama de la era de la información en América Latina ¿Es sostenible la globalización?".

5. Existe uma necessidade reconhecida de um cenário democrático, plural e participativo com um nível mínimo de consenso em torno de objetivos de desenvolvimento fundamentais.

Todas essas ideias foram subscritas, mas apenas parcialmente aplicadas. O Chile foi a única exceção. O Brasil, sob o governo de Fernando Henrique Cardoso, também seguiu algumas dessas linhas de orientação com bons resultados.

Na segunda metade dos anos 1990, o balanço da transformação econômica mostrava tanto avanços quanto deficiências. A maior parte dos países na região conseguiu recuperações econômicas moderadas, com um crescimento médio de 3,2%, entre 1991 e 1996, avanços significativos na estabilidade macroeconômica, crescimento e diversidade nas exportações, melhor acesso ao financiamento externo e um aumento significativo na interdependência econômica, impulsionada por uma nova geração de acordos de integração.

Contudo, os níveis de crescimento ainda estavam longe dos necessários para superar os atrasos tecnológicos e sociais e as economias ainda mostravam muita vulnerabilidade.

As poupanças nacionais eram muito baixas. A expansão do investimento total era insuficiente e a heterogeneidade estrutural, típica dos sistemas produtivos da região, tornou-se mais nítida.

Os níveis de pobreza nacionais tinham disparidades profundas. Durante a primeira metade dos anos 1990, a pobreza decresceu de 48% para 39%: um avanço importante, mas insuficiente para contrariar o aumento da década anterior de 35% para 48%. Esse decréscimo não permitia reduzir os números globais dos que viviam na pobreza.

Os avanços conseguidos na região, na segunda metade dos anos 1990, tornaram-se mais frágeis. A "crise da tequila" e, mais tarde, as crises sentidas na Ásia e na Rússia foram decisivas para as economias da América Latina.

A fase "negra" da globalização trouxe episódios de grande turbulência que provaram ser devastadores para a região. Os primeiros anos do século XXI ficaram marcados por profundas crises econômicas, políticas e sociais. O PIB da região voltou a ser negativo. Apesar de um ligeiro crescimento em 2000 (3,7%), em 2001 e em 2002 esse valor era de apenas 0,4% e em 2003, 1,5%.

Essa situação, cuja principal causa residia na economia mundial — em particular na volatilidade do mercado financeiro —, produziu recuos na redução da pobreza e aprofundou as desigualdades na distribuição dos rendimentos.

Em relação à pobreza, os números da Cepal mostram novamente a perda de avanços durante os anos 1990. Em 2003, a pobreza chegou aos 43,9% da população ou, em termos absolutos, 225 milhões de pobres. Esse valor refletia números previamente desconhecidos, notadamente na Argentina, onde a pobreza chegou aos 40%, 20% da qual representavam pessoas indigentes. A única exceção foi o Chile, que conseguiu manter e reduzir ligeiramente os números da pobreza nos anos 1990, reduzindo-a de 40% para 18,8% e a indigência de 14% para 4,7%. A situação do Chile refletia grandemente a sua capacidade de aplicar políticas de contraciclo.*

Enfrentando a crise global

Felizmente, a situação negativa começou a mudar graças ao novo ciclo econômico global que começou em 2004. Assim, a economia da América Latina e do Caribe cresceu 6% em 2004 e acima de 4,5% entre 2005 e 2008. Esse cenário permitiu grandes recuperações nas economias que mais tinham sofrido no ciclo anterior.

Esse novo ciclo permitiu um espaço de arejamento de curto prazo, sendo possível graças a um cenário externo favorável, ao decréscimo das taxas de juros e ao aumento temporário dos preços das matérias-primas causado por vários fatores, incluindo a procura florescente das grandes economias, principalmente da China e da Índia.

Esses fatores conjugaram-se para criar um conjunto de condições muito positivas na América Latina, entre 2003 e 2008, jamais vistas, pelo menos nos últimos quarenta anos. O crescimento permaneceu em torno dos 4,5% por ano, todos os indicadores sociais melhora-

---

* Cepal. "Transformación productiva con equidad. La tarea prioritaria del desarrollo de América Latina y el Caribe en los años noventa".

ram e os níveis de pobreza baixaram em quase todos os países da região, chegando aos 33% em 2008. A distribuição dos rendimentos melhorou, apesar de moderadamente, assim como a qualidade geral do desenvolvimento: mais poupanças e investimento, os primeiros passos para a implementação de políticas de contraciclo, redução do desemprego e mais e melhor qualidade de despesas sociais.

Apesar de os avanços serem maiores na América do Sul e menores no México e na América Central — cujas economias competem com a China, na exportação de bens de baixa tecnologia para o mercado dos Estados Unidos — a situação global melhorou, abrindo igualmente novas oportunidades para a região. Já em 2007, contudo, a Cepal tinha chamado a atenção para alguns problemas na economia global, em particular nos Estados Unidos. Ainda assim, esperava-se outra "aterrissagem suave" na economia mundial, cujo impacto na América Latina iria abrandar as melhorias, mas que não seria dramático.

A crise global que surgiu no fim de 2008 e agitou a economia da América Latina tinha origem nos Estados Unidos e na Europa, não sendo a América Latina responsável por ela.De tal forma assim é que o sistema financeiro da América Latina, muito mais regulado do que o dos Estados Unidos e o da Europa, não foi contagiado.

Os efeitos da crise começaram a chegar à América Latina no final de 2008 e continuaram a sentir-se até ao final de 2009, altura em que surgiram alguns sinais de recuperação. O crescimento do PIB caiu para -1,9% em 2009.

Os motivos para a queda do PIB estão todos relacionados com a combinação do reduzido número de exportações na economia global, o colapso nos investimentos, a diminuição do turismo, o aumento do desemprego e a diminuição das remessas dos emigrantes... apesar de não por muito tempo.

As políticas de contraciclo implementadas na região são responsáveis pelo ligeiro aumento da pobreza e da pobreza extrema e pelo fato de, quando a economia mundial estava se recuperando — em particular nas grandes economias emergentes —, a América Latina ter também embarcado numa rápida recuperação nos aspectos acima mencionados. O crescimento do PIB em 2010 era de 6% e as projeções para 2011 eram de 4,2%.

O principal problema das economias da América Latina diz respeito às incertezas da recuperação da economia dos países desenvolvidos.

Assim, é legítimo considerar que estamos vivendo uma nova situação histórica, à medida que a crise global não afetou muito a região, que conseguiu se recuperar mais rapidamente do que a economia global.

Claro que temos de ser prudentes. A América Latina enfrenta o enorme desafio de consolidar o desenvolvimento sustentável e de conseguir uma forma positiva e sustentável de integração no processo de globalização. Mas existe algo novo: pela primeira vez a atuação da região face à crise global foi relativamente autônoma e bem-sucedida. Poderemos dizer que estamos nos afastando, ainda que pouco, da dependência para a interdependência. Existem motivos para pensar que a América Latina poderá ser um novo protagonista nos assuntos internacionais.

Um olhar estratégico

Se olharmos objetivamente para os fatos, a América Latina é uma região com uma identidade cultural heterogênea, uma situação econômica intermediária e sistemas políticos historicamente marcados pela fragilidade.

A América Latina não é uma região de baixo rendimento, como a África Subsaariana, mas também não é uma região desenvolvida. Está no meio, como muitos países da Ásia e da Euroásia. É uma região de médio rendimento. Está entre o continente africano e o grupo das economias mais avançadas: o rendimento *per capita* representa um quinto do dos países da OCDE e mais da metade do da África Subsaariana.

A região é muito heterogênea, tanto do ponto de vista geográfico como econômico: as suas economias vão do Haiti, com um rendimento *per capita* próximo dos US$400, ao Chile, à Argentina e ao México, cujo rendimento *per capita* se aproxima dos US$15 mil em termos da paridade do poder de compra.

A região também tem países com a dimensão de um continente, como o Brasil, e as pequenas ilhas do Caribe.*

Apesar de tudo, a região enfrenta problemas semelhantes, incluindo elevadas taxas de pobreza e de indigência, uma desigual distribuição de rendimentos persistente e desigualdade de oportunidades, um crescimento econômico pouco satisfatório, a permanente "caixa preta de progresso técnico" e a falta de sistemas políticos sólidos.

Para compreendermos a relação entre a América Latina de hoje e o processo de globalização, é necessário analisar alguns dos aspectos mais relevantes da atual situação.

As ainda frágeis democracias

Conforme afirmamos, os avanços conseguidos pela região em termos da democracia têm poucos precedentes na sua própria história. Com exceção de Cuba, todos os países têm governos eleitos constituídos a partir de padrões internacionais de aceitação, tendo, dessa forma, resolvido sérios conflitos.

Os países da América Latina que hoje têm sistemas democráticos frágeis enfrentam dificuldades semelhantes às que foram sentidas por todas as democracias do mundo atual: a distância entre os cidadãos e as crises institucionais dos partidos políticos e do Parlamento; os problemas que a opinião pública, apoiada pelas novas tecnologias de informação, cria para a representatividade democrática e a onipresença da imagem e das comunicações interativas. Todos esses fatores são agravados pelo déficit dos Estados em responder aos desafios de sociedades profundamente desiguais, com níveis de coesão social medíocres.

No momento em que as suas frágeis democracias representativas começam a se afirmar, a América Latina tem de enfrentar os desafios que se colocam à democracia apresentados pelo processo de globalização.

---

* Todos os números são citados a partir dos primeiros relatórios da Cepal sobre o desenvolvimento econômico e social na América Latina e no Caribe.

Os governos da América Latina mostram, hoje em dia, uma variedade de orientações políticas: centro-direita, centro-esquerda, neojacobinos. Os sistemas democráticos estão sofrendo, em particular nos governos neojacobinos *

Os regimes que designei como "neojacobinos" mostram diferenças na representação que podem surgir da iniciativa popular ou do apoio dos cidadãos em resposta a uma percepção mais abrangente de falta de governança e de corrupção, como é o caso da Venezuela e do Equador, ou a exclusão de um universo inteiro, como foi o caso da maioria indígena na Bolívia.

Mas para além das diferenças retóricas ou práticas, e dos diferentes resultados econômicos e sociais desses regimes, na sua refundação partilham de uma clara vocação para acumular poder que salienta e polariza a lógica democrática e apaga a separação de poderes e, algumas vezes, liberdade de expressão. A sua situação é paradoxal à medida que a sua origem democrática eleitoral e o ambiente regional e global impelem esses regimes, por vezes até ao limite, para mais ou menos respeitarem um sistema democrático que não valorizam verdadeiramente e pelo qual não parecem nutrir qualquer amor: esse é seguramente o caso da Venezuela. Isto é, de alguma maneira são obrigados a uma prática democrática que, pela sua natureza, potencializa a negociação de desentendimentos e é disfuncional face a grandes projetos ideológicos fundacionais.

Apesar da fragilidade da democracia poder ser mais aguda em regimes de persuasão neojacobina, ela não se limita a eles. As fraquezas institucionais, a tendência para chegar ao poder por meio da demonização do adversário, a mistura entre política e dinheiro e a ausência da certeza legal e do respeito pelas regras são parcialmente partilhados por diferentes tendências políticas (como as de Uribe e de Kitchner). A penetração do Estado por elementos criminosos e pela corrupção é muito comum nessa região e abrange países com governos de diferentes orientações políticas.

Na América Latina, os impactos do crime global, em particular do tráfico de droga e das doenças a ela associadas, deixaram desde há muito

---

* Ernesto Ottone e Carlos Vergara, "La desigualdad social en América Latina y el caso chileno".

de ser a única presença na imprensa sensacionalista. O crime tornou-se um importante problema político em muitos países: a América Latina é atualmente a região com a taxa de crimes mais elevada do mundo, o que enfraquece os seus sistemas políticos e prejudica a sociedade civil. O aparecimento de grupos de barbárie, a ocupação de territórios específicos e a perpetração de atos de impensável crueldade e desumanidade, em países grandes como o México, colocam desafios sem precedentes aos ainda frágeis sistemas democráticos e põem em perigo o próprio funcionamento do Estado. Está longe de ser claro como será possível enfrentar esses novos desenvolvimentos. O que é claro, contudo, é que as abordagens adotadas até ao momento têm falhado.

Desigualdades persistentes

Como observamos, a desigualdade social na América Latina, em particular na distribuição dos rendimentos, caracteriza-se pela sua persistência. A globalização não foi a causa da desigualdade na América Latina, mas reforçou-a e modernizou-a, alargando o seu alcance à educação e às comunicações.

Contudo, os últimos desenvolvimentos no que diz respeito ao elevado grau de desigualdade na América Latina, que se caracteriza pela concentração excessiva de rendimentos no estrato mais rico da população, não são todos tão negativos. A edição mais recente do Panorama Social da América Latina publicada pela Cepal mostra o decréscimo da pobreza para 32,1% e da indigência para 12,9% em 2010.* Também sinaliza que a distribuição de renda melhorou na América Latina, com poucas exceções, entre 2002 e 2009. Em alguns países, como Venezuela, Argentina e Brasil, a queda foi muito significativa; em outros países foi mais moderada, mas mostra uma tendência que se poderá prolongar.

Falo simultaneamente na quebra da pobreza e na melhoria da distribuição de renda, à medida que, se fossem parte de processos diferentes, seria possível um aumento na desigualdade, que começaria

---

* Ernesto Ottone, "Izquierdas, Centro Izquierdas y progresismos en América Latina Hoy. Algunas distinciones".

a partir de um determinado nível médio de renda *per capita* e que levaria a mais pobreza.

Não obstante, a desigualdade de renda é ainda muito elevada na região. Alguns latino-americanos gostam de dizer, com uma espécie de orgulho perverso, que têm a maior desigualdade mundial na distribuição de renda, mas não parece ser o caso. Se o coeficiente de Gini para a América Latina fosse comparado com o da África Subsaariana, esse subcontinente seria o vencedor, embora a América Latina conseguisse um confortável segundo lugar antes dos países da OCDE, Ásia Central, Ásia Ocidental e Pacífico. A diferença em relação à Europa é enorme: 0,52 comparado com 0,34. O país da América Latina com a distribuição de renda mais equilibrada consegue ter um coeficiente de Gini mais elevado do que o país da Europa com a pior distribuição.

No que diz respeito aos níveis de pobreza, a comparação com outras regiões em desenvolvimento tem um resultado diferente: nesse caso a América Latina posiciona-se melhor, embora tal não ocorra no que toca à mobilidade social, aos padrões de consumo ou ao acesso à propriedade ou aos serviços básicos.

Consequentemente, é necessário considerar o tema da distribuição desigual de renda com toda a seriedade, mas também em toda a sua complexidade. A desigualdade na distribuição de renda não deveria ser equacionada em geral e é necessário considerar outros aspectos da complexidade dessa questão.

Como já mencionamos, o processo da globalização aprofundou diferenças, nos rendimentos de mercado, com o resto do mundo. Nesse aspecto, o hiato com a Europa também aumentou; assim, o que em grande medida explica a enorme diferença entre os coeficientes de Gini na América Latina e na Europa é a ação do Estado de bem-estar social na Europa, isto é, as diferenças de renda depois do pagamento dos impostos directos, do seguro social, do seguro-desemprego e, por fim, do conjunto de transferências que atuam sobre a renda. Na América Latina a diferença produzida pela intervenção do Estado é de dois pontos percentuais; na Europa é de 10 pontos percentuais, sinalizando esforços de distribuição de dimensões muito diferentes.*

---

* Cepal, "Panorama Social 2010".

O que tornou possível reduzir a desigualdade, começando com o período de crescimento descrito, é a combinação de rendimentos profissionais mais elevados e de transferências para os agregados familiares mais pobres. É por esse motivo que a melhoria da distribuição foi capaz de navegar a crise de 2008 continuando num caminho positivo.

Para acentuar essa tendência, terminar com a desigualdade persistente e quebrar as suas dinâmicas de produção e reprodução por meio do ciclo de vida dos cidadãos da América Latina é o passo crucial para a construção de sociedades com um bem-estar melhor no futuro. Isso depende, em primeiro lugar, da criação de empregos melhores e mais estáveis para os jovens, em particular os que estão nos estratos mais pobres. Conseguir simplesmente manter esses grupos no mercado de trabalho traria, por si só, um enorme salto na igualdade.

Tudo isso implica continuar a aumentar a despesa social e torná-la contraciclo. Se for aceito que as despesas sociais têm de ser usadas de forma eficiente, é impossível ignorar a necessidade de um novo convênio fiscal na região que dê mais recursos à política social e que possa obter mais renda de modo mais progressivo.

Devemos relembrar que, comparada com outras regiões do mundo, a América Latina tem uma estrutura de impostos regressiva e um maior número de impostos indiretos. Existe espaço para aumentar e captar mais renda de forma eficiente, porque a maior parte dos países tem poucos impostos, uma elevada taxa de evasão e demasiadas isenções. Por outro lado, esse novo convênio fiscal exige níveis de confiança social mais elevados e uma forte legitimação da ação do Estado.

A longo prazo, o fator fundamental que molda uma sociedade mais igualitária é a educação, apesar de aqui atuarem diferentes fatores para prevenir a ruptura das desigualdadesorigem, como a territorialidade, que causa agudas fragmentações sociais nas artérias dos países da região. Tal como na educação, os avanços obtidos nas questões territoriais têm impacto na igualdade, na produtividade e na construção de uma cidadania moderna.

Também temos de dirigir uma luz sobre as novas formas de desigualdade trazidas pela sociedade da informação. A América Latina deu grandes passos no desenvolvimento digital nos últimos dez anos e é considerada um mercado emergente no acesso e utilização da TIC.

Contudo, novos hiatos estão se abrindo no que diz respeito aos países desenvolvidos, a outras regiões emergentes, bem como entre os países, devido ao acesso segmentado às novas tecnologias de informação. A América Latina representa 8% dos usuários mundiais de internet, muito distante dos 39% da região Ásia-Pacífico. Contudo, o desenvolvimento dos celulares foi enorme, com um número de contratos que ultrapassa o número de habitantes de alguns países. O Chile, por exemplo, tem 20 milhões de assinantes para uma população de 18 milhões de pessoas. Contudo, esses valores não se traduziram em ganhos de produtividade, nem numa maior igualdade interna, e apenas produziram uma convergência parcial com os países mais avançados. São necessários esforços mais árduos para delinear novas estratégias para a Era da Informação.*

Identidades abertas

Apesar de as questões da identidade, na região, terem passado por mudanças, começando pela queda do Estado nacional clientelista, nesse enquadramento, em resultado da globalização, a América Latina não mostra o conflito de identidades observado em outras regiões do mundo. Além disso, a existência de setecentos grupos étnicos não parece sugerir a existência dessa possibilidade.

Contudo, o problema não é irrelevante. É um fato que os descendentes de africanos e os indígenas, as minorias mais numerosas nessa ordem, sofrem discriminações, racismo e acumulação de desvantagens econômicas, sociais e políticas.

Contudo, hoje, o conceito de identidade está fortemente presente no discurso político em alguns países latino-americanos, em particular nos que têm uma população local maior, com fortes relações identitárias com as suas comunidades, como no caso da Bolívia, em particular. Nesse país foram reconhecidas 36 identidades, o que expli-

---

* Guillermo Perry e J. Humberto López, "Determinantes y consecuencias de la desigualdad en América Latina".

ca a complexa relação entre as identidades nos planos local, territorial, étnico e nacional.*

Na Bolívia existem discussões que comparam a noção de um Estado indígena com a ideia de um Estado-nação, liberal ou marxista, seguindo as orientações ocidentais, tomando o partido dos primeiros, à luz dos princípios de Aymara, de um Estado multicêntrico de vários territórios.**

A questão da etnicidade e da identidade não se limita à Bolívia, sendo comum, de um modo ou de outro, a todos os países da região e estando particularmente enraizada na Guatemala, no Peru, Equador, México e na Colômbia e em outros países cuja população indígena é menor, mas consagra uma poderosa herança simbólica. Além disso, não deveria ser desmerecido o fato da forte presença de afrodescendentes na região, que supera a população indígena.

O tratamento político das questões indígenas difere substancialmente na América Latina. A população do México tem um contingente indígena considerável, contudo o discurso político do país não gira particularmente em torno dos seus interesses. Depois existem casos paradoxais como a Guatemala, onde a candidatura presidencial de Rigoberta Menchú não conseguiu reunir apoio suficiente entre os povos indígenas, apesar das opiniões expressas nas pesquisas de opinião. Muitos países mostram um vasto leque de posições no que diz respeito às identidades indígenas, percorrendo o espectro dos que apontam o fracasso da mistura biológica e cultural na Guatemala aos que elevam a mestiçagem à virtude nacional. Esse conceito de mestiçagem pesa muito na história do México e também na do Brasil, onde tem sido alvo de pesquisa durante décadas. O discurso e a realidade da mestiçagem são, assim, uma questão importante de análise nos diferentes países como um elemento de união e de tensões nascidas das desigualdades reais.

Felizmente, enquanto noutras latitudes os conflitos religiosos tendem a sobrepor-se às identidades étnicas e culturais, com impactos

---

* Consultar Cepal, "State of the Internet with a focus on Latin America", "Las Tic para el crecimiento y la igualdad: Renovando las estrategias de la sociedad de la información".
** Ernesto Ottone e Ana Sojo,"La sociabilidad de la Cohesión Social en América Latina y el Caribe"; Pablo Mamani, "Hacia un estado multicéntrico construidos con tecnologia indígena comunal".

crescentemente globais nos últimos anos, na América Latina a liberdade de credo e a natureza secular da maioria dos Estados impediu a explosão de conflitos religiosos significativos. Isso foi ajudado pelo fato de o secularismo, entendido como um princípio dominante, representar uma ligação social que determina a participação do povo na vida pública, como condutor da coesão social. Como resultado, o conflito surge sobretudo a partir de constrangimentos ao exercício efetivo da cidadania, que impõem profundas exclusões e desigualdades sociais.

A modernidade da região reside, precisamente, na sua abertura para o mundo desde as origens, em que a sua modernidade foi definida pelo sincretismo, que pressupõe uma ressignificação contínua da sua identidade cultural.

Do ponto de vista cultural, o desafio da América Latina gira em torno de duas questões. A primeira é a de como capitalizar a experiência histórica da região no cruzamento intercultural e torná-la uma vantagem competitiva na nova paisagem de um mundo interligado e globalizado. A segunda é a de como fazer uso da longa história sincrética da região para combater, em maior profundidade, o desafio — que as sociedades industrializadas também enfrentam — de repensar a cidadania, começando pela coexistência progressiva de muitas identidades étnico-culturais.

Fazer com que a região aceite o seu próprio tecido intercultural talvez seja a maneira mais autêntica de se reconhecer no contexto de uma modernidade marcada pela crescente complexidade da "identidade".

O problema não resolvido da transformação produtiva

Apesar dos avanços em termos do bem-estar social, a questão de maior igualdade na América Latina continua a representar um assunto pendente. Da mesma maneira, apesar do progresso econômico conseguido nos últimos anos, de uma perspectiva estratégica, a transformação produtiva da região também continua pendente.

Se essa transformação não ocorrer, o crescimento atual deixará de ser sustentável ao longo do tempo. Torna-se necessário, então, não apenas a construção de políticas macroeconômicas sólidas e de responsabilidade fiscal, mas também o aumento da produtividade de todos os fatores, agregando valor ao conjunto da atividade produtiva.

Como a América Latina irá posicionar-se na economia global? Claramente perderá outra oportunidade se ficar parada e não agregar valor à sua atual forma de integração na economia mundial. O *boom* poderá continuar por mais alguns anos, mas sem um novo tipo de integração econômica não podem existir certezas de um futuro positivo. Pelo contrário, é quase certo um futuro cheio de fraquezas.

Apesar de o povo da América Latina ter avançado, pouco foi feito com uma intenção estratégica. A região ainda é marginal à concentração tradicional do comércio, pesquisa e desenvolvimento, nos Estados Unidos e na Europa. Ao contrário da América Latina, a Ásia avançou notavelmente nesse aspecto.

A caixa vazia da região, a caixa do crescimento e da igualdade, infelizmente ainda não foi preenchida. O investimento ainda é insuficiente, as exportações não produzem efeitos dinâmicos na estrutura de produção e o *share* de mercado perdeu-se nos serviços de mercado. A integração regional da América Latina não avança, são poucos os recursos alocados à pesquisa e ao desenvolvimento e as indústrias de conhecimento intensivo são responsáveis por uma pequena proporção da indústria global. Por fim, a região não está criando as bases para um crescimento sustentável e uma boa posição na economia mundial a longo prazo.

Apesar da crise, as possibilidades de alcançar essa transformação continuam em aberto para a América Latina. A expansão do consumo, hoje em dia, abrange uma parte substancialmente maior da população mundial, que aumentou a procura de todos os tipos de matérias-primas e de serviços e abriu espaços para a produção muito especializada.

Parece muito provável que os preços das matérias-primas se mantenham elevados, o que permitirá à região ganhar tempo. Além do mais, as novas tecnologias são mais baratas e, desse modo, a região pode avançar mais rapidamente na sua adaptação e no seu acesso. Assim, a América Latina deve atuar mais rapidamente para se posicionar na estrutura da produção mundial e ocupar o seu lugar nas cadeias de valor.

Isso exigirá um salto na inovação, na exportação da qualidade e em todos os tipos de diversificação da produção, minas, complexos agrícolas de alimentação e serviços de turismo e financeiros.

Tudo isso apela a uma visão estratégica em cada país e um esforço da região para se projetar dez ou vinte anos. Nenhum dos países que se desenvolveram recentemente fora da região o fez sem uma visão estratégica, sem uma aliança entre um Estado vigoroso e um setor privado dinâmico e sem construir consensos e acordos inclusivos, o que permite a criação de estratégias que sobreviverão aos ciclos políticos eleitorais. A ausência de estratégias poderá significar várias décadas de atraso.

O núcleo de uma estratégia de desenvolvimento eficiente é diversificar e desenvolver arenas nas quais a aprendizagem tecnológica e concorrência estejam ligadas. Mesmo que muito da mudança tecnológica resida na produção, na inovação e no progresso tecnológico, essa mudança tem de percorrer todo o tecido produtivo.

O século XXI não pode ser marcado pelo "curso natural dos recursos" dos séculos passados, quando a autoridade e o espírito preguiçoso da classe dirigente conduziram à perda de oportunidade, como aconteceu no final do século XIX (modernização oligárquica).

Hoje, as novas tecnologias, biotecnologias e a rápida transformação das tecnologias de informação tornam possível um acréscimo de valor mais abrangente. Não existem muros impenetráveis entre os resultados da produção; o que interessa é como são produzidos.

É claro que essa transformação produtiva não surgirá espontaneamente; o impulso deve ser dado por um Estado que eleve os conhecimentos tecnológicos.*

Viver melhor, num mundo melhor?

Fortalecer a democracia, acabar com a desigualdade e a discriminação étnica e conseguir a transformação produtiva — conjuntamente com outras tarefas estratégicas, como a proteção do ambiente e a luta contra o crime — formam o universo dos desafios que os países da América Latina têm de superar para conseguir viver melhor e assumir um papel principal, mais importante e mais positivo, num mundo que está começando a desenhar-se a si próprio.

---

* Pablo Mamani, "Hacia un estado multicéntrico construidos con tecnología indígena comunal".

O caráter supranacional de alguns desses problemas e a necessidade de que todos os países cooperem para resolver outras questões nacionais é uma tarefa urgente para deixar para trás a retórica integracionista cheia de frases bombásticas e de citações históricas, mas com pouco conteúdo real, e embarcar num processo sério e exaustivo de integração regional. Duas coisas são fundamentais para que isso ocorra. A primeira é mudar a tendência missionária de algumas convicções. Os governos de orientação neojacobina tornam a sua fobia antiamericana o eixo da sua política externa, pelo menos em termos declarados, num formato que é quase não temporal e não histórico, sem distinguir entre o neoconservadorismo da visão imperial de George W. Bush e a nova visão de Barack Obama: parecem ver a unidade da América Latina como o entreposto de um vago socialismo do século XXI. Tudo o que isso consegue é paralisar visões, menos ideológicas e mais pragmáticas, com o objetivo de construir uma base de infraestruturas partilhadas, interação e cooperação, coisa que avança muito lentamente.

A criação de organizações sub-regionais e regionais pouco faz para conduzir os reais conteúdos desse processo. O pior de tudo seria se as iniciativas ideológicas radicais, como as da Aliança Boliviana para o Povo da nossa América (Alaba), tivessem a oposição de outras, mais conservadoras, como as da Bacia do Pacífico. Se as organizações sem fundamentos ideológicos, como União das Nações Sul Americanas (Unasul), Mercado Comum do Sul (Mercosul) e Grupo do Rio (cujo funcionamento não se destacou) se juntarem, encontraremos demasiados acrônimos envolvidos na concretização do mesmo esforço, que continua sem produzir os frutos de integração tão necessários.

O segundo elemento é mudar o tratamento da política externa como uma variável de ajuste para as políticas nacionais, de tal forma que quando um país passar por problemas internos, não reacenda uma fronteira ou conflito comercial com um país vizinho, com o objetivo único de promover o presidente em exercício e inflamar os sentimentos mais primários de nacionalismo.

O que é necessário é que os países da América Latina compreendam que têm um destino comum, que apenas podem aproveitar com iniciativas que permitam a todos crescer de acordo com as suas possibilidades, ao mesmo tempo que favoreçam as economias mais frágeis.

Todos os países têm responsabilidades diferentes. Pela primeira vez na sua história, a América Latina goza do potencial de ter o reconhecimento da comunidade internacional, enquanto ator global, de um dos seus países, o Brasil: não apenas é um dos Brics, mas também uma das "Águias", os países que começam a ganhar peso na economia mundial.

O Brasil superou muitos dos problemas internacionais e econômicos, mesmo que ainda tenha um longo caminho a percorrer para conseguir o desenvolvimento econômico, político e social. Juntamente com o México, é o país que terá papela fundamental para aumentar o peso da América Latina no mundo.

É verdade que a América Latina desenvolveu uma capacidade maior de resolver, na região e com uma orientação democrática, alguns conflitos específicos, como a disputa entre a Colômbia e a Venezuela e a situação interna da Bolívia. Teve menos sucesso na crise de Honduras, mas conseguiu gerar um alerta imediato para a situação no Equador. Tudo isso ainda é pouco, porque é necessária uma maior densidade política, que exige um esforço de maior dimensão.

Se fosse presumido que a passagem do limiar do desenvolvimento significava apenas superar o rendimento *per capita* de US$22 mil em termos de poder de compra, e que aquela meta fosse conseguida com uma estrutura de distribuição semelhante à existente atualmente na região, o resultado seria que o estrato social mais rico gozaria de um padrão de vida semelhante ao dos países mais ricos do mundo, mas o estrato mais pobre continuaria a viver muito mal.

Alcançar o limiar do desenvolvimento não consiste simplesmente em conseguir um determinado nível de crescimento. Resulta da combinação de muitos fatores, que incluem um aumento considerável no rendimento *per capita*, mas também num aumento da partilha de oportunidades com o estrato mais baixo, no rendimento e na capacidade de aquele grupo conceber planos de vida consoante com suas aspirações e capacidades, e não ser constrangido pelas suas origens. Isso exige uma sociedade na qual as imputações sociais sejam reduzidas a um mínimo e as desvantagens não acumulem nos mesmos grupos ou passem de geração em geração.

Estou absolutamente convencido de que o crescimento não é desenvolvimento, tal como a renda não é sinônimo de qualidade de vida, apesar de a cantora francesa Mistinguette ter alguma razão ao afirmar que "o dinheiro não traz felicidade, mas acalma os nervos".

Hoje, as discussões nos círculos acadêmicos e políticos tocam na expansão dos indicadores sociais, para além da visão econômica para medir outros valores, com uma concepção mais abrangente de qualidade de vida, incluindo a própria felicidade.

Sou mais cético no que diz respeito à felicidade, porque tenho alguma convicção de que depende de um delicado e precário equilíbrio individual, que, claro, escapa à ação social.

Essa ideia faz com que prefira o conceito de bem-estar, em particular da ideia de "estar bem" como o resultado da ação pública, na linha de Claude Lévi-Strauss: "O pessimismo ensina-me que em todo o caso é necessário promover, em vez de um humanismo exagerado, um humanismo moderado."

Quando falamos de um avanço da América Latina em direção ao desenvolvimento que permita uma vida melhor a todos os seus habitantes, estamos conscientes de que cada país tem o próprio ritmo e modo, porque a região ainda é muito heterogênea. O caminho para superar as suas assimetrias e conseguir uma homogeneidade maior é, assim, longo.

Algumas das regiões dos países estão avançando com passos relativamente firmes, percorreram metade do caminho e conseguem ver o outro lado do rio com maior clareza; outros estão fazendo a travessia com passos mais inseguros e sobre um terreno mais rochoso; outros acabaram de partir e outros têm ainda de chegar ao ponto de partida.

Atravessar aquele rio permitiria à região adotar um papel de maior preponderância no mundo, mas essa possibilidade não é garantida porque o mundo muda rapidamente.

A crise de 2008 teve e ainda tem efeitos múltiplos. Colocou em questão equilíbrios geopolíticos e mostrou uma economia mundial funcionando com base na desregulamentação e na ganância desenfreada, que a levou à beira do precipício. Além disso, a crise enfraqueceu as formas mais avançadas de bem-estar social, desmascarou um desequilíbrio enorme e, por fim, mostrou as fraquezas de uma cultura econômica da globalização que parecia poder durar indefinidamente.

As questões que, no passado, pareciam ser do âmbito das organizações alternativas ganham nova legitimidade. Referem-se, por exemplo, à sustentabilidade do planeta, à tomada de decisões de nível global, à arquitetura financeira global, aos padrões de consumo e às transformações políticas. Tornou-se legítimo e necessário pensar sobre novas formas de globalização e de desenvolvimento e sobre a cultura econômica dominante nos países desenvolvidos, cujos cidadãos, como Manuel Castells afirma ironicamente, não têm nada a perder a não ser os seus cartões de crédito cancelados.

Estamos muito longe da velha nostalgia anticapitalista, cujos sonhos terminaram em pesadelos ditatoriais. Temos de conceber um vasto campo de reformas, sustentadas pelas novas possibilidades tecnológicas e a democracia ampliada, para dar lugar a uma nova fase de globalização na qual o mercado e o lucro têm o seu lugar, mas na qual o público também tem o seu peso e o espaço está a aberto a uma sociedade orientada por valores de cidadania.

Essa América Latina, que está no meio do rio, que resistiu a todos os tipos de avatares e começou a assegurar os valores democráticos, cuja mistura cultural torna a tolerância apenas sensível e cuja dimensão religiosa não é beligerante, pode adquirir uma voz mais potente e uma presença maior, no mundo, a curto prazo. Talvez se posicione no mundo não de um modo desesperado e disposto a tudo, como se estivéssemos entrando "na cidade ferida" sob a inscrição "deixai toda a esperança, vós que aqui entrais",* mas como uma região que adquiriu uma capacidade de reforma que, entre outras coisas, a transportou intacta através da última crise global e que aprendeu o difícil caminho para apreciar o valor intrínseco da democracia e a necessidade de avançar gradualmente. Essa região chegou à convicção de que a diversidade dos atores políticos e sociais não representa um obstáculo "à vida em conjunto". A América Latina pode dar, assim, uma contribuição significativa para a criação daquele novo cosmopolitismo que se exige no mundo globalizado — digamo-lo mais uma vez — não o melhor dos mundos, mas um mundo melhor.

---

* Dante Alighieri, *A divina comédia*, "Inferno", "Canto II".

Referência Bibliográficas

ALIGHIERI, Dante. *A divina comédia*.
CASTELLS, Manuel. "Panorama de la era de la información en América Latina. ¿Es sostenible la globalización?", in CALDERÓN, Fernando (org.). *¿Es sostenible la globalización en América Latina?* Santiago: Fondo de Cultura Económica, 2003.
COMSCORE. "State of the Internet with a Focus on Latin America," 6/2010 <http://www.comscore.com>
CEPAL. *Transformación productiva con equidad*: la tarea prioritaria del desarrollo de América Latina y el Caribe en los años noventa. Santiago: Cepal, 1990.
_____. "Nota sobre el desarrollo social," Primera Cumbre Iberoamericana, Guadalajara, México. Santiago: Cepal, 1991.
_____. *La transformación productiva veinte años después*: Viejos problemas, nuevas oportunidades. Santiago: Cepal, 2008.
_____. *Panorama social*. Santiago: Cepal, 2010.
_____. *Las Tic para el crecimiento y la igualdad*: renovando las estrategias de la sociedad de la información. Santiago: Cepal, 2010.
_____. *Balance preliminar de las economias de América Latina y el Caribe*. Santiago: Cepal, 2011.
FAJNZYLBER, Fernando. "Industrialización en América Latina: de la 'Caja Negra' al 'Casillero Vacio'". Santiago: Cepal, 1992.
FMI. World Economic Outlook 2011.
LECHNER, Norbert. "Problemas de la democratización en el contexto de una cultura post-moderna", quoted by J.J. Brunner, in
MARTNER, Gonzalo (Ed.). *Diseños para el cambio*. Caracas: Nueva Sociedad, 1987.
LÉVI-STRAUSS, Claude. *Tristes Trópicos*. São Paulo: Companhia das Letras, 2006.
MAMANI, Pablo. "Hacia un estado multicéntrico construidos con tecnología indígena comunal", entrevista a Juan Ibarrondo e Luis

Carlos Garcia, La Paz, set.2006.

OTTONE, Ernesto. "Izquierdas, centro izquierdas y progresismos en América Latina Hoy. Algunas distinciones". *Estudios Públicos*, 118, 2010.

_____: SOJO, Ana. "La sociabilidad de la Cohesión Social en América Latina y el Caribe". *Pensamiento Iberoamericano*, Segunda Epoca, 1:5-30, 2007.

_____; VERGARA, Carlos. "La desigualdad social en América Latina y el caso chileno". *Revista de Estudios Públicos*, 108, 2007.

PERRY, Guillermo; LÓPEZ, J. Humberto. "Determinantes y consecuencias de la desigualdad en América Latina", in ACHINEA, Jose Luís; ALTIMIR, Oscar (org.). *Hacia la revisión de los paradigmas del desarrollo de América Latina*. Santiago: Cepal, 2008.

PINTO, Aníbal. *Chile: Un caso de desarrollo frustrado*. Santiago: Universitaria, 1962.

Rescaldo?

Manuel Castells, Gustavo Cardoso e João Caraça

QUANDO LEREM ESTAS PALAVRAS, é possível que a crise desencadeada entre 2008 e 2012 já se tenha metamorfoseado de novo. Mas o leitor e o mundo em geral estarão ainda vivendo no rescaldo da crise, independentemente do momento e da evolução do ciclo de negócios. O rescaldo a que estamos nos referindo é a paisagem social, econômica e institucional que surge dos escombros do colapso e do resgate desigual do capitalismo financeiro global informacional que tinha transformado as economias e as sociedades nas últimas duas décadas. Ninguém sabe o que nos reserva o futuro, porque, entre outras coisas, uma das características do poderoso sistema financeiro no âmago da crise foi a privatização do futuro, substituído por um mercado de futuros a ser comercializado segundo os ganhos de curto prazo. O resultado, como saberá se leu este livro, tem sido a imprevisibilidade sistemática e a quebra da solidariedade intergeracional.

Mas se não sabemos quais serão os contornos do futuro, sabemos algo de muito importante: não podemos regressar ao passado recente. A virtualização do capital; a securitização de tudo num ambiente não regulado; a dissociação da produção de bens e serviços, desde o processo da sua valorização; a separação entre as moedas e as políticas fiscais; a ficção da integração total das economias europeias com diferentes níveis de produtividade e déficits públicos divergentes; os déficits públicos e o financiamento da dívida das economias, no centro da rede global, através dos empréstimos de capitais acumulados no que outrora eram os países da periferia; tudo isso chegou aos limites da sustentabilidade. O que está sendo debatido não é a necessidade de reestruturar o sistema, mas o que deve ser feito e como. Em particular, quem paga pelo quê e quanto, quem fica com os benefícios e quem suporta o sofrimento da transição para um novo conjunto de instituições e regras. Isso será decidido segundo as relações de poder na base dos valores, interesses, estratégias e políticas que estão sendo debatidas na economia global em rede, nos Estados-nação e em cada sociedade em rede específica.

De fato, os sistemas sociais não desmoronam em resultado das suas contradições internas. A crise, os seus conflitos e o tratamento que lhes é dado são sempre um processo social. E esse processo é implementado e moldado pelos interesses, valores, crenças e estratégias dos atores sociais. Isso para dizer que, quando um sistema não reproduz automaticamente a sua lógica, existem tentativas de o restaurar tal como era, bem como projetos para o reorganizar num novo sistema com base num novo conjunto de interesses e valores. O fim é, muitas vezes, resultado de conflitos e negociações entre os atores, que são os porta-vozes dessas diferentes lógicas. O sistema capitalista financeiro global que induziu a crise foi a expressão de um determinado conjunto de interesses, bem como a manifestação de uma cultura econômica específica. Esses interesses e essa cultura, que analisamos neste volume a partir de diferentes perspectivas teóricas, ainda dominam na economia e na sociedade. Assim, o primeiro esforço para reestruturar o sistema caracteriza-se pela tentativa de restaurar as mesmas regras do jogo num enquadramento institucional mais apertado, com menor redistribuição de riqueza e maior vigilância, na implementação da lógica do sistema, sobre os excessos dos seus gestores sem regras.

Em termos de políticas econômicas, depois do fracasso financeiro de setembro de 2008 foi considerado um conjunto de estratégias, e algumas foram implementadas, por governos, empresas e instituições internacionais. No novo ambiente de produção de políticas, o Estado, tanto como Estado-nação como uma rede de diferentes Estados, recuperou o seu papel de direção na gestão do capitalismo por meio dos seguintes mecanismos:

• *Resgatar as principais instituições financeiras, e empresas, cujo desaparecimento traria a destruição da economia e da sociedade.* Em alguns casos implicava nacionalização temporária de empresas que seriam transformadas sob a égide do governo e que posteriormente regressariam ao setor privado com um plano de negócios viável (por exemplo, AIG, Citi Group, General Motors nos EUA, Lloyds no Reino Unido, Hypo Real Estate na Alemanha). Segundo o FMI, no rescaldo imediato da crise financeira, na segunda metade de 2009, os governos mundiais teriam investido US$432 bilhões para recapitalizar os seus bancos e tinham garantido as dívidas dos bancos num total de US$4,65 trilhões de dólares. Os bancos nacionais na China, Índia, Brasil e Rússia aumentaram o seu *share* decisivo para o investimento global e para os empréstimos na economia. Nos Estados Unidos, dois terços do capital injetado na banca pelo governo foram para os cinco bancos maiores, que eram os que tinham os rácios de capital mais baixos e que tinham sofrido as maiores perdas de empréstimos durante a crise. À medida que as instituições financeiras se estabilizaram, foram devolvidas ao setor privado. Em alguns casos, devolveram aos governos os empréstimos que receberam, mas recusaram-se a desempenhar um papel ativo no estímulo da economia, concentrando-se no aumento dos seus lucros. A União Europeia criou uma estabilidade financeira conseguida com provisões de cerca de €700 bilhões (que aumentou para €1 trilhão em 2011), destinadas a resgatar as instituições financeiras e os governos. O Banco Central Europeu interveio várias vezes para evitar as inadimplências públicas, comprando fundos do tesouro à Grécia, Portugal, Itália, Espanha e Irlanda, e os governos da União Europeia negociaram pacotes de resgate para Grécia, Portugal e Irlanda. O BCE também se tornou muito ativo no mercado dos empréstimos interbancários, como intermediário da maior parte dessas transações, à medida que os bancos não confiavam uns nos outros e precisavam de garantias de liquidez dadas pelo BCE. Essa estratégia exigia grandes financiamentos públicos, e, assim, uma grande transferência de dinheiro dos contribuintes para as empresas e um endividamento significativo dos governos face aos mercados financeiros globais e aos credores de fundos privados e fundos soberanos.

• *Implementação de supervisão nacional das instituições financeiras e das práticas de empréstimo.* Os países do G-20 concordaram com um conjunto de medidas de regulação e recomendaram que todas as instituições financeiras deveriam aumentar os seus ativos para atingir 5% do valor de todos os títulos transacionados, partindo de 1,5% em

2007, apesar de essa recomendação não ter sido seguida. Em 2011, a União Europeia forçou um conjunto de bancos europeus a recapitalizar-se e estabeleceu um aumento da relação de capital para todas as instituições financeiras, apesar de essa regra ter sido contestada pela maior parte dos bancos. Foram também consideradas medidas de vigilância dos centros financeiros *offshore* e estabelecidas algumas limitações nos bônus atribuídos aos executivos financeiros. A ideia de um regulador financeiro global nunca foi adotada. Em sua substituição tentou-se fortalecer as instituições financeiras internacionais, como FMI, Banco Mundial e Banco de Pagamentos Internacionais com um novo acordo de partilha de poder a favor dos países com capital disponível (China, Índia, Brasil, Rússia, os países produtores de petróleo). O G-20 já substituiu o G-8 como clube dirigente da economia global.

• *Em nível nacional, estímulos fiscais para relançar a economia.* Contudo, a estratégia dos estímulos incluiria dois conjuntos contraditórios de políticas. Por um lado, crescente investimento público em alguns setores, em particular nas indústrias relevantes para as infraestruturas e para o emprego (por exemplo, energia, obras públicas). Por outro lado, cortes nos impostos. Obviamente, a primeira estratégia requer receitas públicas crescentes, enquanto a segunda redireciona a receita pública para as mãos dos consumidores, em particular para os que têm níveis de rendimento mais elevados. O debate entre essas duas abordagens, baseado em interesses de classe opostos, prejudicou o êxito dos esforços ao tornar-se politizado e caótico.

• *A cobertura das necessidades sociais em tempo de crise (aumentar os subsídios de desemprego, atribuição de subsídios de habitação, alargar a cobertura dos apoios à saúde, subsídios de educação, revisão de serviços públicos etc.).* Contudo, esse esforço caducou quando a crise se estendeu para além do período de tempo em que a despesa pública podia ser sustentada.

Na base dessas medidas, para lidar com a crise, estava um crescente debate político entre os que defendiam o restabelecimento da saúde financeira do sistema, deixando posteriormente que o mercado fizesse o seu papel, e os que duvidam da capacidade de o mercado se restabelecer, dada a forte quebra da procura e de crédito disponível. Desse modo, propuseram uma nova forma de neokeynesianismo temporário, enfatizando os gastos públicos para induzir a criação maciça de empregos a curto prazo. Apenas alguns (por exemplo, Obama, no início do seu governo) viram a crise como uma oportunidade para induzir as empresas a inovar e a produzir de forma diferente e, também, como uma oportunidade para que as pessoas consumissem de forma diferente, em particular em termos ambientais. A crise foi também entendida como uma oportunidade para juntar o apoio público para o alargamento de um Estado de bem-estar social reformado, em particular nas áreas da saúde e da educação, com base nos financiamentos públicos da inovação e das novas tecnologias.

Contudo, entre 2008 e 2012, nenhuma dessas estratégias funcionou de fato, com exceção do resgate das grandes empresas, instituições financeiras e dos governos endividados. Para a abordagem da restauração, o problema era que alguns mecanismos que tinham provocado a crise continuaram a conduzir às mesmas consequências: instabilidade financeira, volatilidade do mercado, declínio dos investimentos, aumento do desemprego e diminuição da procura. O novo sistema financeiro que surgiu lentamente depois da crise era um sistema muito mais magro, com menos capital e menos capacidade para criar capital virtual ou para evitar a regulação. Para além disso, algumas instituições desmoronaram e a maior parte das instituições financeiras teve de passar por uma grande reestruturação interna; o sistema não parece ser capaz de prover o financiamento de capital necessário e recuperar a economia para além de alguns segmentos de mercado rentáveis selecionados. Por sua vez, a tentativa neokeynesiana, que implicava um aumento substancial nos gastos públicos, durou pouco tempo nos países que a tentaram implementar. Existiam limites fiscais, à medida que aumentava a dívida pública, aumentava o preço da estratégia e os mercados financeiros reagiam, desvalorizando as obrigações dos países sobre-endividados e os *ratings* das suas economias. Ao passo que as forças conservadoras se opunham tanto ao aumento dos impostos como aos gastos públicos, também existiram limites políticos que impossibilitaram qualquer projeto neokeynesiano, fazendo do sonho de um Estado de bem-estar social informacional um ideal utópico. Além disso, país após país, as elites políticas envolveram-se em batalhas jogando o jogo da culpa, tentando retirar vantagens das dores da crise para destruir os seus adversários políticos. A conclusão dessas batalhas foi a ausência de coerência na gestão da crise, tanto a nível nacional como internacional, e a completa deslegitimação dos governos na mente dos seus cidadãos reativos e desconfiados. Assim, o rescaldo imediato da crise de 2008 caracterizou-se pela incapacidade dos governos de gerir a crise, induzindo o agravamento da crise econômica em 2010 e da crise financeira em 2011-2012. Enquanto as empresas financeiras recuperaram os seus lucros, o mercado imobiliário desmoronou; em quase todo o lado dispararam as execuções das hipotecas; as linhas de crédito para as pequenas e médias empresas foram encurtadas, fomentando inúmeros processos de bancarrota; o desemprego subiu em flecha; a procura ainda se deprimiu mais; e os cidadãos fecharam-se nos seus países, expressando de todas as maneiras a sua falta de solidariedade com outros povos e outras nações, mesmo quando os seus governos afirmavam a necessidade absoluta de partilharem a dor. De fato, a visão das elites empresariais a satisfazerem os seus elevados padrões de vida e das elites políticas a manterem a sua arrogância face à população desinformada aprofundou a distância entre o povo e os poderes, abrindo caminho à cólera incontrolada, a reações populistas e a movimentos sociais alternativos.

Assim, este é o rescaldo da crise: os resíduos disfuncionais de um modelo econômico baseado num sistema financeiro incapaz de se reformar; a mudança da acumulação de capital dos velhos centros, que se virtualizaram até a morte, para as novas periferias que possuem e produzem a economia real sem ainda ter o poder para as gerir; um sistema político em ruínas, na maior parte dos países, conturbado pela autodestruição interna e por ataques externos das massas privadas de direitos que deixaram de acreditar nos seus líderes; uma sociedade civil em desordem, à medida que as velhas organizações sociais se esvaziaram e os novos atores sociais da mudança social ainda são embrionários; e a mais importante característica dessa paisagem: as velhas culturas econômicas que garantiam a segurança, como a crença no mercado e a confiança nos bancos, perderam o seu poder comunicativo, enquanto as novas culturas baseadas na tradução do sentido da vida em sentido econômico ainda estão sendo criadas.

PRODUÇÃO EDITORIAL
Mariana Elia

REVISÃO
Barcímio Amaral
Mariana Oliveira

PROJETO GRÁFICO
Priscila Cardoso

DIAGRAMAÇÃO
Filigrana

ESTE LIVRO FOI IMPRESSO EM SETEMBRO DE 2013, PELO SISTEMA CAMERON DA DIVISÃO GRÁFICA DA DISTRIBUIDORA RECORD, PARA A EDITORA PAZ E TERRA. A FONTE USADA NO MIOLO É DANTE 11,5/15. O PAPEL DO MIOLO É OFF-WHITE, E O DA CAPA É CARTÃO 250G/M².